気候変動と縄紋文化の変化

安斎正人

同成社

1-1　長野県神子柴遺跡第1次調査風景（東より）（上伊那考古学会提供）

1-2　同上（西より）（同上）

2−1　神子柴遺跡の石器出土状態（スポット b、石器 Nos. 14−17・28）（上伊那考古学会提供）

2−2　同上（スポット c、石器 Nos. 44−48）（同上）

3　神子柴遺跡出土の神子柴型石斧（黒雲母粘板岩製）（上伊那考古学会提供）

4　南さつま市志風頭遺跡Ⅴ層出土の隆帯文土器（南さつま市教育委員会提供）

5　市原市天神台遺跡の31号大型住居跡（市原市教育委員会提供）

Ⅰ
Ⅲa
Ⅲb
Ⅳa
Ⅳb
Ⅴa
Ⅴb
Ⅵa
Ⅵb
Ⅶ
Ⅷ
Ⅸ
Ⅹ
ⅩⅠ
ⅩⅡ
ⅩⅢ
ⅩⅣ
ⅩⅤ
ⅩⅥ
ⅩⅦ

Ⅳb：御池火山灰

Ⅴb：アカホヤ火山灰

Ⅵb：P11

Ⅶ
Ⅷ ｝縄文時代早期の遺物包含層

Ⅸ：薩摩火山灰（P14）

ⅩⅣ：P15を含む

ⅩⅥ：旧石器時代遺物包含層
　　（P17を含む）

6　鹿児島県定塚遺跡の土層断面（鹿児島県立埋蔵文化財センター提供）

7　鹿児島県上野原遺跡第10地点出土遺物（鹿児島県立埋蔵文化財センター提供）

8　佐賀市東名遺跡出土 SK2056土坑
　　（佐賀市教育委員会提供）

9　函館市中野B遺跡出土の竪穴住居群
　　（北海道立埋蔵文化財センター提供）

10　帯広市八千代Ａ遺跡全景（帯広百年記念館提供）

11　函館市（旧南茅部町）垣ノ島Ａ遺跡出土のつまみ付ナイフと尖頭器（函館市教育委員会提供）

12　函館市豊原4遺跡出土のつまみ付ナイフと石斧（函館市教育委員会提供）

13　群馬県糸井宮前遺跡出土の諸磯C式土器（過剰デザイン）（群馬県教育委員会提供）

まえがき

　日本文化の基層として縄紋文化は段階的発展という視点から捉えられてきた。岡本勇は1975年の時点で、縄紋時代は緩やかな発展の累積のなかにも、歴史的時期区分の指標としてふさわしい意味を担った段階が認められるとし、①成立段階（草創期および早期）、②発展段階（前期および中期）、③成熟段階（中期末から晩期前半）、④終末段階（晩期後半）の4段階を設定した。そしてそれぞれの上昇を基本的に導いたのは労働用具とその技術的進歩、単位集団の増加による共同労働の発展など、生産力の着実な発達であると考えた。しかし一方で、日本考古学における唯一の規範的理論であった唯物史観はその影響力を失い始めていた。1984年の時点で、鈴木公雄は前半期と後半期という2期区分案を提唱した。前半期は前期前半までで、縄紋文化の基本的骨格が形成された時期だと捉え、前期後半から晩期までの後半期は集約的な獲得経済を発達させ、相対的に安定化した社会を形成し、特有の文化を発達させた時期だと捉えていた。今日、"イメージ"や"文化力"を標語にしている小林達雄は、鈴木の論考から10年がたった1994年の時点で、縄紋文化の本体に関わると見る縄紋土器自体の内容から縄紋時代を4時期に、すなわち「イメージの時代」（草創期）、「主体性確立の時代」（早期）、「発展の時代」（前期）、「応用の時代」（中期・後期・晩期）に分けた。それぞれが画期の時期を違って捉えていても、設定当初から編年上の便宜的区分とされてきた、土器型式の大別6期区分（草創期・早期・前期・中期・後期・晩期）のいずれかを文化的画期としていることは共通していた。

　私は『無文字社会の考古学』（1990）を上梓して以降、米英考古学におけるプロセス考古学において提示された、認知システム・社会システム・経済システム等のサブシステムから構成されるシステムとしての文化、しかもエコ・システムの構成要素でもある文化システムの安定と変化のプロセスを研究するため、その枠組みと方法論を探究してきた。縄紋文化は変化を遂げつつおよそ1万年間も継起した特異な狩漁採集民の文化である。この"長期持続"の縄紋文化の安定と変化のリズムはどのようなものであったのか。縄紋研究者はこれまでこの種の問題を設定することがなかった。

　近年、グリーンランドの氷床コアなどの記録データから、更新世終末（縄紋時代草創期）の激しい気候変動が終息した後（新ドリアス期以後）、すなわち完新世に入ってからもボンド・イベントと呼ばれる寒冷化が何回か起きていたことがわかってきた。縄紋人は自然環境と密接な関係を維持して生きていたのであるから、彼らの生活世界はこの寒冷化現象の影響を被ったと推測される。特に、早期後葉から終末の8.2kaイベント（約8200年前をピークとする寒冷化現象）、前期後葉から終末の5.8kaイベント（約5800年前をピークとする寒冷化現象）、中期後葉から終末の4.3kaイベント（約4300年前をピークとする寒冷化現象）、晩期後葉から終末の2.8kaイベント（約2800年前をピークとする寒冷化現象）が土器型式による大別との関連で注目される。本著は、構造（環境

と人文・社会の関係性）変動という視点から、縄紋人の生活世界（文化・社会）の安定期と変化期が気候変動（自然環境の変化）とどのように関係していたのか、草創期から前期までを視野に入れて探った実践的研究の成果である。

目　　次

まえがき

第1章　縄紋時代をどう見るか——発展段階か構造変動か—— ……… 1
第1節　構造変動論 …………………………………………………………… 1
（1）唯物史観　1
（2）廣松渉の構造変動論　2
（3）構造化理論　3
（4）構造と過程　4
（5）長期持続の歴史　5
第2節　完新世の気候変動 …………………………………………………… 6
（1）氷期と間氷期サイクル　6
（2）ボンド・イベント　8
（3）湖沼堆積物の年縞　9
第3節　気候変動と集落・土器型式の変遷 ………………………………… 10
（1）縄紋集落の変遷　10
（2）土器型式の画期　11
第4節　縄紋人の生活世界 …………………………………………………… 12

第2章　更新世／完新世の縄紋化プロセス——草創期の構造変動—— ……… 15
第1節　東北日本の削片系細石刃石器群 …………………………………… 16
（1）北海道の細石刃石器群　16
（2）荒屋系細石刃石器群　28
第2節　神子柴石器群 ………………………………………………………… 42
（1）伝統的パラダイム　44
（2）パラダイム転換　50
（3）気候変動と石器群の変化　56
第3節　九州の縄紋化プロセス ……………………………………………… 71
（1）九州西北部の縄紋化　71
（2）南九州の縄紋化　79

第3章　8.2kaイベントを巡る考古現象——早期の構造変動—— ……… 93
第1節　関東地方 ……………………………………………………………… 93
（1）早期の土器型式編年とその画期　94

(2) 成田国際空港建設工事関連遺跡　101
　　(3) 8.2kaイベント前後の様相　114
　　(4) 早期末から前期初頭へ　120
　　(5) 中部高地の早期　124
　第2節　南九州地方 ……………………………………………………126
　　(1) 早期の土器型式編年と画期　127
　　(2) 宮崎県の早期の遺跡　130
　　(3) 鹿児島県の諸遺跡　131
　　(4) 西北九州の縄紋海進期の遺跡　137
　第3節　東北地方 ………………………………………………………141
　　(1) 早期の土器型式編年と画期　142
　　(2) 東北地方北部太平洋岸　147
　第4節　北海道 …………………………………………………………161
　　(1) 北海道西南部地域　162
　　(2) 北海道中央・東部地域　168

第4章　5.8kaイベントを巡る考古現象──前期／中期の構造変動── ─── 189
　第1節　前期の定住集落 ………………………………………………189
　　(1) 関東地方　189
　　(2) 東北地方　203
　第2節　変動期の社会 …………………………………………………212
　　(1) 異系統土器社会　212
　　(2) 多副葬の社会　216

引用文献一覧 ──────────────────────────── 235
本著に関連する著者の著書・論文等一覧 ─────────────── 247
あとがき ───────────────────────────── 249
人名索引 ───────────────────────────── 251
遺跡索引 ───────────────────────────── 252

第1章　縄紋時代をどう見るか
――発展段階か構造変動か――

　唯物史観に基づいて日本の考古学研究を牽引した考古学研究会とその会誌『考古学研究』、およびその主導的研究者であった近藤義郎や都出比呂志らの関心は、国家形成期前後の社会構成体における下部構造と上部構造の形成と変動にあった。それ以前の社会つまりバンド社会・部族社会においては、下部構造と上部構造は未分化の状態にあった。さて、それでは旧石器時代・縄紋時代の歴史研究法をどうするか。この問題にかかわる私自身の歴史認識の出発は廣松渉著『生態史観と唯物史観』にある（廣松1986）。生態系の遷移の研究、言い換えれば、社会構造と環境的条件との相互規定的関係の動態的推移の解明、これこそが重要な研究戦略となった。

第1節　構造変動論

(1) 唯物史観

　歴史過程における構造変動を"矛盾"の概念を導入して説明したのがカール・マルクスである。『経済学批判』の序言でこう述べている。「社会の物質的生産諸力は、その発展がある段階に達すると、……既存の生産諸関係と矛盾するようになる。これらの諸関係は、生産諸力の発展諸形態からその桎梏へと一変する。この時社会革命の時期が始まるのである。経済的基盤の変化につれて、巨大な上部構造全体が、徐々にせよ急激にせよ、くつがえる。……ある個人を判断するのに、彼が自分自身をどう考えているかということは頼れないのと同様に、このような変革の時期を、その時代の意識から判断することはできないのであって、むしろ、この意識を物質的生活の諸矛盾、社会的生産力と社会的生産諸関係との間に現存するコンフリクトから説明しなければならないのである。いかなる社会秩序の、すべての生産諸力がその中ではもう発展の余地がないほどに発展しないうちは崩壊することは決してなく、また新しいより高度な生産諸関係は、その物質的な存在諸条件が古い社会の胎内で孵化し終るまでは、古いものにとってかわることは決してない。だから人間が立ち向かうものはいつも自分が解決できる課題だけである…。大雑把に言って、経済的社会構成体が進歩していく段階として、アジア的、古代的、封建的、および近代的ブルジョワ的生産様式を挙げることができる。しかし、ブルジョワ社会の胎内で発展しつつある生産諸力は、同時にこの敵対関係

の解決のための物質的諸条件をつくり出す」(マルクス・エンゲルス 1956)。

　ここには矛盾のダイナミズムと社会類型が継起的に形成されるという、進歩的な歴史観が読み取れる。生産力と生産関係の矛盾という社会変動の説明原理、史的唯物論の「基本的公式」となったのである。マルクス主義考古学に特徴的な次のような歴史解釈は、1950～60年代の日本考古学に顕著であったし、その後も根強く残存していた。

①人間と自然との相互作用は人間の自然に対する能動的な関与である。
②人間社会の発展における労働の意義が強調される。
③社会変動を決定する要因として経済的なもの—下部構造—の優位を主張する。
④全体性の要素をなす経済制度に政治制度およびイデオロギー的制度—上部構造—を関係づける。
⑤人間の意識内容は物質的要因によって決定される。
⑥階級闘争こそが社会変動の基本的な原動力である。

(2) 廣松渉の構造変動論

　哲学者の廣松渉は、現代資本主義下における社会構造の変動論（革命論）の構築を目指し、変動論的研究の拠点たり得るものとして次の領域を考えていた。すなわち、①物理学にいう「場」、とりわけ「局所場」の構造、②結晶、とりわけ「錯構造」を呈する高分子化合物、③熱力学系、とりわけ「開放定常系」、④生物、⑤言語体系、⑥人間社会、の6つの領域である。物理・化学の方面よりも、むしろ生物学関係のいくつかの部面に特別な期待を寄せ、構造変動論にとっての一大拠点がさしあたり生物学の分野にあると考えた。廣松の世界観的次元でのパラダイム（廣松の用語は「ヒュポダイム」）は「構造論的存在観」と「動態的関係主義」である。構造変動論はそこに組み込まれた3つの位相すなわち、①構造変動論の論理構制（方法論的次元）、②構造成体の階型的次序（存在論的次元）、③社会構造の物象化的存立とそこにおける動態的編制の対自化にもとづく展望と戦略戦術の設定（革命論的次元）に分けて構想されていた（廣松・ほか 1985、廣松 1995）。しかし、廣松の死によってその構想は未完に終わった。

　廣松は"構造"を考える際に「力」が見落とせないという。「構造変動論の論域と射程」で、物理的な力、運動量、エネルギーから権力といったものまで包み込んで、構造を構造として成り立しめている"チカラ"とか、構造に変化をもたらす"チカラ"とか、そういう論脈で問題になると言っている。そこで社会構造を論ずるにあたっては、「暴力」とか「権力」とか、この類の各種の"チカラ"の概念がしかるべく導入されなければならない点を力説している。廣松の主要な関心事は人間関係の物象化された立体的構造の成立機序や存立構造にあった。門外漢にとって廣松の論考ははなはだ難解なものである。理解の手掛かりに「構造変動論のパラダイムを求めて」と題された座談会の記録がある。廣松のそこでの関心は、自然科学の領域では「物理学もさることながら、生物学の分野」、人文科学系のところでは「歴史学がそのものズバリかもしれませんが、文化人類学的な研究場面に定位しながらモデル化する仕事、それから言語論ないし記号論」、社会科学の方面では「社会学もさることながら、経済学の方面」に置かれている。対話は生物学での形態形成（発生）

における「揺らぎ」、近代経済学の「均衡論」批判としての「循環概念」と「場の理論」、社会構造形成における「第三項排除論」を中心に展開されている。

「物的な世界像に対すること的な世界観」へという廣松の問題設定が、考古学におけるパラダイム転換を図り、考古学における構造変動論の構築を目指していた私にとって、示唆するところが多かった。ここでは廣松の発言のいくつかを引用しておく。まず、「構造が再生産されるメカニズムの中に、ある種の条件のときにはそれが崩れるファクターが介在し作動している。だから、どうやって崩れるかという話をするためにも、どうやって再生産されるかということにとりあえず着目する戦略がとられていいと思うんです。それの回答の中におのずと構造変動の答えも出る」という発言。さらには、「安定な状態、不安定な状態というものがそもそも何であり、それがどうやって形成されるかというところが、構造変動論のポイントのような気がするんです。揺らぎを含んだ柔構造ということ自身は汎通的なんであって、それの増幅的進行の条件や可能的方向が特に問題になるはずで」あって、構造ということをいうときに「環境とシステムという対他的な反照区別定態、とりあえずこの2つのファクターを入れておくことが最低限必要でしょうね。システムの内的な変化、環境との相互作用、それに、時間のほうも入れてなきゃいけない。システムの自己再生産ということと環境との関係、その環境というものも単なる外として扱えない限りは、環境とシステムを含めたより大きなシステムということを常に設定しなければならない」という発言。核心をついた具体的な提案が述べられている（廣松・ほか1990）。

『ドイツ・イデオロギー』以降のマルクスとエンゲルスの唯物史観に「人間－自然」生態系という観点を見ていた廣松渉は、「人間の対自然的ならびに相互的な活動的関係」の場である生産という場面を基軸にして人類史を見ていこうとしていた。廣松が構造変動論的人類史として高く評価したのが渡辺仁著『ヒトはなぜ立ち上がったか』である。生物進化の基本的枠組みを土台に、現生狩猟採集民のデータを体系的に組み込んだ狩猟採集民モデルであり、ロコモーション・生計活動・道具の3者の関係に基づくヒト化の生態学的構造モデルである。そこに提示された、①構造的アプローチすなわち渡辺の人類生態学的視点の中心をなす生活構造－活動系理論、②道具を活動系（生活）の中心に組み入れた解釈、③ロコモーションを活動の基本とする考え方に基づく狩猟－走行関係の分析、④先適応の視点による段階的発展の系統的追求など、人類の行動的進化についても、民族（土俗）考古学的新仮説はプロセス考古学と同時代的関係をもつと同時に、プロセス考古学に欠落した歴史的視点が貫かれている。

（3）構造化理論

ところで、"構造"という用語には2つの系譜がある。ひとつは機能主義の系譜で、生物学的アナロジーに基づく図式の中で、機能／構造を用いていた。構造は社会関係のパターンを意味するものとして、機能はこのパターンが実際にシステムとして作動する仕方を意味するものとして理解されてきた。ここでは構造は記述的タームであり、説明を行うのが機能である。機能概念に強い関心を示すあまり、構造概念は十分に取り上げられない。もうひとつは構造主義思想の系譜である。

構造が説明的役割を担っており、構造は変換 (transformation) の概念と結びついている。言語、神話、文学、芸術あるいはより一般に社会関係に適用された構造分析は、表層の現象の根底を貫通するものと考えられている。機能主義と構造主義とに共通して、共時態／通時態もしくは静態／動態の区別へのこだわりがある。この区別を用いて時間もしくは歴史が排除されている。

　この二項対立的時間概念の排除を批判するイギリスの社会学者アンソニー・ギデンズは「構造化理論」を提唱した。ギデンズによれば、構造とは社会システムの特性として組織化される規則と資源であって、「構造特性」——社会システムの時間-空間の拘束を生み出す——としてのみ存在する。またシステムとは、行為者間、集合体間の再生産された関係で、規則的な社会的実践として組織化される。そして構造化とは、構造の継続性や変換すなわちシステムの再生産を支配する条件である。ギデンズの構造化理論の中心に位置する考えは「構造の二重性」ということである。社会生活においては、ある活動や営みが巡り巡ってそれら自身に立ち返ってくるという再帰性を本質としている。だが、ギデンズは構造が行為を規制しつつ行為の実践によって構造それ自体が変容するという構造の再帰性を想定している。これは社会的実践の中で形成される。すなわち、構造は実践の再生産の媒体であるとともに帰結でもある。構造は行為主体と社会的実践の構成の中に同時に入り込んでおり、この構成を生成する契機の中に存在するのである。そのためには、社会的行為者のおのおのは本人がメンバーである社会の再生産の諸条件について十分な知識をもっていることが前提になる。そこでは主体的行為 (agency) が重視されてくる (ギデンズ 1989)。

(4) 構造と過程

　ドイツの社会学者ニコラス・ルーマンによれば、構造という概念にはシステムの中で許容される接触可能性を制限するという意味がある。構造は選択ないし選出を行う。構造はシステムの自己準拠的オートポイエーシス (自己創出) が任意の要素によってではなく、特定の諸要素によってだけ継続されうるようにしようとする。構造は、いうなれば、特定の諸要素をより蓋然的なものと、他の同様に可能な諸要素をより非蓋然的なものとするか排除することによって、個々の要素の継続的な生産を構造化するのである。この場合、出来事を生み出す中枢機関のように構造を考えてはならない。構造は生産の要因ではない。もとになるもの (原因) ではなく、諸要素の性質と結合可能性が制限されることによって形づくられたものにほかならない。構造はあらかじめ選び出すという機能、したがって選択を強化するという機能を引き受ける。後続する可能性のうちの多くのものは排除され、少数のものだけが蓋然的になる。過程という概念が構造の概念から区別されなければならない。過程の場合問題となるのは、多数の個別的な出来事を選択的に結合することである。したがって、過程はある特定の仕方で時間的に配列されている出来事からなっている。過程は構造と同様に選択の強化に役立つのであるが、構造とはまったく違った仕方でこの機能を果たすのである。構造は接続する要素をあらかじめ選び出すに当たって、特定の後続可能性を非蓋然的なものとし、あるいは排除する。それとは反対に、過程が成立するのは、選択による具体的な出来事が時間的に前の出来事を受けて生み出され、互いに接続すること、つまり、前に行われた選択または期待されう

る選択を選択の前提として、個々の選択の中に組み込むことによってである。したがって、過程に特徴的なのは、"あらかじめ"と"あとから"との差異である。顕在的な出来事からそれに適合する後続の出来事への移行が行われる中で、過程が形成される。したがって、構造は排除を媒介としてあらかじめの選択を行い、過程は接続を求めることによってこれを行うのである（ルーマン 1993／1995、クニール・ほか 1995）。

　歴史的過程における構造の変化は、既存の社会・文化・イデオロギーの中に収まり、同化可能である時は時系列的継続の点からいえば付帯的なことになる。個人と集団とを社会的ネットワークに結びつける際、核となる価値観・信念を崩壊させるほど理念や社会プロセスの勢いが強い時、それは画期的な変化となる。人々は文化的・知的に過去から切り離され、心理的に方向を見失い、自分たちの住んでいる世界から切り離される。よりどころを失って、人々は未来を受け入れるために現在の現実の中に過去を作り直すことを余儀なくされる。過去と未来を結びつけることで、社会は直面する変化のプロセスからの疎外に打ち勝つだけでなく、それに信憑性と意味を与えるのである。

(5) 長期持続の歴史

　考古学者の主要な関心事のひとつは、文化や社会がなぜ、どのように変化してきたのかという問題である。変化の理論は今日多様で、人文社会科学系と自然科学系の学融合が見られる。研究の流れは大きく２つに分けられる。自然環境への適応の産物と見る文化進化と、経済領域の変化が引き金となる社会や政治組織の変化に関連づける社会進化と、この２つの視点である。前者は環境的諸関係とシステムを重視する人類生態学、進化生態学、プロセス考古学などの領域である。後者は社会的諸関係と構造を重視する社会学、社会人類学、ポストプロセス考古学などの領域である。

　1929 年に『アナール誌』を創刊したリュシアン・フェーブルとマルク・ブロックらの第１世代を継いで、アナール学派を主導したフェルナン・ブローデルは歴史的時間の非連続性・非均質性を明らかにするだけでなく、直線的に流れるのではない循環的な時間を認めている。ブローデルは「事件」、「局面」、「構造」の３様の歴史的過程を区分し、それぞれに、短い時間・個人・事件を扱う伝統的歴史学、周期的変動を最も重要な研究課題と見なす新経済社会史、そして彼が提唱する悠久的・緩慢的・循環的な「長期持続の歴史」を対応させている。その後のアナール学派の分析により、政治的決定や社会的闘争や食糧危機は短波の時間であり、景気変動や人口変動はもう少し長い中波の時間であり、生産様式や農村景観やメンタリティーは長波の時間つまり長期的持続の領分であることが示された（ブローデル 1989、ルゴフ・ほか 1992）。

　当初プロセス考古学の影響下にあったイアン・ホダーは、イギリスの歴史学者ロビン・コリングウッドを通して歴史に回帰したのち、ブローデルの強調する「長期的な時間の枠組み」の概念にポストプロセス考古学の側面から接近を図った（Hodder 1987）。そのことは、マルクス主義の凋落に伴うアナール学派の台頭が著しい歴史学界の動向と無関係ではない。ホダーがポストプロセス考古学の理論領域からトルコのチャタルヒュユック遺跡の発掘調査に軸足を移して久しい。その間のフィールド実践を通じて、プロセス考古学とポストプロセス考古学の二項対立を克服したようで、

最近の著作に考古学的認識の深化が伺える（Hodder 2012）。①ハイデガーとメルロ＝ポンティの現象学、②物質文化と物質性研究、③認知的方法、この３つの領域にかかわる考古学史的な全体見通しに立って、人間と"モノコト"との関係を、従来のネットワークの概念に替わって"絡み合い"（entanglements）という新しい概念で論じている。人とモノ、モノとモノ、モノと人、人と人の複雑な絡み合いを解明するために、考古科学（archaeometry）、行動考古学（behavioral archaeology）、進化考古学（evolutionary archaeology）、実験考古学（experimental archaeology）など、考古学の方法論を総合的に動員する必要を説いている。

第２節　完新世の気候変動

　最近の考古学とその隣接科学における研究の進展を受けて、例えば、西ヨーロッパの"マグダレニアン人"、西アジア・レヴァント地方の"ナトゥーフ人"、日本列島の"縄紋人"など、世界各地の先史時代人の気候変動への対応とその人類史的意味の比較考察が可能となってきた（安斎 2012）。特に、更新世から完新世への急激な気候変動期に関しては、以下のような研究成果が与っている。①地球規模での古気候変化に関する高解像度のデータが揃ってきたこと、とりわけ深海底堆積物コア分析（有孔虫化石の殻に含まれている ^{18}O と ^{16}O の同位体比を使って過去の水温を算出する。冷たい海にすむ生物の殻は ^{18}O の濃度が高い）と、グリーンランドや南極の氷床コアの分析（氷柱に含まれている ^{18}O と ^{16}O の同位体比を使って過去の水温を算出する）の結果、過去に起こった気候変化をたいへん広範囲に、また高い精度で復元できるようになった。②加速器質量分析（ＡＭＳ）法による ^{14}C 年代測定値の暦年較正年代を使って、各地の考古学的事象を正確に対比できるようになった。③植物利用・植物栽培に関する古植物学的データが揃ってきた。④狩猟採集民の社会構造、シンボリズム、祭祀・儀礼活動への洞察が深まってきた。

(1) 氷期と間氷期サイクル

　約40年前に人類進化を追求していた考古学者にとっても画期的な研究が発表された。ケンブリッジ大学の地球物理学者ニコラス・シャックルトン（1937-2006）が大西洋南部で採取した深海コア V28-238 を分析し、酸素同位体比（$^{16}O／^{18}O$）から現在の間氷期を1とし、「2万1000年前」にあった最終氷期の最盛期を2として、過去に遡ってそれぞれの間氷期に奇数番号、氷期に偶数番号を順番につけ、氷河期を22のステージに分けたのである（Shackleton 1973）。
　気候変動は地球の太陽に対する天文学的な関係の変化によって引き起こされる。地球の公転軌道は9万6000年周期で楕円の幅が広がったり狭まったりする。地軸の傾きは4万1000年周期で21.8°から24.4°の範囲で変化する。また、地軸が円を描くように振れる歳差運動が2万1000年周期で起きている。地球の公道の変化にともなって地球のさまざまな地域で受ける太陽光の量（太陽エネ

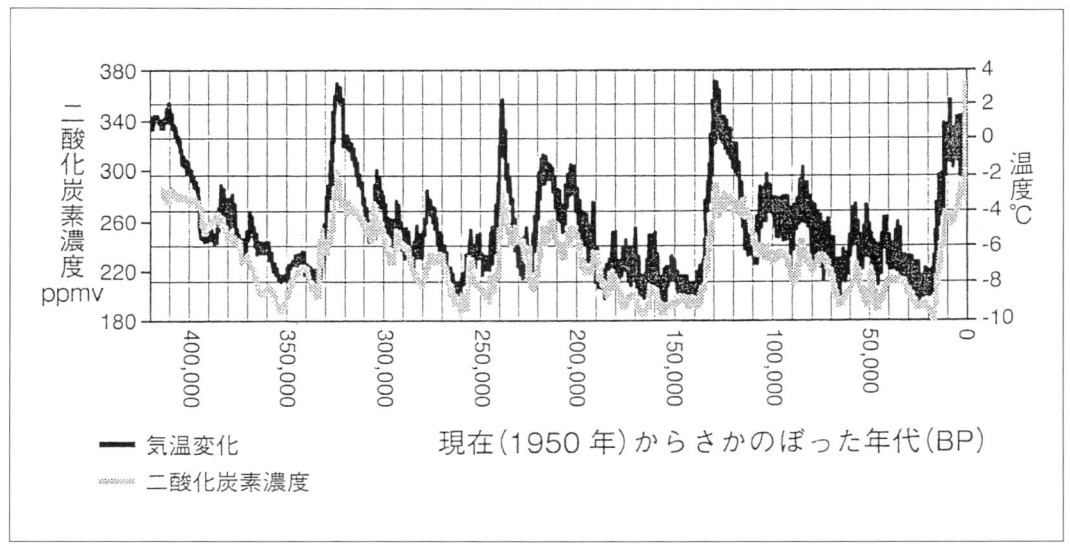

図1　南極大陸ヴォストーク基地の氷床コアから判明した過去42万年間の気候変動

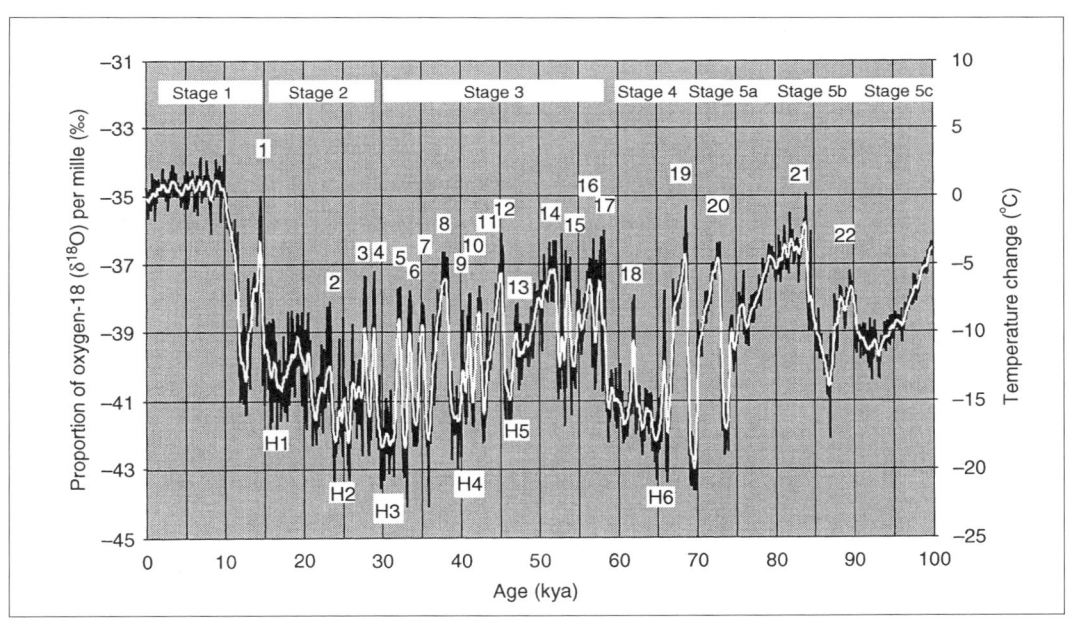

図2　最近10万年間の気温の変化（Burroughs 2005）

ルギー）も増えたり減ったりする。気候変動は離心率の変動に応じて10万年周期で起きるだけでなく、地軸の傾きの変動によって4万1000年周期でも起き、さらには地球の歳差運動によって2万3000年と1万9000年の周期でも起きていることがわかっている。過去40万年間は鋸歯状の寒暖のパターンが一定している。長くゆっくりした冷涼な時期と、急激な気温の上昇によって突然に終わる氷期があり、そして10万年ごとに現われておよそ1万年間続く間氷期が挟まる（図1）。この長期のパターンに短期的な周期性がかぶさっている。最後の氷期の間には約7万5000年前から1万5000年前に一過性の急激な温暖化現象が約1500年ごとに20回くらい認められる。発見者2

人の名前を付けて「ダンスガード／オシュガー・イベント」と呼ばれている。グリーンランドで5〜10℃気温が高くなった。気温上昇後の数百年間で冷涼化していって寒期となる現象である。もっとも寒さが厳しかったのは約2万5000年前から1万8000年前で、最寒冷期と呼ばれている（図2）（Burroughs 2005）。

気候変動の諸現象のなかでも最も劇的な変化を引き起こすのが「ハインリッヒ・イベント」で、約7万年前から1万6000年前の間に6回認められる。海洋学者のハルトムート・ハインリッヒが大西洋北東部の深海底堆積物中の浮氷起源の岩砕を根拠に、1988年に記載した（Heinrich 1988）。この岩砕層は歳差運動の半期（1万1000±1000年）ごとに形成されている。日射量が冬季に小さく夏季に大きな時期と、夏季に小さく冬季に大きな時期に浮氷が出現するからである。ハインリッヒ・イベントがおきると、氷期の寒冷な状態からさらに気温が3〜6℃下がることがグリーンランドの氷床コアの分析からわかっている。日本海でも大きな気候変動の跡が残っている。ハインリッヒ・イベントとダンスガード・オシュガー・サイクルとの関連もわかっている。ハインリッヒ・イベントが氷期にしか起こらないのに対し、ダンスガート・オシュガー・サイクルは氷期にも間氷期にも起こる。実際、完新世には「ボンド・イベント」と呼ばれるダンスガート・オシュガー・サイクルが起こっている。

厄介なことに、この複雑な気候変動は北半球に一律に適応できるものではなく、氷床の存在、偏西風やモンスーンなど気流の変化、エルニーニョなどの海水温、深層海流などの影響で地域によって変動パターンに違いがある。厚い氷床に覆われたヨーロッパや北米の変動パターンを、周辺に大きな氷床のなかった日本列島にそのままそっくり応用することはできない。グローバルな標準パターンを参照しながら、列島の気候変動を復元する試みは始まったばかりである（工藤2012）。

(2) ボンド・イベント

最終氷期の極寒期は1万6600年前頃をピークとするハインリッヒ1・イベントをもって終わりを告げた。約1万4500年前に地球上の気温が4〜5℃ほど急激に上昇し、500年間で20mほどの海面の上昇があった。この「ベーリング期」と呼ばれる温暖な時期は長続きせず、800年間ほど中断（「古ドリアス期」）した後に、再び若干暖かくなった（「アレレード期」）。しかしそのまま気温の上昇が続くことなく再び1万2900年前頃に気温が低下し、ほとんど氷期の状況に戻ってしまった。ヨーロッパで夏に5〜8℃、真冬に10〜12℃気温が下がった「新ドリアス期」と呼ばれるこの寒冷気候の揺り戻しは、約1300年続いた。日本ではこの気候変動の激しかった時期が縄紋時代草創期に当たる。

約1万1600年前に突然に気温が7℃ほど上昇して地質年代の完新世に入った。しかし1万1250年前頃から200年間ほど冷涼化したのち（プレボレアル期）、ようやく比較的安定した温暖な気候（ボレアル期）になり、8600年前頃に現在より2〜3℃気温の高い気候最適期（アトランティック期）が訪れた。縄紋時代早期に当たる。

完新世は気候の温暖な間氷期とも考えられのだが、完新世に入っても「ボンド・イベント」と呼

ばれる、冷涼化に続く寒冷ピーク後の限定的だが急激な気候の温暖化が、1470 ± 500 年間隔で 8 回（約 1 万 1100 年前、1 万 300 年前、9400 年前、8100 年前、5900 年前、4200 年前、2800 年前、1400 年前）起こっている。北大西洋の深海底堆積物コアの分析論文の筆頭著者であるジェラード・ボンドにちなんで名づけられた現象で（Bond et al. 1997）、少なくとも 8200 年前（8.2ka イベント）と 4300 年前（4.3ka イベント）の寒冷ピーク後の急な温暖化は地球規模の影響があったことがわかっている。縄紋時代早期／前期と、中期／後期の文化変化との関連が推測される。

（3）湖沼堆積物の年縞

　完新世の長期的な気候変動パターンに表れない局地的な気候の変化を正確に知ろうとするならば、湖沼堆積物の年縞の記録に注意を払わなければならない。福井県三方五湖のひとつ、水月湖の湖底では海水が侵入して汽水化すると黄鉄鉱や方解石が、また海水の侵入が止まり淡水化すると菱鉄鉱がそれぞれ生成される。これらの変動は海水準変動を指示する。水月湖の年縞堆積物に認められる菱鉄鉱量と方解石量の変動を見ると、8500 年前以降、海水の侵入頻度は増加・減少を繰り返しながら大局的に増加している。鬼界アカホヤ火山灰層堆積（約 7300 年前）以降、海水準が上昇し降水量が増加したが、7000 〜 6800 年前、5500 〜 5000 年前、4400 年前、3600 年前、3000 年前、

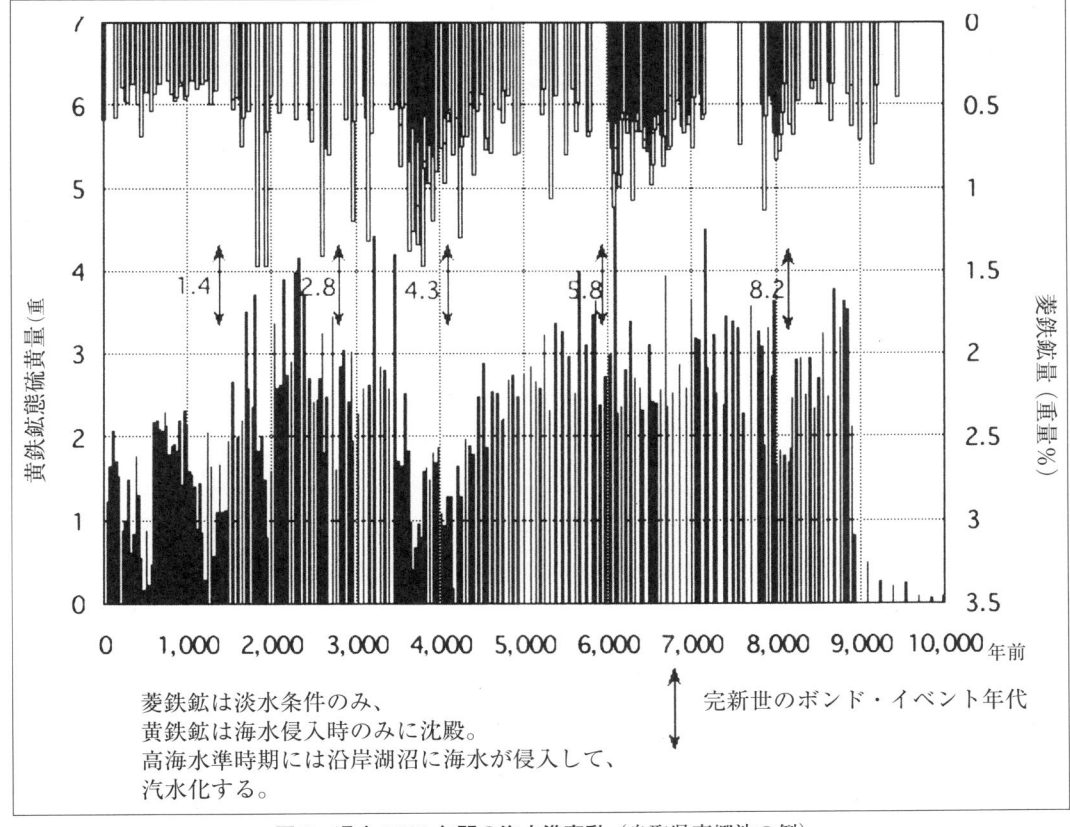

図3　過去9000年間の海水準変動（鳥取県東郷池の例）

1800年前の6回海水準が低下した（福澤1995）。つまり気候が冷涼化したと見られる。福澤仁之の論文には水月湖の詳細な海水準変動図が載せられていないので、東郷池の図を参照した（図3）。ただし門外漢なので東郷池の図からは約7000年前以降の6回の海水準低下期を正確に読み取ることができない。この方法論にはまだ改良の余地が残されているのか、水月湖と東郷池の堆積物の年縞に見る海水準低下が列島規模だけでなく局地的なものを反映しているためなのか、私には判断できない。

1万年以上にわたって継続した縄紋文化・縄紋社会の長期的・中期的・短期的変動パターンの解明、この種の問題をこれまで設定する研究者がいなかった。研究が蓄積されてきた土器型式の大別・細別と、最近明らかになってきた気候変動とを対比することで、土器型式上の画期あるいは土器を含む物質文化・精神文化上の変化、言い換えれば、縄紋社会の構造変動の継起とその実質とを解明することが本著のテーマである。

第3節　気候変動と集落・土器型式の変遷

（1）縄紋集落の変遷

1984年までの住居跡などのデータに基づき、鈴木保彦が中部・南関東地方における縄紋時代の集落変遷の論考を発表したのは1986年である。その後のデータの急増にもかかわらず、総体的な傾向に変わりないので、まず鈴木の論旨を見ておこう（鈴木2006）。

縄紋時代の集落を住居跡数、集落跡あるいは集落規模からみると、その変遷には大きなうねりが看取される。最も大きな変動期は、前期前葉ないし前期前葉から中葉までの隆盛と末葉の急激な低落、および中期中葉～後葉までの全盛と末葉の凋落である。このような縄紋時代全体の変動は、海進期にあたる前期前葉ないし中葉の集落の隆盛、海退期にあたる前期末から中期初頭の南関東の沈滞、高温期に相当する中期中葉から後葉の全盛、減温期に相当する後期後半以降の衰退など、その根本的原因として気候の変化で説明できると見ている。

もう少し具体的に見てみると、草創期の住居跡数は数量的には少ないが、集落の形成もこの時期までさかのぼる可能性がある。早期は前半にひとつの画期が見られ、東京都、神奈川県、埼玉県では撚糸紋土器群期に、長野県、山梨県では押型紋土器群期に隆盛が見られる。早期後半では、条痕紋土器群期に東京都と埼玉県の集落が隆盛する。神奈川県などでは住居跡以外に多数の炉穴が検出されているから、再考の余地は残されている。早期終末は大型住居がごく少数認められる。前期は埼玉県と長野県で前葉の花積下層式土器期から黒浜式土器期のものが特に多く、神奈川県、東京都、山梨県では中葉の諸磯a、b式土器期の住居跡が最も多い。ところが末葉の諸磯c式土器期になると、各地域で急激に衰退する。中期の五領ヶ台式土器期に復旧する様子がうかがえ、次の勝坂式～加曽利E式土器期、特に勝坂2式～加曽利E3式土器期は縄紋集落の全盛期となる。中期終末の加曽利

E4式土器期になると住居跡の数は急激に減少し、拠点的大集落は没落、解体してしまう。後期は南関東の一部に限って前葉の堀之内式～加曽利 B1 式土器期に隆盛をみるが、次第に凋落し、後葉はほとんど衰退してしまう。晩期はさらに住居跡の数が減少して壊滅状態となり、縄紋集落の終焉を迎えた。

　放射性炭素による年代測定技術の高精度化（微量炭素での測定を可能にした加速器質量分析器（AMS 法）と、測定値を実年代に近づける暦年較正）と、グローバルな古気候データの開示・応用によって、縄紋時代の開始あるいは縄紋文化の起源をめぐる新たな論争が活気づいているが、それだけでなく、鈴木保彦の論考から四半世紀が過ぎた今日、完新世の気候変遷と縄紋集落の変遷とを詳細に擦り合わせることも可能になってきている。

(2) 土器型式の画期

　1998 年に青森県大平山元 I 遺跡の第 2 次発掘調査が行われた。ここでも長者久保系（あるいは神子柴系）石器群に伴い、46 点の土器片が出土した。土器に付着していた炭化物を試料とした AMS 法による年代測定値の暦年較正は、土器が約 1 万 5300 ～ 1 万 6500 年前の古さであった。調査者の谷口康浩はこの結果を受けて、日本列島の「初期土器群」を、1 期：隆起線紋系以前の土器群（約 1 万 6050 ～ 1 万 5170 年前）、2 期：隆起線紋系土器群（約 1 万 5170 ～ 1 万 3780 年前）、3a 期：円孔紋・爪形紋・押圧縄紋土器群（約 1 万 4520 ～ 1 万 2060 年前）、3b 期：多縄紋系土器群（約 1 万 2090 ～ 1 万 1370 年前）に区分した。そしてこの 4500 年余の長い縄紋時代草創期を「旧石器－縄文移行期」と捉え直し、これに続く縄紋時代早期をもって縄紋時代の始まりとしている。1 期は最古ドリアス期以前、2 期をベーリング期、3a 期をアレレード期、3b 期を新ドリアス期におおよそ対応させた（谷口 2011）。

　放射性炭素年代値の暦年較正を積極的に推進し、「環境変遷史」という研究領域の開拓を図る工藤雄一郎は、当該期の気候変動を 5 段階に設定している。すなわち、段階 I：最終氷期最寒冷期以降から約 1 万 5560 年前、第 II 段階：約 1 万 5560 年前から約 1 万 3260 年前、第 III 段階：約 1 万 3260 年前から約 1 万 1560 年前、第 IV 段階：約 1 万 1560 年前から約 9060 年前、第 V 段階：約 9060 年前以降。考古学の遺跡のほうもこれに相当する 5 段階、すなわち、「細石刃石器段階」、「神子柴・長者久保系石器群＋無文土器」、「隆起線文期段階」、「爪形文・多縄文期段階」、「撚糸文期段階」に分けている（工藤 2012）。

　ところで私は、神子柴型石斧の技術・形態的変化に着目して当該期を 3 期に区分している。すなわち、伐採機能以上に威信財としての象徴性を重視した典型的な（過剰デザインの）神子柴型石斧の時期、象徴的なデザインが崩れ、粗雑化・小型化して機能性が進行した時期、そして断面形などにわずかに神子柴系の特徴を残す小型石斧の時期である。石斧は言うまでもなく樹木の伐採具で、その増減は森林環境と関連している。この方面から神子柴型石斧の変遷を見てみると、その登場はいまだ寒冷な気候条件下で、おそらく針葉樹林が卓越していて石斧の伐採機能をほとんど要しなかった。言い換えると、神子柴型石斧は日常的な生活用具ではなく、威信・象徴財であったと考えら

れる。遠因が気候の変化（ハインリッヒ1・イベント？）にあったかもしれないが、直接的には北海道から南下した北方系細石刃石器群を装備した集団との接触を契機とした在地集団の自己表出であった、というのが私見である。周知のように、神子柴遺跡からも数は少ないが通常の石斧も出ていることから、木工作業がなかったわけではない。異集団との遭遇という社会的緊張が解消し、気候が温暖化（ベーリング期・アレレード期）して落葉広葉樹林が拡大するにつれて、伐採具に機能転換した石斧は周辺地域に拡散していった。その後に寒の戻り（新ドリアス期）に伴う落葉広葉樹林の縮小で、再び石斧の有用性は薄れたと思われる。石斧が本来の位置を回復するのは縄紋時代早期後半に入ってのことである。この神子柴系石斧の変遷はおおむね隆起線紋土器期以前、隆起紋土器・爪形紋土器期、押圧縄紋・多縄紋土器期に対応している。工藤の区分では、ステージ2の最寒冷2期（約2万4000〜1万5000年前）終末のハインリッヒ1・イベント直後、ステージ2の晩氷期温暖期（約1万5000〜1万3000年前）、ステージ2の晩氷期寒冷期（約1万3000〜1万1500年前）に対応する。

　完新世（新ドリアス期終了以降）に入っても、冷涼化と寒期のピーク後の急激な温暖化という現象、いわゆるボンド・イベントが8回あったと言われている。おおよそ縄紋土器型式の大きな画期と一致する。1万1100年前頃に草創期の土器から早期の土器に、8000年前頃に早期の土器から前期の土器に、5600年前頃に前期の土器から中期の土器に、4500年前頃に中期の土器から後期の土器に、2800年前頃に縄紋土器から弥生土器に替わっている。工藤雄一郎（前掲書）はボンド・イベントに加え、中国南部のドンゲ洞窟の石筍の酸素同位体変動、鳥取県東郷池の年縞堆積物、関東平野の海水準・植生変化などのデータを参照して、後氷期の関東平野の環境史と土器型式の時間的対応関係を提示している。すなわち、温暖1期（約1万1500〜8400年前）：表裏縄紋土器群の一部、撚糸紋土器群、沈線紋系土器群、条痕紋系土器群（子母口式、野島式頃までか）、温暖2a期（約8400〜7000年前）：条痕紋系の鵜ヶ島台式、茅山下層式、茅山上層式、打越式、神之木台式、下吉井式あるいは花積下層式頃まで、温暖2b期（約7000〜5900年前）：関山式、黒浜式、諸磯a式、諸磯b式頃まで、冷涼1a期（約5900〜5300年前）：諸磯c式、十三菩提式、五領ヶ台1式、五領ヶ台2式、（勝坂1式）、冷涼1b期（約5300〜4400年前）：（勝坂1式）、勝坂2式、勝坂3式、加曽利E1式、加曽利E2式、加曽利E3式、加曽利E4式、冷涼2a期（約4400〜4000年前）：称名寺1式、称名寺2式、堀之内2式頃まで、冷涼2b期（約4000〜2800年前）：堀之内2式、加曽利B1式、加曽利B2式、加曽利B3式、曽谷式、高井東式、安行1式、安行2式、安行3a式、安行3b式、安行3c式もしくは安行3d式頃までである。工藤は気候の不安定な時期の土器型式と気候の安定した時期の土器型式に注目している。

第4節　縄紋人の生活世界

　私はこれまで縄紋文化の全体システムを3つのサブ・システム、すなわち認知系（精神文化）、

行動系（風俗・規範）、道具系（物質文化）とその相互関係として捉え、さらに自然環境との関係（エコ・システム）と社会環境との関係（ソーシャル・システム）を加えてその全体性を"構造"と呼び、その構造の時系列的な変動を各システム変化から接近し、解明しようとしてきた。いわゆる"構造変動論"である。

　猟漁採集民である縄紋人の生活世界は自然と密接に結びついており、したがってその生活、言い換えれば、その文化の変化は自然環境の変化を要因としていた。言うまでもなく、自然環境（地形・植生・動物相など）の変下は気候変動に連動している（図4）。なお、社会環境も気候の影響を被ることがないではないが、ここでは独立項扱いとした。

　最終氷期極相期（約2万年前）と完新世最適期（約8000年前）の南関東地方で対照的な構造を見てみよう。最終氷期極相期には現在より平均気温が7～8℃も低かったため、海面が約130m低下して東京湾は陸化していた。周辺山地はモミ属・ツガ属・トウヒ属などの亜寒帯針葉樹林に広葉樹のカバノキ属やハンノキ属が伴っていた。この針広混交林と草原にヘラジカ・バイソンなどのマンモス動物群とナウマンゾウ・オオツノジカ・ニホンムカシジカなどの黄土動物群が生息していた。旧石器時代人は槍を手に動物群を追って遊動していた。一方、完新世最適温期には現在より1～2℃気温が高く、海面は3～5m高くなり、奥東京湾が形成された。暖温帯落葉広葉樹林が広がり、クルミ属・コナラ亜属・クリ属などの種実や根茎類の採集、シカ・イノシシなど中型獣の狩猟、沿

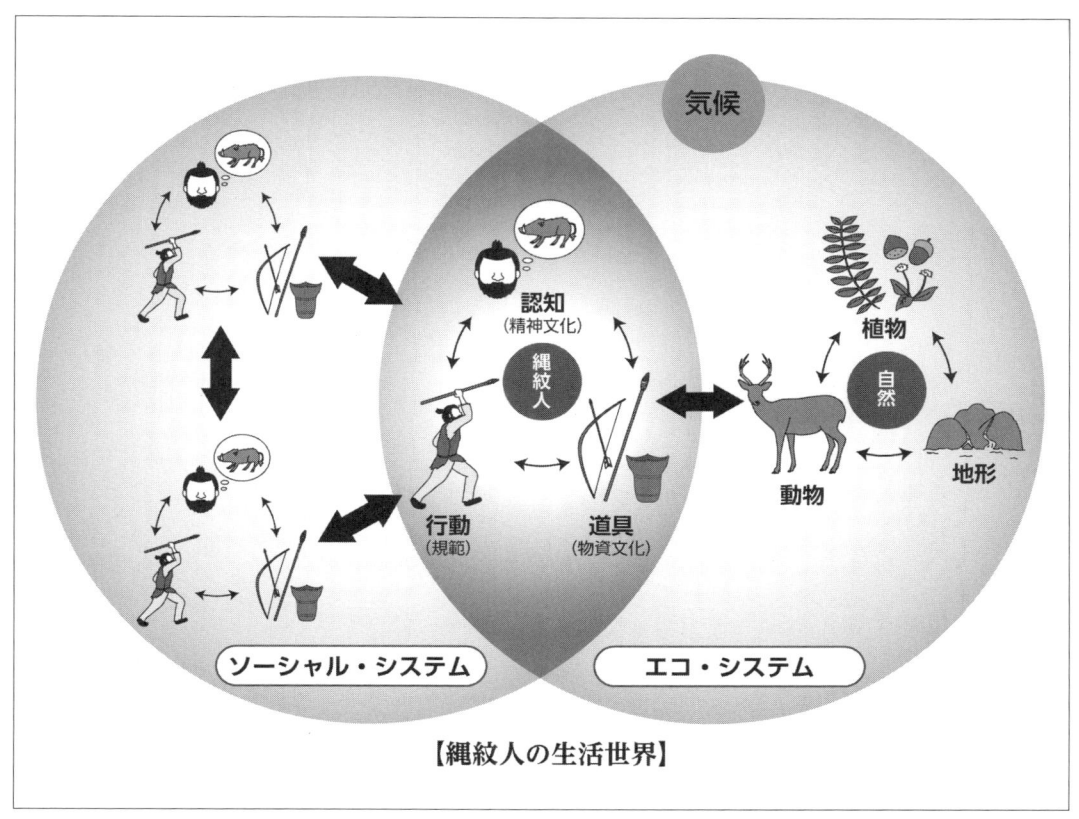

図4　縄紋時代の構造（人と自然・人と人の関係性）

岸部での貝類の採取や魚類の釣り・刺し漁などで獲得する動植物質食料に恵まれ、定住集落が形成された。

　さて、気候の温暖・安定期と寒冷・異常期の変化をよく反映するのが植生である。植生により、植物質食料の供給が左右され、縄紋時代の居住形態（集住・分散遊動）に反映する。そこでハインリッヒ1・イベント以降の気候変動期の考古現象と、ボンド・イベントの寒期のピーク時の土器型式期の考古現象、とりわけ居住形態の変化を探り、さらにその数型式先まで遡って寒冷化を示唆する考古現象（例えば石鏃・石匙の増加）と、数型式下って急激な気候の回復・温暖化を示唆する考古現象（例えば石皿・磨石の増加）を検討する。変化が認められれば、道具系－行動系－認知系に関連する遺物・遺構のシステム的変化を探る。そうした方法で気候変動を契機とする縄紋時代の構造変動の実態を明らかにするのが本著の目的である。

第2章　更新世／完新世の縄紋化プロセス
―草創期の構造変動―

　最近の工藤雄一郎の区分によれば、最終氷期の古環境変遷は次の5期のように捉えられる（工藤 2012）。すなわち、「ステージ3 暖寒移行期」（約4万4000〜3万8000年前）、「ステージ3 寒冷期前半」（約3万8000〜2万8000年前）、「ステージ2 最寒冷1期」（約2万8000〜2万4000年前）、「ステージ2 最寒冷2期」（約2万4000〜1万5000年前）で、考古学ではここまでが旧石器時代である。そして「ステージ2 晩氷期温暖期」（約1万5000〜1万3000年前）から新ドリアス期（約1万2900〜1万1600年前）までの気候的変動の激しい時期が縄紋時代草創期に相当する。

　「最寒冷2期」後半の細石刃石器群が展開した時期に、遺跡分布が密で規模の大きな遺跡が見られた地域は北海道東部、中部高地〜南関東、北九州、南九州の4つの地域である。さらに巨視的に見れば、湧別技法で代表される東北日本と、矢出川技法で代表される西南日本との東西に大きく分離される地域性が指摘されてきた。この細石刃石器群に表出した地域性の違いが、その後に2つの異なる縄紋化プロセスを生成したのである。

　最終氷期極相期に大陸と地続きとなった北海道に南下してきたマンモス動物群を追って、狩猟集団が移住してきた。先住民に取って代わって以降、北海道は本州以南と異なる細石刃石器群期に入った。最新の古気候データと暦年較正年代が示すところでは、ハインリッヒ1・イベントの寒冷現象（約1万6600年前）が北海道集団の一部に南下を促したと考えられる。長野県神子柴遺跡および関連遺跡の年代測定値がないが、大平山元Ⅰ遺跡の暦年較正年代を参考にすると、甲信越地方の神子柴石器群の出現と拡散はこの北方集団の南下とその後の温暖化傾向と関係がある。北関東・甲信越地方以北において、文化的・社会的伝統の異なる北方集団との接触・緊張関係の中で、在地集団がその存在証明として表出したのが神子柴石器群だと考えている。「神子柴文化」の「大陸渡来説」は否定された（安斎 2002）。事実、典型的な神子柴石器群は北海道でも西日本でも確認されておらず、神子柴系と言われる石斧や石槍が散発的に見つかっているだけである。この仮説に立てば、北方集団との接触・緊張関係がなかった西日本、とりわけ先行石器群の伝統も気候・生態条件も違っていた南九州においては、別途の縄紋化プロセスが仮定できる。

　約1万4500年前以降に気温が急激に上昇し、落葉広葉樹林が拡散するとともにそうした生態条件に適応した"隆起線紋土器集団"が列島の各地で定住化を加速させていった。しかし新ドリアス期相当の寒の戻りによって集団の遊動性が再び高まり、寒冷気候下での生活様式（文化）に再適応したようである。

第1節　東北日本の削片系細石刃石器群

(1) 北海道の細石刃石器群

1. 石器群の類別と編年

　北海道千歳市柏台1遺跡で出土した細石刃石器群の年代は約2万4000〜2万5300年前で、現在のところ日本の細石刃石器群中最古の位置にある。最終氷期極相期に避寒地シベリアから南下するマンモス動物群を追ってきた集団に関わる遺跡の可能性がある。これを最古とする北海道の細石刃石器群の経年的類型は明らかになってきたが、細石刃石器群の終末の年代は確定していない。帯広市上似平遺跡出土の有茎尖頭器を伴う忍路子型細石刃石器群は約1万3500〜1万6700年前である。ちなみに、温暖化した時期に本州方面から北上した集団が残した遺跡だと見ている帯広市大正3遺跡出土の爪形紋土器を伴う石器群は約1万3700〜1万5900年前である（堤 2011）。

　近年の研究書で山田哲は北海道における細石刃石器群を3期に区分し、細石刃核とそれに関連する細石刃製作技術を指標として、石器群を7群14類に分けている（山田 2007）。すなわち、前期前葉にA群（蘭越型）、B1群（峠下型1類）、C1群（美利河型）を、前期後葉にB2群（峠下型2類）、B3群（峠下型3類）、C2群（札滑型）を、後期細石刃石器群の初頭にC3群（白滝型）、D群（広郷型）、G1群（幌加型）を当て、E群（忍路子型1類・2類）、F群（紅葉山型）、G2類・G3類（小形舟底形石器1類・2類）が後続する。現在、最も体系的な分類であるが、各石器群の実年代はいまだ確定されていない。

　1961年に発掘調査が行われ、1975年に報告書が出された白滝服部台遺跡の調査記録を、藤山龍造が精査して興味深い報告をしている（藤山 2013）。藤山は石器類の集中箇所を6ヶ所に分けている。第1集中地域と第2・第3集中地域（舟底形石器・槍先形尖頭器・有茎尖頭器など）との石器組成差は従来の知見どおりであるが、問題は第1集中地域の石器群で、白滝型細石刃核、峠下型細石刃核、10cmを超える大型尖頭器を含む槍先形尖頭器などに明確な分布差を確認できないという。いくつかの石器群の混在なのか、これまで時期差と認識してきた石器類が供伴するのか、課題を残すことになった。

2. 札滑型細石刃核・白滝型細石刃核の出現

　ところで、遺跡から出土した石器の素材（石材）の産地が特定されると、その分布状況はその石材を利用した集団の居住形態・移動形態を示唆してくれる。北海道の細石刃石器群遺跡から出土した黒曜石の産地分析の結果を集成した佐藤宏之らによれば、産地利用形態が大きく変化するのは前期前葉細石刃石器群期から前期後葉細石刃石器群期への移行期、すなわち、白滝産黒曜石と強く結びついた湧別技法による札滑型細石刃核・白滝型細石刃核の出現期である（図5）（佐藤・役重

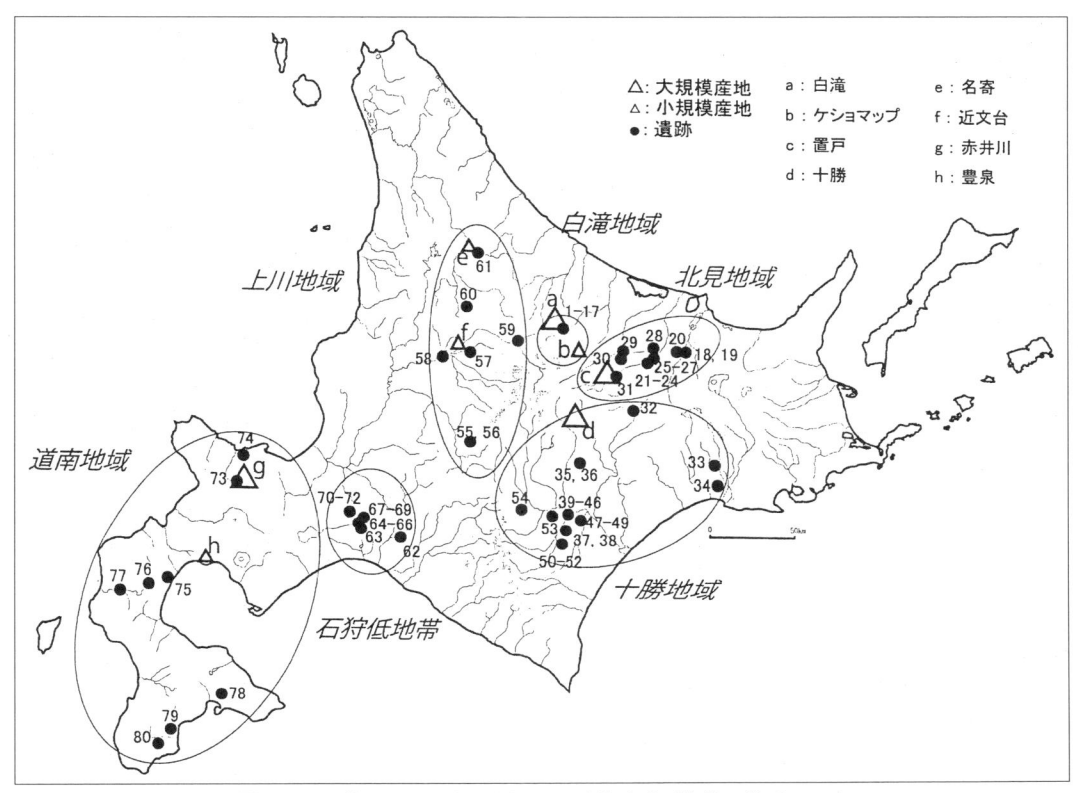

図5　北海道の黒曜石産地と旧石器時代遺跡（佐藤・役重 2013）
67：オルイカ2　76：美利河1　78：石川1　79：新道　80：湯の里4

2013）。特定産地の黒曜石が遠隔地に分布すること、つまり集団の長距離移動を可能にした湧別技法の案出が、気候の寒冷化（例えば約1万6600年前のハインリッヒ1・イベント）に際し、本州中央地域までの移動を可能にしたのである。

　遠隔地分布の実態は千歳市オルイカ2遺跡で認められる（阿部・広田編 2005）。4ヶ所の石器集中部が検出されていて、いずれも湧別技法札骨型細石刃核を含む細石刃石器群である〈図6〉。各ブロック間で接合関係が認められることから、同一集団の石器製作跡とみられ、被熱石器の分布から各場所で火がたかれていたと考えられる。石材は黒曜石主体で、白滝の赤石山産が多いようである。約5.4kgの重量になるので、それよりはるかに多い量の黒曜石が白滝から運び出されていたことになる。黒曜石以外に頁岩、珪岩、砂岩、泥岩も使われているが、全部で5%以下である。細石刃は大形で460点ある。札骨型細石刃核11点とその削片14点、尖頭器2点、両面調整石器（両面加工の掻器）5点、背面の周縁部と腹面の基部が加工される左刃の荒屋型彫刻刀形石器18点とその削片10点、掻器21点、削器55点、石刃7点、二次加工剥片44点、石核5点、石斧1点など計3,031点が検出された。石斧はブロック外の出土で、棒状の礫を素材に側縁からの加工で整形したのち、ほぼ全面を研磨している。暦年較正年代は約1万8200～1万7100年前、あるいは約1万5800～1万4400年前と絞り込めないが、ハインリッヒ1・イベントに絡む移動を考えるには興味深い資料である。

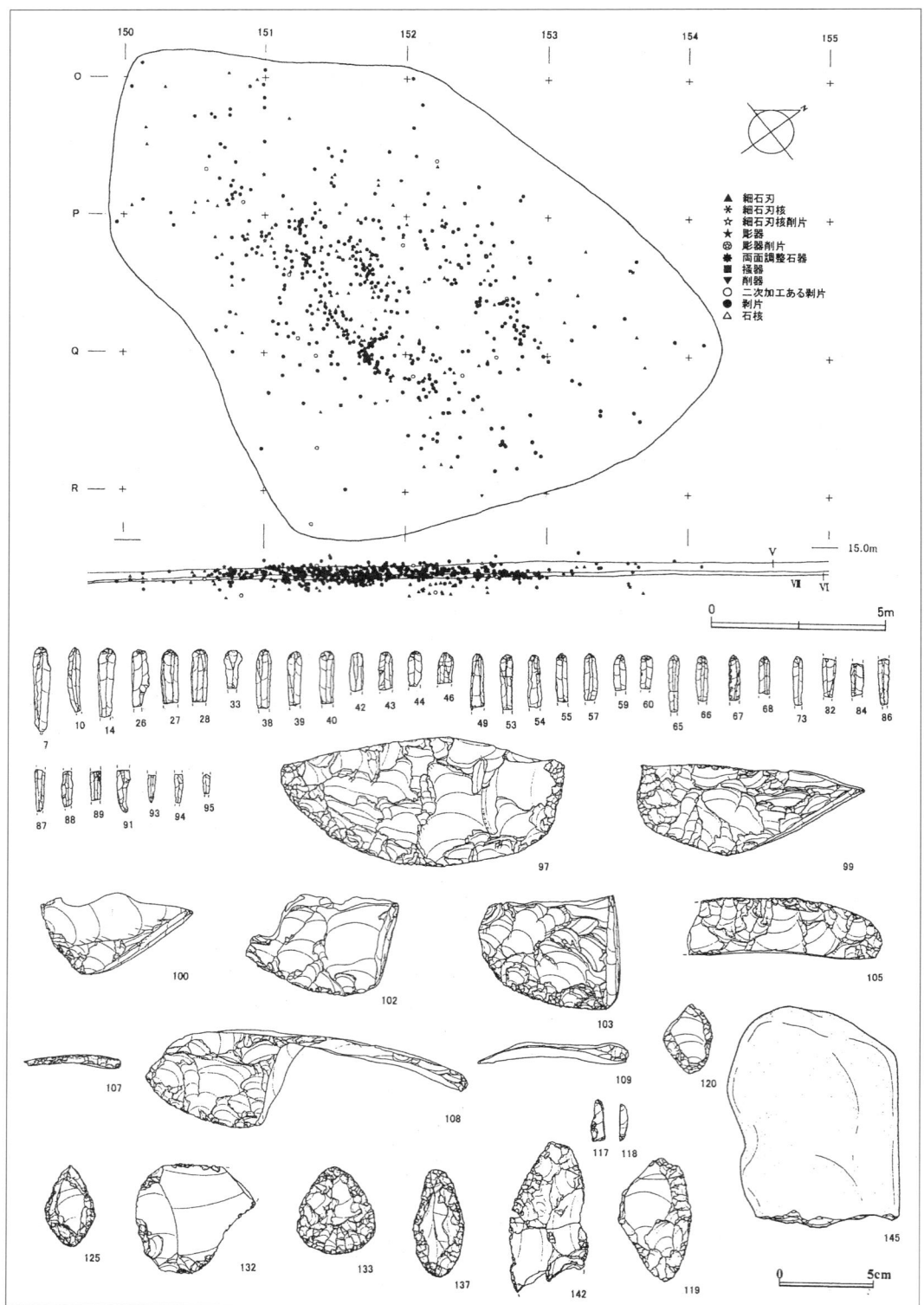

図6 千歳市オルイカ2遺跡・石器集中LCS-4の分布と石器群（阿部・広田編 2005）

第 2 章　更新世／完新世の縄紋化プロセス　19

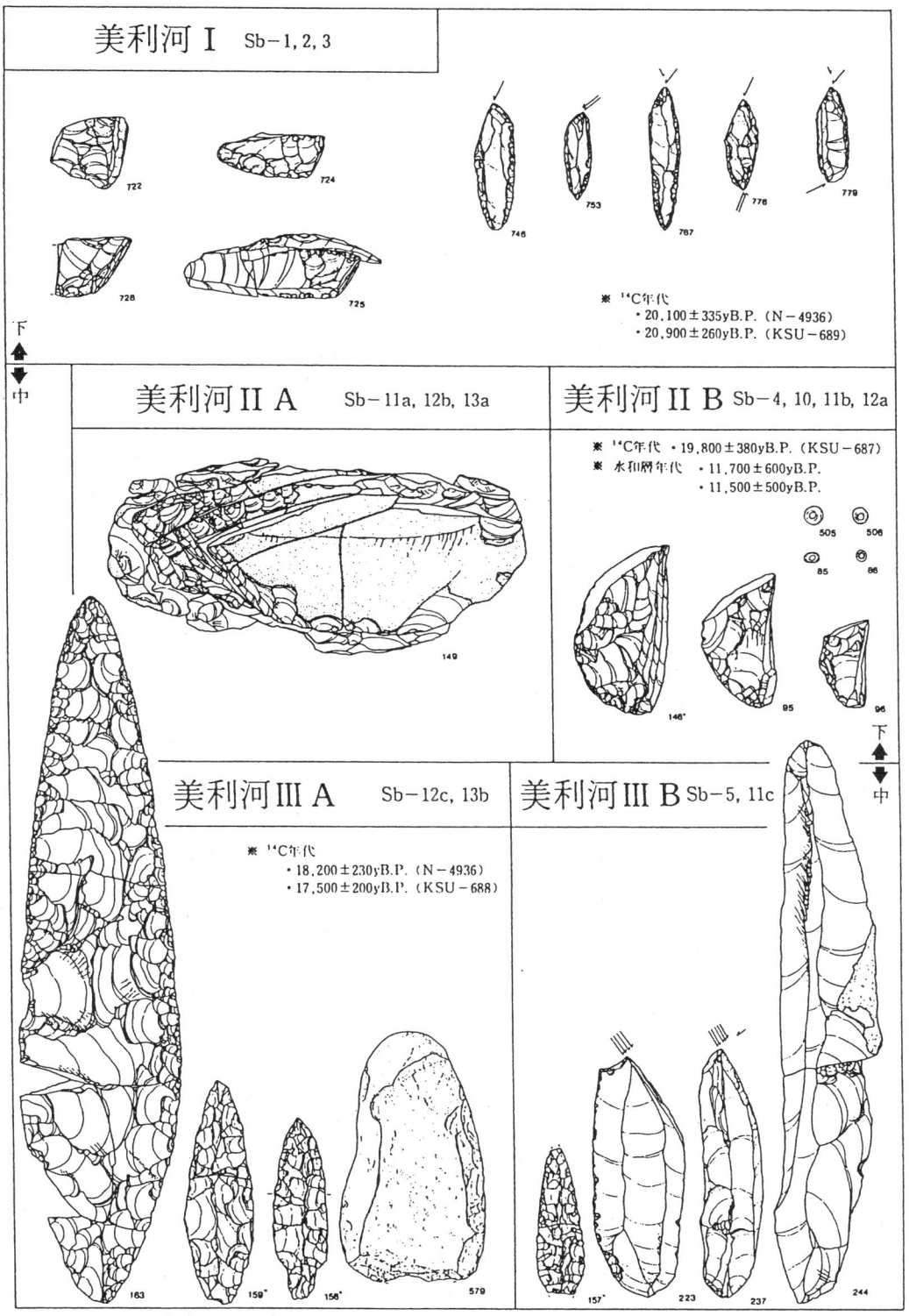

図 7　北海道今金町美利河 1 遺跡の細石刃石器群（長沼編 1985）

3. 渡島半島の細石刃石器群遺跡

本州に北方系細石刃石器群をもたらした集団の原郷あるいはその移動ルートと考えられる渡島半島において、示唆する資料はあるが、いまだにその確証は得られていない。

美利河1遺跡 （長沼編 1985）

瀬棚郡今金町美利河1遺跡は、焼土ブロック7ヶ所、炭化木片ブロック7ヶ所、石器ブロック16ヶ所、石器2,626点を含む総数11万点余の石器・石片類を出した大遺跡である。だが、いわゆる石材原産地遺跡ではなく、繰り返し拠点的キャンプ地として利用された遺跡である。細石刃1,107点、細石刃核30点、尖頭器53点、両面調整石器29点、彫刻刀形石器84点、錐器18点、船底形石器46点、掻器39点、削器137点、石刃804点、石核198点、石斧5点、礫石器65点、玉7点を数える。石器群はⅠ、ⅡA、ⅡB、ⅢA、ⅢBの5群に分けられ、しかも層位的関係から、Ⅰ→ⅡA・ⅡB→ⅢA・ⅢBという変遷で捉えられた（図7）。

山田哲の類型では蘭越型細石刃核と玉とからなるⅡB石器群はA群、峠下型細石刃核と荒屋型彫刻刀形石器を特徴とするⅠ石器群はB1群、札滑型と峠下型の剥離工程の特徴を併せもつと言われ、「美利河技法」が新たに提唱されたⅡA石器群はC1群、有茎尖頭器を含む各種の両面加工尖頭器と「多面体彫刻刀形石器」（広郷型細石刃核）と大型石刃からなるⅢB石器群はD群である（図8・9）。最近出された暦年較正年代は、約2万4000〜2万5000年前（峠下1類・美利河型）、約2万3500年前（蘭越型）、約2万1000年以上前（有茎尖頭器石器群）である。この古い年代の有茎尖頭器石器群はいわゆる草創期並行期の有茎尖頭器石器群とは別類型とされている。この遺跡ではC2群・C3群（札滑型・白滝型）が記録されていない。

石器の84.5%を占める硬質頁岩が採取できる場所は直線距離にして5kmほど離れた場所とされる。残された硬質頁岩の総重量は250kgにもおよぶ。中には長さ44.7cm、幅18.6cm、厚さ6.8cm、重さ4.4kgにも及ぶ巨大な両面調整石器がある。大型の板状の剥片の形で運び込まれ、調整は粗いが、柳葉形に近く整形されている。日常的実用品ではなくシンボリックなものかもしれない。黒曜石は0.5%にすぎず、赤井川、白滝、置戸、十勝の4地域産のものが確認されている。さすがに最も近い約100km離れた赤井川産のものが9割近くを占めている。

湯の里4遺跡 （畑編 1985）

上磯郡知内町湯の里4遺跡では出土石器が分布範囲によって2群に分けられた。有茎尖頭器、槍先形尖頭器、両面調整石器（細石刃核素材？）、掻器、荒屋型彫刻刀形石器、粗雑な舟底形石器、磨製石斧、敲石、石皿などを主な組成とするA群と、峠下型細石刃核、広郷型細石刃核、細石刃、錐器、角二山型掻器、荒屋型彫刻刀形石器、舟底形石器などを主な組成とするB群とである。しかし、A群の遺物集中地域内から検出された墓に垂飾や玉とともに蘭越型細石刃核が副葬されていたことからも、単純に新旧2時期の石器群とくくることはできなかった。山田の類型では墓壙内副葬品はA群、「B群」はB1群である（図10）。前期前葉に利用された場所で、長い期間をおいて後に有茎尖頭器石器群期にも利用された。

美利河1遺跡A地区 Sb-1~3

美利河1遺跡A地区 Sb-13a

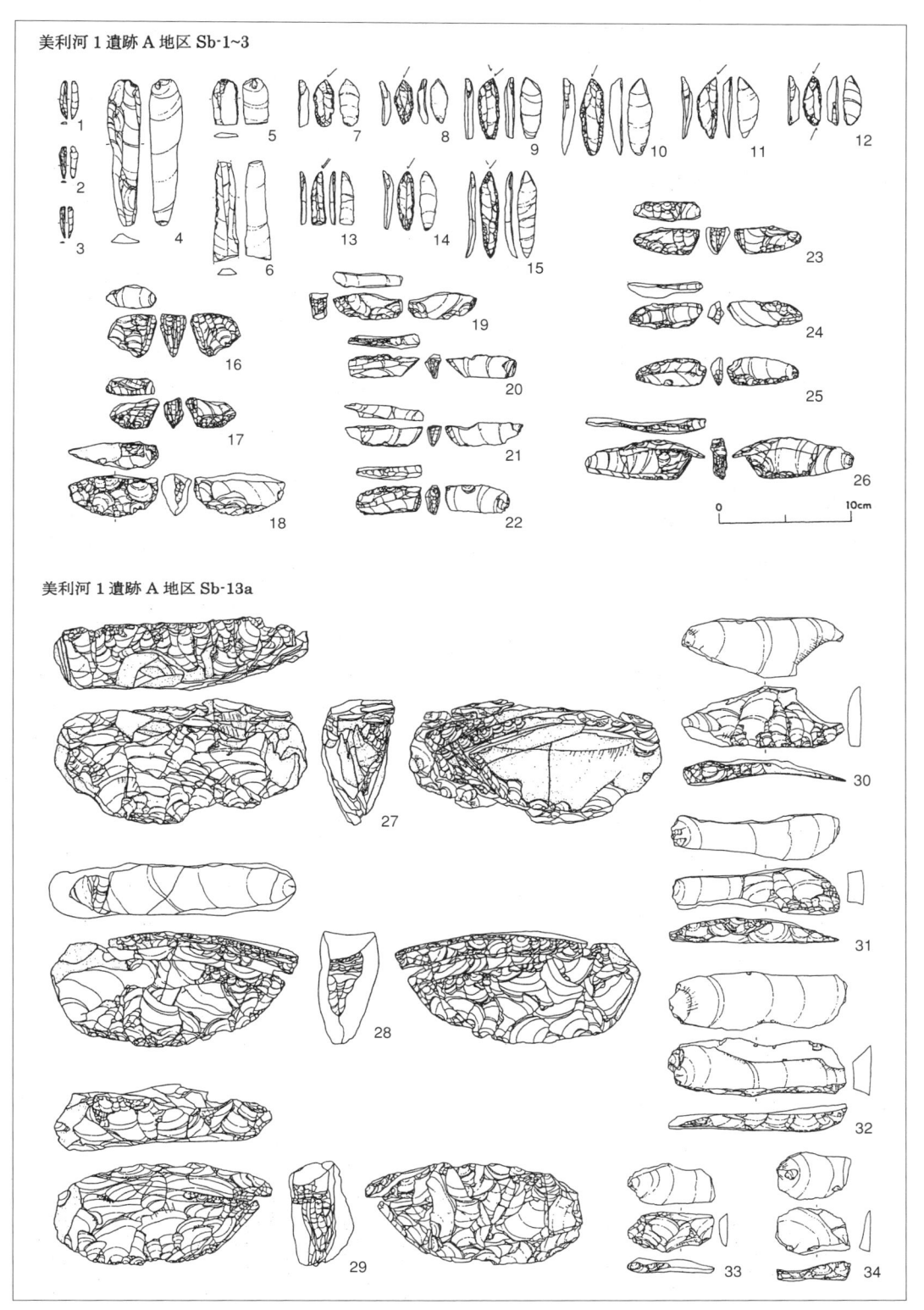

図8　美利河1遺跡出土のB1群（上）とC1群（下）（山田 2007）

美利河1遺跡A地区Sb-11

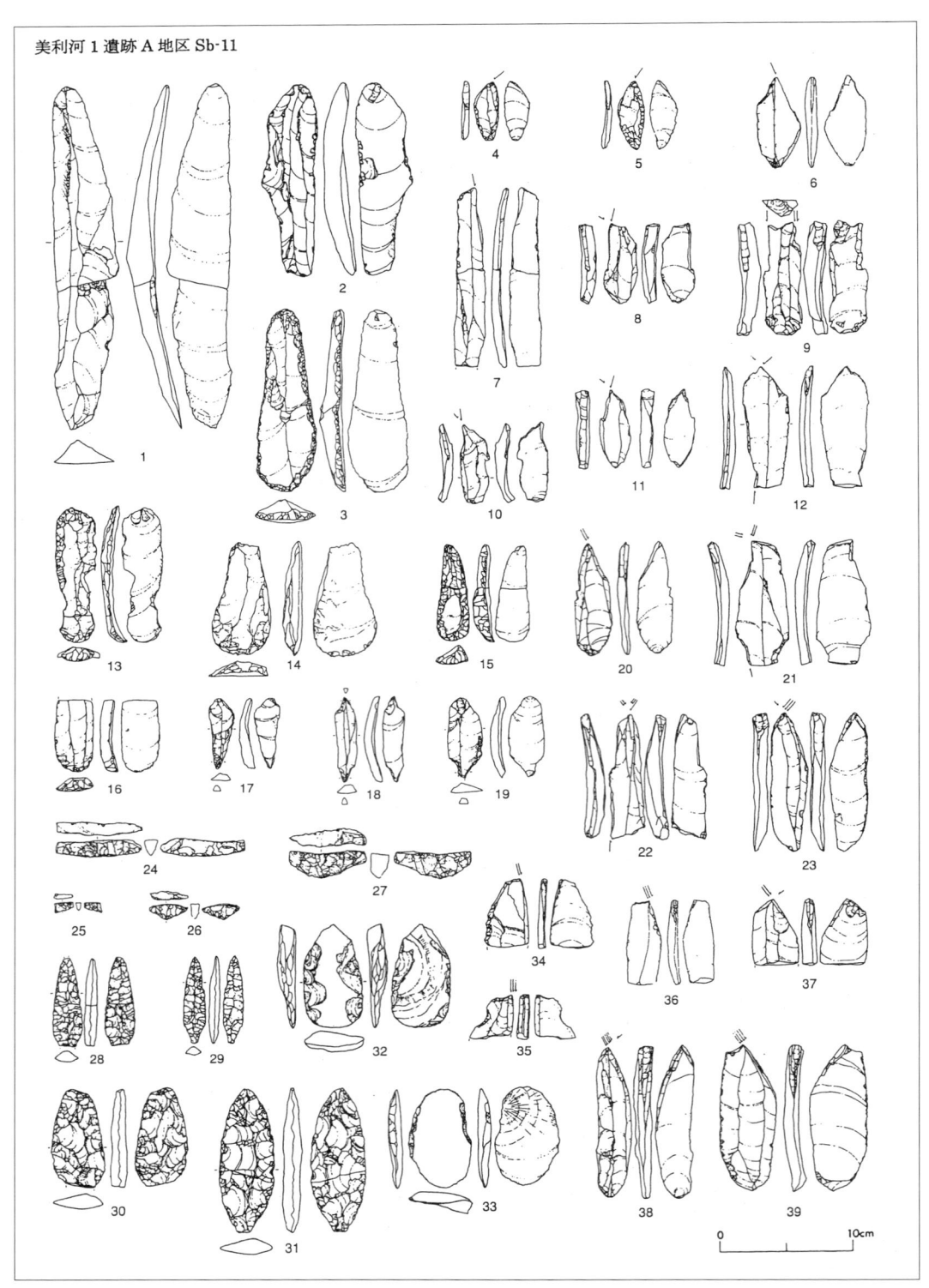

図9　美利河1遺跡出土のD群（山田 2007）

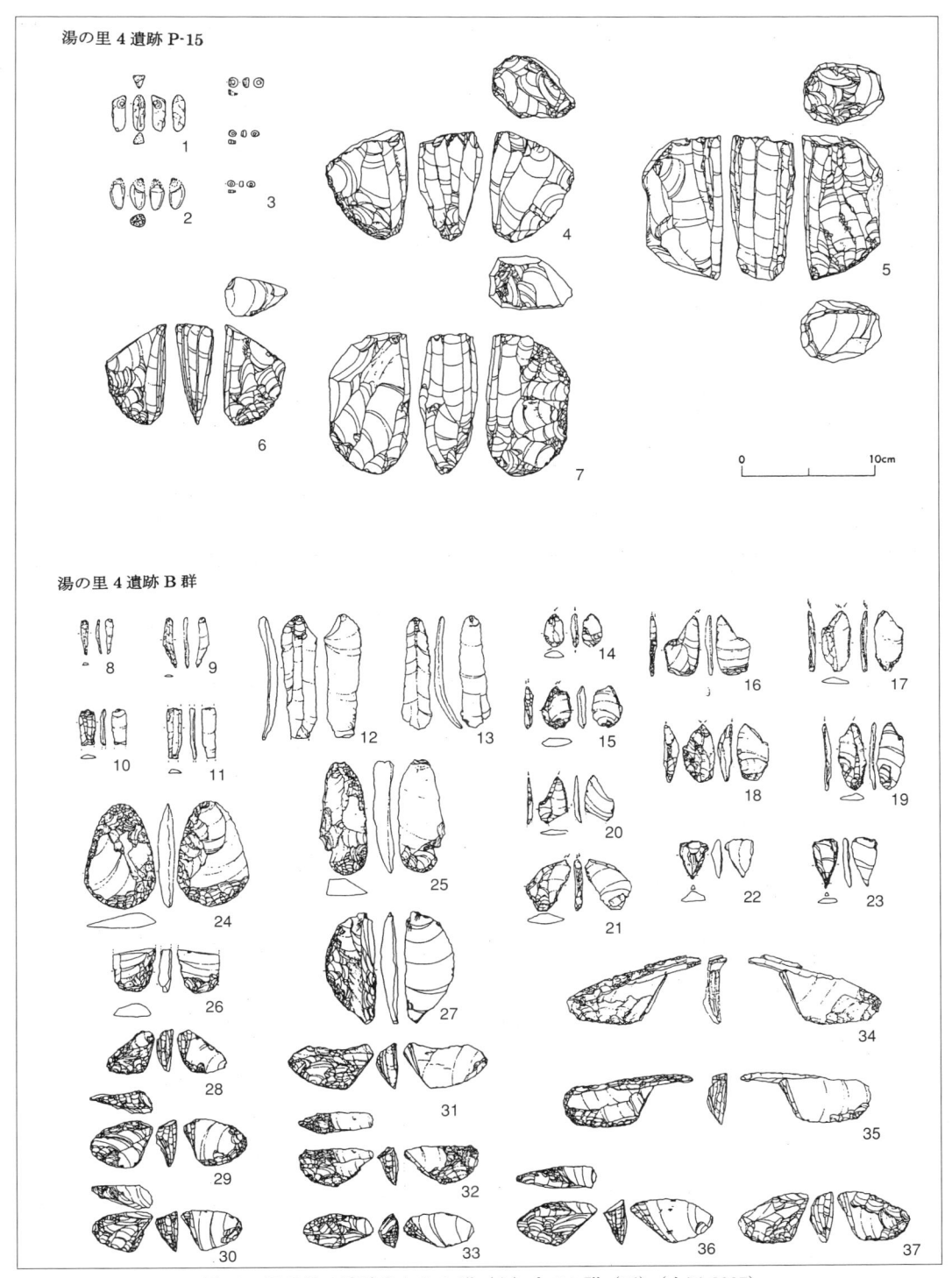

第 2 章　更新世／完新世の縄紋化プロセス　23

図 10　湯の里 4 遺跡出土の A 群（上）と B1 群（下）（山田 2007）

B1群の石器の大部分は黒曜石製で、その原産地は十勝地域産75％、白滝産13％、赤井川産6％である。ただし重量比では白滝と十勝は逆転する。渡島半島の南端に位置するこの遺跡に最も近い赤井川産の黒曜石が極端に少なく、遠方の白滝と十勝の黒曜石が多く残されていたことは、遊動集団間のネットワークの存在を窺わせる。ただし、全体的に見れば、頁岩が97％に対して、黒曜石はわずか2％にすぎず、この地域集団の石器製作は頁岩に大きく依存していた。

新道4遺跡（北海道埋蔵文化財センター編1988）

　上磯郡木古内町新道4遺跡では、細石刃核が未製品を含めて少なくとも75個の母岩から136点生産されていた。そのうち現地で出土しているのが77点、この遺跡から他の場所に持ち出されたと思われるものが77点ある（千葉1990）。細石刃核が多いこととは対照的に、石器は掻器、削器、彫刻刀形石器3点ずつ出ているだけである。遺跡は細石刃核の生産・製作に関与する単純な作業場であった。石器製作のために遺跡に持ち込まれた原石の数は大小取り混ぜて120個を下らないといわれ、頁岩の原産地は確認されなかったが、報告者が推測しているように遺跡に近かったようである。赤井川産の黒曜石製の石器は削器2点、細石刃核の打面再生剥片1点、細石刃9点、剥片・石屑12点だけである。

　この遺跡では両面調整石器を素材とした細石刃核は1点もなくて、原石の核や石刃様剥片を素材とする美利河型細石刃核、峠下型細石刃核、幌加型（？）細石刃核が共伴していて、少なくとも美利河型と峠下型はひとつの技術体系として共有されていたことが明らかにされた遺跡である。またそこでは同一母岩から細石刃核と石刃が製作されてもいて、母岩別接合資料によって、石核はその消費過程（リダクション）で多目的に使われていることが理解されるようになった。山田の類型のB1群である（図11）。

石川I遺跡（長沼編1988）

　函館市石川I遺跡では焼土ブロック1ヶ所、炭化木片ブロック4ヶ所、石器ブロック7ヶ所が確認された（図12）。細石刃、両面調整石器、彫刻刀形石器、錐器、掻器、削器などを組成し、炭化木片ブロックを伴う第2、第3、第7ブロック（細石刃核が加わる）が居住空間であり、主に尖頭器とその製作剥片、および石核と縦長剥片だけを組成する第4ブロックが石器製作の場であり、両面調整石器に縦長剥片が伴う第5ブロックと小規模な第1，第6ブロックが二次的な道具を使用する作業場である。したがって、この遺跡は第2，第3，第7ブロックを残した3つの「世帯ユニット」で構成された「交差型集落」（鈴木1984）跡であると解釈された（長沼1990）。ブロック間の接合と母岩の共有関係によって同時期とされている。細石刃核は「美利河技法」との関連が考えられ、「美利河IIA石器群」に近い時期と考えられた。

　山田はC3群に類別したが（図13）、峠下2類・札骨型とする研究者もいる。最近出された暦年較正年代では1万6200年前である。厚真町上幌内モイ遺跡の峠下2類・札骨型でも約1万7500～1万8000年前の年代が出ている。津軽海峡を越えて南下したのはこの地に遺跡を残した集団であった可能性がある。

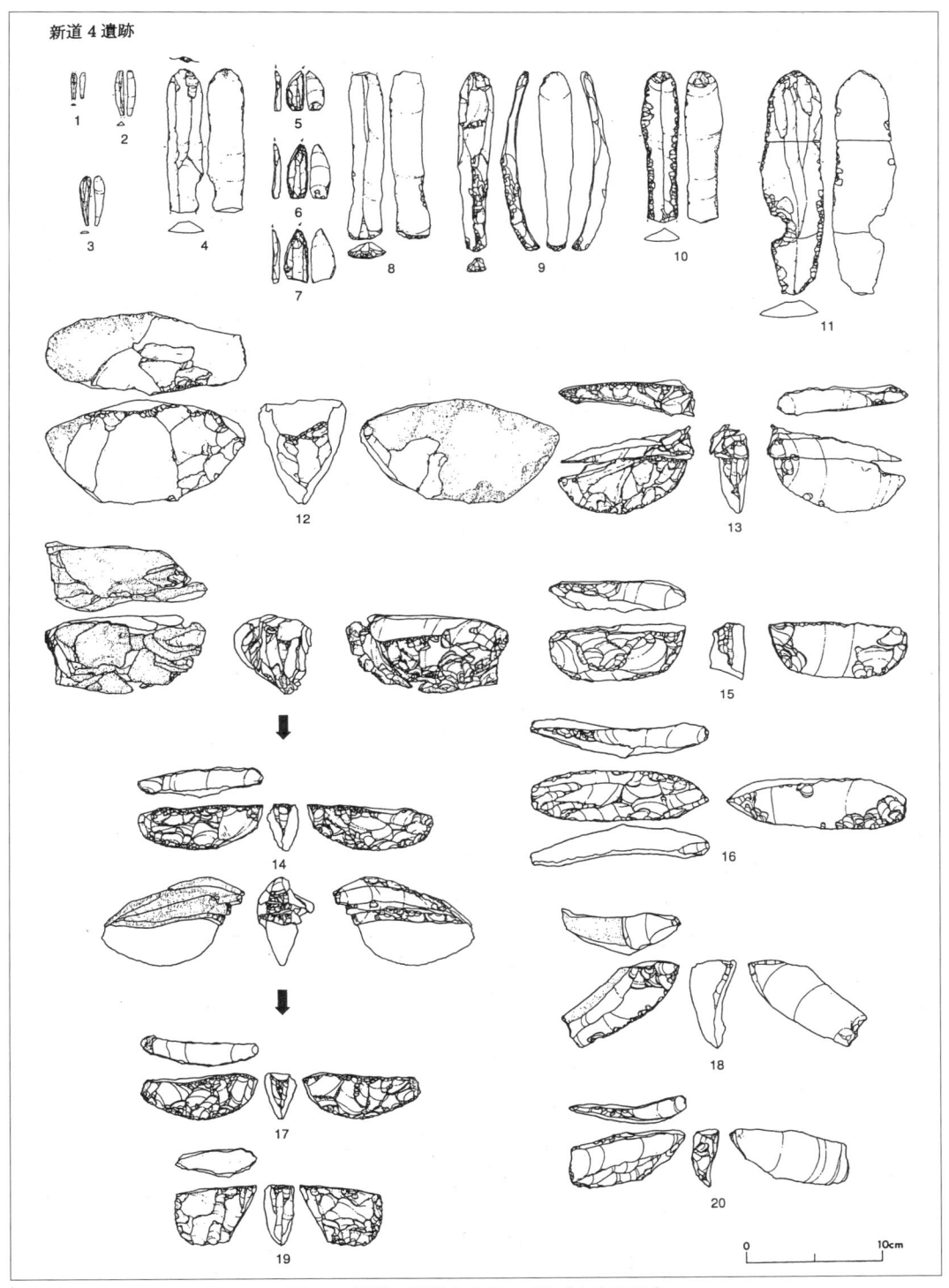

第 2 章　更新世／完新世の縄紋化プロセス　25

図 11　新道 4 遺跡出土の B1 群（山田 2007）

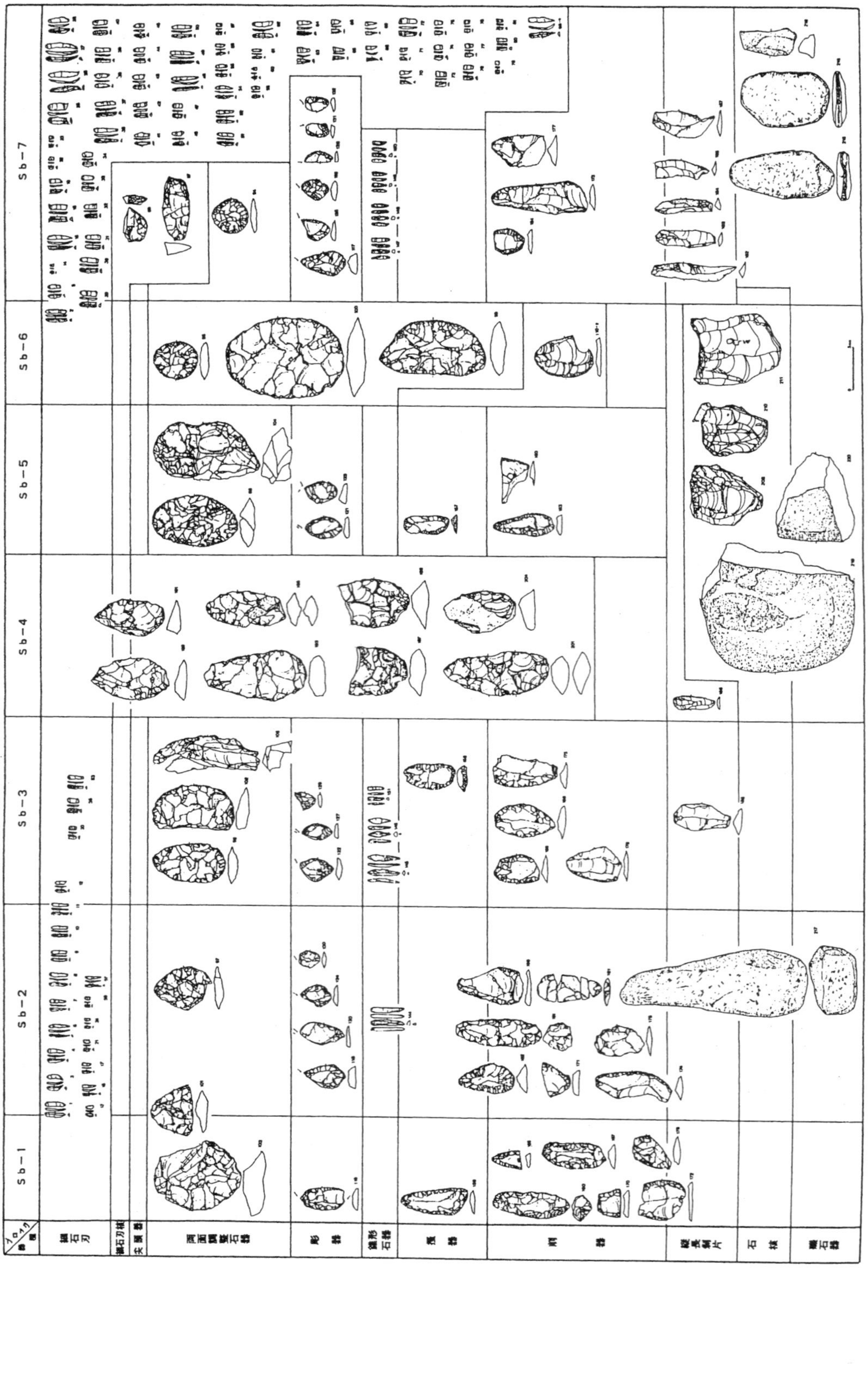

図12 函館市石川1遺跡石器ブロック別の石器組成（長沼編 1988）

石川1遺跡

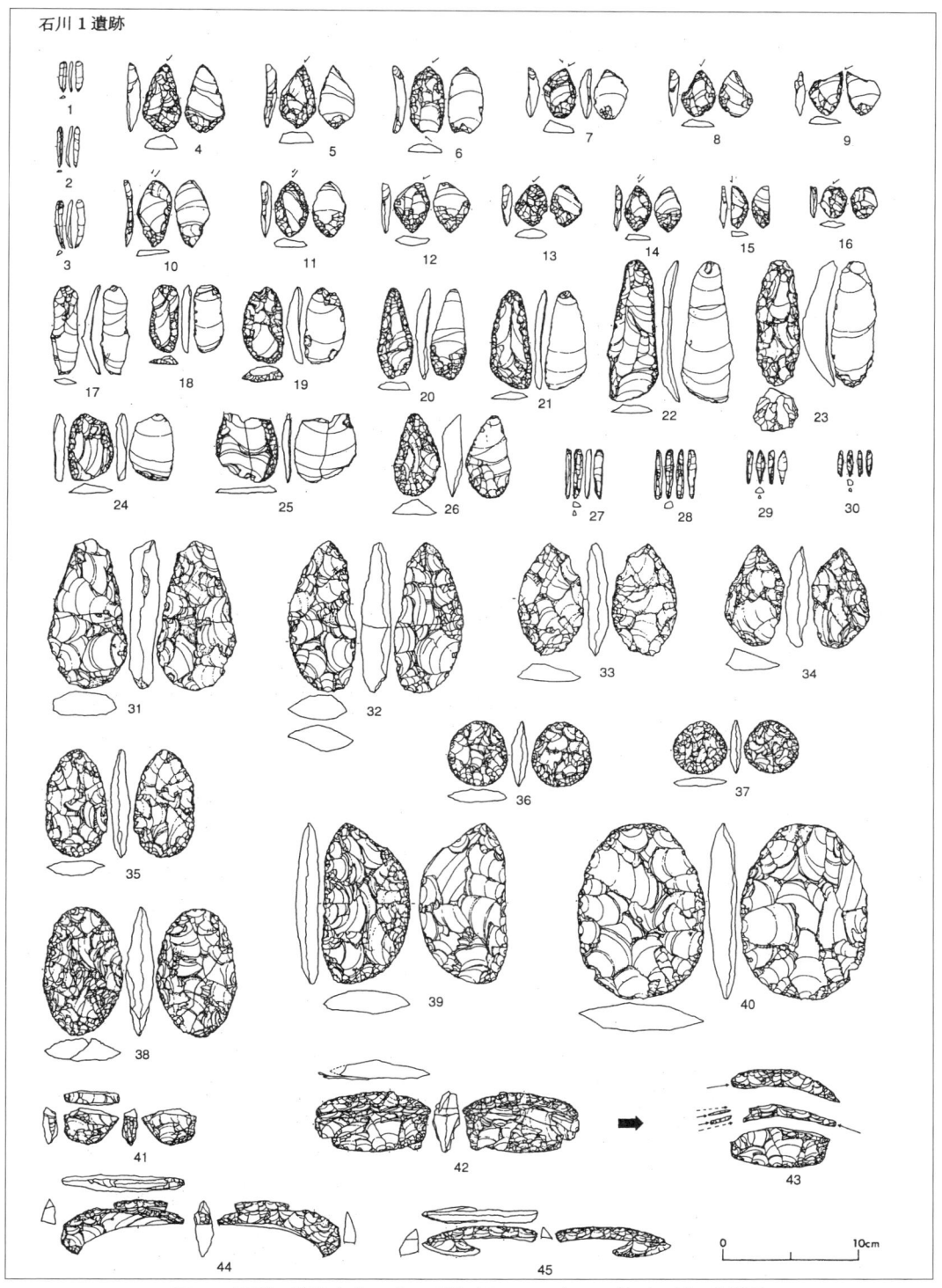

図13 石川1遺跡出土の「C3群」(山田 2007) 峠下2類・札滑型

石材の 44% を占める硬質頁岩は、石器あるいはある程度加工された素材の状態で遺跡に持ち込まれている。黒曜石は細石刃と削器および剥片・砕片で石材の 2%、総重量で 133g にすぎない。すべて 350km 離れた白滝産のものである。これらの石材と対照的なのが、遺跡の近辺で調達されたと思われるメノウ質頁岩である。石材の 42%、13kg あまりの原石が、もっぱら第 4 ブロック内での尖頭器と縦長剥片の製作に消費されている。

　もうひとつ注目されるのが第 5 ブロックに特に集中して出ている両面調整石器である。形状と大きさは変化に富み、リダクション現象が認められる。リダクション過程で生じる調整剥片が彫刻刀形石器、掻器、削器の素材として利用されており、報告者の長沼孝は、円盤状に近い石核からの縦長剥片の剥離、石核の両面調整石器化、両面調整石器の再調整とポイントフレイクの獲得などの流れが、初期の段階から意図的に行われていたのであろうと推定している（長沼 1988）。長沼のこの推定は、神子柴石器群や長者久保石器群の円盤状の石刃石核を経て、縄紋草創期の石器群の両面調整石器へと続く系統関係に連想を誘う。石核と削器の二重の性格を有すると考えられた両面調整石器のあるものは、宮城県野川遺跡や福島県仙台内前遺跡で検出された両面調整石器と相同の石器と考えられる。

(2) 荒屋系細石刃石器群

　津軽半島は北海道からの人・モノ・情報の入り口として、また北海道への人・モノ・情報の出口として、旧石器時代から重要な位置をしめてきた。最近、佐藤宏之が興味深い仮説を提示している（佐藤 2011）。いわゆる削片系細石刃石器群の南下に先だって、前期前葉細石刃石器群（蘭越・美利河・峠下）の技術情報が東北地方に伝播し、そこを仲介して中部・関東地方の稜柱系細石刃石器群の生成に与ったというのである。発想のきっかけは青森県三沢市五川目（6）遺跡出土の荒川台型細石刃石器群とその年代の古さである。古い方で約 1 万 9100 〜 1 万 9300 年前、新しい方で約 1 万 6300 〜 1 万 8000 年前である。新潟県荒川台遺跡出土の細石刃石器群は、基部加工尖頭形石刃石器（「杉久保型ナイフ形石器」）や石刃製彫刻刀形石器（「神山型彫器」）と分離できず、また荒川台技法は矢出川技法と異なっていて、この石器群の位置づけは未解決であった。したがって、佐藤の仮説は荒川台遺跡の石器群と千歳市柏台 1 遺跡の石器群との組成の類似と、それ以上に両者のコア・リダクションの類似を根拠にした新しい視点である。青森県大平山元Ⅲ遺跡表採の 2 点の「稜柱形細石刃核」も荒川台技法の所産であるという。この仮説が事実であるとすると、津軽海峡を挟んだ両地域の集団間の結びつきは想定されていた以上に古くから強かったと考えられる。ただし、異なる石器群の共伴関係や、年代（関東の稜柱系細石刃石器群の年代：吉岡遺跡群 B 区 L1H 石器群の 1 万 9415 〜 1 万 9965 年前、当麻遺跡第 1 地点第 1 文化層の 1 万 9000 〜 1 万 9900 年前）など、今後検証すべき課題は多い。

　湧別技法と荒屋型彫刻刀形石器を有する北方系の細石刃石器群は本州にも存在していた。このことを明らかにしたのは芹沢長介による 1958 年の新潟県荒屋遺跡の発掘調査であった。これを契機として、加藤稔らは山形県内の関連遺跡の発見と調査を精力的に進めて、東北地方の細石刃石器群

の性格、系統関係、そして編年問題の解明に努めた。

　荒屋遺跡出土資料を標準とする主に珪質頁岩を用いた石器群を荒屋系細石刃石器群と呼ぶ。両面調整体の分割素材を細石刃石核の母体とする細石刃技法を保有するもので、しばしば「荒屋型細石刃」などの完形細石刃を用い、これに荒屋型彫刻刀形石器、「角二山型」を含む掻器、削器などを組成する石器群で、北海道から南下してきた集団の在地化を示唆している。この石器群の指標となっている荒屋型彫刻刀形石器が出土した遺跡は名称の由来となっている新潟県の荒屋遺跡や中土遺

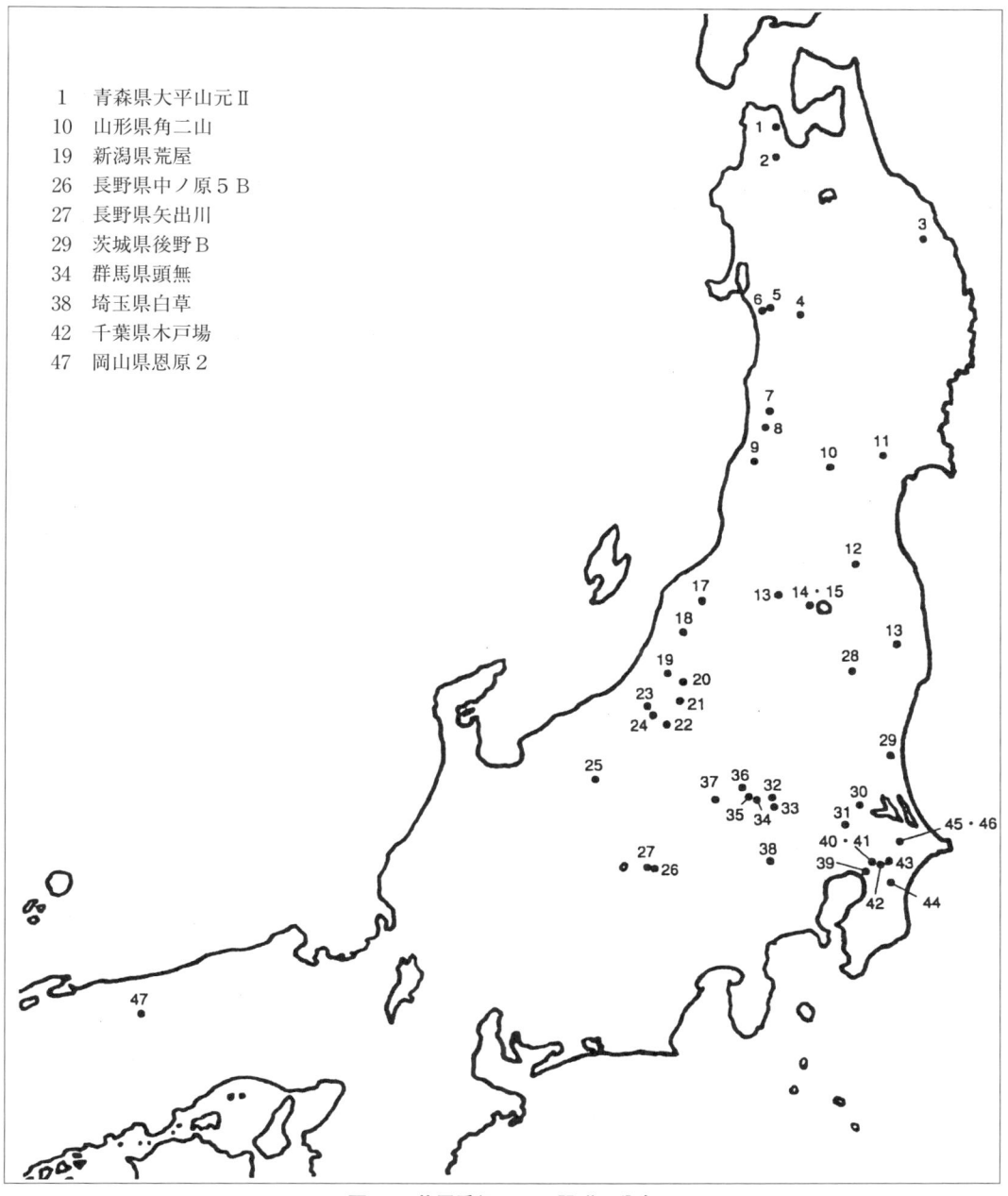

```
 1　青森県大平山元Ⅱ
10　山形県角二山
19　新潟県荒屋
26　長野県中ノ原5B
27　長野県矢出川
29　茨城県後野B
34　群馬県頭無
38　埼玉県白草
42　千葉県木戸場
47　岡山県恩原2
```

図14　荒屋系細石刃石器群の分布

跡、山形県角二山遺跡など千曲川・信濃川水系と荒川・利根川水系以北を中心に分布する。珪質頁岩産地を遠く離れた群馬県頭無遺跡、埼玉県白草遺跡、千葉県木戸場遺跡、茨城県後野B遺跡などにも分布は広がるが、下総台地などでは石器の数量が少なく、細石刃核も使い尽くされて小型になっている。集団の遊動距離は長く、例外的にさらに遠く岡山県恩原2遺跡まで達している（図14）（堤2011）。

1. 北海道からの移住集団

青森県大平山元Ⅱ遺跡（横山編 1992）

　大平山元遺跡群（Ⅰ・Ⅱ・Ⅲ）は津軽半島の外ヶ浜町（旧蟹田町）にある（図15）。横山祐平らによる大平山元Ⅱ遺跡の再調査で1975～1979年の県立郷土館による大平山元Ⅰ・Ⅱ・Ⅲ遺跡の一連の学術調査の成果を補完する資料が検出された。一番古い「第Ⅳ文化層」からは黒曜石・頁岩の剥片・砕片と石刃石核しか出ていないが、黒曜石剥片の特徴から両面調整技術の存在を想定している。「第Ⅲ文化層」からは樋状剥離面を有する尖頭器、小型尖頭器、両面調整石器、ナイフ形石器、彫刻刀形石器などが出ている。「第Ⅱ文化層」は尖頭器、大小のナイフ形石器、彫刻刀形石器、掻器、削器という組成である。一番上の「第Ⅰ文化層」の石器群が質量ともにもっとも豊かで、樋状剥離面を有する尖頭器、湧別技法による細石刃核原形とスポール、細石刃核、石刃石核、両面調整石器、彫刻刀形石器、掻器、削器などで構成される。以上のように報告された。帰属文化層不明の遺物として、長者久保型の丸鑿の原形と有舌尖頭器が出ているが、少なくとも前者はⅡ遺跡よりもⅠ遺跡の石器群に関係するものと思われた。

　石器群の単位ブロックが不明瞭で石器類の組み合わせに問題を残していたし、峠下型細石刃核や美利河型細石刃核原形とされた石器も検討の余地を残していた。ただし、郷土資料館による調査結果とあわせ考えると、北海道の湧別技法に関連する細石刃石器群を有する集団と、東北地方北半の樋状剥離面を有する尖頭器石器群（「有樋尖頭器」と尖頭形彫刻刀石器）を有する集団との間に交流があったと見なせた。川口潤が指摘するように、湧別技法による細石刃核原形と尖頭形彫刻刀石器は技術的に親和的である。その一方で、細石刃核からは細石刃が剥離されておらず、細石刃も出土していない（川口2001）。この時点では在地の集団はなお細石刃を必要としていなかったのかもしれない。幌加型細石刃核と細石刃が出ているのは郷土資料館による調査の際の第Ⅰ層からである。ここで想定したように、北海道の集団と青森の集団間に交流があったとすれば、後に考察する中部高地の神子柴石器群の出現契機と違って、北方異文化集団との遭遇による社会的緊張という状況は生じなかったであろう。神子柴遺跡・神子柴系石器群と長者久保遺跡・長者久保系石器群の間に見られる差異の主因はそのあたりにありそうである。

　2000～2008年の町教育委員会による保存・活用を目的とする調査で遺跡の全体像が明らかにされた。大平山元遺跡群出土の石器群は4群に大別されている（図16）。古い方から詳細不明の黒曜石製石器群、有樋尖頭器を特徴とする石器群、細石刃石器群、長者久保・神子柴系石器群である（駒田編2011）。

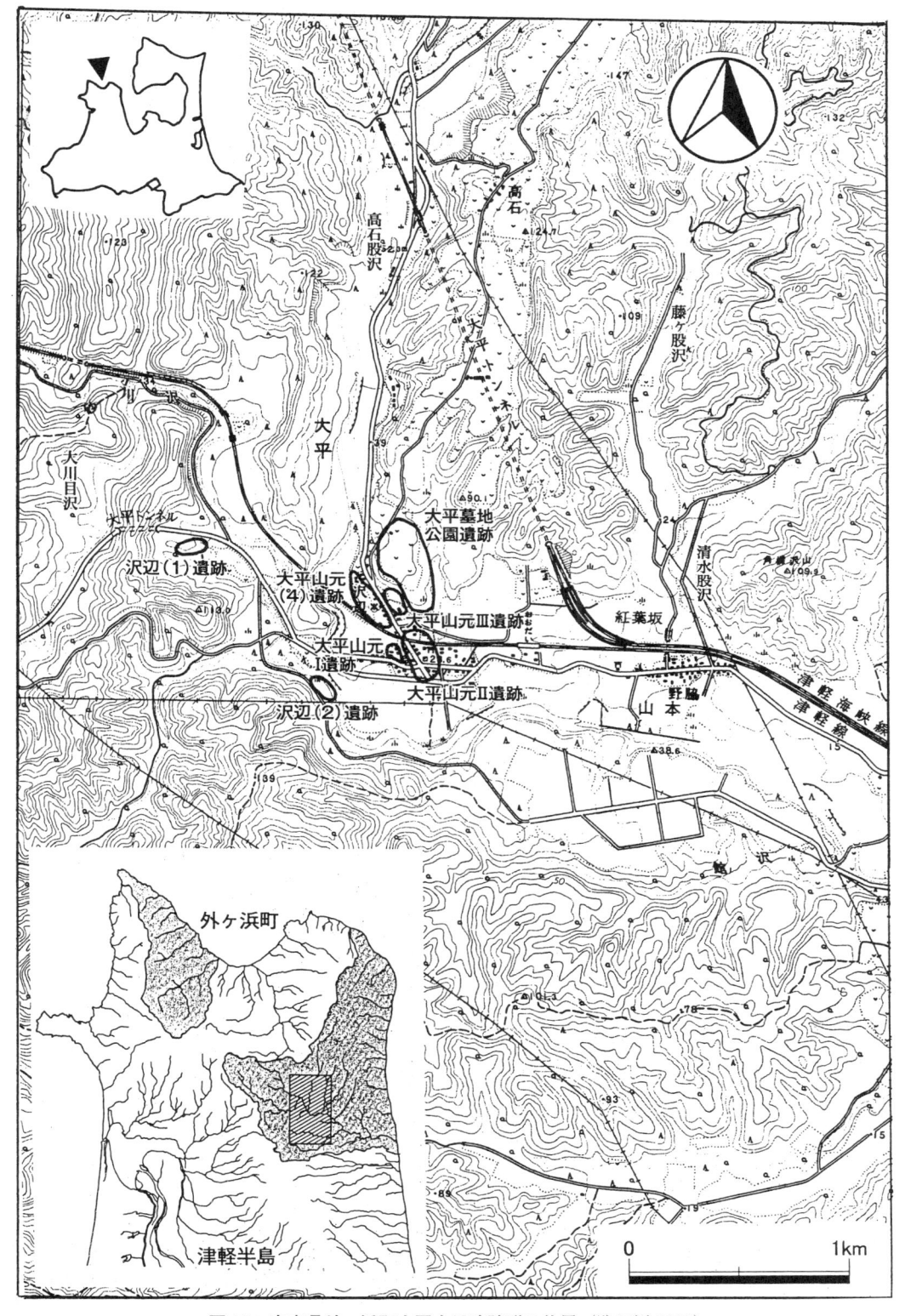

図15　青森県外ヶ浜町大平山元遺跡群の位置（駒田編 2011）

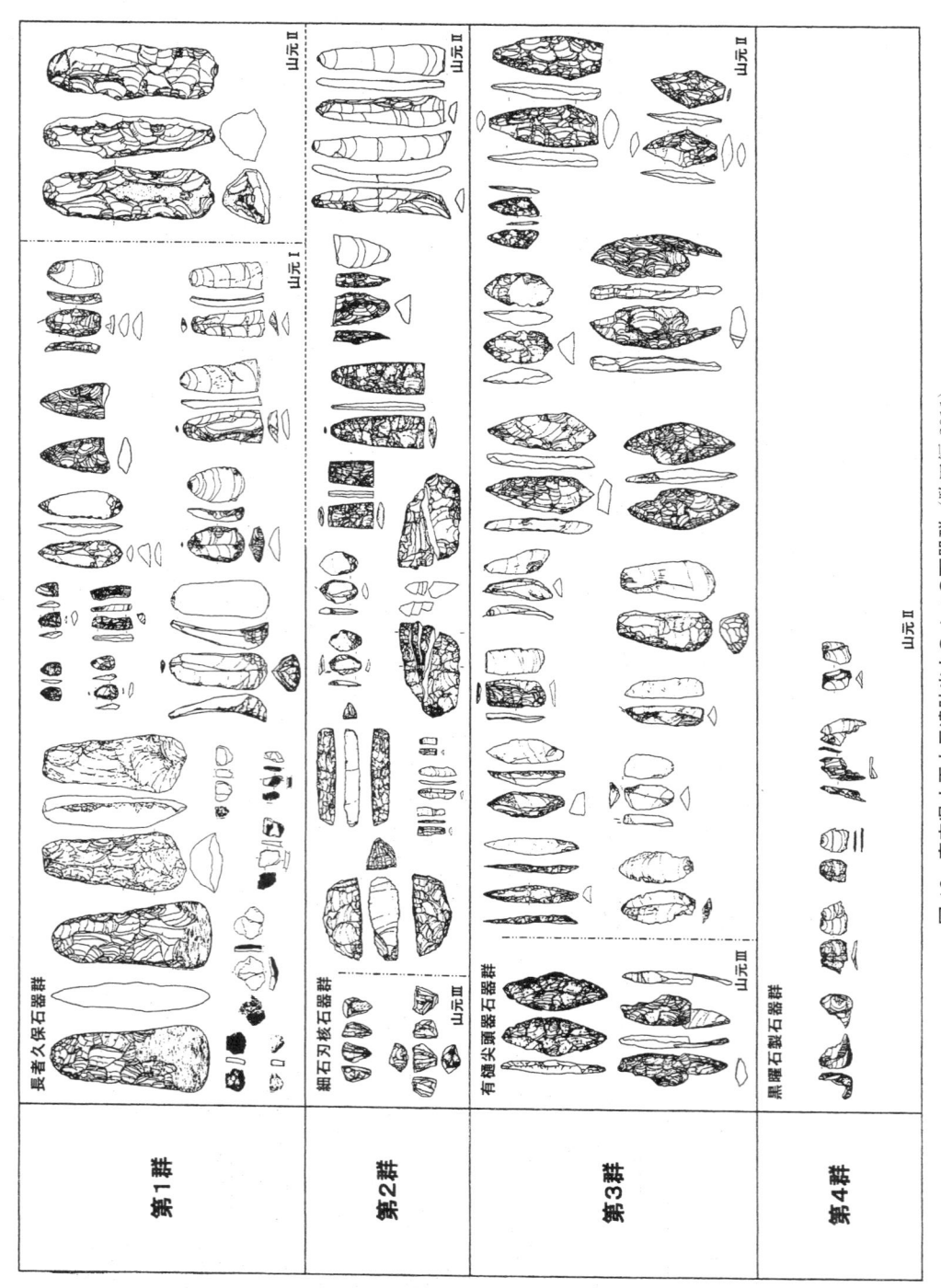

第1群	長者久保石器群	山元Ⅰ / 山元Ⅱ
第2群	細石刃核石器群	山元Ⅲ / 山元Ⅰ / 山元Ⅱ
第3群	有舌尖頭器石器群	山元Ⅲ / 山元Ⅱ
第4群	黒曜石製石器群	山元Ⅱ

図16 青森県大平山元遺跡出土の4つの石器群（駒田編 2011）
大平山元Ⅰ遺跡と大平山元Ⅱ遺跡の石斧の形態差に注目。

新潟県樽口遺跡（立木編 1996）

　朝日村樽口遺跡は奥三面ダム建設に関連して 1993 年から 3 年にわたって発掘調査が行われた。三面川とその支流の末沢川の合流点を見下ろす上位段丘にあるテラス状の地形、その A 地区から旧石器時代の 6 つの文化層が確認された。古い方から A-KATD 文化層（AT 層下位から出土する台形様石器を指標とする石器群）、A-KH 文化層（AT 層下位から出土する基部加工尖頭器・東山型ナイフ形石器を指標とする石器群）、A-KSE 文化層（AT 層上位から出土する国府型ナイフ形石器を指標とする石器群）、A-KSU 文化層（杉久保型ナイフ形石器を指標とする石器群）、A-MS 文化層（白滝型細石刃核を指標とする石器群）、A-MH 文化層（幌加型細石刃核を指標とする石器群）である。

　A-MH 文化層からは細石刃 118 点、幌加型細石刃核 3 点と大型石刃素材の彫刻刀形石器 2 点、掻器 21 点、彫－掻器 7 点などが出ている。石材は珪質頁岩 97%、玉髄 3% で、遺跡から 30km 圏内の山形県小国町荒川流域に産する。青森県大平山元Ⅱ遺跡、茨城県額田大宮遺跡、群馬県枡形遺跡などで類似の石器群が出ている。A-MS 文化層では 4 ヶ所のブロックが検出されている。細石刃 1,220 点、白滝型細石刃核 16 点、細石刃核削片 102 点、細石刃核母型 13 点、荒屋型彫刻刀形石器 1 点、円形掻器 2 点、掻器 17 点、尖頭器 8 点などが出ている（図 17）。細石刃関連はすべて黒曜石製で、尖頭器には無斑晶質安山岩と珪質頁岩が使われている。黒曜石は秋田県男鹿産である。報告者の立木宏明は、「この集団は北海道域から渡航し、秋田県男鹿半島で黒曜石を直接採取し、日本海沿岸を通って当地に赴いた移住民第一世代あるいは第二世代であろう」と仮定している。

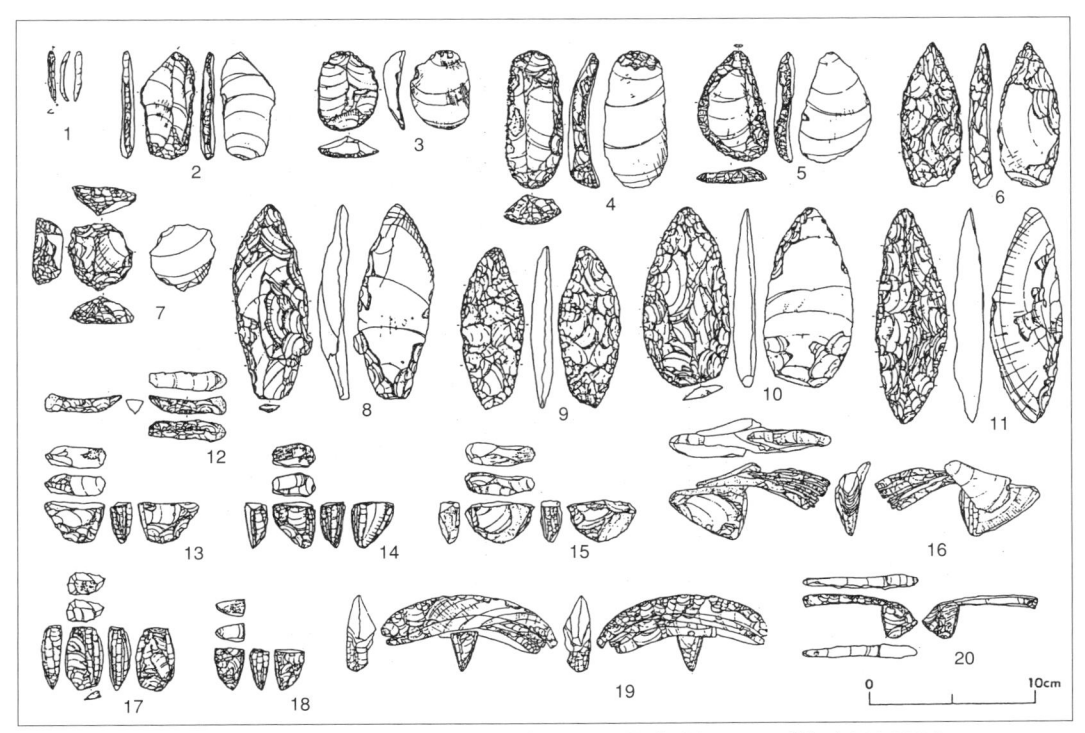

図 17　新潟県朝日村樽口遺跡 A-MS 文化層出土石器群（山田の C3 群）（山田 2007）

加藤稔が1973年と1979年に発掘調査した小国町湯の花遺跡から、「大形石刃を利用した単打彫刻刀、中形石刃を利用した神山型彫刻刀、米ヶ森型ナイフに近似するナイフ形石器などを中心とする石器群のほかに、多種類の舟底形石核、細石刃、尖頭器が発見されている」（上野・加藤 1973）。その石器組成と細石刃核の認定（「峠下型」・「白滝型」・「幌加型」の共存）（加藤 1991）に問題を残していたが、2012年11月3日・4日に開催された「岩宿フォーラム」において、湯の花遺跡出土の黒曜石分析を行った建石徹が、6点中3点が北海道白滝産、3点が男鹿半島脇本産であることを発表した（建石・ほか 2012）。この石器群が再び注目されている。北海道から移動してきた集団の中には、白滝産黒曜石を使い切らずに当地に到達した集団があったことを示唆するからである。ちなみに、樽口遺跡は山形県小国方面と新潟県の日本海側とを結ぶ要地に位置している。

2. 北方集団の在地化
山形県角二山遺跡

　山形県内の遺跡から荒屋型彫刻刀形石器や舟底形細石刃核が見つかっていることを知った加藤稔らによって、1970年に山形県大石田町角二山遺跡の発掘調査が行われた。出土した細石刃核とその削片との接合資料によって、北海道以外での湧別技法の存在が初めて実証された。検出された細石刃石器類はもっぱら珪質頁岩を素材とする。その後しばらくたって、荒屋型彫刻刀形石器や「角二山型」掻器を組成する石器群は北海道白滝遺跡遠間H地点の石器群に対比された（宇野・上野 1983）。珪質頁岩を素材とする角二山遺跡の細石刃核（図18）を見ると、接合資料の母型の両面調整が粗い。また打面の形成が稜付き削片剥離だけであったり、同一方向からの数回の打撃や両方向からの数回の打撃によったりしている。さらに細石刃核の母型に稜付き剥片や分厚い剥片を利用してもいる。両面体石器を長軸方向の縦割りでなく短軸方向での横割りの例も混じる。黒曜石製の半円錐形の細石刃核が伴う（加藤 1991）。故地の北海道を遠く離れた土地での湧別技法の変容した石器群である。掻器や彫刻刀形石器の素材のかなりの部分は、細石刃核母型となる両面体石器の製作過程で生じる剥片を利用している（桜井 1992）。

新潟県川口町荒屋遺跡（芹沢・須藤編 2003）

　遺跡は信濃川と魚野川の合流点を眼下に見下ろす標高約86.5mの段丘上にある。芹沢長介による1958年の第1次発掘調査以降、4次にわたり調査された。竪穴状遺構1基、土坑19基など24基の遺構が重複して検出され、繰り返し利用されたことをうかがわせる（図19）。竪穴状遺構は長径3.85m、深さ21cmの隅丸方形で、当初、墓壙あるいは貯蔵穴と見なされてきたものである。中央床面に長径1m以上、幅95cm、深さ8cmの整った小判型の窪みが設けられており炉跡と推定されている。2基の大型土坑（320×220×55cmと220×117×52cm）では複数の焼土層が認められ、竪穴状遺構と同様に繰り返し火の使用が行われたと見られる。貯蔵穴と目される「土壙01」の埋土などから出たオニグルミの炭化種子と、加工材としてのキハダ属の炭化樹種の出土が注目される。

　東北地方日本海側に産出する珪質頁岩がもっぱら用いられた石器類は、細石刃（第1次682点、

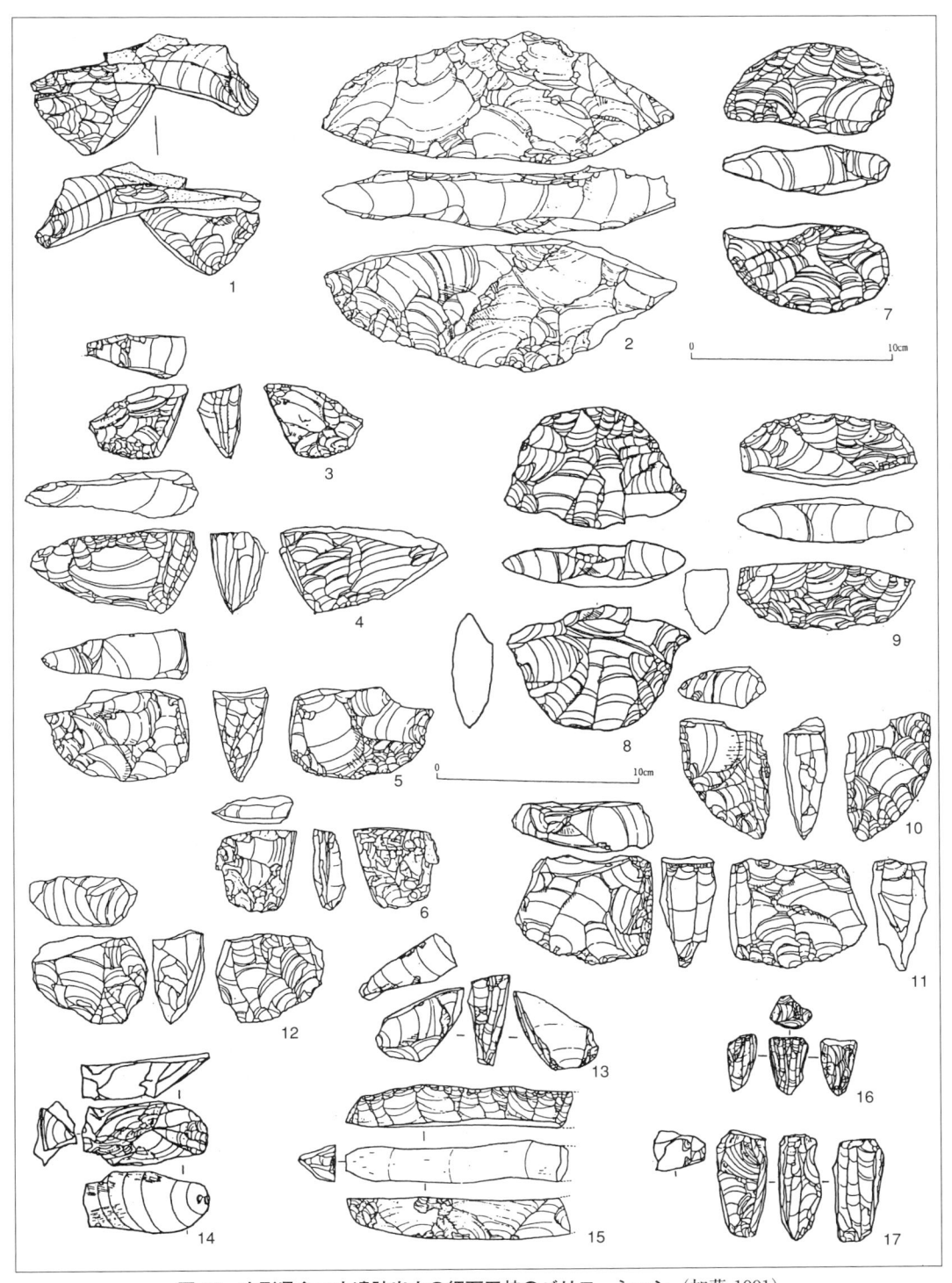

図18 山形県角二山遺跡出土の細石刃核のバリエーション（加藤 1991）

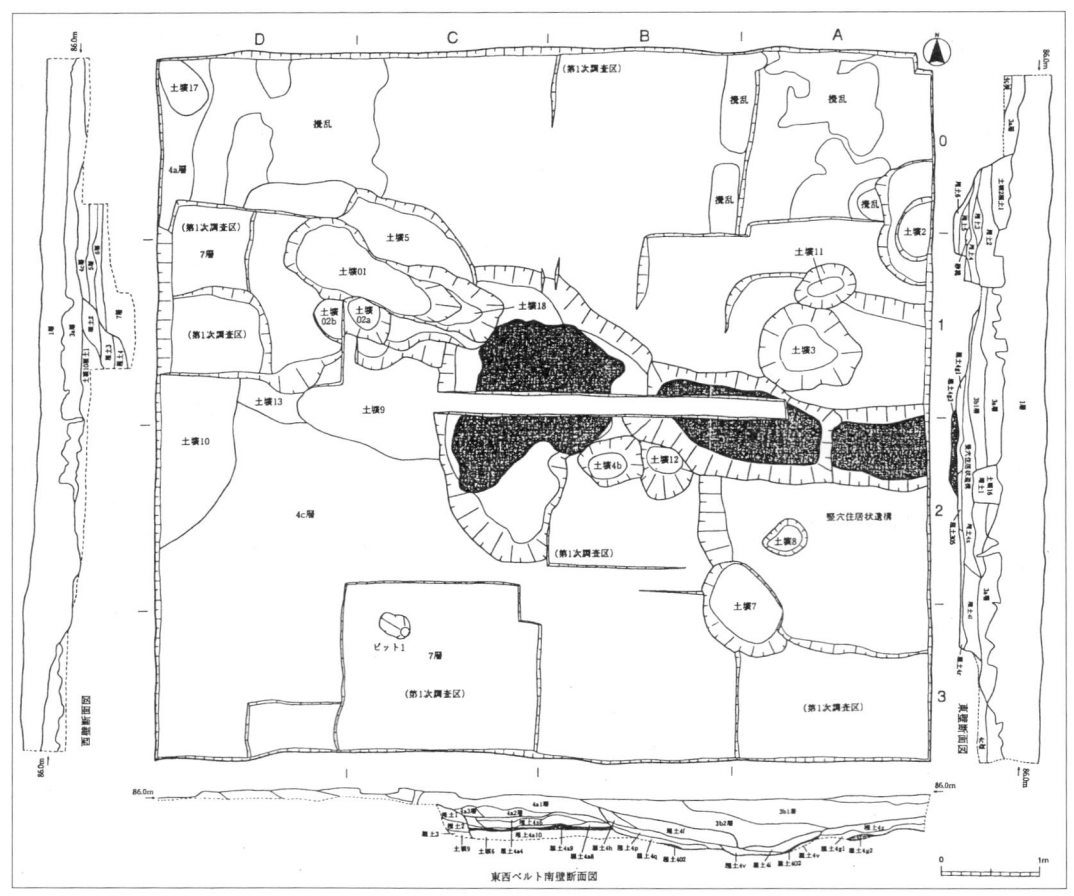

図19 新潟県荒屋遺跡遺構配置図・断面図（芦沢・須藤編 2003）

第2・3次5,590点）、細石刃核（51点と11点）、細石刃核原形（第2・3次9点）、彫刻刀形石器（425点と626点）、掻器（11点と19点）など、剥片・砕片を入れて9万4,000点以上に及ぶ。湧別技法と幌加技法が見られるが、石器製作工程の最終段階のものが主体である。細石刃は完形の状態で二次加工が施されていて、背面右側縁の加工が多い。細石刃数に比して細石刃核の数がきわめて少ないことから、この地から多くの細石刃核が搬出されたと思われる。芦沢によって「荒屋型」と呼ばれた彫刻刀形石器は細石刃核の調整段階で生じた剥片を利用していることが多い。使用痕分析によれば、彫刻刀面と腹面のなす縁辺で乾燥皮をなめす作業と骨や角（水漬け鹿角）を削る作業に使われた。この石器のうちで腹面の基部に細かい調整が施され舌状を呈するものが特徴的である（図20）。削片の数が非常に多く（第1次1,142点、第2次8,349点）、彫刻刀形石器製作と刃部再生作業が頻繁に行われたようである。この拠点的キャンプ地では獲物の処理だけでなく、遠出の際に所持する細石刃核原形や槍の骨角製軸の製作が活発に行われていたようである。彫刻刀形石器に比べ掻器が極端に少ないのが注意される。約1万6000～1万7000年前の遺跡である。

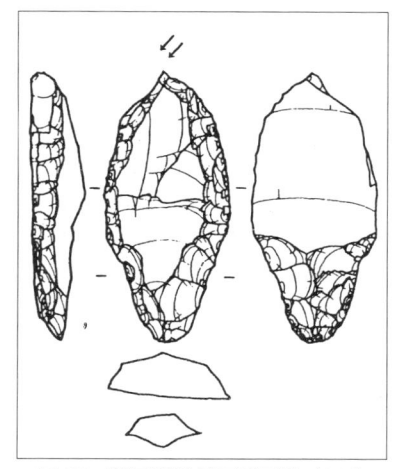

図20 荒屋型彫刻刀形石器 (4/5)
(芦沢・須藤編 2003)

新潟県正面中島遺跡 （佐野編 2002）

　遺跡は信濃川流域に発達した津南段丘のうち、海坂面と正面面を画す崖線沿いに流れてきた清水側の屈曲点と、その河道の背後にある湧水の沢頭に挟まれた半島状の地形に位置する。津南段丘に位置する遺跡群を長年にわたって調査してきた佐藤雅一は、すぐね遺跡の「有樋尖頭器」を含む上層石器群→道下遺跡・貝坂桐ノ木平A遺跡の両面調整・周縁調整・半両面調整の槍先形尖頭器石器群→越那A遺跡のやや大型の槍先形尖頭器を伴うナイフ形石器石器群→上原E遺跡の北方系細石刃石器群→正面中島遺跡→寺田上A遺跡の大型槍先形尖頭器石器群という編年観である（佐藤 2002）。

　正面中島遺跡からは「遺物散布域」1ヶ所、「遺物集中部」

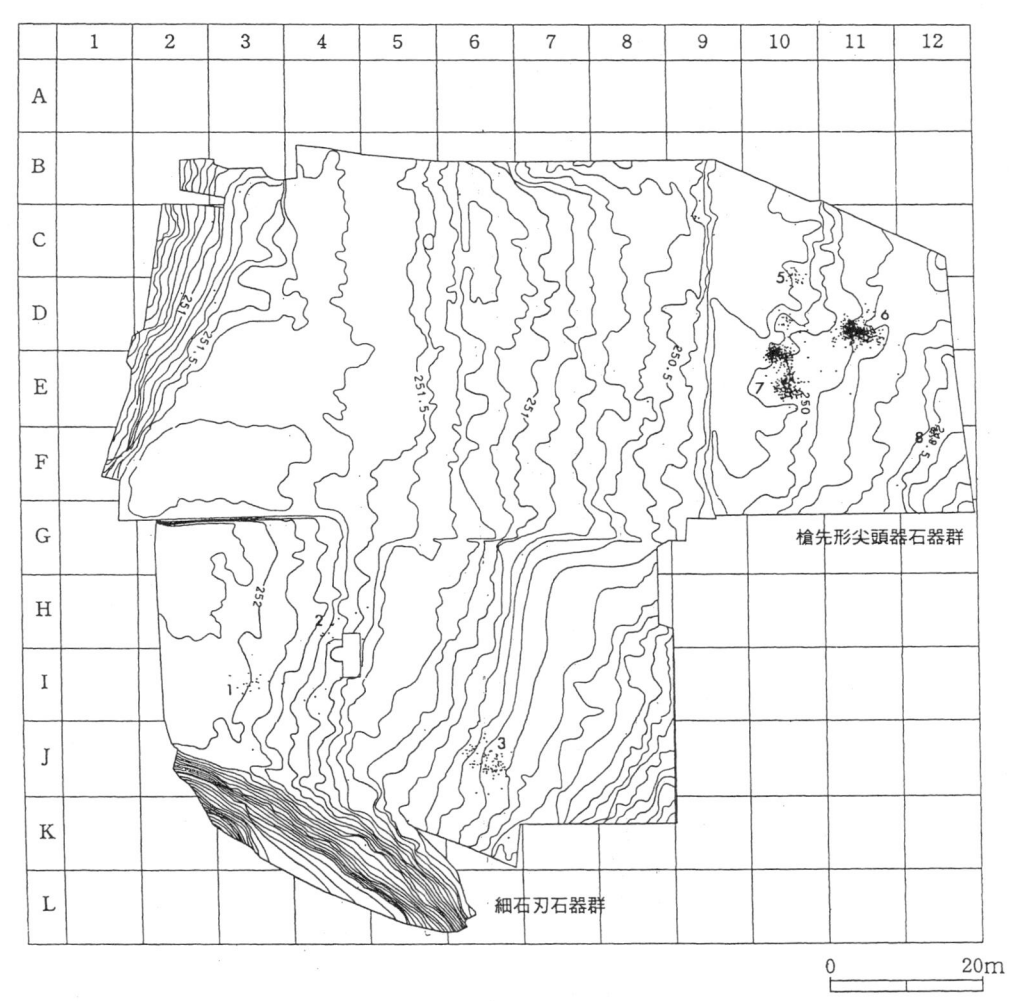

図21 新潟県正面中島遺跡の細石器石器群と槍先形尖頭器石器群 （佐野編 2002）

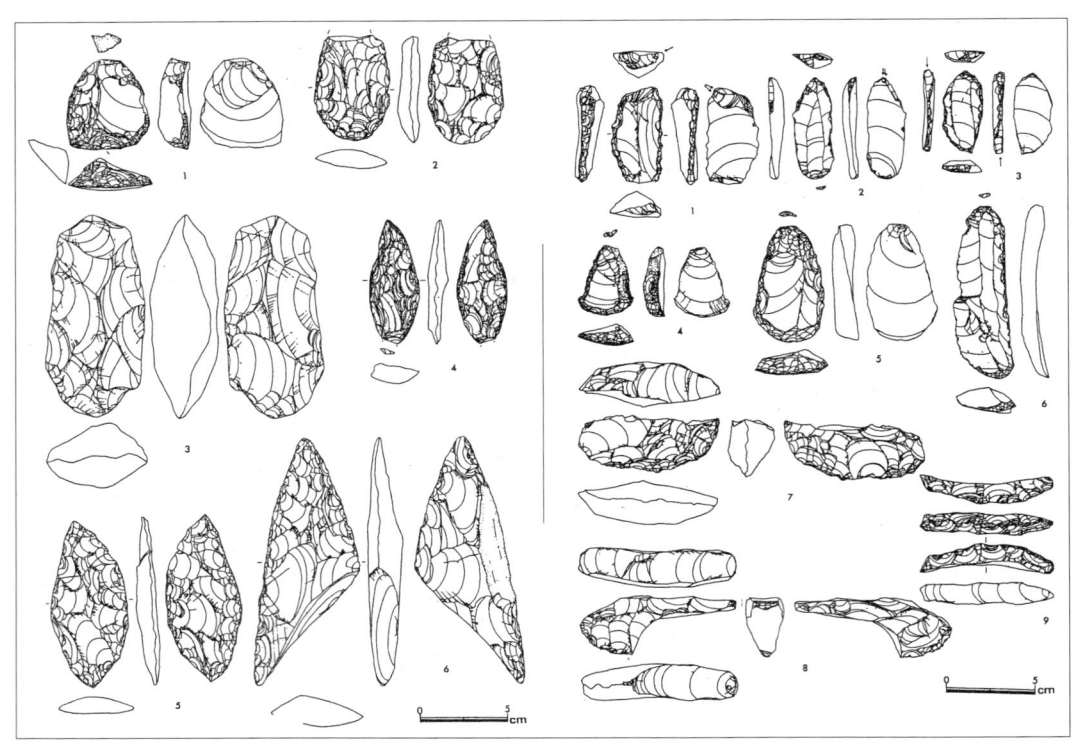

図22 新潟県正面中島遺跡の槍先形尖頭器石器群と細石刃石器群（佐野編 2002）

8ヶ所が見つかっていて、集中部の1、2、3が細石刃石器群、5、6、7、8が槍先形尖頭器石器群である（図21）。集中部3と7とは直線距離にして60m以上離れており、分布範囲が重複しないし、母岩も共有していないことから別集団の残した石器群だと見なせる。両者の前後関係は断定しがたいが、時空間的に接近していたと見ている。

集中部3からは細石刃19点、細石刃様剥片7点、細石刃核削片1点、荒屋型を含む彫刻刀形石器7点、彫刻刀形石器削片26点、角二山型を含む掻器6点など100点の石器が出ている（図22右）。集中部2からも細石刃核原形（同-7）が出ている。石材は珪質頁岩・頁岩が主体で玉髄も使われている。一方、2ヶ所の製作跡からなる集中部7からは尖頭器19点、斧形石器1点、掻器3点、石刃4点など695点の石器が出ており、尖頭器が他に集中部6から16点、集中部5から4点、集中部8から3点出ている（図22左）。石材は頁岩を主体に、凝灰岩や黒色安山岩など遺跡近くで採取可能なものである。神子柴型石器群とは言い難いが、在地集団の石器群であろう。

埼玉県白草遺跡 （川口編 1993）

荒川の支流吉野川は河川改修以前には南に大きく曲流していた。白草遺跡はその曲流部にむけて競りだした江南台地の北側縁辺部に位置する。5ヶ所の石器ブロックが確認されており、細石刃核原形1点、スキー状削片6点、細石刃478点、荒屋型彫刻刀形石器およびその変異形態21点、彫刻刀形石器削片225点、角二山型掻器と大形掻器各1点、削器2点、礫器1点など約4,500点の石器類が出土した（図23）。石材はもっぱら珪質頁岩だけを使用している。

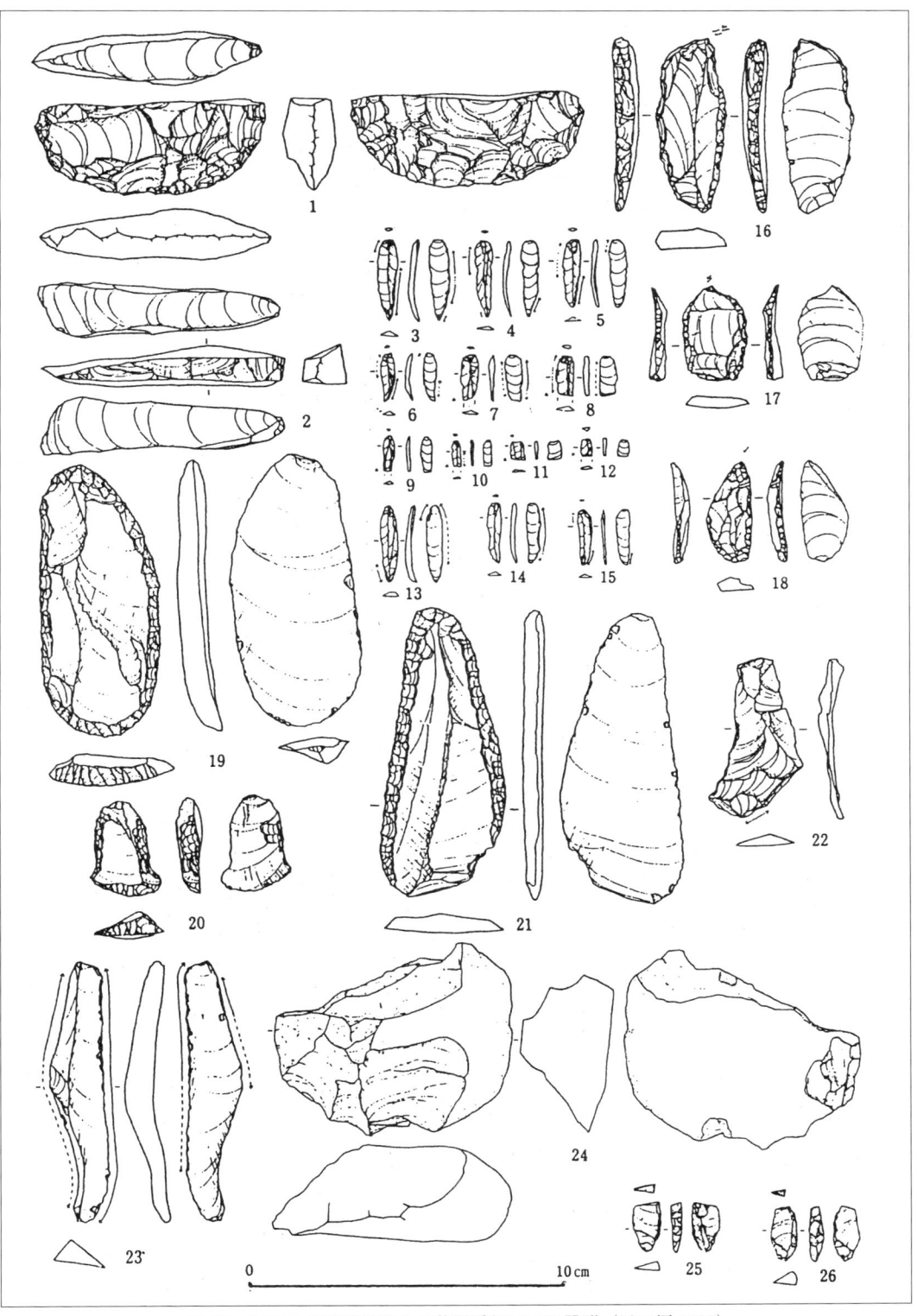

第 2 章　更新世／完新世の縄紋化プロセス　39

図 23　埼玉県白草遺跡出土の荒屋系細石刃石器群（川口編 1993）

この遺跡での石器の集中地点は5ヶ所に識別されているが、石器・石片類の大部分は土坑が確認された「第1ユニット」に集中しており、石器を製作し使用した活動の中心部であった。稜付き削片が出ていないところをみると、見つかっている細石刃核原形に近い形で遺跡に搬入し、その素材を整形しながら細石刃を生産し、整形途中に生じる剥片をつかって彫刻刀形石器を作ったりしていたようである。報告者の川口潤が各石器集中地点で器種別に偏在する傾向を指摘していたが、堤隆の使用痕分析によって、第1・2ユニットでは骨角の「掻き削り」と「掻き取り」の痕跡のある彫刻刀形石器が、第4ユニットでは乾燥皮の掻き取りの痕跡のある掻器が、第5ユニットでは乾燥皮の切断や削り痕のある削器が見られ、各地点で集団構成員によって個別の作業が行われていたことが明らかになった（堤 2011）。

茨城県後野遺跡（後野遺跡調査団編 1976）
　後野遺跡は久慈川と那珂川の間に発達した那珂台地、那珂川の支流本郷川谷に突出する標高29.5mの低丘陵上にある。台地中央部のA地区では3つの石器ブロック（長者久保系石器群）が、A地区の南20メートルの台地南縁のB地区では、褐色軟質ローム層に集中して褐色硬質ローム層の上面に及ぶ範囲から、A地区とは異質の石器群が出土した。すなわち、削片系細石刃核とその変異形態が4点、細石刃167点、荒屋型などの彫刻刀形石器7点、その削片18点、削器3点、尖頭器1点、礫器2点、剥片544点の計748点からなる石器群で、新潟県荒屋遺跡の石器群に近似する（図24）。報告者が片刃石斧の機能的代替品とみなした礫器に閃緑岩が使われているほかは、石材はすべて珪質頁岩である。

　削片系細石刃核の範疇に入るけれども、技術・形態的に変形してしまった石核をどのように見るかは、見解の別れるところである。栗島義明は後野遺跡の例を「在地系の影響を受けた削片系」と表現している。後述する相模野台地の大型の槍先形尖頭器に伴う細石刃核については「湧別技法の工程的形骸化」として、また中部高地のものは「湧別技法にない1つの地域的な技術的適応」および「技術的折衷」として把握している（栗島 1993）。私自身は、前者は「埋め込み理論」を背景として、技術の本来の所有集団が珪質頁岩の産地を遠く離れた場所で石材を効率的に使用しようとした結果とみなし、後の2者は技術の本来の所有集団ではなく、技術を受容した隣接集団の手になるが故の変容と解釈している。

3. 北方系細石刃石器群の終焉

　気候が温暖化して生態系が回復するにつれて、長距離を遊動する必要がなくなり、湧別技法による細石刃石器群が変質を被って消えていった（須藤 2012）。
　南関東の相模野台地においては、細石刃石器群は神奈川県吉岡遺跡群A区・B区のL1H層や代官山第Ⅲ文化層出土の稜柱形細石刃核を最古（約1万9415〜1万9965年前）として、L1S層内の栗原中丸第Ⅱ文化層まで層位的上下関係をもって出土している。在地の伝統の中から出現したと見なす研究者が多い。その系統はBB0層内の上草柳第1地点第Ⅰ文化層では稜柱形細石刃核に舟底形細石刃核が伴っている。後出のこの幌加型細石刃核系の舟底形細石刃核はL1S層中で盛行する。

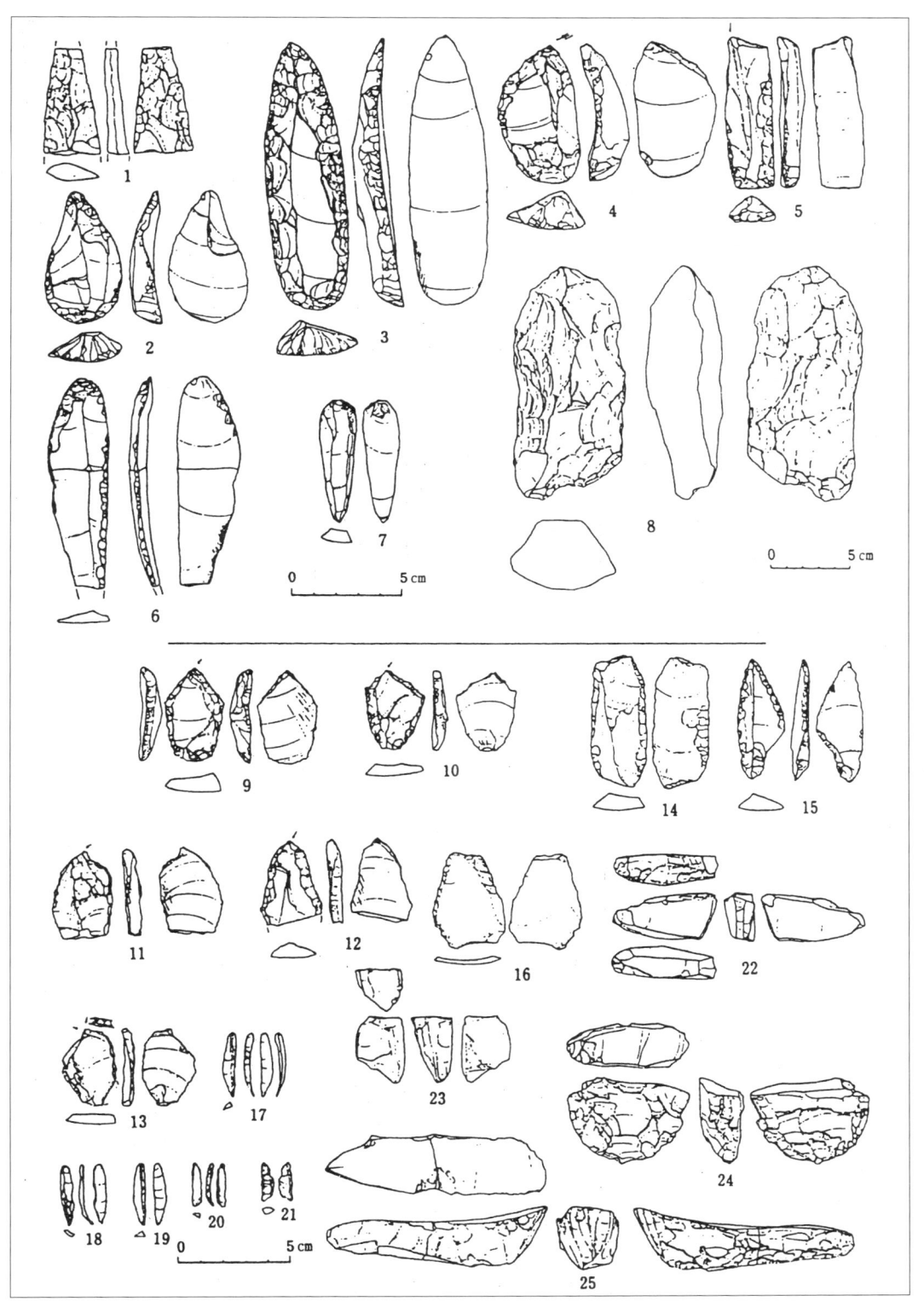

図24 茨城県後野遺跡出土の２つの石器群（後野遺跡調査団編 1976）
A地区（長者久保系）1-8　　B地区（荒屋系）9-25

その後に楔形細石刃核が出現するが、相模野台地の勝坂遺跡や月見野上野遺跡第1地点第Ⅱ文化層や長堀北遺跡第Ⅱ文化層では尖頭器が主体的なあり方を示し、土器が伴うこともある。

　神奈川県大和市長堀北遺跡では、無紋土器、打製石斧、局部磨製石鏃、隆起線紋土器、有舌尖頭器など縄紋時代草創期の遺物が出土した層の下、L1S層中位をピークとして、槍先形尖頭器、打製石斧、細石刃、細石刃核、あるいは槍先形尖頭器、細石刃、細石刃核原形などを組成する5つの石器ブロックが検出された（小池編 1991）。細石刃核原形はゴロッとした左右非対称な尖頭器状の素材から最初の削片を剥離した後に甲板面から細かい調整を施し、さらにスキー状削片を剥離し放棄されたもので、スキー状削片と接合する。一方、細石刃核の方は舟底状を呈するが、素材は厚い横長剥片で素材剥離に先行する剥離面を甲板面としている。両面加工の細石刃核を意識したいわば「応用型」といったもので、この石器群は先述の削片系細石刃石器群の直接的な表出とはみなせない。いずれも安山岩製である。さらに石核はみつかっていないが、凝灰岩とチャートの細石刃はその形態から在地に伝統的な野岳・休場型細石刃核から剥離されたものである、と報告者の小池聡は推測している。伴出した凝灰岩製の槍先形尖頭器は最大幅を胴部中位にもつ木葉形で、11cm以上の大型と7～8cmの中型がある。これら第Ⅱ文化層の槍先形尖頭器は下の第Ⅳ文化層出土の黒曜石製小型槍先形尖頭器とは系統を異にする（図25）。

　長野県でも木曾御岳山の北東麓に広がる開田高原の南東部、標高1,120mにある柳又遺跡から、森嶋稔が「幌加型＋X」と見なした細石刃核が知られていた（森嶋 1985）。國學院大学の発掘調査によって削片系細石刃石器群のさらに良好な資料が見つかった。すなわち、C地点では下層から黒曜石製稜柱形細石刃核の1群が、上層およびA地点からガラス質安山岩と黒曜石製の楔形細石刃核の1群が出土した。谷口康浩はA地点の細石刃核を3類型に分類し、Ⅰ類を札骨型の系統を汲むもの、Ⅱ・Ⅲ類をⅠ類の受容を契機として楔形の形式だけを採択しながら素材の形状に応じて作り分けられた「応用型」と解釈した（谷口 1991）。同様の現象は信濃川水系最上流部野辺山の中ッ原5遺跡B地点とその周辺の遺跡群でも見つかっている（八ヶ岳旧石器研究グループ編 1991）。

第2節　神子柴石器群

　それまで未知の遺物・遺構が出土した場合、その地域の先行時期にその祖型と考えられる遺物・遺構が存在していないときは他地域、極端な場合には列島外の大陸にその祖型を探っていた。類似のものを見出すとその地を祖源としてそこから伝播してきたと見なした。いわゆる伝播系統論で、その典型例が「丸鑿」およびそれを指標とする「長者久保・神子柴文化」であった。しかし、その伝播ルート上の北海道には先にみたように細石刃石器群が継続存在していて、長者久保石器群、神子柴石器群は存在しなかった。厳密に見れば、先行する時期の大陸側にも長者久保石器群、神子柴石器群の祖型石器群はない。北海道においては、長者久保・神子柴系と見なせる大型石斧と大型尖頭器が後期細石刃石器群に組成されてわずかに見られるにすぎない。日本海伝播ルートを示唆する

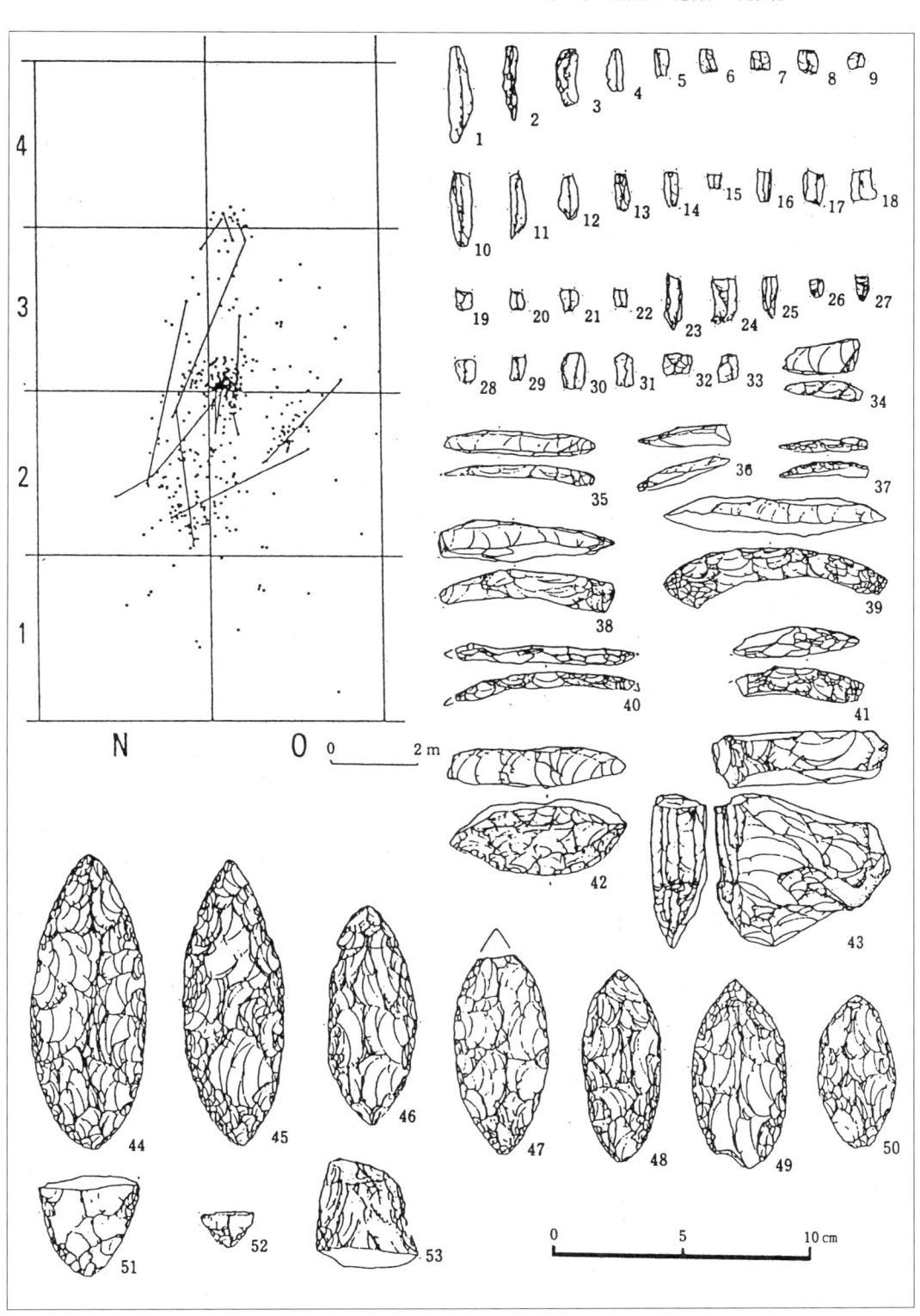

第 2 章　更新世／完新世の縄紋化プロセス　43

図 25　神奈川県長堀北遺跡第 1 ～ 5 ブロック出土石器群（小池編 1990・91）

証拠があるわけでもない。

　更新世終末期には激しく変動する気候・生態系に対応して、尖頭器石器群・小型ナイフ形石器群、細石刃石器群（九州では縄紋時代草創期中葉まで残存）、神子柴石器群（縄紋時代草創期前葉）と「石器文化」が目まぐるしく変転した。この旧石器時代から縄紋時代にかけての転換期は社会的に不安定な時期であった。田村隆は武蔵野台地と下総台地を中心に急激な人口減少が生じていたと考えている（田村 2011）。地域諸集団はその文化的同属意識の再確認と社会的統合のための活動を繰り返していたと推測される。北方系細石刃石器群集団の南下に直面した在地尖頭器石器群集団の対応（神子柴石器群の形成）と、気候変動に応じたその変容過程を、地域集団のエコ・システムとソーシャル・システムの構造的変化という視点（構造変動論）から説明してみたい。

（1）伝統的パラダイム

1. 長野県神子柴遺跡

　遺跡は上伊那郡南箕輪村、天竜川を見下ろす独立丘上にある。1958年に発掘調査が行われた。調査者の藤沢宗平と林茂樹の出土状況と石器群に関する認識を確認しておきたい。出土石器の「各群は1m内外の長さに配列、或いは集積された状態で他の群と接触しつつ全体は長軸（南北）5m、東西3mの楕円状を描いて配列されていた」。「予想以上に特異な」これらの石器群を2人は6群に分けて、「石屑が極めて少なかったことなどからみて、何らかの目的をもって配置された特殊な遺構であると」見なした。石器群が楕円状に分布したその中心部分からは、何ら特別な遺構は検出されなかったが、ただし、「トレンチⅢの中央部第3層に微量な炭化物」を検出していた。石器群は、「槍先型尖頭器を主体として磨製及び打製の大形石斧、石刃、掻器、石核などが…一連のセットとしての組み合わせをもっている」。槍先形尖頭器は、「槍先としてよりも短剣としての機能をもつように思われる」平均14〜17cmの「美麗な形状」の主に「角岩質」の大型品と、黒曜石製の「中型類品」から成っている。石斧も大型品と中型品とに分けられた。前者は主に「閃緑岩質」の、「長さ22cm、幅8cm、厚さ5cm内外の短冊形に近い」形態で、「側縁の中ほどの部分が心もち狭くなり、刃部やや広く刃部は弧状にはり出し厚さは薄くなる。基部はやや細く分厚い。断面三角形で正面の基部より中部にかけて稜が盛り上がり背面は扁平である」。後者は「飛白岩質」などの、「杏仁形尖頭器に類似した形態」で、「大型斧形石器とはその機能を異にしたいわゆる斧としての石器である」。さらに石核も、「形態においては扁平な円盤形と不正の円筒形があり」、前者には、「縁辺の一部に刃部調整の認められるものがあり、極限まで使用した石核を一種の掻器的用途をもった石器として使用された疑いが強い」（藤沢・林1961）。7点の石核のうち6点が黒曜石であるが、黒曜石製の石刃はわずかに1点出土しているに過ぎなかった（図26）。

　集積状に出土した石器群の間に、ある対照が認められた。発掘時にNos.12,14,15,16と番号をつけられた一群が、「巾5cm、長さ18〜15cmの黄白色柳葉形ポイント4本、先端を交叉して放射状に積み重ねられたまま、検出された」。これに対して、Nos.25〜38の一群は、「石器の組み合わせがポイント6箇、ブレイド5箇、エンドスクレイパー3箇、異型1箇、計15箇で器型の複雑な点、

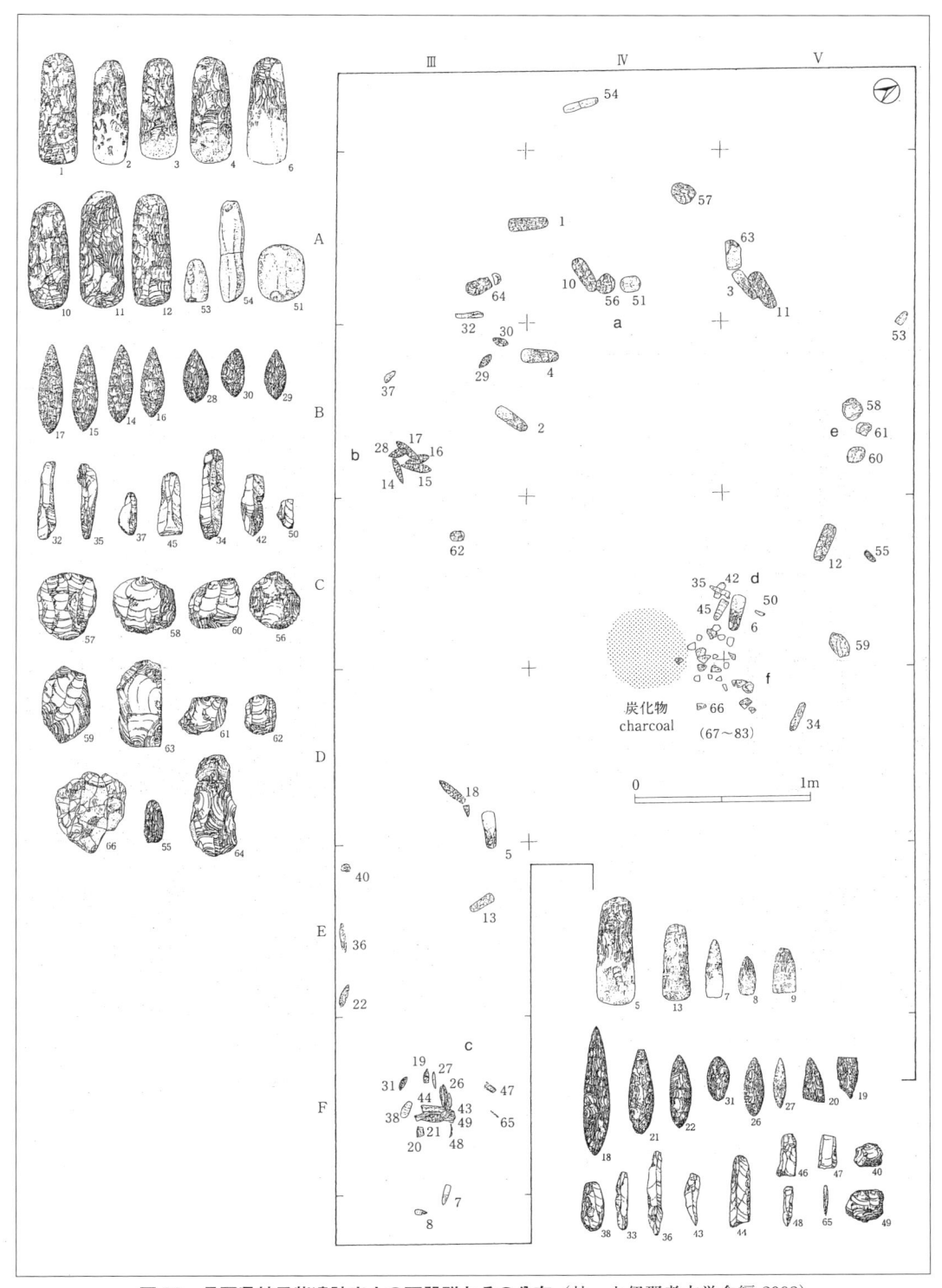

図 26　長野県神子柴遺跡出土の石器群とその分布（林・上伊那考古学会編 2008）

破損した石器が多い点がちがっている」。両石器群のちょうど中間地点から、「その形態の大きさと優美さにおいて恐らく他に類例を見ないであろう」、「長さ 25 cm・最大巾 5 cm の柳葉形ポイント」が出土している。だが、その優美な大型尖頭器に「近接した遺物はなく、孤立して配置されていたものと認められる。先端部がやや変色し酸化度が進んでいること。基部は変色なく最下層から出土したことから考えて、先端を上に向けて立てられていたものと考えられる」（林 1959b）。

その他、「石器の様相によって二分され、長円の北環部 A と南環部 B とに分けられる。その差異は A は、石斧、槍先形尖頭器、石核等、大形、完形の石器群と剝離、破壊された黒曜石片の組み合わせであり、B は破損、摩滅した石器と新鮮な石器の組み合わせである」。そしてそのような出土状態が示す意味については、林は山内清男から「デポ説」を、また芹沢長介から「死体埋葬説」を直接に聞いていた（林・藤沢 1959）が、「墓地としての副葬の形、住居における用具の配置、経済行為としての貯蔵、祭祀儀礼の中の献納等石器時代人の社会や生活の情報として重要である」（林 1959a）とその特定化は避けつつ、林自身は、「泉の丘の上で大猟を祝う祭りが盛大に開かれた。彼らは石器を種類別にまとめて、槍は穂先をそろえて、石刃や石の中に獲物を積み重ねて祝の歌と踊りとがくりひろがれる」（林 1961）、そのような光景を想像していた。

神子柴遺跡出土の石器群は細石器を含まず、また土器も伴出しなかったので、「神子柴形石器という呼びかたが生まれ、神子柴文化という一種の文化が存在したことを想定しなければならないことになってきた」（林 1961）。そしてその編年と系統に関しては、「やや小型の片刃石斧 asymmetrical adze に近い特殊な石器」とする「円鑿形石器 No.33」を取り上げ、「白滝三十三地点、タチカルシナイ C 地点によって代表される無土器文化の円鑿形石器と縄文式文化早期の撚糸文土器に伴う円鑿状片刃石斧の形態上の差異の間」に置くことができ、系統的にはその性格が北方的なものであると指摘した（林 1960）。

2. 青森県長者久保遺跡（佐藤 1978）

長者久保遺跡は下北半島の付け根、東北町にある。神子柴遺跡の発掘調査概報が発表されて間もなく、すなわち 1962 年に佐藤達夫らによって第 1 次発掘調査が行われ、翌 1963，64 年に九学会連合下北半島総合調査に際し、第 2 次、第 3 次発掘調査が行われた。調査時の出土石器は順に 2 点、2 点、4 点の計 8 点であった。遺跡では石器が径 4〜5 m の範囲から見出されているが、出土状態の復元は不可能である。また、とくに遺構というべきものは明らかでなかった。石器包含層はかつて湿地状の微高地面であったようで、八戸降下火山灰（約 1 万 5000 年前）に覆われていた。調査以前の採集品を含め発見された石器は、「円鑿 1、大型・小型打製石斧各 1、石槍 2、彫器－端削器 3、彫器 7、端削器 6、円形削器 2、側削器 2、錐 1、石刃 12、縦長剝片 8、剝片 3、礫 1」など計 50 点である。山内清男と佐藤達夫により個別の石器類は次のように認識された。局部磨製の「円鑿」（図 27）は「その型式学的調査を通じ、無土器並びに縄紋文化の年代決定に重要な寄与をなす」。7 点の彫刻刀形石器は「この遺跡の顕著な石器と認められる」。そのうち両端が彫刻刀形に作られている石器の刃部の作り方は「荒屋形と呼ばれるものに近い」。3 点ある「彫器－端削器」は、「類例が北海道にあるようであるが、…この遺跡の特色とされよう」。つまり、「以上の長者久保の石器群

は、要約すれば円鑿、斧状の石器、石槍等をもち、各種の彫器、削器（特色ある彫器－削器を含む）を伴い、石刃技法が顕著である」。

3. 大陸渡来説

長者久保遺跡出土の石器類は神子柴遺跡出土の石器群と比較すると、「違うところもあるが、また幾多の見のがしえない共通点がある。…これらの共通点は将来資料の増加とともに、さらに拡大するかもしれない。いまのところ細目には種々の相違が認められるが、両者はほぼ同一の時期に属し、無土器文化中に一段階を形づくることは大体確実であると」、山内と佐藤は考えた（山内・佐藤1962）。そして、第1次調査の際に見つかった局部磨製の「円鑿」がシベリアのバイカル地方の新石器時代であるイサコヴォ期の円鑿に酷似することから、山内と佐藤は、植刃・断面三角形の錐・半月型のナイフなどとともに大陸渡来の石器であると見なした。そして、「北方からの文化の波及があって、恐らくこの時期に石槍等も伝来したものと見」なし、「さらに北方から土器、石鏃その他のものをこの土地にもたらした大きな波が来て、ついに新石器らしい縄紋文化が生じたといえよう」と、大陸渡来説を唱えた。列島内では長者久保遺跡に関連ある石器群として、神子柴遺跡、立ヶ鼻・砂間・弧久保・小丸山（？）など野尻湖およびその付近の遺跡、北海道モサンル遺跡、同立川遺跡や、新潟県柏崎、福島県貝沼、埼玉県市場坂等を挙げて、「長者久保に近縁の石器群が、北海道から中部地方にわたる広範な地域に、ほぼ連続して分布したことが推定される。したがってこの文化が無土器文化中の一時期を占めることは確実とみなければならない。この時代における中部以西の諸地域が、いかなる状態にあったかは、きわめて興味深い問題である」、と締めくくった。

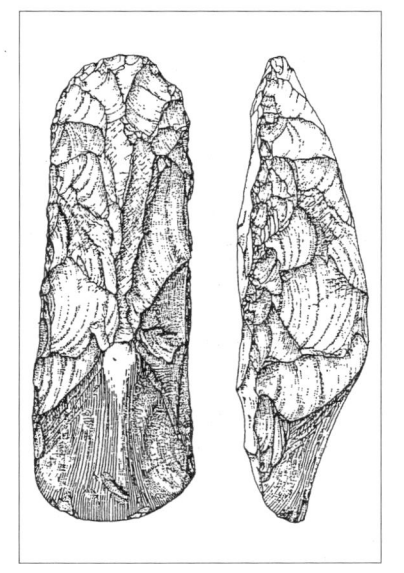

図27　青森県長者久保遺跡出土の「円鑿」（縮尺1/2）

山内・佐藤の考え方を受けて、岡本東三が「神子柴・長者久保文化」について論考を発表したのが1979年である。岡本は「神子柴型石斧」を全国的に集成して、これを3型式12種に分類し、「終末期に出現する多様な形態をもつ石斧を神子柴型として一括することは若干の問題もあろう。神子柴・長者久保文化の石斧は一系統の文化の中から出現したと断定しえない複雑な様相をもっている」と述べた。岡本は、「神子柴型石斧」を神子柴・長者久保期と縄紋草創期とに2大別し、前者には、「大型で重量があり、比較的丁寧に調整を施した局部磨製石斧が多いが」、後者になると、「小型化し調整も粗雑なⅡd型が増える傾向が認められ、形態的には退化していく」と考えた。計測値によって、すなわち1000ｇ前後のもの、500ｇ前後のもの、100ｇ以下のものの3群にグルーピングして、それぞれが伐採用、荒仕上げ用、加工用に使われたと想定した。重要な指摘ではあるが、大型（重量）から小型（軽量）という時系列的変遷観と矛盾をきたす。伐採、荒仕上げ、加工という一連の木工作業にセットで使われたとすれば、その重量級、中量級、軽量級の3本の石斧セットはもう少し普遍的な出方をするはずである。

岡本の諸見解で最も注目されるのは、北海道〜中国・四国の「神子柴・長者久保文化」に対して、九州地方に「続細石器文化」を並行させた点である。そのことによってそれまでの汎列島的な文化階梯論は崩壊することになるからである。最後に、山内・佐藤のデポ説を継承して岡本も、秋田県綴子遺跡、岩手県持川遺跡、長野県横倉遺跡、同宮ノ入遺跡、同神子柴遺跡、福井県鳴鹿山鹿遺跡を挙げ、当該期を「社会的余剰の現象を示すデポが出現する」時期であると言及した（岡本 1979）。

　「神子柴文化」の大陸渡来説を論じる研究者、特にその急先鋒だった栗島義明の伝播論は山内清男の「渡来石器」を踏襲している。1988 年の論考で関連石器群を集成し、「神子柴文化」をめぐる諸問題を論じていたが（栗島 1988）、それらの編年・系統論は、読み返してみると、当時の"伝播系統論"のアプリオリな論立てがよく表れている。

　「縄文草創期には少なくとも 3 度にわたっての石器渡来が存在したものと考えられるのである。その最初は石斧・石槍そして土器の渡来であり、次に有茎尖頭器、そして半月形石器、石鏃、断面三角形錐、矢柄研磨器の渡来である」と述べ、栗島はその意味を、「単なる新来の遺物の伝播としてではなく文化の伝播として評価」した（栗島 1991）。すなわち、「神子柴文化」の出現である。栗島は、北海道では丸子山遺跡、モサンル遺跡、立川 I 遺跡、祝梅三角山（上層）遺跡、メボシ川 2 遺跡を、東北では越中山遺跡と山屋遺跡を、中部では樽口遺跡、大刈野遺跡、宮ノ前遺跡を、九州では福井洞窟（4 層）、市ノ久保遺跡、上下田遺跡、帖地遺跡を、「神子柴系遺物との共伴関係」例として挙げている。北海道では白滝型細石刃核との共伴例とオショロッコ型細石刃核との共伴例を挙げて、「細石刃文化最終段階」が「神子柴文化の波及段階」であるとしていた。大陸渡来説を唱えた研究者たちの論旨も大同小異である。

4. 神子柴遺跡の場の機能

　それまでの編年論的・系統論的・文化論的な論究と一線を画し、遺跡構造論・遺跡機能論とでも言うべき「デポ」を主題とした田中英司の論考は、「パラダイム転換」を準備した論文である（田中 1982）。田中は、林茂樹らの報告出土資料（図 26 参照）を位置だけでなく状態で知り得ること、つまり単なるドット表現ではなく各石器のシルエット表現になっていることに注目し、その情報に基づく石斧と尖頭器の着柄状態（「原位置」）を想定するような詳細な空間分析を行った。石器の分布密度と分布距離を目安にして 8 群に分けた。そのうえで、「遺跡の北半部には第 1 から第 5 群までの 5 つの分布があり、それは全体として半円状に並んでいる。また南半部は第 6 から第 8 群の 3 つの分布からなり、北半部の 5 群と南半部の 3 群間には距離が置かれている傾向を見てとった」。ブロック群だけでなく、それらを構成する各石器が他の石器と作用し合って生み出す脈絡の中で、はじめてその石器はある意味を帯びる。田中が行った石器ごとの分布分析は神子柴遺跡の理解にとって大きな貢献を果たすことになった。

　石斧に関しては、大型と小型の分布上の差を明らかにし、「ひとつの群中における複数の石斧は、第 3 群を除き 40cm 前後の間隔を置いて分布する傾向」を指摘した。大型と小型の分布上の差は尖頭器でも顕著であるし、その他の石器での、「やや大形例が第 1 群に、比較的小形で大きさにまと

まりのあるものが第8群に多い点」で共通の傾向を示しており、石核・原石にも同様の差異を認めていた。北半部に石核・原石があって南半部にない、すなわち、石核・原石に関しては有・無の二項的対立である。田中は分布結果を次のようにまとめている。「分布は大まかに小円状、やや大円状、棒状の三つの形となって現れている。形状には差はあれ石器ごとの分布が基本的にあまり混り合わない位置に存在する傾向が伺える。大形の石斧と尖頭器においてそれが最も強い。石器の種類による個別的な配置が中心であることが分かる。逆に混じり合う傾向にあるものが尖頭器・刃器・掻器、小形の石斧の3者である」。そして、そのような配置や出土状態は、「道具本体の機能・用途により区分され、おそらくそれが用いられる機会に対応するために実用的に配置された様相」であると解釈し、それまで挙げられていた「住居説」、「墳墓説」、「デポ説」のうち、「デポ説」に与した。「神子柴遺跡に認められるような石斧・尖頭器以外の刃器・掻器や石核・原石の集積は道具の一括的な搬入や搬出の必要性というものが石斧・尖頭器などに止まらないごく日常の品物にまで幅広くおよんでいた可能性を示している。デポが決して特殊な遺構などではなく、普段の生活と密接な結びつきの上で成立しているという視点から製作址・墳墓などの予想される他の遺構の存在も含めて再評価すべきではないだろうか」、という田中の問題提起はきわめて重要であった。

　田中英司の「デポ説」を受けた栗島義明の論文もパラダイム転換に寄与した。民族誌的知見も導入しての「石器交換場説」の提唱である（栗島1990）。栗島は、北海道陸別遺跡、秋田県綴子遺跡、岩手県持川遺跡、埼玉県大宮バイパスNo.4遺跡、長野県横倉遺跡、同宮ノ入遺跡、同小鍛冶遺跡、福井県鳴鹿山鹿遺跡の諸遺跡からデポに関する次のような知見を抽出した。①デポを構成する資料が槍先形尖頭器と石斧の集積に限られること。②デポは完形品によって構成されたものと、欠損品を含むものとに2分されること。③デポは在地性の石材を使った石器（分配によって入手）と、遠隔地産の石材を使った石器（交換によって入手）に区分でき、その背景には当時の石器供給システムが潜在的にかかわっていたこと。④デポの石器には石材・製作技術・形態に斉一性が認められ、その背景には特定の石器製作者の存在が想定されること。⑤デポは単数の斉一性（つまり単数の製作者）を示す石器群と、複数の斉一性（つまり複数の製作者）を示す石器群とに2分されること。以上をまとめると、「単一の斉一性を持った完形品によって構成された石器群によるデポと、…複数の斉一性を持つむしろ欠損品を主体とした石器群によったデポとは、構成面からもその成因面から言っても明らかに一線をもって区分されるべきである」。前者は石器供給の形態を示す経済的色彩の強い「石器集積」であり、後者は儀礼的な意味を持った「石器埋納」であると、呼び分けた。

　こうしたデポの予備的考察を行った後に、神子柴遺跡の石器の分布を東側（Ⅰ群）、西側（Ⅱ群）、南側（Ⅲ群）の3群に大別し、概報のセクション図から、それぞれの群に積み重ねられた状態で出土している石器を認め、それら3ヶ所の積み重ねのうち、「Ⅱ群（石槍群）とⅢ群（掻器群）のものは集積として、これに対してⅠ群（石斧＋掻器＋削器）のものは構成内容からむしろ埋納の様相を呈していると」見なした。さらに、石斧と槍先形尖頭器と掻器のそれぞれの石器器種にみられる斉一性に「製作者の単位」を読み取り、同時に、石器器種群の特定の分布域を越えて点在する、同一器種ながら異質の石器の存在に「石器の交換関係」を認めた。すなわち、Ⅰ～Ⅲ群の石器分布は空間的、器種的な自立性を示す一方で、各々の群を単位として保有した特定石器を他と交換してい

る可能性を指摘したのである。Ⅰ群での黒曜石製槍先形尖頭器、Ⅱ群での石斧、Ⅲ群での頁岩製掻器が交換品で、Ⅱ群での槍先形尖頭器、Ⅲ群での掻器はそうした交換のためにストックされていたものと見なし、そうした石器群を持ち寄り、交換を行った場所であったと考えた。

(2) パラダイム転換

1. 文化変容説

　先に述べたように、林茂樹や佐藤達夫らは神子柴石器群や長者久保石器群を、「無土器文化」中一段階を形づくる新発見の文化であると見なした。それとは対照的に、「神子柴文化」とは後期旧石器時代末期から縄紋時代初頭に及ぶ一系列の文化であったと主張して、今日で言う所謂"プロセス的思考法"を導入したのが森嶋稔であった。森嶋は、「神子柴型石斧に伴う一群の石器文化を神子柴系文化」と呼び、それが、「神子柴型石斧が次第に形態変化をとげながら、神子柴型尖頭器を伴いつつ、さらに、①大形石刃などを伴う一群、②彫刻器などを伴う一群、③尖頭器を多量に伴う一群、④有舌尖頭器を伴う一群、⑤植刃などを伴う一群、⑥土器を伴う一群など、仮にまとめることのできる群（それは時間的ステージをも意味する）が把握できるものと理解」したのである（森嶋1967）。

　森嶋のいう「神子柴系文化」は、「単にある限られた一時期の文化でなく、その系譜の内部には、神子柴型石斧が次第に形態変化を遂げながらいくつかの文化階梯を内包している、いわば後期旧石器文化をつらぬいて縄文文化最初頭にまで及ぶ一系列の文化」として捉えられており、神子柴遺跡がその標準遺跡だというのである。ところで、石斧の「形態の変化は機能の変化に対応するものである。その機能の変化は生産階梯の変化に対応する。その生産階梯の変化は時間的空間的変化に対応するものであろう」との前提に立ち、典型品としての「神子柴型石斧」の、「平面形の変化、正面形の変化、側面形の変化、断面形の変化、石器製作上の技法の変化が、座標軸上の点として焦点化され、その焦点の移動が時間的、空間的変化として認識される方法」（森嶋1968）の探究を説いた。

　森嶋は具体的な方向づけを行う際に、まず、「神子柴型石斧と呼ばれる石斧を標式とする文化」にとって、「神子柴型石斧」とは何かということは最も重要であるから、それをはっきりさせておきたいと考えた。「神子柴型石斧」とは、「巨視的に見れば、平面形は狭長で、断面は三角形を基本とする石斧であり、微視的に見れば、まずその刃部が片刃か丸のみかによって分けられ、次にそれぞれ研磨か打製かによってさらに分けられ、最後に角形か丸形かによってそれぞれ細分される、一群の石斧ということであった」。次に標準遺跡である神子柴遺跡での石器組成を基底として、その石器群を最古の段階（第Ⅰ期）に置いた。Ⅰ期の特徴として次の8点を挙げている。「①石器が大型で重量感があること。②神子柴型石斧は大形で最大幅に対する長さの比はおよそ二・五でずんぐり型で幅の広いものが多い。③平面形にややくびれ部があるものがあり、打製の丸のみを基部端に作出するものがある。④純然たる丸のみが存在する。⑤刃部平面形は角形が多い。⑥打製のもの、研磨痕のあるものは相なかばする。⑦石器組成の基本形がそろっている。⑧土器は伴っていない」。「神子柴系文化」のその後の展開を、森嶋は、「神子柴型石斧」の狭長化、小型化を指標として、唐

沢B遺跡などを第Ⅱ期、長者久保遺跡などを第Ⅲ期、さらに有舌尖頭器と隆起線紋土器が加わる田沢遺跡などを第Ⅳ期、石鏃（矢柄研磨器）の出現する小瀬ヶ沢洞穴遺跡などを第Ⅴ期、隆起線紋土器以外の土器が加わる日向洞穴遺跡などを第Ⅵ期とする編年案を提示した。そして、縄紋文化の起源に関しても、「Ⅵ期の直後こそが、日本列島における系列の消滅による縄文文化そのものの成立の時点ではないか」、と当時としては大胆な仮説を提唱した（森嶋1970）。

この森嶋の視点はプロセス考古学と相似の理念だと認識した時、私自身の「神子柴文化」観は変換し始めたのであった。伝播系統論から形成過程論への転換を準備したのは『旧石器考古学』に連載した「先史学の方法と理論」で、その4回目に註の形で初めて「神子柴・長者久保文化」に言及した（安斎1987）。極東沿岸部での土器出現前後の段階には、アムール川下流と沿海州南部では今のところだいぶ石器組成に差がありそうだが、共通して尖頭器とクサビ形細石刃核が伴い、日本の長者久保・神子柴石器群そのものを大陸に求めるのは難しい。この大貫静夫の見解（大貫1987）を紹介しつつも、この時点ではなお伝播説に立っていた。しかし、神子柴型石斧と尖頭器はその魅力と新奇なことが一緒になって、当初生活財としてよりも威信財・交換財として動揺する社会の統合のシンボルとしての機能を与えられていて、その後に生活様式の変化・社会の安定化（縄紋化）と歩調を合わせて次第に象徴的なものから実用的なものに転化されて行った、と新しい仮説を提示した。これ以降の私の所説については、近年に谷口康浩が丁寧にトレースしているのでそちらを参照されたい（谷口2011）。

2. 神子柴遺跡の象徴性

神子柴遺跡とその石器群の特異性を構造的な二項モード（非日常／日常）の視点から整理しておく（図26参照）。

・炉（「トレンチⅢの中央部第三層に微量の炭化物」）を中心として、一方に、石斧、槍先形尖頭器、石核など大型で完形の石器と、破壊された黒曜石片で構成された「北環部A」と、他方に、破損し、摩滅した石器と新鮮な石器で構成された「南環部B」との対照。
・一方に、先端を交差して放射状に積み重ねられた神子柴型尖頭器4点の一群と、他方に、石器の組み合わせが尖頭器6点、石刃5点、搔器3点、刃部再生石斧1点の計15点で、組成が複雑で破損した石器が多い点で違っている一群との対照。
・上記の両石器群のちょうど中間点に、先端を上に向けて立てられていたと考えられる長さ25.2cm、最大幅5cmの神子柴型尖頭器の特異なあり方。
・尖頭器類にみられる、一方に槍先としてよりも短剣としての機能をもつように思われた平均14～17cmの美麗な形状を呈する珪質凝灰岩質頁岩あるいは玉髄製の大型品（神子柴型尖頭器）と、他方に使用痕の著しい黒曜石製中型類品との対照。
・石斧にみられる、一方に長さ22cm、幅8cm、厚さ5cm内外の短冊形に近い大型品（神子柴型石斧）と、他方に杏仁形尖頭器に類似した形態で、前者の「大型斧形石器とはその機能を異にしたいわゆる斧としての石器である」と報告された中型品との対照。
・石核にみられる、一方に扁平な円盤形と、他方に不正円筒形との対照。そして7点の石核のうち

6点が黒曜石である石刃石核に対して、黒曜石製石刃が1点しか検出されないその対照。

遺跡の立地・景観

狩猟採集民の土地利用は、生態と生産性（資源・季節性・人口と資源とのバランス・技術・資源利用戦術の動機づけなど）を考慮して、食料の確保が予測でき、長期にわたるリスクは避け、交換用の資源が確保され、社会的競争に勝てるように組織化されている。彼らはそうした状況に、居住地移動、資源の調達・補給活動・食糧貯蔵、他集団との互恵的関係などを通して適応している。しかしそれと同時に、狩猟採集民がある景観をコミュニケーションの手段として、所有権の主張として、意味の構造や力の構造として利用することが、民族誌の記録から知られている。言い換えれば、遺跡が立地する場は現実的（経済的）な場であるとともに、象徴的な意味をもつ先祖代々重要な臨時的な場所でもある（Zvelebil 1997）。

神子柴遺跡の立地が伊那谷を見下ろす孤立丘上の東端が選ばれていた。この地の選択は狩猟採集民の景観認識の表出であり、1990年代に入って、英国のポストプロセス考古学者や認知-プロセス考古学者の中心テーマの一つとなった"景観"の概念（Jonston 1998）にかかわっている。景観考古学そして／あるいは認知考古学の方法と解釈を要する問題である。遺跡は西の木曽山脈と東の赤石山脈とに挟まれて南北に流れる天竜川の右岸、上位の大泉段丘の東端にある孤立丘上、海抜713mの平坦面にある。天竜川との比高は約60mである。現在、遺跡は指摘されないとそれとはわからない平凡な畑地であるが、調査時の遺跡写真（写真1）を見ると、丘の高まりはずっとはっきりしていた。遺跡に立つと、背後には緩やかな斜面の先に木曾谷へと続く権兵衛峠の窪みを挟んで中央アルプスの山々が連なり、前面には眼下の伊那谷の先に遠く南アルプスの連峰が見渡せ、広大に開けた展望である。木曾谷側から峠を越えて伊那谷へと山を降りてきた人々にとって、段丘先端のこの小丘は格好の目印となった。同様に、諏訪方面から天竜川沿いに南下し、峠を目指して支流の谷を西に向かった人々にとっても、段丘先端のこの丘は最初に目に入るランドマークであったろう。

遺跡の立地する土地景観が社会的機能を果たしていたと考えられる。遺跡を中心として西およそ60kmの所に下呂石（神子柴型尖頭器の石材）の産地である湯ヶ峰山が、北40kmの所に黒曜石（尖頭器や石核の石材）の産地である霧が峰や和田峠があり、さらに北へ20kmで唐沢B遺跡（同類の遺跡）である。信濃川に沿って下流へと向かえば珪質頁岩（石刃の石材）・玉髄（神子柴型尖頭器の石材・細石刃核？削片）の産地と想定されている北越の日本海沿岸地域である（図28）。神子柴遺跡出土の石器は黒雲母粘板岩・凝灰岩・砂岩・緑色岩（神子柴型石斧の石材）など在地の石材だけでなく遠隔各地の石材が使われている。そのように多方面かつ遠距離に産する石材を調達・利用していることは、ルイス・ビンフォードのいう「埋め込み戦略」（Binford 1979）だけでは説明がつかない。グールドのいうように、親族関係に基づく物資の社会的流通網を通しての入手（Gould 1979）という観点も視野に入れなければならないかもしれない。そこで分散していた単位集団の集合地であると同時に、集団間での交換の場でもあり、祭祀の場でもあったと想定してみる。遺跡は周年スケジュールに組み込まれた季節的・日常的遊動狩猟民による複合的な諸活動が、伊那谷を見

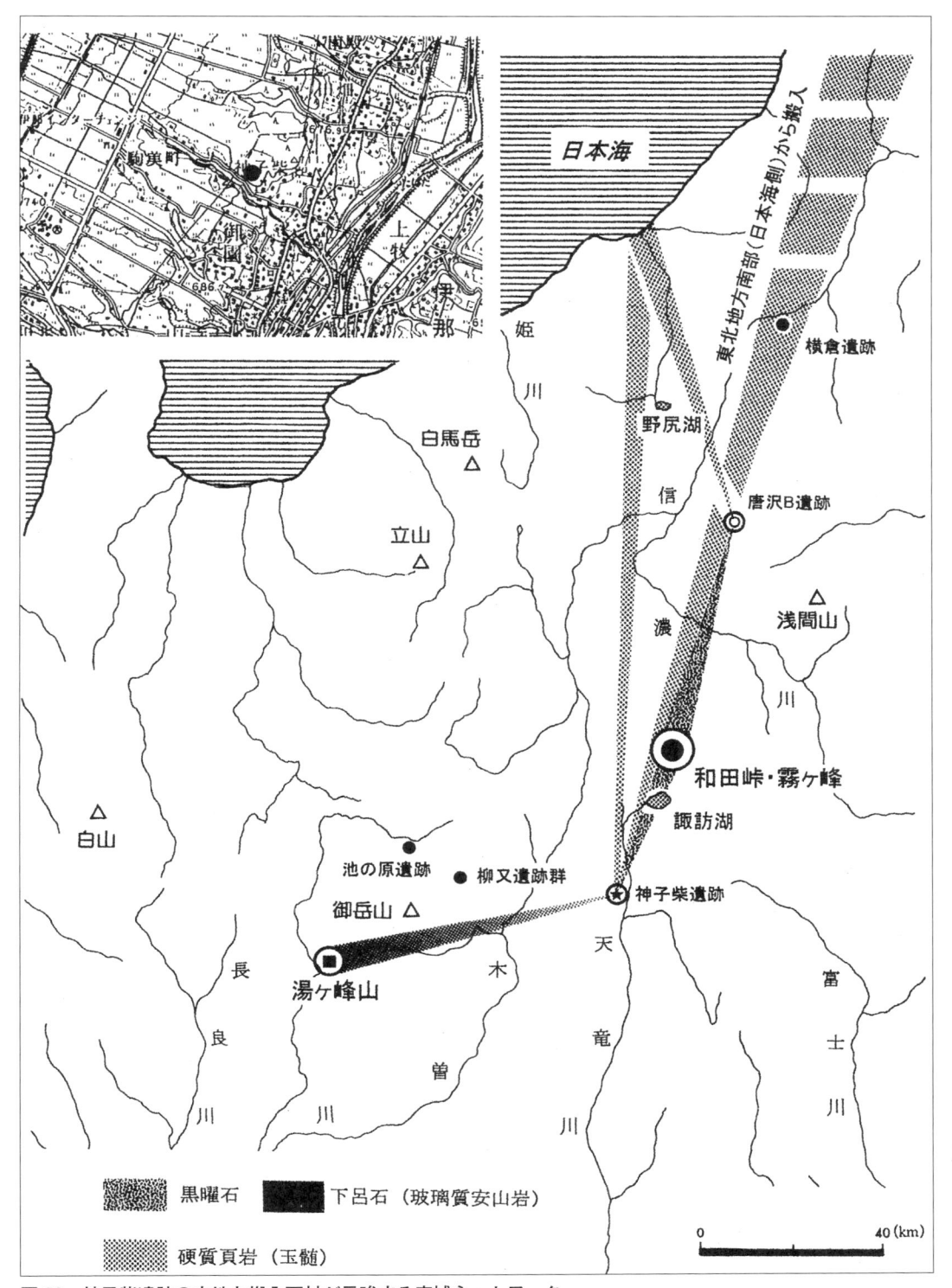

図28 神子柴遺跡の立地と搬入石材が示唆する広域ネットワーク
　　　南信と北信および北越をそれぞれ遊動域とする地域集団の存在を仮定している。

下ろす孤立丘上という特異な景観に象徴的に関連づけられていたのである。神子柴遺跡の景観上の特異性は他の遺跡群と比較することでいっそう際立ってくる。

遺構・遺物の空間配置

　石器類は均等に分散しているのではなく、複数のブロック状を呈して出土した。それらを林茂樹は6群、田中英司は8群、栗島義明は3群に分けていた。観察者によって括り方（視覚的なグルーピング）に違いが生じたのは、グルーピングに主観が反映するからである。遺跡内の石器の集中とそれらの間の機能／構造論的意味を探るには、スタッパートらが開発した石器時代遺跡の空間分析用コンピュータ・ソフト（The ANALITHIC project）のような「客観的」な方法の開発と応用（Stapert and Street 1997）が必要である。遺跡内のコンテクストにも、個別石器での二項対立的な何らかの秩序（構造）が隠されているからである。

　石器群が楕円状に分布したその中心部分からは何ら特別な遺構は検出されなかったが、「トレンチⅢの中央部第三層に微量の炭化物」が検出された。そこが炉址であったとすれば、遺跡の性格を解釈する上で重要な意味をもつことになる。

　集中して出土した石器群の間にはある対照が認められる（図26参照）。スポットbの一群は、幅5cm、長さ18〜15cmの黄白色柳葉形尖頭器4点が先端を交叉して放射状に積み重ねられたまま検出されたのに対して、スポットcの一群の組み合わせは尖頭器6点、石刃5点、搔器3点、刃部再生の小型石斧1点の計15点で、器種の複雑な点、破損した石器が多い点で異なっている（写真2）。両集中部のちょうど中間の地点から、その形態の大きさと優美さにおいて恐らく他に類例を見ないであろう、長さ25.2cm、最大幅5cmの神子柴型尖頭器が出土している。その優美な大型尖頭器に接近した遺物はなく、孤立して配置されていたものと認められる。先端部がやや変色し酸化度が進んでいることと、基部は変色なく最下層から出土したことから考えて、先端を上に向けて立てられていたものと考えられた。遺跡の北半部にはスポットa、b、d、e、fの5つの分布があり、それは全体として半円状に並んでいる。また南半部はスポットcなどの分布からなる。分布は大まかに小円状、やや大円状、棒状の3つの形となって現れている。形状に差はあれ、石器ごとの分布が基本的に混じり合わない位置に存在する傾向が伺える。大型の石斧と尖頭器においてそれが最も強い。石器の種類による個別的な配置が中心であることがわかる。逆に混じり合う傾向にあるものが尖頭器、刃器、搔器、小型の石斧の3者である。石斧に関しては大型と小型の分布上の差異は明らかで、ひとつの群中における複数の石斧は、スポットcを除き40cm前後の間隔を置いて分布する。大型と小型の分布状の差異は尖頭器でも顕著であるし、その他の石器でもやや大型例がスポットaに、比較的小型で大きさにまとまりのあるものがスポットcに多い点で共通の傾向を示しており、石核・原石に関しても同様の差異─北半部にあって南半部にない─が指摘されている。この遺跡内では石刃・剥片の日常的な剥離作業は行われていなかった。

石器の過剰デザイン

　生活に必要な道具を作るとき、人は使用目的や使用頻度、素材とその入手コスト、適用技術、生

産と消費の対投資効果などを総合的に勘案してデザインする。ところが、総合的調和を図って機能的にデザインされたと見なすには説明のつかない道具が、少なからず存在する。入手にコストのかかる遠隔地で採取された希少な石材を使い、多大に時間とエネルギーを投入して精巧に作り出した巨大な石器——例えば、神子柴型石斧や神子柴型尖頭器——である。機能性や効率性を重視した通常のデザインから逸脱した、むしろそうした逸脱行為を必要としたかのようなデザインを、わたしは"過剰デザイン"と呼んでいる。過剰デザインの最も重要な原則のひとつは、強調された可視性である。製作者・使用者の意図がはっきり目に見え、適切なメッセージを伝えなければならない。言い換えれば、過剰デザインには社会的意味が込められているのである。

　そこで、神子柴遺跡出土の石斧である。黒雲母粘板岩・凝灰岩・砂岩・緑色岩製の長さ22cm前後、幅8cm前後、厚さ4cm内外の短冊形に近い形態で、側縁の中ほどの部分が心もち狭くなり、刃部はやや広く弧状にはり出し、厚さは薄くなる。基部はやや細く分厚い。断面三角形で正面の基部より中部にかけて稜が盛り上がり、背面は扁平である（写真3）。杏仁形尖頭器に類似した形態の小型石斧を伴う。ちなみに、谷口康浩は、製作地／備蓄地／中継地／使用・廃棄地に大別される異なる性格の遺跡間を石器（特に大型製品）が転移していく開放的な動きのことを「トランスファー」と概念化し、当該期の大型石斧が婚姻形態や居住規制、あるいは親族組織と財産などの社会構造を考察する際のキーになる、と考えている（谷口 2004）。興味深い視点であるが、過剰デザインがおそらく短期間の間に崩れていった現象を説明する必要がある。

　他方、神子柴遺跡出土の槍先形尖頭器である。下呂石製の大型柳葉形尖頭器（長さ25.5cm、幅5cm、厚さ1.2cm）、玉髄製・凝灰岩質頁岩製大型柳葉形尖頭器（長さ17.8〜14.0cm、幅5.0〜4.7cm、厚さ1.4〜1.0cm）、黒曜石製大型柳葉形（長さ14.0cm、幅4.3cm、厚さ1.2cm）が基準になる。黒曜石製木葉形尖頭器（長さ10.6〜8.5cm、幅4.8〜4.2cm、厚さ1.2〜0.9cm）の中型品を伴う。気候変動に伴う樹林帯の変化に応じて変容過程が見られた神子柴型石斧と違い、狩猟具はこの間におそらく対象動物とその狩猟法の変化に応じて、槍先形尖頭器→有茎尖頭器→石鏃と変化した過程は看過できない。

色のシンボリズム

　田中英司が「石材によって分布が形づけられることは殆んどないようである」と判断したことについても、例えば、石器（石材）の色に注目してみると判断が違ってくるかもしれない。尖頭器の石材の色に注目してみる。色彩は人類学者、心理学者、美術史学者など他の研究分野の研究者にとっては重要な研究分野である。彼らの研究によれば、伝統社会では白と黒の2色が重要で、もう1色加えるとすると赤であるという。民族誌の知見では色彩は象徴的な意味、例えば黒色は男と関連し、東の方位を表し、制御できる肯定的な超自然の力と結びついているのに対して、赤色は女、西、危険で手におえない超自然の力を意味する場合がある。尖頭器は狩猟具であるが、シャーマンの儀礼具でもあり、その際には色彩の象徴的意義が重要であった（Whitley 1998）。神子柴遺跡の尖頭器が祭祀・儀礼の場で用いられたとすれば、尖頭器（石材）の二項対立的なあり方——大型の精巧品（珪質凝灰岩質頁岩あるいは玉髄：白色）と中型の通常品（黒曜石：黒色）——に色彩象徴論的な意味が

込められていたかもしれない。両者の中間的位置から検出された最大の神子柴型尖頭器（下呂石：黒色）の出方にも象徴された意味があったかもしれない。言うまでもなく、二項対立は普遍的な現象なので、象徴論的、構造論的解釈が常に意図性・恣意性の陥穽にはまる危険を伴うことは留意しておきたい（板橋 1989）。

　アフリカ諸文化を一般的に見た場合、白と黒が象徴している事象はかなり似かよっている。白はポジティブな価値に結びつき、黒はネガティブな側面を示すという傾向が見られる。さらに多くの社会では、白は男性そして右手に、黒は女性そして左手に関連している。ただし、色彩語彙としての白と黒が象徴的次元においてプラスの価値とマイナスの価値との両方をも意味し得るのである。ンデンブ族の社会において、白／赤という2色の対立が男性／女性を象徴するという表面的な二項対立が、もうひとつ「陰の第三者」とでも言うべき黒が存在する、より大きな三極構造の中で機能していることを明らかにしたヴィクター・ターナーの業績を踏まえ、西アフリカの半農半牧民フルベ族の象徴的次元での白／黒の対立と、白と黒の象徴するところが実は両義的なものであることを小川了が示している。この点に関しても、神子柴遺跡の槍先形尖頭器の色彩（白／黒）が遺跡空間の構造化に重要な役割をはたしていたかもしれない。この方面の方法論（認知考古学）はいまだ確立されていない。

(3) 気候変動と石器群の変化

　草創期は土器型式の変化により大きく3期に分けられる。すなわち、隆起線紋土器以前、隆起線紋土器期、隆起線紋土器以後で、この区分はハインリッヒ・イベント1の寒冷化からの回復期、急激に気温の上昇した温暖期（ベーリング期・アレレード期相当）、再寒冷期（新ドリアス期相当）という気候変化に対応していることがわかってきた。この間の植生は亜寒帯針葉樹を主体に冷温帯落葉広葉樹が増加していく時期（針葉樹のトウヒ属などが優占し、落葉広葉樹のハンノキ属がやや多く、コナラ亜属などが伴う時期）から冷温帯落葉広葉樹が主体となる時期（トネリコ属が半数を占め、コナラ亜属コナラ節とハンノキ属が多い時期）へと変化し、再度寒冷期の樹林帯に戻ったと想定される（佐々木 2012）。神子柴型石斧の変遷（神子柴系石斧）はこの3期の変遷を表出している。

1. 神子柴型（系）石斧の3期区分

　佐藤達夫は、沿海州と日本に共通して森林的景観の発達があったため、周辺地域よりもやや早く細石刃文化が終息したとして、沿海州地域にその系統を求めた（佐藤 1974a）。卓見ではあったが、佐藤の死後に急速に発達した旧石器時代研究の成果をみると、後期旧石器時代初頭から列島は森林的景観であったようで、局部磨製石斧が全国的に分布していた。

　最終氷期極相期とその前後の森林減退期に局部磨製石斧は考古学的コンテクストから姿を消していたが、森林景観の回復に伴って再び必要な道具となったようである。大陸渡来説者が言うように神子柴型石斧の発祥地を大陸に求める必要はない。北海道の細石刃石器群中に組み込まれた石斧が沿海州、アムール川下流域、サハリン、北海道北部を通って北方より伝播してきたと見なすより、

既知の大型石斧の分布と年代を斟酌すれば、約1万4500年前の急激な温暖化の時期に落葉広葉樹林の北方への拡大に伴い分布を広げ、津軽海峡を挟んだ集団間の交流の中で北海道にもたらされたと考えるほうが合理的である。山原敏郎が「忍路子石器群」、「広郷石器群」、「有舌尖頭器石器群」のそれぞれに伴う石斧類の類別作業を行っている（山原1998）。これを見ると、大型石斧は北海道南西部の「忍路子石器群」の遺跡に集中している。このことも上記の仮説を支持している。

当該期の石斧については、白石浩之が先に引用した岡本東三の研究を踏襲しながら、大別3類細別12タイプに分けてその変遷を追っていた（白石1992）。出現にかかわる旧石器時代終末、多様化する縄紋時代草創期前半、変化する縄紋時代草創期中葉、そして衰退する縄紋時代草創期後半の4段階の中で理解し、「神子柴・長者久保系石器群から脱皮していく様相」を、「その移り変わりの接点は縄文時代草創期前半の段階に萌芽し、中葉の段階に転換するようである。石斧も細くて長い大形の石斧から寸づまりで、扁平で、幅広な石斧が目立ってくる。また石斧の研磨のあり方も刃部を中心とした局部磨製の研磨から、仙台内前遺跡や宮林遺跡に見られるような器面全体に施すような例に変化している点は留意される」と、核心に迫っていた。ただし、大陸渡来説と技術形態的型式変遷観にとどまっていた。

気候は植生（および動物相）の変化に、植生（および動物相）の変化は神子柴石器群、より正確に言えば、神子柴型石斧（および狩猟具）の技術形態的変化に対応している。樹木の伐採具である磨製石斧の増減は広葉樹林の増減と関連するからである。かつて芹澤清八が栃木県内の「神子柴系石斧」の資料を紹介する中で、神子柴型石斧を出土した川木谷遺跡例（図29）を初源として、整形剥離の簡素化・粗雑化と形態の小型化、これらの伴出例を基準とした3段階の変遷案を提示した（芹澤・大関 2002）。最終段階に編入された鹿沼流通業務団地内遺跡出土例（同-7,8,9）には「ハ」の字爪形紋土器が、また大谷寺洞窟出土例（16,17）には大谷寺Ⅲ式（表裏縄紋）土器が伴う。川木谷遺跡例は典型例であって、過剰デザインに込められた社会的メッセージを信州の集団と共有する集団が北関東にいたことがわかる。

磨製石斧が温暖・湿潤気候（広葉樹林帯）と強い関連を持つ道具だとすると、掻器は寒冷気候とつながりのある道具である。時期は降るが社口遺跡の好例を挙げておく。保坂康夫によれば、山梨県高根町にある表裏縄紋土器期の社口遺跡出土の石器（報告書と実数の異なる石器がある）は掻器57点、楔形石器50点、石鏃37点、削器14点、局部磨製石斧1点などと、砥石22点、凹石13点、磨石11点からなる。掻器の数の多さと対照的に磨製石斧の数の少なさが注目される。保坂は草創期最終末期の遺跡で掻器が多数出ていることから、新ドリアス期に当たると考えている（保坂1999）。

こうした神子柴・長者久保石器群の変遷を通して、縄紋化のプロセスを見る視点を提示しておく。

神子柴型石斧の変形過程

神子柴型石斧を特徴づける過剰デザインの象徴性とその社会的意味について何度も言及してきたが、過剰化以前の石器のデザインはどんなものなのか、難問が残されている。この件に関して須藤隆司の提言がある（須藤2009）。「神子柴遺跡の大型扁平両面調整石器の開発過程を、両面調整石

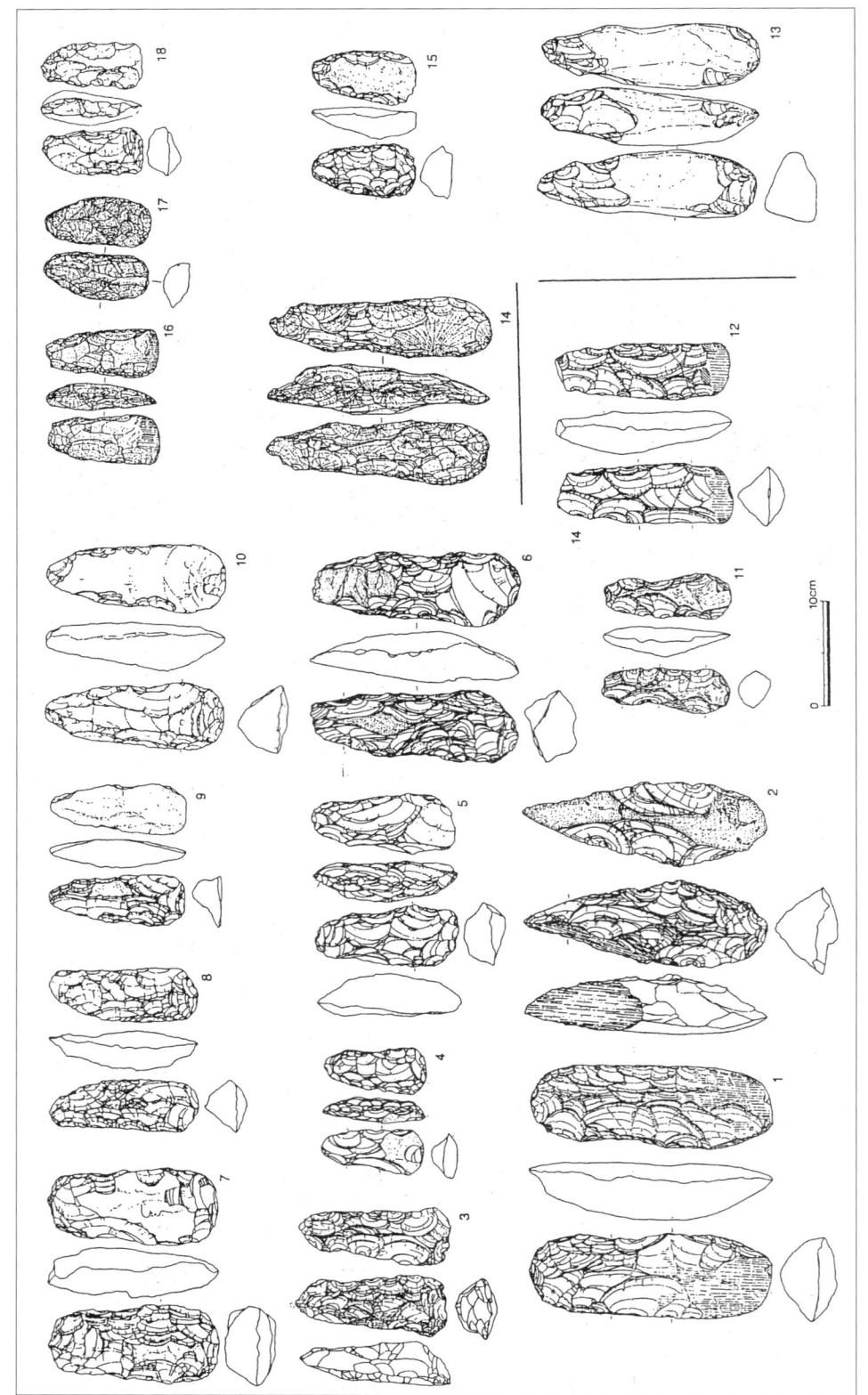

図29 芦澤清八による［神子柴系石斧］3期変遷案（芦澤・大関 2002）
No.1 は栃木県川木谷遺跡出土の神子柴型石斧

核の整形技術革新である扁平化の脈絡で捉えたが、神子柴型石斧の開発過程は如何なるものか。神子柴型石斧固有の特徴的な甲高な片刃石斧であり、その調整剥離は裏面での平坦剥離と角度のある表面剥離、そして樋状の並列剥離による刃部形成である。この製作技術は、杉浦重信が北海道地域の中本型石斧に舟底形石器製作技術を見出したように、細石刃技術の舟底形石器製作技術、すなわち幌加型技術の改変と想定されるのである。青森県八森遺跡の片面調整片刃磨製石斧、宮崎県白ヶ野第2・3遺跡にある片面調整片刃磨製石斧がその象徴的な石器…神子柴型石斧とは、環日本海細石刃石器技術で開発された管理石器と考えられる」(90〜91頁)。山形県八森遺跡例ではないか。そうだとすると神子柴型石斧の過剰デザインが崩れた第Ⅱ期の石斧であり、宮崎県例は神子柴系だとしても時空間的に適例とは思えない。ただし幌加型細石刃核との技術的関連性については一考の余地がありそうである。田村隆も大平山元Ⅱ遺跡のような「ホロカ技法による舟底形石器」が神子柴・長者久保石器群の片刃石斧のひとつの原型であったと考えている（田村 2011）。長者久保遺跡出土の「丸鑿」（図27参照）は「ホロカ技法による舟底形石器」から在地においてデザイン化された石器であるのか、それとも列島中央部から伝えられた神子柴型石斧の機能転化品なのか、新たな難問である。暦年較正年代が決め手となるのであろう。

　1988年に埼玉県東秩父村で「神子柴型石斧」が見つかった（図30）。梅沢太久夫と栗島義明の観察によれば、長さ20.7cm、幅5.2cm、厚さ4.2cm、重さ559.4g、かなりの大型品である。両側縁が平行し、刃部が直線的で基部が丸みを帯びた短冊形で、断面三角形の完形品である。県内には見出しがたい「硬砂岩」製だという。剥離面相互の切り合い関係を見ると、特定の製作工程を整然と連鎖的に踏まえていて、形態作出・形状修正に意を注いでいたことがわかる。刃部に見られる線条痕とその方向、および磨痕からは刃部の再生が行われたことが推測できる。また石斧に残る光沢からは着柄の状態も想定される（梅沢・栗島 1989）。単独出土であるが、神子柴型石斧のデザイン・コンセプトを比較的厳正に踏襲しつつも、伐採具として形態修正が行われて実際に使用されていた。このことから、第Ⅰ期の神子柴型石斧のコンセプトが崩れてきていると見るか、象徴性と機能性を対立概念で捉えず、神子柴型石斧は渾然一体のものであったと捉えるか、判断が難しく類例の増加を待つしかない。

青森県外ヶ浜町大平山元Ⅰ遺跡（青森県立郷土館 1979、谷口編 1999）

　遺跡は畑地から偶然局部磨製石斧（図31-1）が見つかったことから、青森県立郷土館によって1975年に試掘調査が行われ、翌年に発掘調査が行われた。この局部磨製石斧1点を含む石斧3点、尖頭器5点、石鏃1点、石錐1点、削器4点、掻器8点、彫刻刀形石器9点、「掻−彫器」7点、石刃39点などの石器類と土器片32点が出土した。石器とその組成が類似することから長者久保石器群とされた。局部磨製石斧は典型的な神子柴型石斧とは多少異なり、「長さ19.3cm、刃部幅6.2cm、厚さ3.5cmを測る大型の局部磨製石斧である。重量は540gである。表裏両面とも階段状剥離が行われ、概して平坦な面を形成している。刃部は蛤刃を呈する。斧頭のほぼ中程が心持くびれており、刃部からこの部分までの両側縁は縦位に磨かれ平坦である。刃部は、表裏両面ともに大きな剥離を覆う様な状態で研磨した結果の、横位の擦過痕がめいりょうに観察される。特に表面

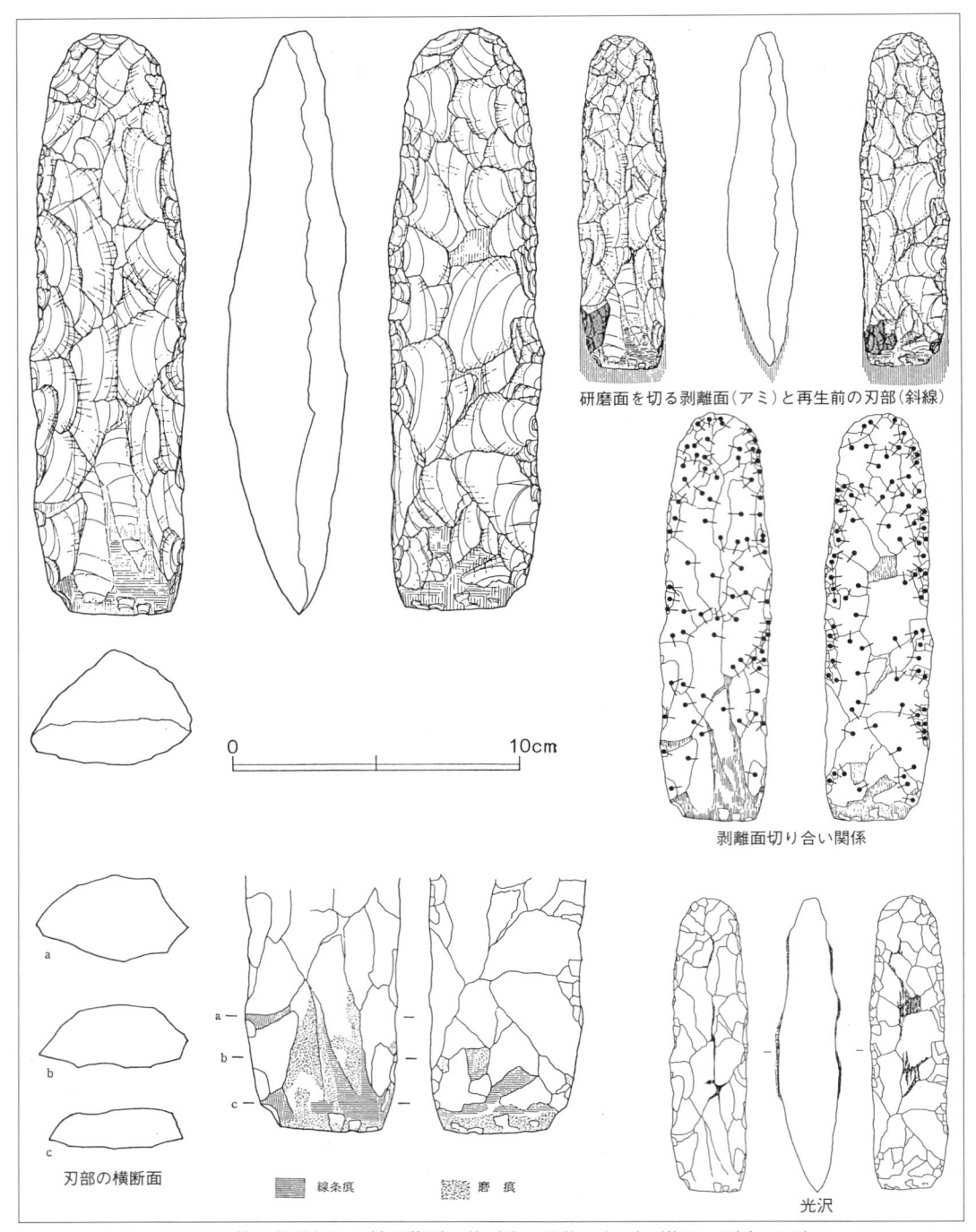

図30 第Ⅱ段階初めの神子柴型石斧 (埼玉県秩父出土) (梅沢・栗島1989)

においては、研磨が胴部のほぼ中央にまで達し、大きく深い剥離を磨きつぶす程行われている。一方裏面の磨かれている部分は刃部から4cm程であり、表面とは大きく異なっておる。一般に刃部の磨きは、刃部に対し直角に行われるが、本例は横位になされており、刃がやや鈍いことや、さらに使用痕も観察されないため、未完成品とも考えられる」、と報告された。三宅徹也は、長者久保

型石器群と神子柴型石器群とに分離し、大陸渡来を念頭に長者久保・大平山元Ⅰ→神子柴・唐沢Bの変遷を考えた。

　1998年に谷口康浩を団長として、前回の発掘区の南側の発掘調査が行われた。新たに土器片46点と、石斧2点、尖頭器1点、石鏃2点、削器1点、搔器17点、彫刻刀形石器5点、「搔－彫器」4点など石器262点が加わった。石斧は断面が三角形に近く、正面が撥形でやや湾曲した片刃を呈し、体部中央がわずかに括れる形態の打製石斧と、刃部側が折れている同様の石斧である（同-2,3）。谷口は長者久保遺跡と大平山元Ⅰ遺跡とを比較して、①彫刻刀形石器が多いのに対し搔器が多い、②石器群が頻繁な使用と消耗を示しているのに対し完形あるいは予備的な未完成の形状で遺棄されているケースが多い、③石鏃と土器が前者になく後者を特徴づけている、などの相違を指

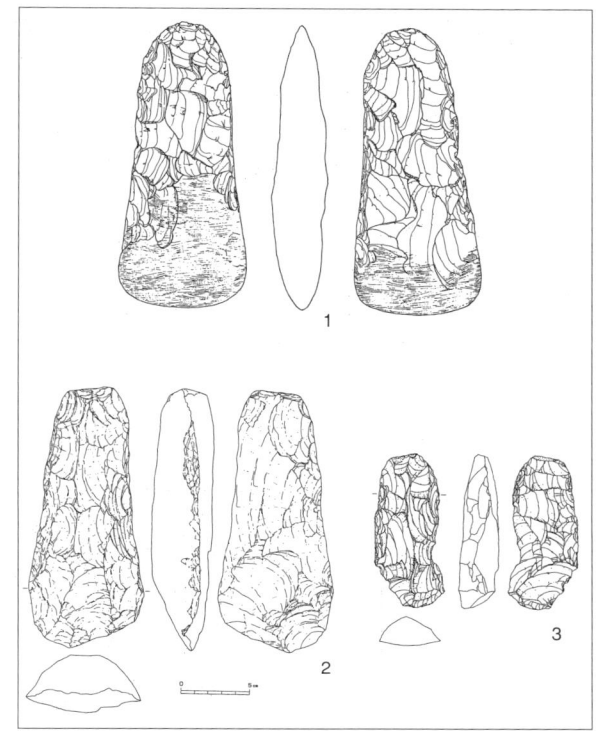

図31　青森県大平山元Ⅰ遺跡出土の局部磨製石斧と片刃打製石斧（青森県立郷土館 1979、谷口編 1999）

摘して、季節的要因による場の機能に注意を喚起している。だとすると長者久保遺跡出土の刃部再生加工が繰り返された神子柴型石斧の存在とその系譜が気になるところである。大平山元Ⅰ遺跡の年代が暦年較正で約1万6100～1万6500年前まで遡る可能性が指摘されている。長者久保遺跡あるいは神子柴遺跡の暦年較正年代を欠いている現在、長者久保石器群と神子柴石器群との編年・系統問題解決の糸口がつかみきれない。

茨城県後野遺跡（勝田市教育委員会編 1976）

　先に記述したB区の石器群（荒屋系細石刃石器群）の北20mの台地中央部、A地区では3つの石器ブロックから、打製石斧、槍先形尖頭器、搔器、「彫－搔器」、削器、石刃と剥片など87点が、黄褐色パミス層に集中して、若干が褐色軟質ローム層の上面から出土した（図24参照）。石器はすべて搬入されたようで製作剥片を欠いている。石材は珪質頁岩を主としているが、石斧には軟質頁岩が、尖頭器には流紋岩が使われており、また黒曜石と凝灰岩は剥片だけが出ている。石斧は刃部を破損している。長者久保遺跡出土例よりは寺尾遺跡出土例に近いかもしれないが、器体の形態から見て円鑿形であった可能性も残る。尖頭器も尖頭部と器体中央部以下が欠損しているが、長者久保出土の薄手の大形柳葉形の槍先形尖頭器と同形と思われる。石器ブロックから約2m離れて、2個体分（？）の土器片が廃棄された状態で1ヶ所にかたまって出土している。無紋土器で発掘当時その重要性はほとんど問題にならなかった。

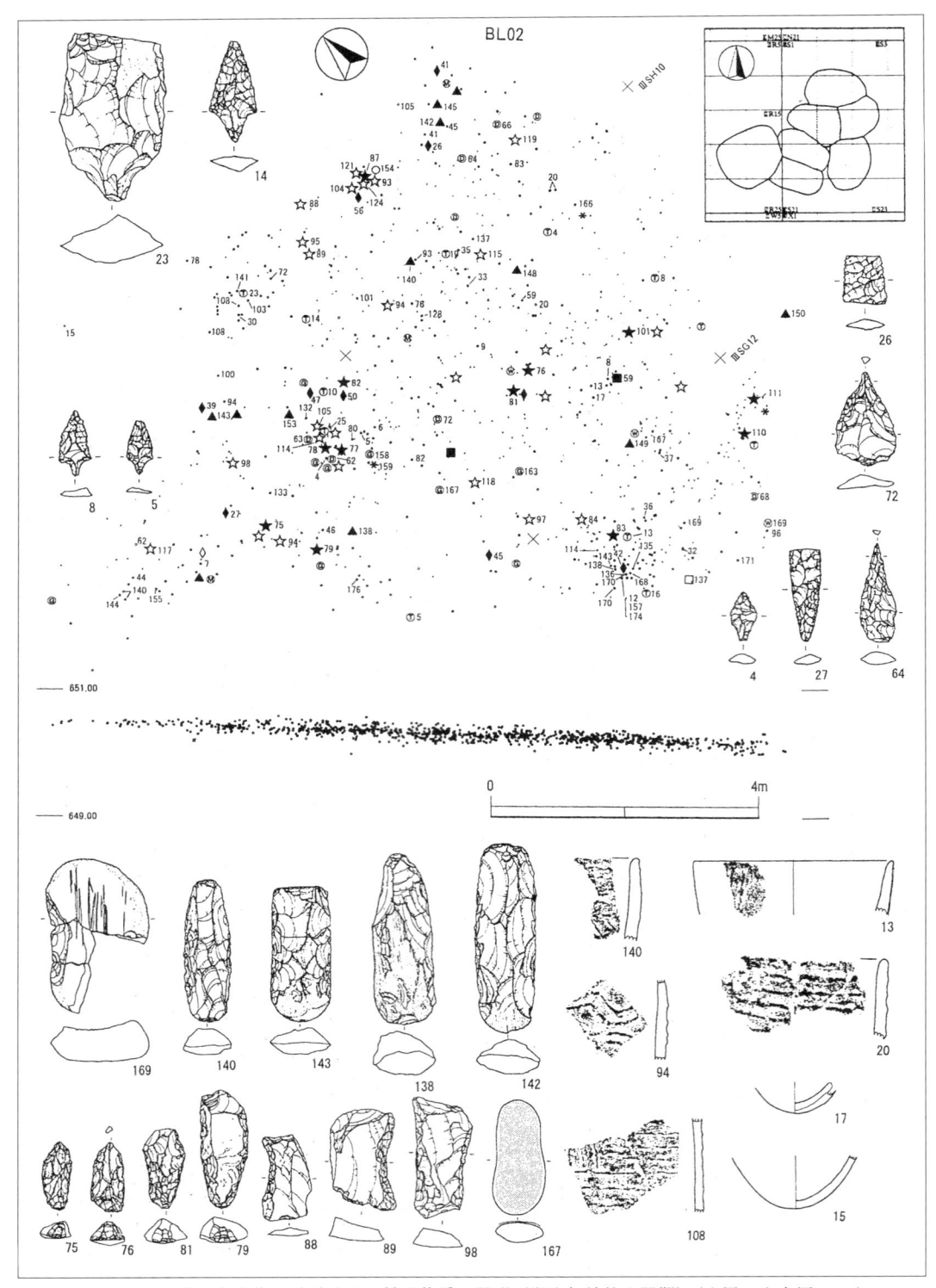

図32 長野県星光山荘B遺跡出土の神子柴系石器群（微隆起線紋土器期）（土屋・中島編 2000）

長者久保石器群に繋がる石器群は関東以北、特に太平洋側で転々と見つかっている。一方、神子柴型石器群に繋がる石器群も先に見たように北関東でも見つかっているが、神子柴系石斧を指標とすると日本海側では新潟県小瀬が沢洞窟、山形県日向洞窟、同八森遺跡、青森県長者久保遺跡など点々と出ていて、一部は津軽海峡を越えて北海道にも展開している。

長野県星光山荘Ｂ遺跡（土屋・中島編 2000）

長野県は神子柴型石斧の中心分布地である。その典型的なあり方は星光山荘Ｂ遺跡に見られる。遺跡は長野県信濃町の野尻湖周辺遺跡群中の一つに数えられる。池尻川によって切られた段丘縁辺の平坦部、標高 625～650m にあり、炉跡の可能性がある１ヶ所を含めて３ヶ所の遺物集中部と、炉跡の可能性のある「コ」の字形配石が検出された。「短期滞在型遺跡」とされた。

微隆起線紋土器片 1,284 点のほか、神子柴系磨製石斧 10 点を含む石斧 18 点、有茎尖頭器 31 点、槍先形尖頭器 34 点など、多数の石器類が出土した（図 32）。土器は長野県石小屋洞窟出土の隆起線紋土器や、神奈川県花見山遺跡第１群第３類土器に類似する。神子柴系石斧は、大が 17.3 × 4.6 × 2.9cm から小は 11.0 × 3.5 × 2.0cm までの大きさで、大型品は元来のデザインをなお維持しているが、全般に短く、幅も狭く、断面の厚みも減少している。槍先形尖頭器の中に新潟県小瀬ヶ沢洞窟出土の柳葉形尖頭器に類似するものが混じる。^{14}C 測定年代値の較正年代は１万 4000 年より古く出ていて、温暖期に入ったころである。

神奈川県綾瀬市吉岡遺跡群（砂田・三瓶編 1998）

草創期隆起線紋土器を出す遺跡は質量ともに南関東地方に集中して報告されている。ここでは神子柴系石斧に焦点を当てて、その特異な出方で知られる吉岡遺跡の事例を見てみる。遺跡は相模野台地の高座丘陵北端部、相模川支流の目久尻川の中流左岸に位置する。浄水場建設に伴い 1990 年から４年間発掘調査が行われ、調査区が６ヶ所の丘陵部（Ａ～Ｆ区）と谷部（Ｇ区）に設定され、後期旧石器時代最古期から草創期までの石器群が検出された。

当該石器群は遺跡群の南西端Ａ区の東側の谷、その谷頭部から谷に水の作用で流下したような状況で見つかった。本来は谷頭の近くにあった石斧・石槍などの石器製作跡で、斜面に沿って打製石斧 13 点（内未製品 1 点）、局部磨製石斧３点、磨製石斧３点、槍先形尖頭器 65 点（内未製品 16 点）と、それらの作出剝片が多数出ている（図 33）。石材は硬質細粒・中粒凝灰岩、ホルンフェルスなどが使われ、尖頭器にはガラス質黒色安山岩も使われている。最大の神子柴系石斧（20.9 × 5.4 × 3.3cm）は保存状態がいいが、形態が長狭で整形剝離は多少粗くなっている。次に大きな神子柴系石斧（16.1 × 4.2 × 2.2cm）は２つに折れていて、５枚の作出剝片が接合する（図 34）。局部磨製石斧は３点とも 10cm に満たない小型品である。

山形県八森遺跡（佐藤・大川編 2003）

日本海側のネットワークを考えるとき、新潟県小瀬が沢洞窟が古くから中心の位置を占めてきた。隆起線紋土器・爪形紋土器・押圧縄紋土器と長期間にわたり利用された洞窟であるので、多様な形

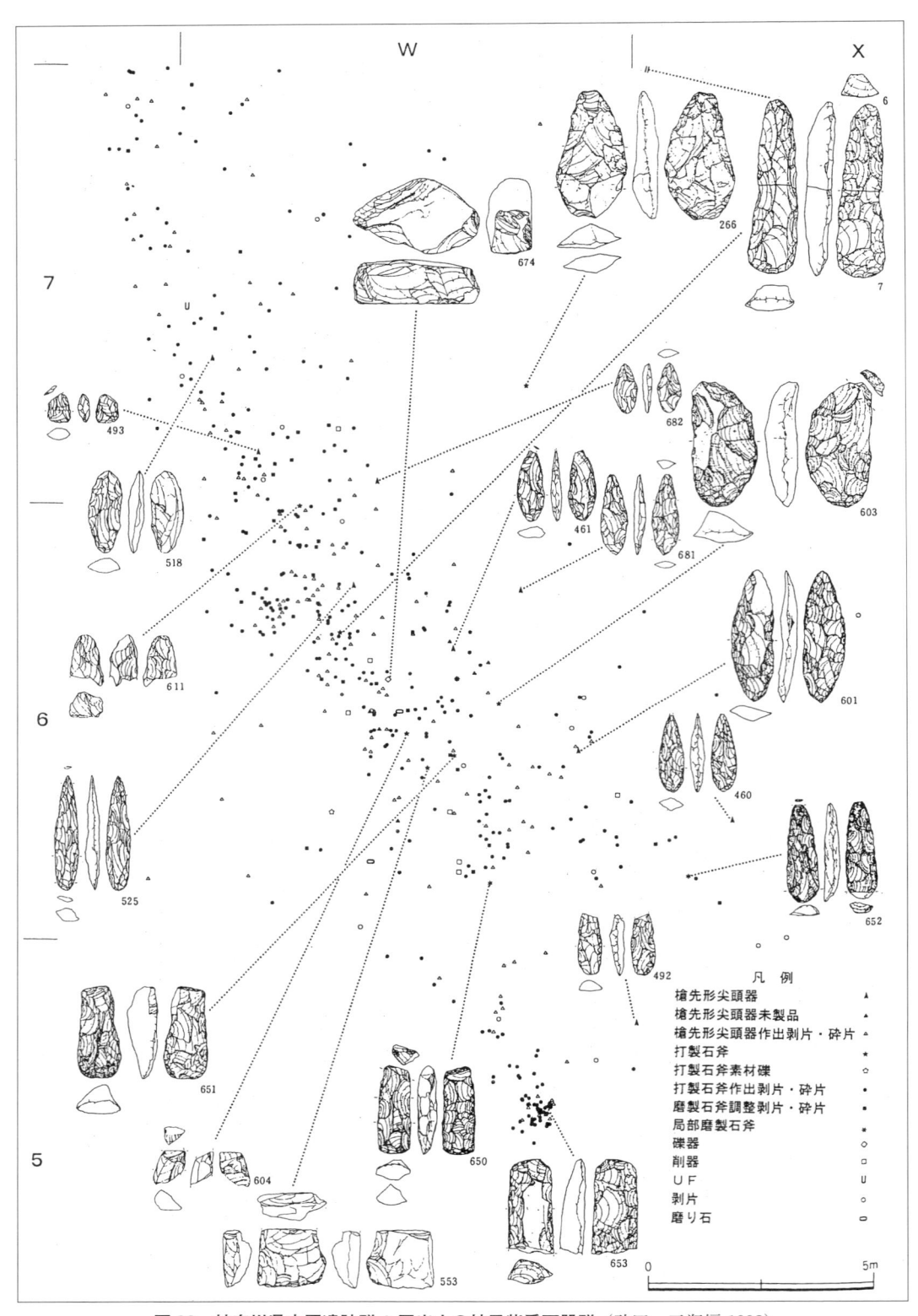

図33 神奈川県吉岡遺跡群A区出土の神子柴系石器群 (砂田・三瓶編 1998)

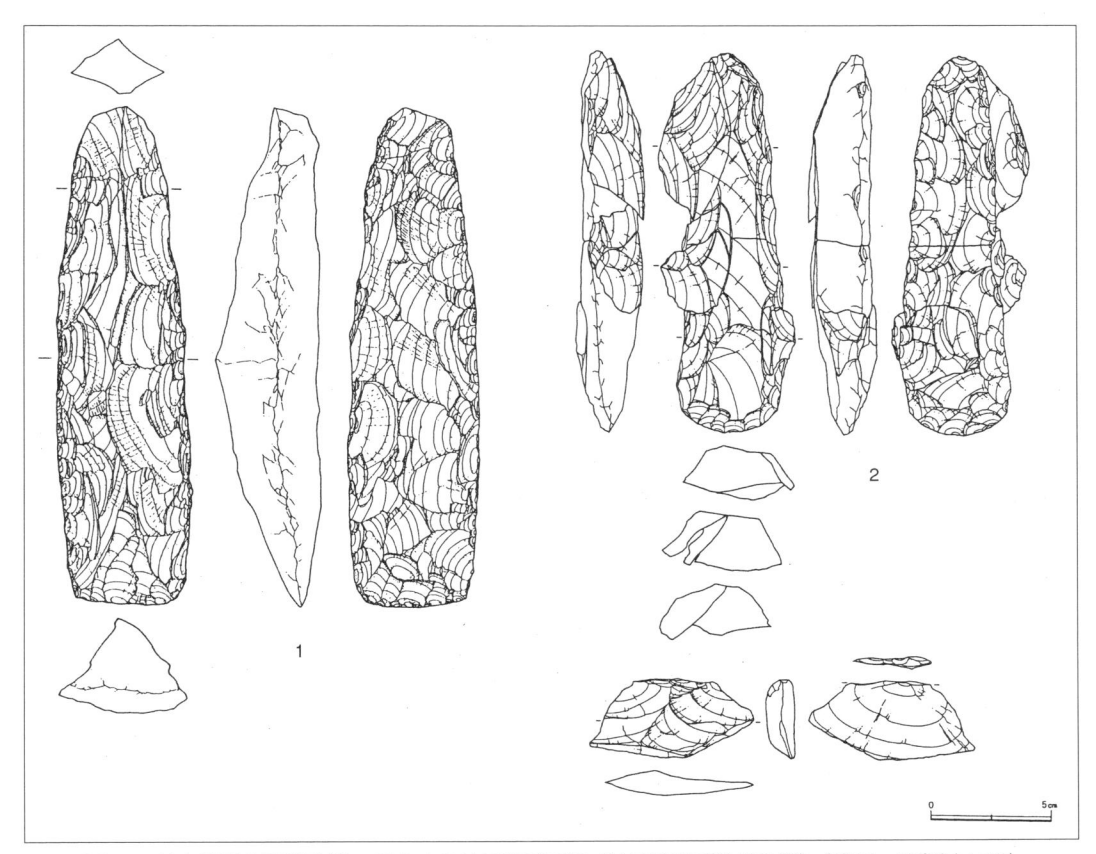

図 34　神奈川県吉岡遺跡群 A 区出土の神子柴系石斧（神子柴型石斧第Ⅱ期）（砂田・三瓶編 1998）

態の神子柴系石斧と槍先形尖頭器が残されていた。第Ⅰ期の典型的な神子柴型石斧か若干デザインに揺るぎが生じた石斧と見なせる例から、その変形過程を示唆する事例である。槍先形尖頭器も最大幅が基部近くにある例を含んで最大幅が中心部にある例など多様である（図 35）。神子柴遺跡の神子柴型尖頭器の素材である玉髄の産地にも近く、過剰デザインの象徴性を共有する集団の遊動域であったことがわかる。

　当該期の石斧・石槍の製作跡が山形県でも見つかった。山形県八幡町八森遺跡は庄内平野の東縁に接する出羽山地西端の段丘面にあり、遺跡の北側で荒瀬川を眼下にしている。旧石器時代から平安時代までの複合遺跡で、1997 年の第 17 次発掘調査で低位段丘のⅧ区（A ブロック）とⅨ区（B ブロック）、第 22 次発掘調査でⅩⅩⅨ区（C ブロック）から神子柴系石斧を伴う石器群が検出された。この 3 ブロックには完形品・未製品・半製品・折損品と剥片・砕片とが、接合する例もあって石器製作跡と見られる。各ブロック間の同一母岩例や接合例もある。

　石斧は 5 点出ている。18.8 × 5.6 × 3.8cm の大型品は断面三角形の局部磨製石斧である。珪質頁岩の大形剥片素材で、腹面にはほとんど剥離を加えず、背面が山形になるように側縁と刃先を調整している。神子柴遺跡や長者久保遺跡、あるいは大平山元Ⅰ遺跡の石斧とは多少違っていて、地域的な変形を示唆している（図 36-46）。断面三角形の他の 1 点は軟質砂岩製で 11.7cm とやや小振りであるが、器厚は 3.8cm で分厚い。腹面は全面に調整を施しているが、背面の基部には大きく礫面

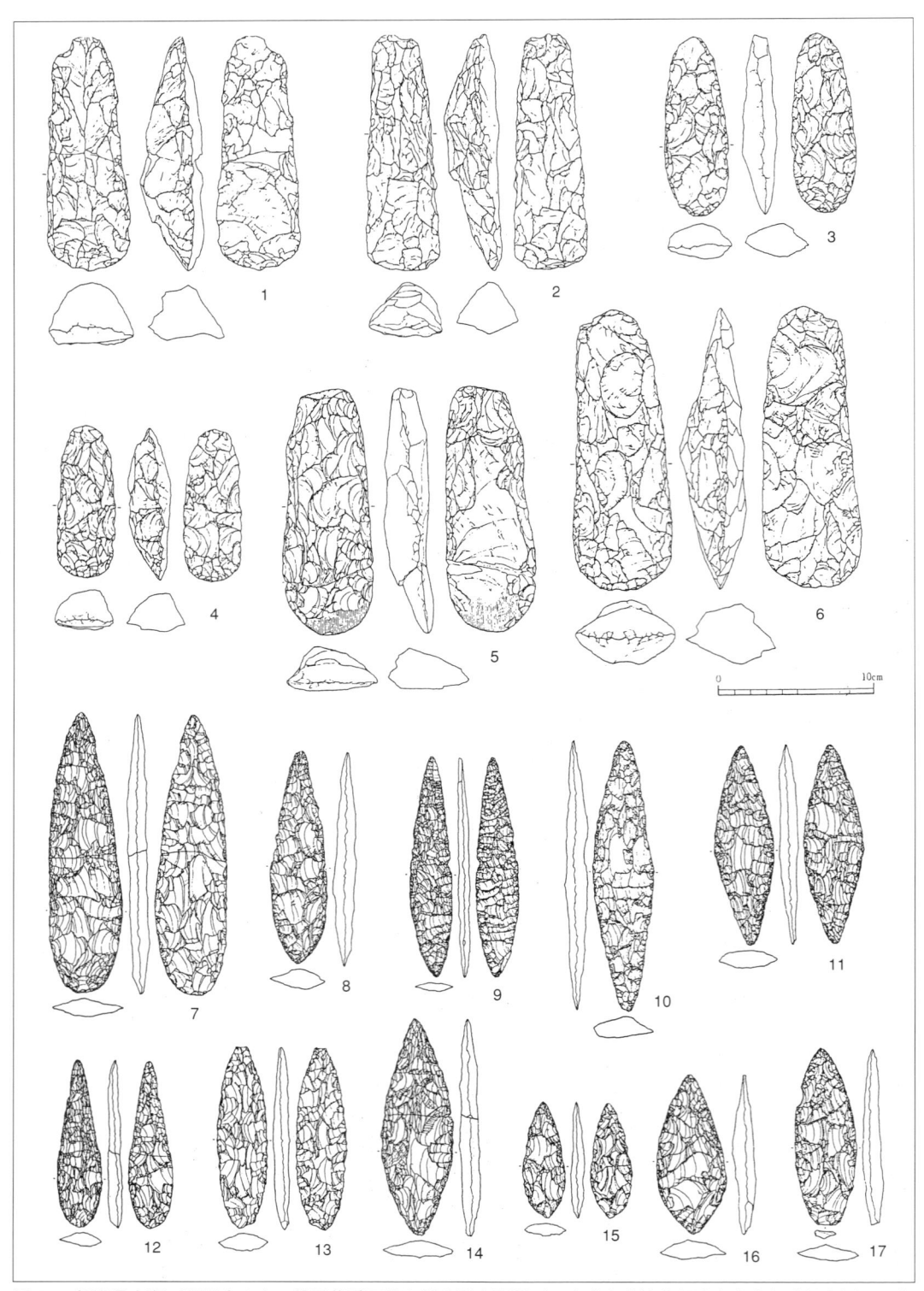

図35　新潟県小瀬が沢洞窟出土の神子柴系石斧と槍先形尖頭器（日本考古学協会釧路大会実行委員会編 1999）

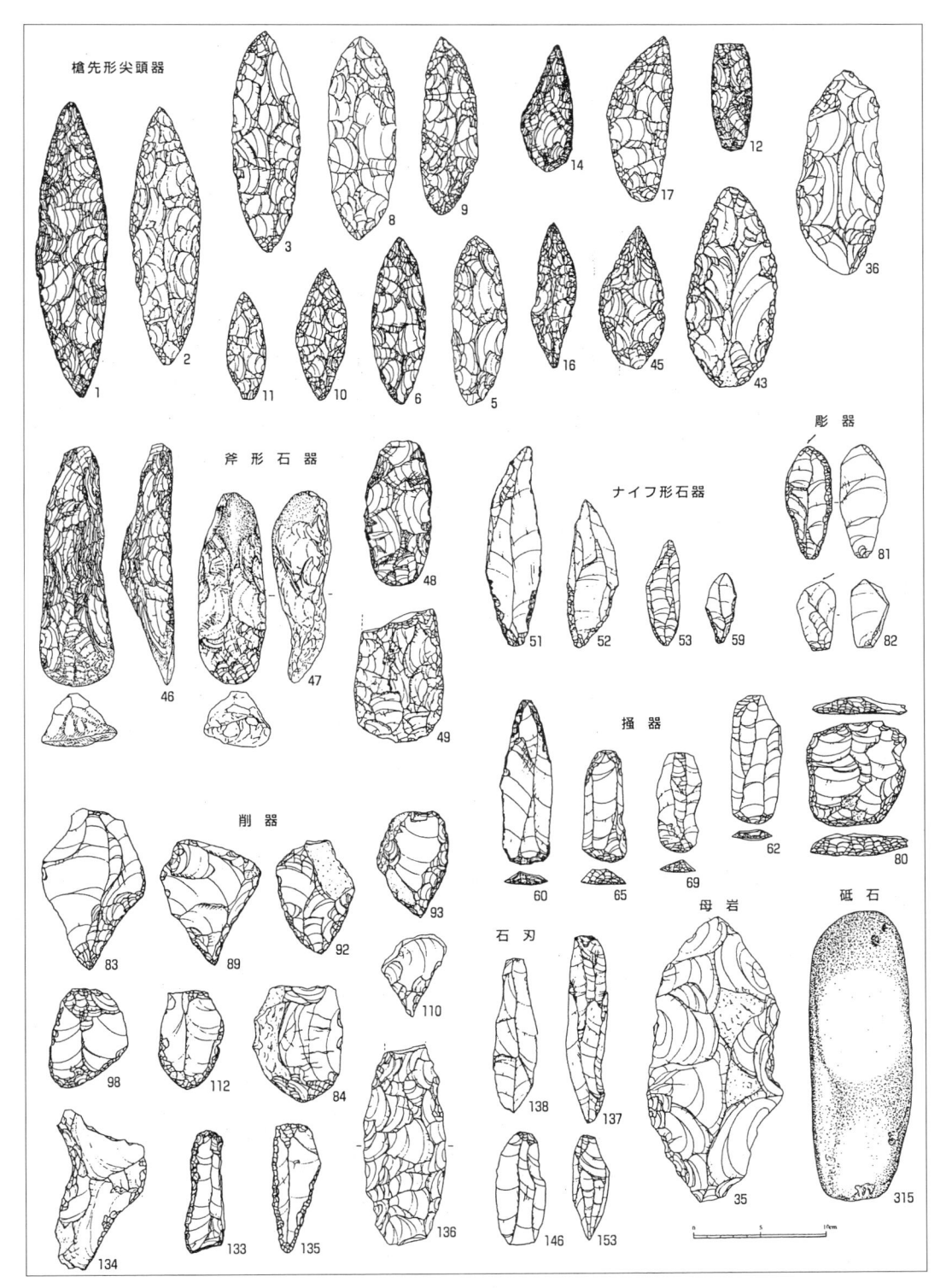

図36　山形県八森遺跡出土の石器群（佐藤・大川編 2003）
　　神子柴系石斧に伴う石器類と報告されるが、基部加工尖頭形石刃（ナイフ形石器）や荒屋型彫刻刃形石器などが含まれているので、当遺跡出土の石器組成には注意を要する。

を残す。両刃である。槍先形尖頭器は45点で、最大23cmから最小12.9cmまで大小の断面レンズ状の両面加工木葉形尖頭器を主体に、半月形尖頭器、小型柳葉形尖頭器、有肩尖頭器が報告されている。最大の槍先形尖頭器は中央に最大幅があり、基部寄りに最大幅のある神子柴遺跡や長者久保遺跡の槍先形尖頭器とは異なる（図36-1）。

北海道への展開

北海道八雲町にある大関校庭遺跡の吉崎昌一資料を、山田哲は細石刃石器E1群に分類している。しかし、局部磨製石斧を欠いているが、安山岩製の槍先形尖頭器の形態からも明らかなように、長者久保系石器群を含んでいる（図37）。すなわち、渡島半島の奥深くまで長者久保系石器群を有する集団が入り込んでいたことを示唆している。そう見ることによって、千歳市周辺に分布する忍路子型細石刃石器群中に大型局部磨製石斧が組成されていることを理解できる。

最近、白滝遺跡群の報告書で報告された「斧形石器」を実見し、以下の5点に注目した（図38）。白滝遺跡群の上白滝5遺跡で検出された7ブロック中、Sb-6～11は薄手の尖頭器、小型の舟底形石器を含む石器群である。ブロック8と9から関連のありそうな石斧が出ている。「ともに安山岩製で風化が激しく剥離の稜が見づらく、特に284裏面はほとんど稜が見えない状態である。284は正面が左右とも急角度の加工によって、裏面がおそらく平坦剥離によって断面三角形に成形されている。正面の上下端部は縦方向の剥離によって成形され、下端部が丸くなっている。285は284とは異なり撥形で刃部は表裏とも縦方向の剥離によって直線的に整形されている。基部は正面側が凸状で、断面形は凸レンズ状ではないが、やや角度のある剥離で裏面を加工しているため側縁の側面観は長軸と一致し直線的である。2点の形態は異なるが、大きさに関しては厚さに違いがあるものの長さ・幅はあまり差がない」（長沼・ほか編 2002、235頁）。長者久保遺跡の石斧と大平山元Ⅰ遺跡の石斧を連想させる。

上白滝8遺跡の小型舟底形石器を含む石器群に伴って頁岩製局部磨製石斧が出土している。「上面に幅5mmの平坦面があり、その背面側（正面）に頭部調整状の潰れが見られるため、頭部調整を受けた大型の剥片素材と考えられる。残存する打面と考えられる平坦面は非常に小さいため判断が困難であるが、原礫面である可能性がある。加工は、正面において裏面から右側縁、左側縁の順で行われた後、右側縁から裏面下部、さらに左側縁から裏面の大部分に行われる。刃部の末端部正面の中央稜上、末端部縁辺に研磨痕があるが、前者は正面下端部からの長軸方向の加工、裏面からの加工に切られ、稜上に残る。また、後者の大部分も剥離に切られているが、正面下端部からの長軸方向の加工を切っており、刃部周辺では剥離による刃部再生と研磨による刃部再生が繰り返されていたと思われる。これらの研磨痕の分布から当初は末端部から2cm程度の範囲が全面的に研磨されていたと想定される。形態は平坦な裏面と正面の左右側面の三面で構成され、断面形は蒲鉾形に近い三角形である」（鈴木・直江編 2006、173-174頁）。

最も注目されるのが白滝8遺跡Sb-4の集中域から外れて舟底形石器と伴出した、長さ36.8cmの安山岩製大型石斧である。「裏面・左右側面の三面に左右側面・正面からの剥離によって断面三角形に成形される。その後、裏面の下端に作出された打面から打面調整を伴って正面下部に長さ

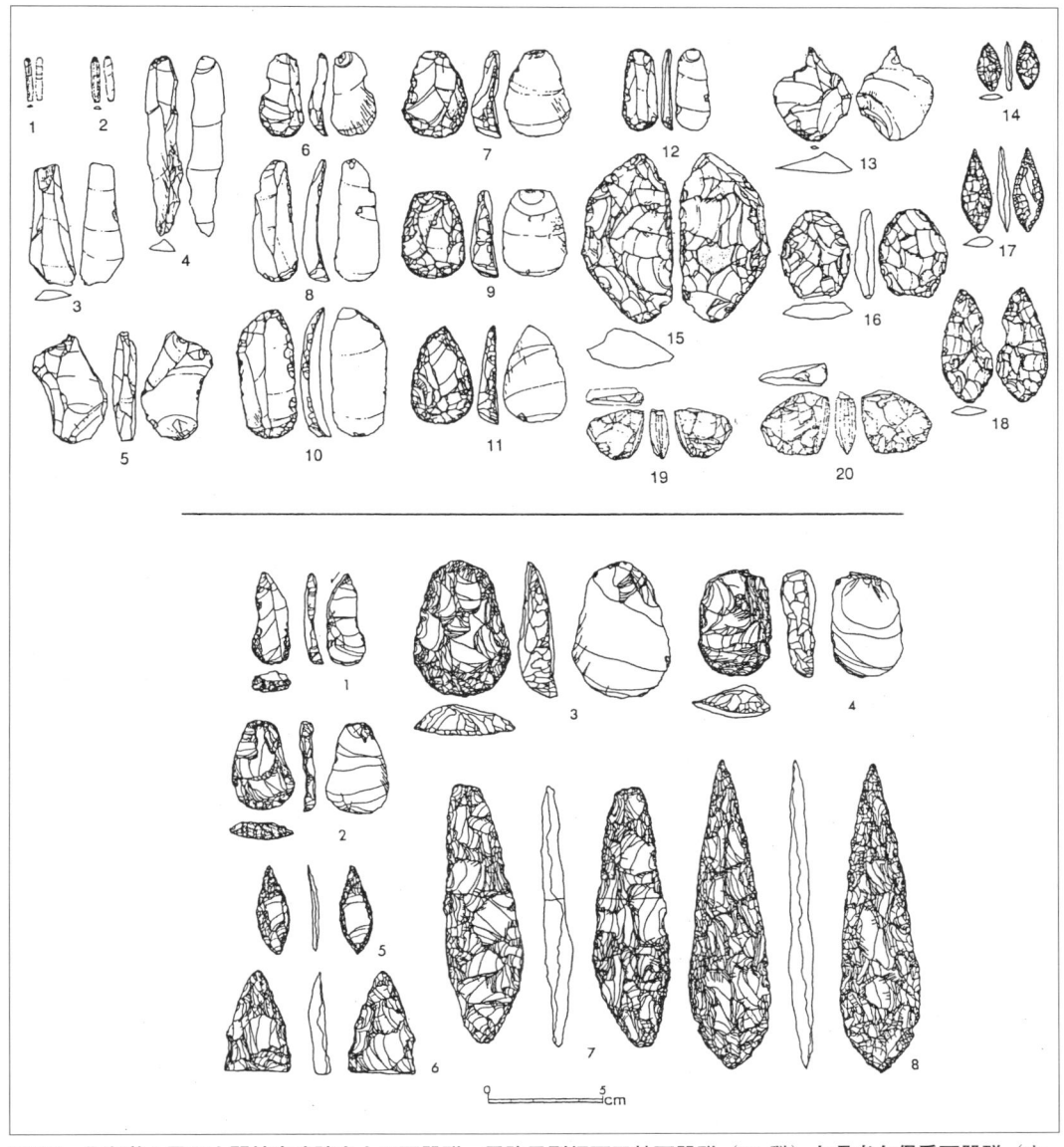

図37 北海道八雲町大関校庭遺跡出土の石器群 忍路子型細石刃核石器群（E1群）と長者久保系石器群（山田 2007、日本考古学協会釧路大会実行委員会編 1999）

20cm 程度の石刃状の剥離が行われ、刃部が作出される」（鈴木・直江編 2007、292 頁）。

　旧白滝 15 遺跡 C 区（峠下型細石刃核を含む石器群、舟底形石器を含む石器群、忍路子型細石刃核を含む石器群が認められる）出土の石斧は峠下型細石刃核 12 点を含む Sb-43 から検出されているが、忍路子型細石刃核を含む石器群を構成する石器として報告されている。「斧形石器は撥形で最大厚部は基部にある局部磨製で、刃部は薄手の両面加工により直線的に整形されている」（直江編 2012、585 頁）。

　先に言及した舟底形石器との技術的親近性を傍証する在地発生の事例かも知れないが、その出現には温暖化に伴う冷温帯落葉広葉樹林の北進現象があったと考えている。

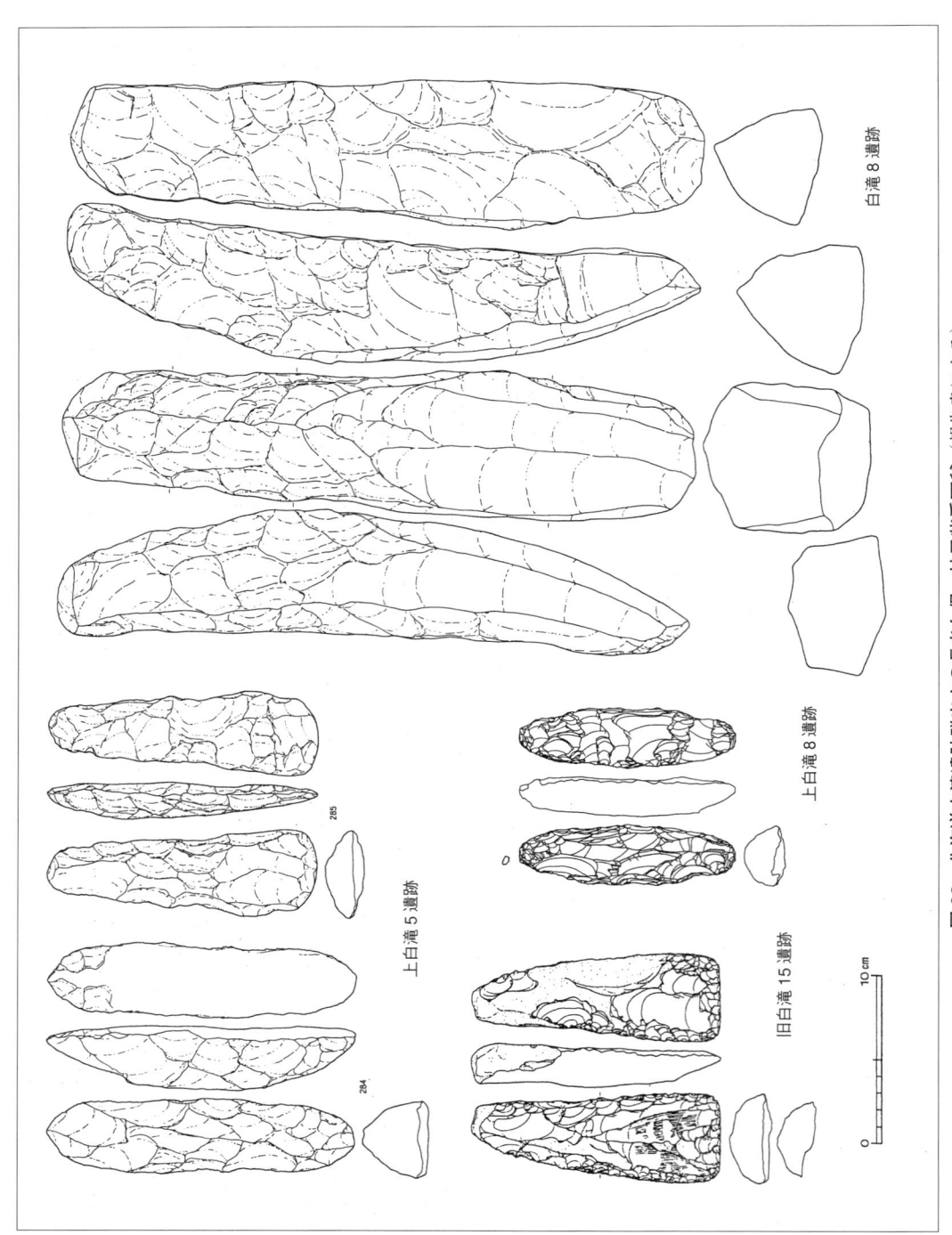

図 38　北海道白滝遺跡群出土の長者久保・神子柴系石斧（報告書による）

第3節　九州の縄紋化プロセス

　旧石器時代の石器群変遷が東日本と違っていた上に、北の削片系細石刃石器群集団の南下の影響、さらに言えば、神子柴石器群の拡散の影響がほとんど及ばなかった西日本、特に九州においては、東日本とは別途の縄紋化のプロセスを考えなければならない。そのために工藤雄一郎の謂う「ステージ2 最寒冷2期」（約2万4000～1万5000年前）の終末から「ステージ1　温暖1期」（約1万1600～1万年前）の初頭まで、新たな視点で検証する必要がある（図39）。なお、南九州では桜島などの火山爆発を地域文化の構造変動の主因として、気候変動と同程度に考慮しなければならない。

(1) 九州西北部の縄紋化

1. 福井洞窟の再調査

　遺跡の整備事業として、佐世保市（旧吉井町）福井洞窟の発掘調査が2012年に行われ、いくつか新しい知見が得られた（図40）（栁田編 2013）。すなわち、炉跡1基と石敷（礫集中）が検出された13層から、細石刃核は出なかったが、細石刃が検出された。炉跡の^{14}C測定年代は暦年較正で約1万8900年前である。12層からも炉跡が検出され、その周辺から「稜柱形細石刃核」、細石刃、削器など約300点が出た。炉跡の暦年較正年代は約1万7800年前である。13層の年代と約1000年余の開きがあることが注目される。その上の11・10層は顕著な落石層であって、寒冷化（ハインリッヒ1・イベント）の影響であったのか興味深い。かつて小石刃（核）石器群と呼ばれた層に相当する9～7層でも炉跡2基が検出されたが、今回も細石刃核・細石刃が出なかった。7～9層の年代は約1万6800～1万7500年前の約700年間であるが、層位間に有意な年代差は出ていない。6～4層から細石刃核・細石刃などが、4層下部で船野型細石刃核が単独で出土している。年代は約1万5900～1万6100年前である。4～2層にかけては、細粒砂層を間に挟みながら有機質土壌を含むシルト混じり砂層の遺物包含層がきわめて明瞭に検出されたが、2・3層の炭化物の遺存状態が良くなく、年代値は不安定である。2～3層は「福井型細石刃核」が爪形紋土器や隆起線紋土器と共伴している。表土の攪乱層から押引紋土器、押型紋土器が出ているので、早期にも洞窟は利用されていたようである。

　福井洞窟の上層部の様相は泉福寺洞窟でよく記録されている。11～7層までは砂層が続き豆粒紋・隆起線紋土器が、6層、5層はシルト質の土層となり爪形紋土器、押引紋土器が出る。7層と6層は不整合となっていて、前者が温暖期、後者が寒冷期と考えられた。

2. 西北部九州の後進性

　福井洞窟は1963年に「日本考古学協会洞穴調査委員会」事業として、鎌木義昌・芹沢長介らに

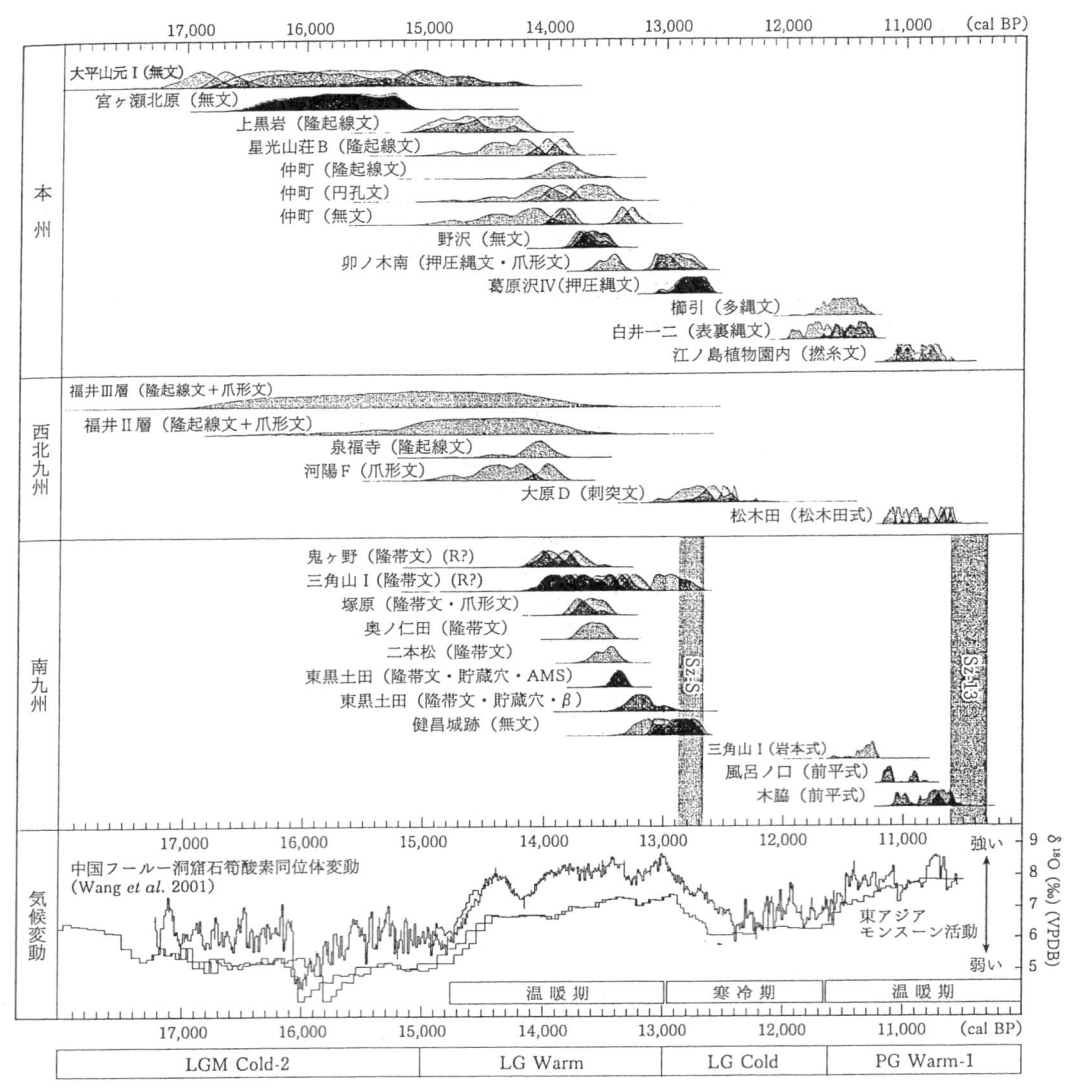

図39 気候変動と縄紋化の2つのプロセス（東日本と南九州）（工藤 2012）

よって発掘調査が行われ、出土した隆起線紋土器の年代が当時世界最古であったこともあって、縄紋時代の開始・縄紋文化の起源との関連で一躍脚光を浴びた遺跡である。しかし、発掘調査報告書が刊行されなかったため、成果内容の実態はよくわからなかった。その後1970年から10年間にわたり発掘調査が行われた佐世保市泉福寺洞窟で、10層の豆粒紋土器から隆起線紋土器、爪形紋土器、押引紋土器と層位的に土器が出土し、西北部九州を土器の起源地とする風潮に拍車をかけた。

しかし、隆起線紋土器に先行する土器が青森、茨城、神奈川などで見つかっている現在、縄紋土器の起源よりむしろ注目されるのは細石刃石器群の持続現象である。言うまでもなく、細石刃技法は寒冷気候下の生業活動領域の拡大に適応した技術である。この点をもう一度確認しておきたい。再調査によって福井洞窟の居住開始が3万年前以前に遡らないことが示唆された。また洞窟利用が最終氷期極相期まで遡るとしても、盛んに利用されたのは豆粒紋土器・隆起線紋土器期以降、すな

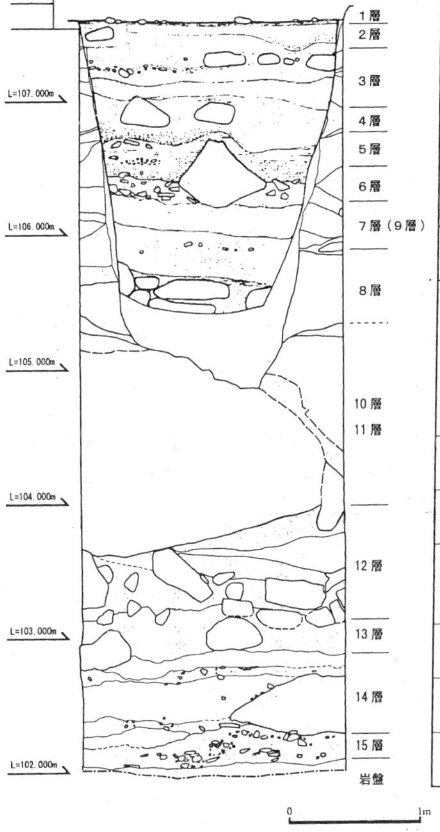

第 2 章 更新世／完新世の縄紋化プロセス 73

地表下	層序	時代		主な遺構	主な遺物
		¹⁴C年代，バリノ・サーヴェイ	¹⁴C年代，工藤		
0 m	表土層	表土層及び攪乱層		なし	なし
	1層	縄文時代早期		なし	剥片（安山岩，黒曜石）
−1 m	2〜3層	縄文時代草創期 (3層)13,180±50BP 13,410±50BP	(3層)12,470±50BP	焼土散布1，礫群？2基，骨片集中部1	隆起線文土器，爪形文土器，細石刃核，細石刃，削器，石核等
	4〜6層	旧石器時代細石刃文化期 (4層)13,580±40BP	(4層)13,310±40BP	柱穴1基，骨片集中部1	細石刃核，細石刃，削器，石核等
−2 m	7〜9層	旧石器時代細石刃文化期 (7層)14,230±50BP	(7層)13,930±50BP 14,280±40BP (9層)14,100±40BP 14,220±40BP (8層)14,105±45BP 14,275±40BP	石器ブロック2，炉跡2基	不定形剥片（小石刃），石核（小石刃核），横長剥片，石核等
−3 m	10〜11層	−		なし（落石）	なし
	12層	旧石器時代細石刃文化期 (12層)14,670±50BP		石器ブロック1，炉跡1基，赤化集中部1	細石刃核，細石刃，削器，石核等
−4 m50cm	13層	旧石器時代細石刃文化期 (13層)14,600±50BP 15,290±60BP		炉跡1基，礫集中1基	細石刃，彫器か，剥片（安山岩，黒曜石）
	14層	旧石器時代 (年代未定)		なし	剥片（安山岩）
	15層	旧石器時代 (年代未定)		なし	石核（安山岩，黒曜石），剥片
−5 m50cm	岩盤	第三紀堆積岩		なし	なし

図 40 長崎県福井洞窟の史跡整備調査で得られた新知見（栁田編 2013）

わち気候が回復して急激な温暖化を見た時期で、他の地域では森林性狩猟具である弓矢猟に転換している時期である。確実なデータを持っているわけではないが、私は次のように推測している。

　ベーリング期／アレレード期相当の温暖化によって海進が始まってはいたが、いまだ大陸東縁は西北九州に近く、対馬海流（暖流）は南九州の沖合を流れていて、西北九州はいまだその恩恵を受けて森林に覆われる事態に至っていなかった。それでもこの温暖期に集団の生業活動領域は最終氷期極相期に比較して狭まり、洞窟のようなランドマークはたびたび回帰する拠点的なキャンプ地となっていた。

　ちなみに、稜柱形細石刃核（野岳・休場型）の長崎県五島市の茶園遺跡第Ⅴ層が約1万8700年前、熊本県西原村河原第3遺跡第6文化層で約1万7800年前である。福井洞窟やこれらの年代を参考にすると、1万9000年前頃には九州に細石刃石器群が登場していた。加藤慎二はその系譜を華北地域の広い範囲に2万5000〜2万年に分布していた「角錐状細石核石器群」に指定している（加藤 2013）。隆起線紋土器が伴う長崎県佐世保市泉福寺洞窟で約1万4200年前、爪形紋土器が伴う熊本県南阿蘇村河陽F遺跡で約1万4400〜1万4000年前である。

　細石刃石器群、槍先形尖頭器、石斧、石鏃など画期を構成する要素を手掛かりに、九州地方における縄紋文化成立期の様相を検討した杉原敏之は、細石刃石器群に槍先形尖頭器や石斧が伴う爪形紋土器期（福岡県門田遺跡や宮崎県阿蘇原上遺跡）に画期を見る（図41）。細石刃石器から石鏃への転換という面から見ると、泉福寺洞窟5層の押引紋土器期と同4層条痕紋土器期の間に転換があったとも考えられる（図42）（杉原 2007）。構造論的には後者と見なせよう。

3．福岡県大原D遺跡（池田編 2003）

　草創期研究にとって中心的な位置を占めてきた地域であるが、縄紋化を遊動性から定住性への転換過程と捉えると後進的と判断したように、竪穴住居跡を出す集落遺跡が少ない（表1）。例外的なだけに言及されることが多いのが福岡県大原D遺跡である。遺跡は博多湾の西部、糸島半島の丘陵地の東北端部に位置する。丘陵の南向き斜面に設定された調査区（14区）から草創期末から早期初頭に位置づけられる焼失家屋、集石等の遺構と包含層が出土した（図43）。

　Ⅱ・Ⅲ層から竪穴住居跡、土坑、集石、焼土面等の遺構と、条痕紋（Ⅱ層に多い）と無紋土器（Ⅲ層に多い）、石鏃、掻器、ナイフ形石器、細石刃核等が、Ⅰ層で撚糸紋土器の口縁部破片1点と、120×95cmの楕円形の掘方に拳大の礫を入れ込む集石土坑1基が検出された。

　Ⅲ層はⅡ層に比べて遺物の出土密度が高く、遺構としてのまとまりも多い。Ⅲ層検出の遺構では焼失家屋が注目される。南側は谷によって削平を受けている。円形で東西4.3m、南北3.5m以上を測る。中央部の炭層の上面で石鏃10本がまとまって、中央部東よりで石鏃10本が平面的にまとまって、また西側壁際の炭化物中から石鏃4本が平面的に重なり、2本が横に立った状態で、1本が3cmほど離れた位置で出土した。そこから8cm北東に離れて黒曜石原石とその先に剥片が出ている。その他に3軒報告されているが、いずれも残りが浅くプランの全形が確認できない。その他に遺構群4ヶ所、いずれも炭の広がりと赤変部および黒曜石の削片などの遺物の集中部が複数見られた。同様の遺構群は他にも調査区の西端からも確認されている。

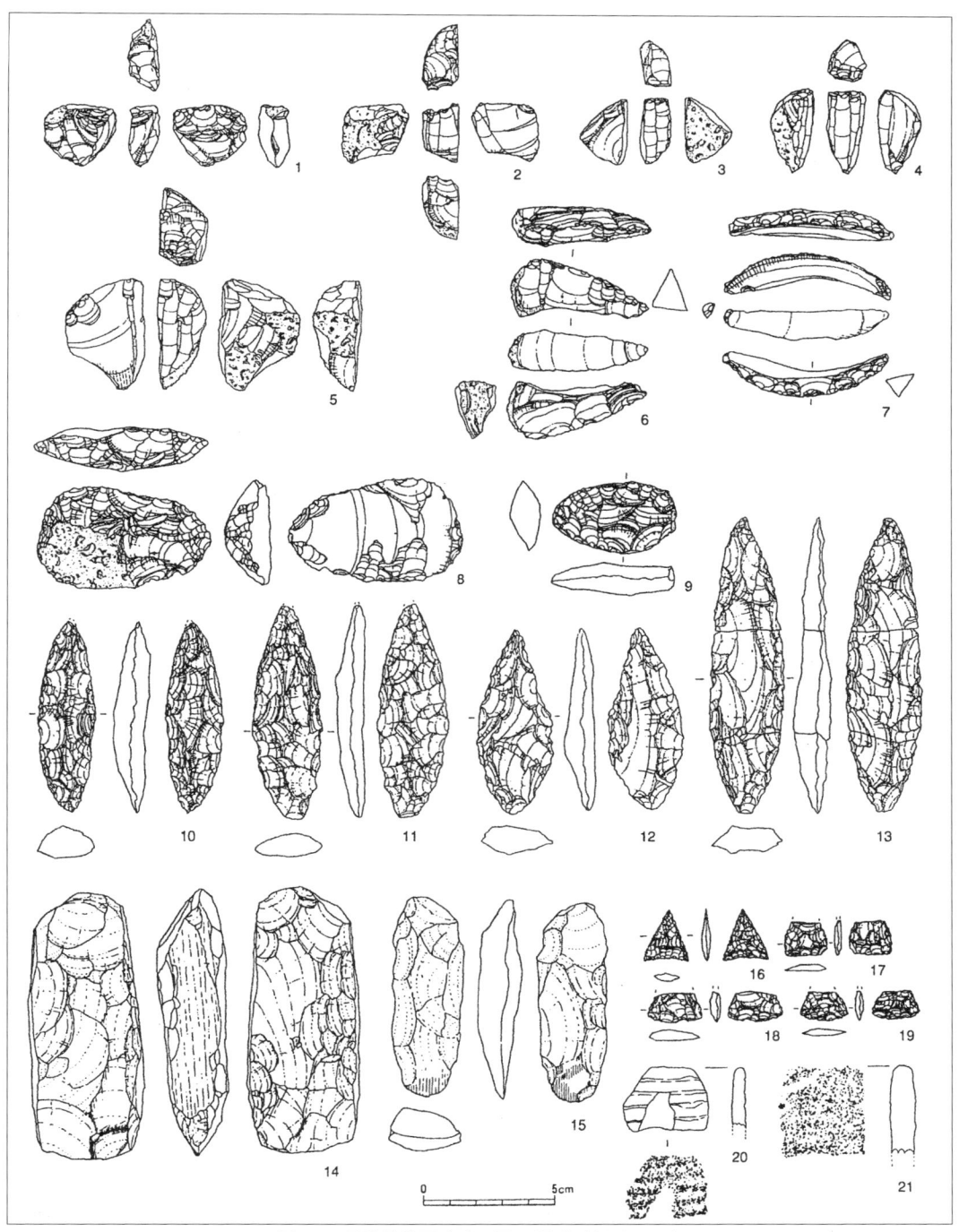

図 41　長崎県茶園遺跡Ⅳ層石器群（杉原 2007）

　Ⅱ層検出の遺構では 3 軒の住居跡、すなわち中央部に 207 × 197 × 22cm の土坑と北西側に 20 〜 25cm 大のピット 6 個をもつ不正方形の竪穴住居跡、3 ヶ所の炭化物集中をもつ 3.2 × 3.6m の方形の竪穴住居跡、住居跡と見なされた径 290cm の円形の竪穴が出ている。いずれも残りが浅く、

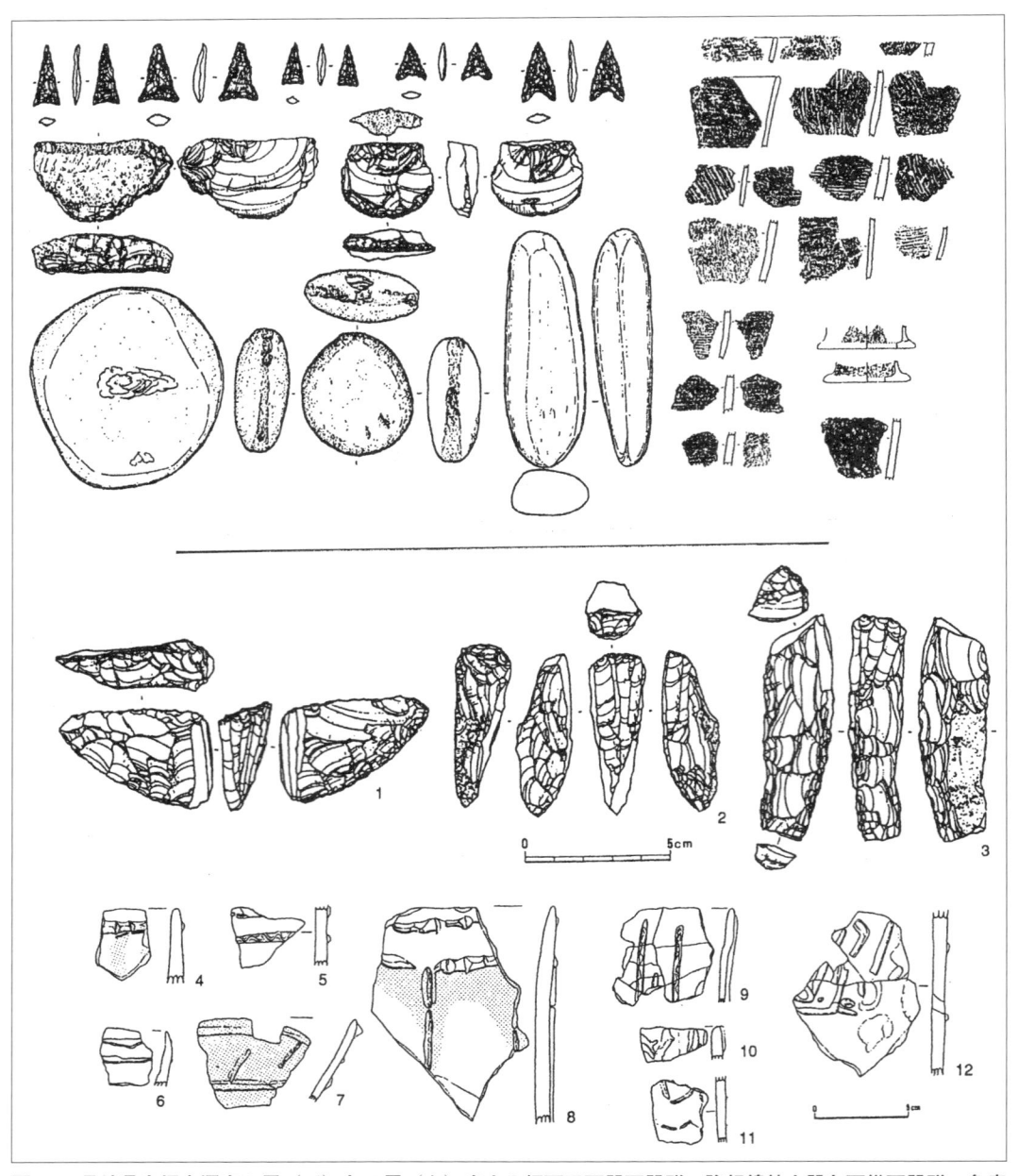

図 42　長崎県泉福寺洞窟 8 層（下）と 4 層（上）出土の細石刃石器石器群・隆起線紋土器と石鏃石器群・条痕
　　　紋土器（杉原 2007）

プランの全形が確認できない。その他に遺構群 3 ヶ所、すなわち 140 × 80cm ほどの不定形な炭化物集中域と、集石 1 基と、85 × 50cm のコの字形の石囲炉との遺構群、3 ヶ所の焼土面と条痕紋土器が集中する遺構群、焼土面と 7 点の石鏃を含む黒曜石集中部と 20 〜 40cm 大の平面をもつ 3 個の礫（作業台と座石？）との遺構群、および集石 2 基、土坑 2 基、炭の広がり 1 ヶ所、30 〜 50cm 大の円形の赤変部 3 ヶ所が見つかった。

　出土遺物では石鏃が最も多く 669 点を数える。黒曜石製が 87%、安山岩製が 12% である。基部

表1　九州各県の竪穴住居跡を出す集落遺跡の数

県　名	草創期 遺跡数	草創期 住居数	早期 遺跡数	早期 住居数	前期 遺跡数	前期 住居数	中期 遺跡数	中期 住居数	後期 遺跡数	後期 住居数	晩期 遺跡数	晩期 住居数
福岡県	1	2	1	8	2	2	1	1	36	256	20	235
佐賀県			3	4	1	10	1	1	7	20	6	17
長崎県			1	4					3	30	2	3
大分県			1	2	1	1			36	75	4	5
熊本県			9	26	2	6	1	1	35	307	5	6
宮崎県	1	14	13	43	2	3	11	58	25	333	3	3
鹿児島県	4	17	24	293	2	6	7	25	26	88	19	145
沖縄県									18	64	17	237
総数	6	33	52	380	10	28	21	86	186	1163	76	651

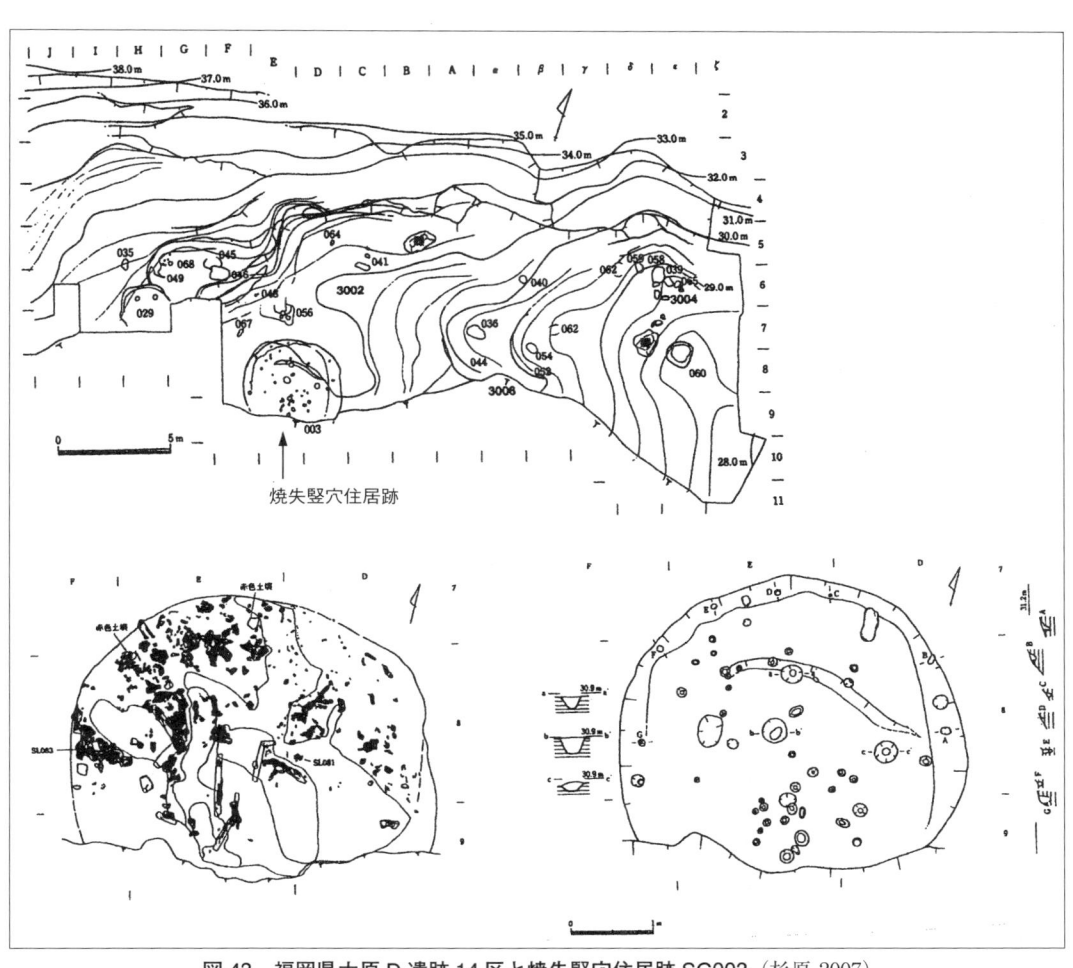

図43　福岡県大原D遺跡14区と焼失竪穴住居跡SC003（杉原2007）

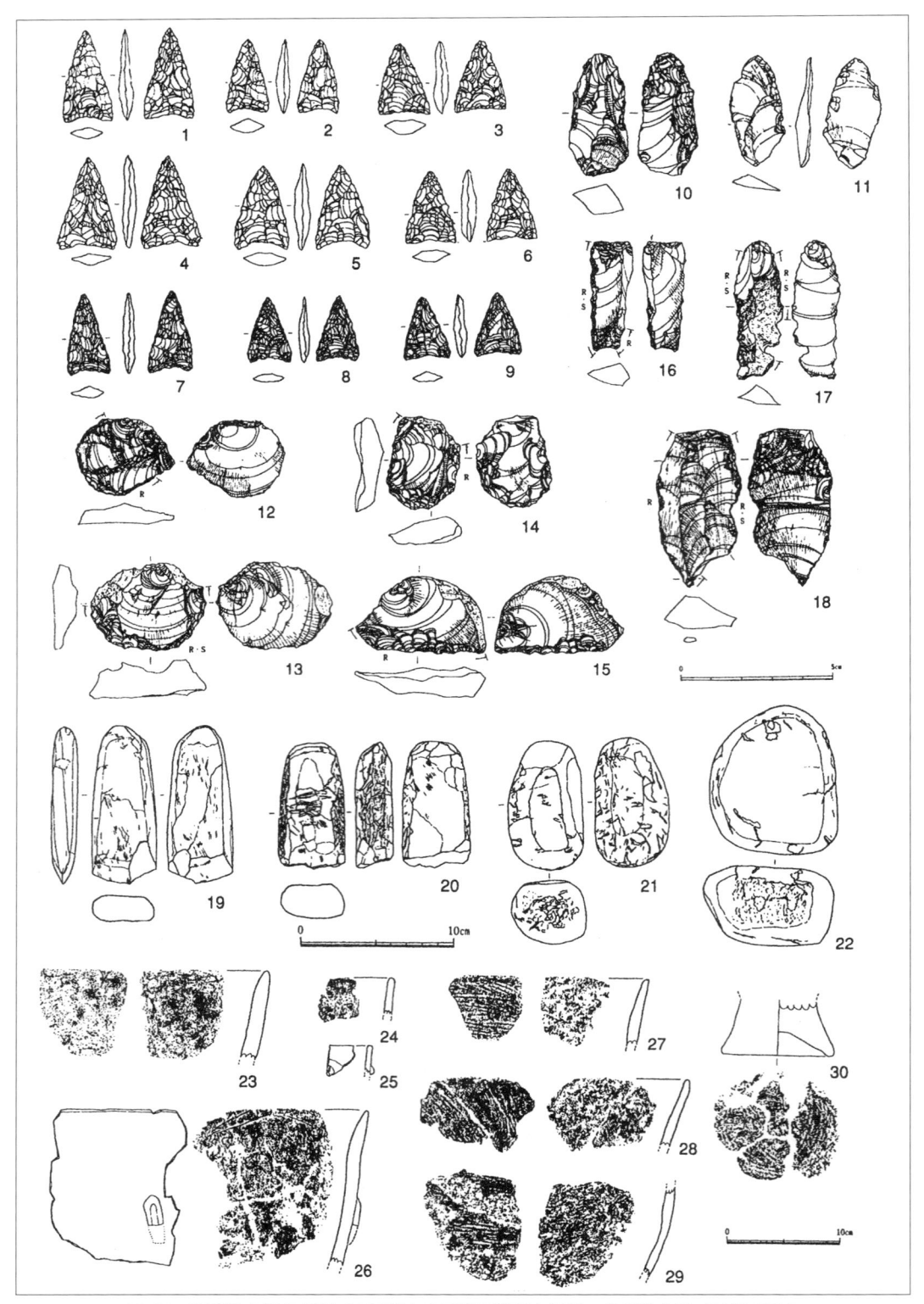

図44 福岡県大原D遺跡14区出土の石鏃石器群と無紋・条痕紋土器（杉原2007）

近くを磨いた局部磨製石鏃が9点混じる。掻器が15点で、母指状・円形掻器を6点含んでいる。その一方で石皿類の欠如と敲石・磨石類の少なさが注意される（図44）。暦年較正で焼失家屋の年代は約1万2700年前である。新ドリアス期相当の寒冷期に入った時期で、定住的傾向の集落からより遊動的集団が回帰する拠点的居住形態への変化があったと解釈できる。

九州北部は気候回復が遅れて細石刃石器群が継続したため、石鏃の出現も九州南部に比べて遅く、新ドリアス期相当の時期の遺跡（松木田遺跡・元岡遺跡群第3次調査地など）で石鏃が多用されてきた。

(2) 南九州の縄紋化

1. 旧石器時代石器群の変遷

九州における石器群の変遷は、モデルとされてきた関東地方の石器群変遷とは大きく異なっている。宮田栄二の編年によれば、九州の東南部は、①後期旧石器時代以前（0期：音明寺第2遺跡Ⅷ・Ⅸ層、後車田遺跡Ⅲb・Ⅳ層、大野遺跡群Ⅷa・Ⅷb層）、②後期旧石器時代前半（Ⅰ～Ⅲ期）、③後期旧石器時代後半（Ⅳ～Ⅶb期）、④細石刃文化・細石刃石器群（Ⅷ～Ⅹ期）に大別・細別される（宮田 2006）。細別案には石器型式に基づく従来の発展段階論の残影が認められるので、宮田案を、狩猟具と見られる個々の石器が単独で槍先として使われるのか、槍先の植刃として使われるのか、投げ矢として使われるのか（二項性・構造変動論）という視点を導入して見直してみる。

Ⅰ期とⅡ期、Ⅴa期とⅤb期、Ⅵ期とⅦa期、Ⅶb期とⅧ期との間に石器群の大きな変化が認められる。0期とⅠ期の石器群は中期／後期移行期の特徴をもつ。Ⅱ期・Ⅲ期・Ⅳ期・Ⅴa期の石器群は台形様石器・小型ナイフ形石器を特徴とする。Ⅴb期・Ⅴ$c_{1 \cdot 2}$期・Ⅵ期の石器群は剥片尖頭器と三稜尖頭器を特徴とする。Ⅶa期とⅦb期の石器群は小型ナイフ形石器と台形石器を特徴とする。大隅半島の最北端に位置する桐木耳取遺跡で層位的に、2万9000年前の始良カルデラを形成した火山の大爆発で形成されたAT層以降の剥片尖頭器・三稜尖頭器石器群から小型ナイフ形石器・台形石器へ（さらに細石刃石器群・縄紋時代草創期・早期へ）の変遷が、多数の礫群を伴って良好な状態で検出されている。編年のモデルとされてきた関東地方においては、旧石器時代後半の後葉から縄紋時代草創期にかけて、狩猟具の主体は、石槍→細石刃→石槍（神子柴系）→有舌尖頭器→石鏃という変遷で捉えられている。しかし、九州ではそうした変遷は見られず、小型ナイフ形石器・台形石器→細石刃→石鏃という変化である。九州地域独自の石器群変遷を重視する必要がある。

さて、宮田案では細石刃石器群が細石刃核の形態によって3期に分けられている。Ⅰ期は野岳・休場型（稜柱形細石刃核）、Ⅱ期が船野型（舟底形細石刃核）、Ⅲ期が福井型（楔形細石刃核）を特徴とする。大分県市ノ久保遺跡で船野型細石刃核に伴って神子柴系と言われる局部磨製石斧と打製石斧が出土している。また鹿児島県帖地遺跡でも、船野型細石刃核と共伴した石斧・石槍・土器・石鏃の5点セットは、神子柴系石器群として注目された。長崎県茶園遺跡のⅣ層からも削片系の石ヶ元細石刃核と共伴して木葉形尖頭器と石斧が出土している（図41参照）。言われているように神

図45 九州の細石刃石器群期の3つの地域（芝 2013）

子柴系だとすると、先に言及したように今日の知見では、いずれの遺跡も東日本での石斧に基づく私の編年案のⅡ期、すなわち隆起線紋土器段階（約1万5000～1万3000年前）ということになってしまう。神子柴系石斧であるのか、地域独自の石斧であるのか、いまだ議論の余地を残している。土器のほうから見ると、鹿児島県の横井竹ノ山遺跡の無紋土器、加治屋園遺跡の粘土紐貼付紋土器、帖地遺跡出土の土器などが隆起線紋土器以前とされている。これらは細石刃石器群に伴い、しかも石鏃を伴っている。

2. 土器と石鏃を伴う細石刃石器群

細石刃石器群の地域性

芝康次郎は細石刃石器群に先行する石器群を大きく4群に分類する（芝 2013）。基部加工ナイフ形石器群（1群）、それ以外の小型ナイフ形石器群（2群）、百花台型台形石器群（3群）、それ以外の小型台形石器群（4群）である。1群は北部九州から宮崎県にかけて、2、4群は南九州全域に、そして3群は北部九州から中九州西部に分布する。その背景に石材資源環境とそれに適応した石器技術がある。そしてその終末期には北部・中九州西部、中九州東部・南九州東部、南九州の3つの地域性が顕著になり、この地域性は初期細石刃石器群にもつながっていく（図45）。

北部・中九州西部では良質石材が偏在していることや、地形的多様性に乏しいことから、資源分布が粗区画的であり、そのために広域移動型の行動戦略を取らざるを得なかった。中九州東部では北部九州と類似の環境にあるが、総体的に地形的多様性に富み、広範囲で採取できる流紋岩が存在するため、獲得コストはかからない。また資源分布は北部九州よりも細区画的となる。そのため、狭小な地理的範囲の遊動でも生業活動を維持しえた。南九州は他地域と比較して温暖な気候を背景として資源密度や多様性に富み、資源分布は細区画的と言える。

この柴の説明はその後の急激な温暖化に伴う縄紋化・定住化が南九州で顕現した歴史的・生態的背景を示唆している。鹿児島市仁田尾遺跡の16基をはじめ、南九州の細石刃石器群期の多くの遺跡から陥穴が検出されている。頻繁な見回り行動を必要とする陥穴猟の発達は、生業活動のための遊動領域が狭まっていて、すでに細石刃石器群の時期から定住性への傾斜があったことを示唆している。南九州の縄紋化プロセスは新東晃一が指摘するように、北部九州や本州の縄紋文化と比較してもかなりの独自性と先進性が認められ、「極論ではあるが南九州縄紋起源論を唱えうるほどの大規模で成熟した草創期文化が形成されていたことがわかる」（新東 2013）。

鹿児島県内の遺跡

鹿児島市の横井竹ノ山遺跡では、薩摩火山灰層の下から剥片尖頭器を特徴とする石器群（「狸谷型ナイフ形石器」も伴出）と、細石刃石器群が出ている。細石刃石器群は打面を側方から連続する剥離により形成する福井型細石刃核を特徴とする。石鏃30点、土器片15点（図化5点、他は粒状）、磨製石斧の刃部破片1点、砥石1点、敲石3点が、平面分布・垂直分布で分離できない状態で伴出した。北部の隆起線紋土器期にあたる。石鏃は三角形の凹基無茎を主として、作りが丁寧である。薩摩火山灰層の上からは、早期の包含層が削平されていたため、道跡と見られる遺構と前平式土器

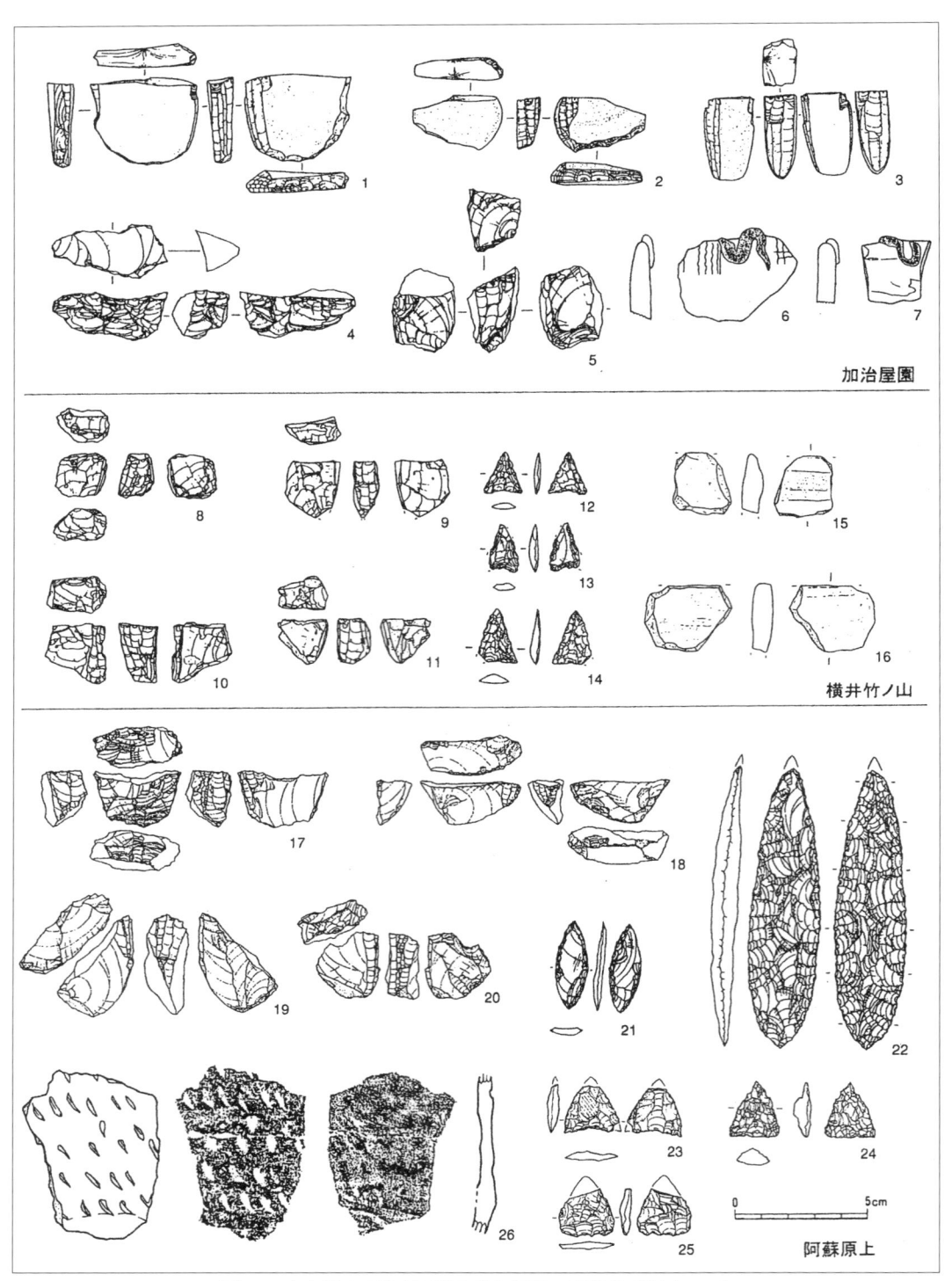

図 46　南九州の土器や石鏃を伴う細石刃石器群（杉原 2007）

などの早期の土器片が確認されただけである（図46）。

　同じく鹿児島市の加治屋園遺跡では、福井型が簡略化された「加治屋園型細石刃核B類」に伴って、114点の土器片が出ているが、石鏃は未検出である。他方、近くの加栗山遺跡では石鏃13点が出ているが、土器は未検出である。吹上町塚ノ越遺跡からも土器片34点と石鏃7点が出ている。横井竹ノ山遺跡の近く、その北に位置する伊集院町の瀬戸頭遺跡は北からA、B、Cの発掘調査区に分かれ、薩摩火山灰層の下からは、A遺跡では台形様石器群、台形様石器・小型ナイフ形石器群、野岳・休場型細石刃核など古手の細石刃石器群と続き、薩摩火山灰層の直下から草創期の礫群1基と、「丸ノミ型石斧」1点、石鏃がまばらに11点、敲石1点とともに、土器片が出ている。風化が激しく、確実に土器と判断できたのは1点だけであるが、隆帯紋土器期であろう。早期の層からは土坑7基、ピット3基、集石3基と、塞ノ神式土器を中心に、石坂式土器、押型紋土器、平栫式土器など後半の土器が出ている。

　桐木耳取遺跡でも、薩摩火山灰層（IX層）の下のX層・XI層・XII層の出土遺物は明確な層位的な分離が困難であったため、一括して「第III文化層石器群」として報告されている。図化された隆帯紋土器片69点はX層出土である。細石刃石器群を主体とする石器の中に多くの石鏃が混じり、磨製石斧の刃部と斧形の礫石器とが出ている。

喜入町帖地遺跡（永野編 2000）

　薩摩半島東部のほぼ中間、喜入町にある帖地遺跡では、AT層（15層）の下の層から、台形様石器・小型ナイフ形石器群（18・17層）が検出されている。さらに剥片尖頭器（14層）、三稜尖頭器〜細石刃石器（13層）と続き、問題の遺物は薩摩火山灰層（11層：約1万2800年前）の下の層（12層）から出た。12層は地域色の強い船野型細石刃核を特徴とする細石刃石器群が主体である。1A区、1B区、2A区に分かれ、1B区の北東隅で石鏃1点、南西隅で局部磨製石斧1点が検出された。両者は20m近く離れている。石鏃から4〜5m離れて薄い土器片3点、石斧から3〜4m離れて同じく土器片3点が出ている。また2A区の南西隅で木葉形尖頭器（石槍）1点、南東隅で土器片1点が検出された。土器片は表層からの混入の可能性が指摘されている。石鏃と石槍は100m以上離れている。調査時、細石刃、石鏃、石槍、局部磨製石斧、土器の5点セットが、「神子柴文化」の伝播説の補強資料として注目を集めた。

　いずれの遺物も薩摩桜島火山灰層（Sz−S）下の12層から出ているが、ブロックを構成していなかったので、厳密な同時性には問題を残すこととなった。いずれも細石刃石器群のコンテクストながら、直線距離にして70m以上離れた2つの発掘区に分かれて出ている。局部磨製石斧は1B区の南西端において単独で出ており、最も近い細石刃核（0576）とも2m弱離れている。石鏃も北東端において単独で出ており、最も近い細石刃（0097）とは2.5m余、土器片（0089）とは3.5m余離れている。槍先形尖頭器は2A区の南西端においてほぼ単独で出ており、最も近い細石刃核（3919）とも4mほど離れている（図47）。

　図48には可能性の高い石器組成を掲載した。1B区ではこれに土器が加わる。問題の局部磨製石斧と槍先形尖頭器は厳密に言えば「神子柴型」ではない。これを「神子柴系」と呼ぶかどうかは主

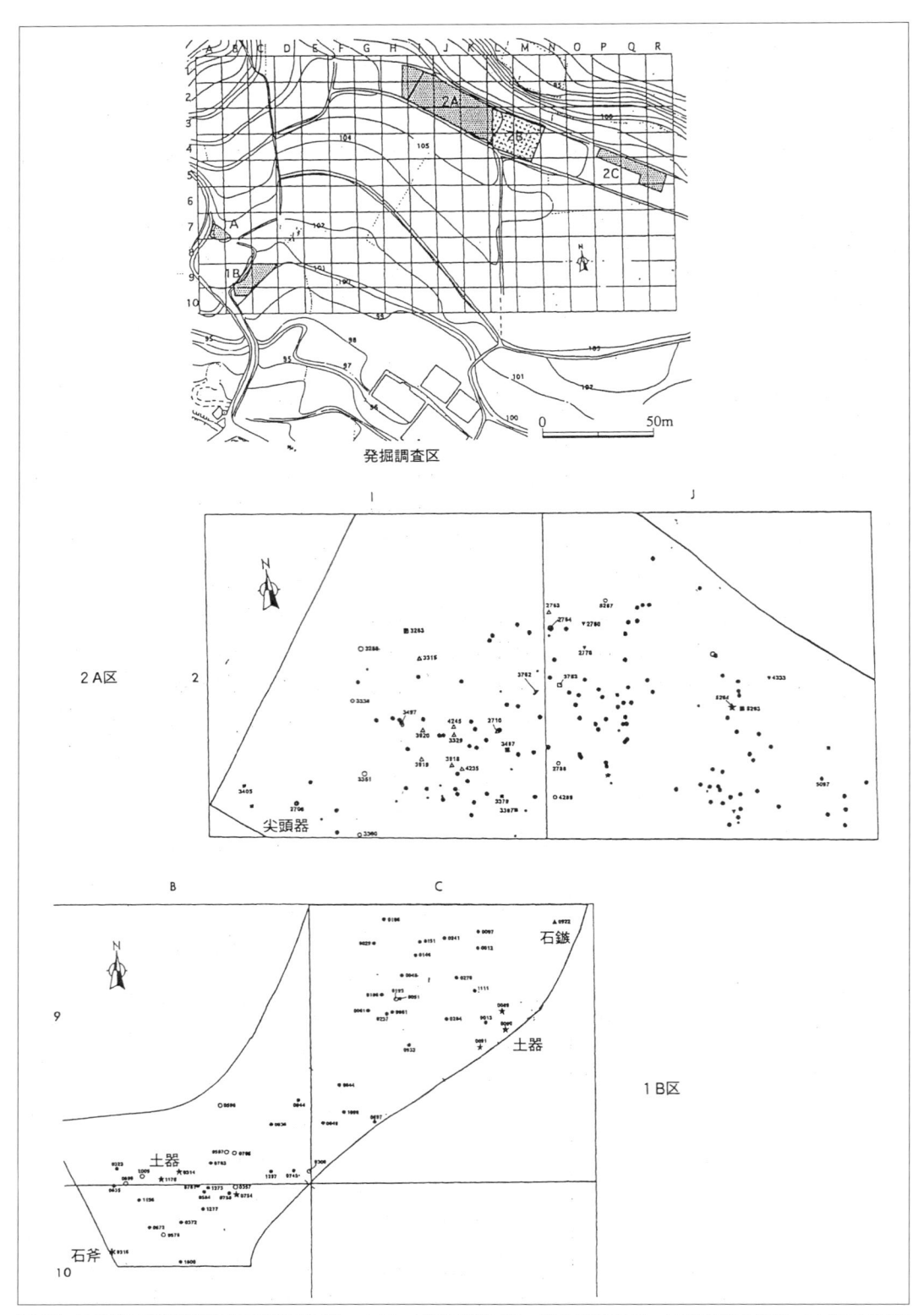

図 47　鹿児島県帖地遺跡 12 層細石刃核・土器・局部磨製石斧・槍先形尖頭器・石鏃の出土状況（永野編 2000）

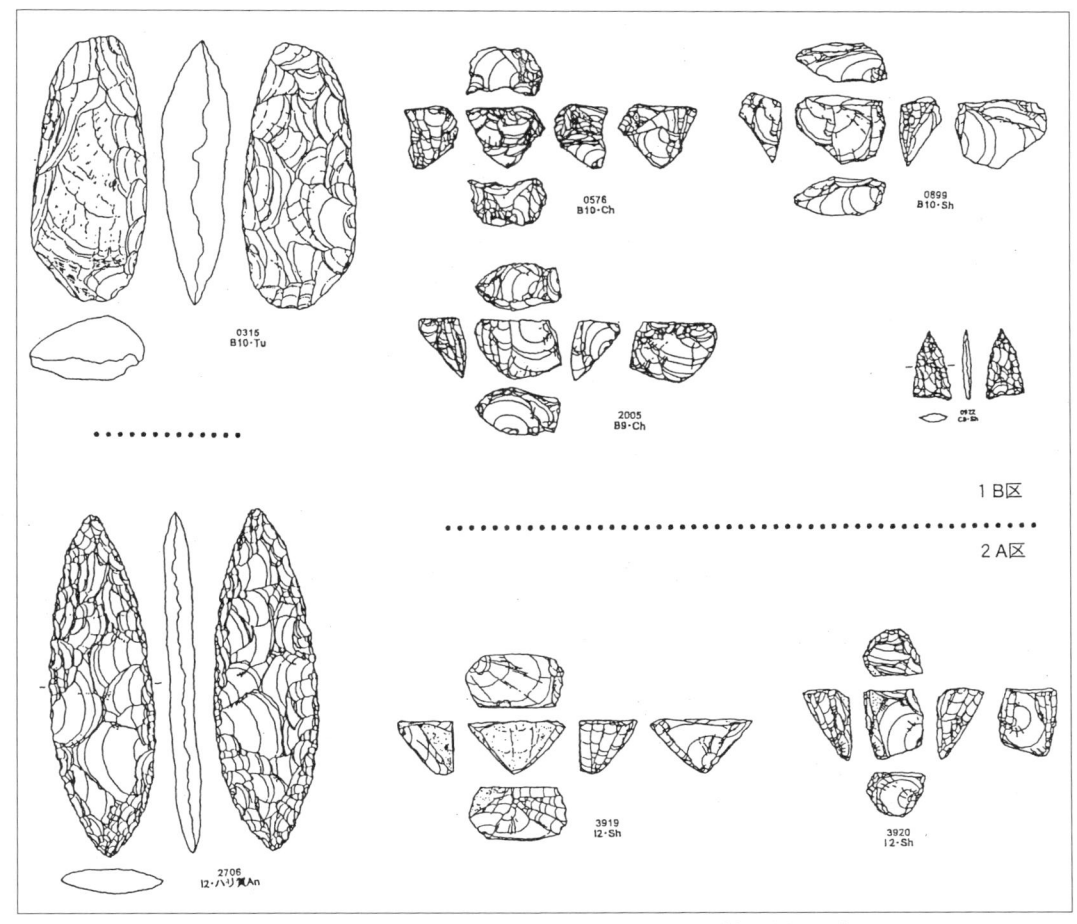

図 48 鹿児島県帖地遺跡 12 層出土細石刃石器群 （永野編 2000）

観の問題だが、旧石器／縄紋時代移行期観にもかかわることである。槍先形尖頭器はその生産地遺跡と目される佐賀県多久三年山・茶園原遺跡を念頭において、まずその九州での展開を明らかにすることが先決である。

3. 隆帯紋土器期

掃除山遺跡（出口編 1992）

こうした南九州の旧石器時代から縄紋時代へ移る時期の考古学的資料のもつ意味がはっきりしたのは、1990〜91 年に行われた鹿児島市掃除山遺跡の発掘調査であった。薩摩半島の中央部に南北に走る山地から東に延びる支脈の先端、標高 80m 弱の平坦部をもつ掃除山に遺跡はある。平坦部の南側斜面最上部で長径 4.6m と 5.5m の楕円形の竪穴住居跡 2 軒と、その住居間に連穴土坑 1 基、平坦部から斜面へかけて東西に並んで舟形配石炉 3 基、それらの南側の傾斜面上に円形配石炉 2 基、北側に配石 2 基、その他に集石 2 基、土坑 3 基（1 号土坑内には焼礫を含む多数の礫）、ピット 2 基が検出された（図 49）。位置や切り合い関係から、すべてが同一時期とは言えず、この集落の居住期間に幅があったようである。発掘調査に参加した雨宮瑞生（当時筑波大学大学院生）は、温帯

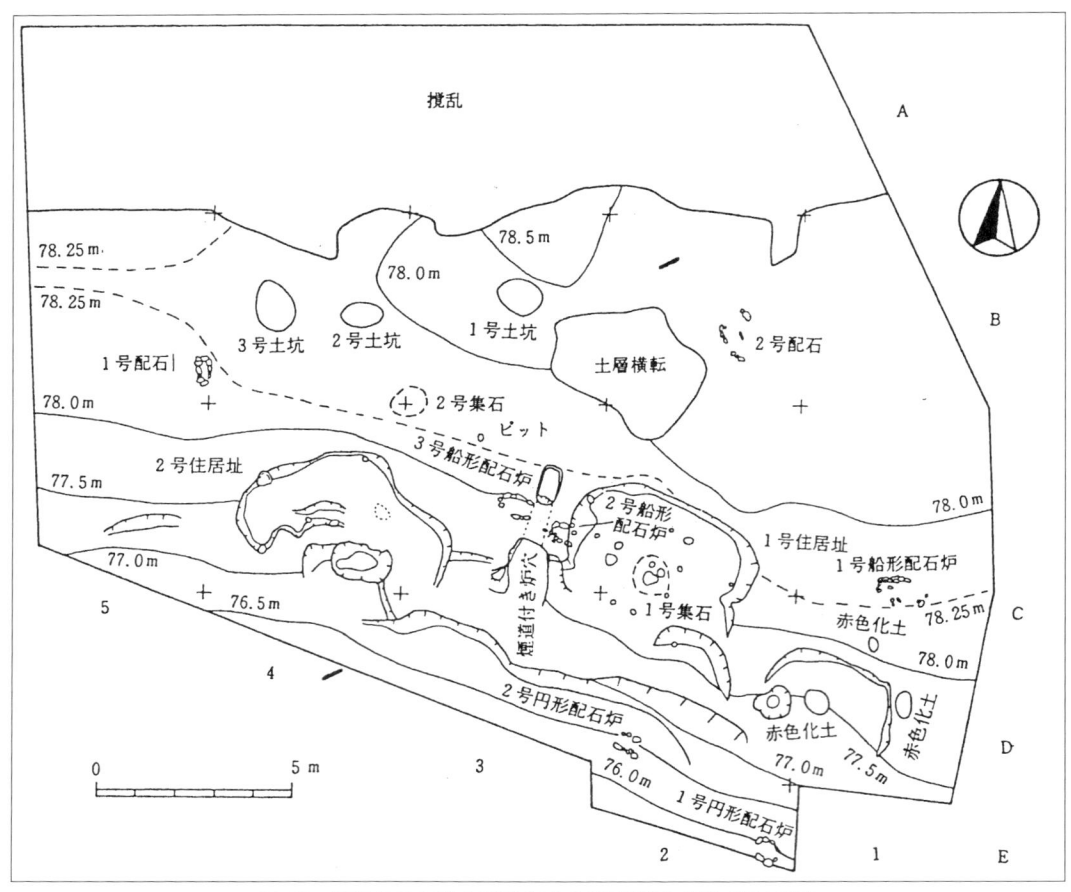

図49 鹿児島県掃除山遺跡出土の遺構配置 (出口編 1992)

森林の初期定住という概念枠で、夏季については不明だが、冬季の季節風を避けた立地の居住地であった、と解釈している（雨宮 1992）。

栫ノ原遺跡（上東・ほか編 1998）

薩摩半島南西部に位置する加世田市、加世田川と万之瀬川の合流地点西側に形成された独立台地上にある栫ノ原遺跡は4回の発掘調査が行われている。1993年に草創期の遺構が調査され、その際に薩摩火山灰層（第Ⅴb層）の下の層（第Ⅵ層）の上半部から、燻製作りの施設と見なされる連穴土坑（煙道付き炉穴）8基（発掘で確認したものは1基）、舟形2基を含む配石炉4基、調理施設と見なされる集石22基などの遺構に伴い、2,000点を超える隆帯紋土器片と、石鏃9点、特徴的な「丸ノミ形石斧」（小田静夫は「神子柴型石斧」と区別して「栫ノ原型石斧」と呼び、丸木舟製作工具と見る）を含む磨製石斧15点・局部磨製石斧1点・打製石斧3点・扁平打製石斧29点（図50）、磨石・敲石・凹石類15点、石皿8点、砥石3点、背部二次加工素刃石器（宮田栄二は「鎌形剥片石器」と呼び、植物質食料に関連する石器と見る）28点などの石器類が多数出た。花粉分析によってコナラ属コナラ節（カシワ・コナラ・ナラガシワ・ミズナラ）の落葉広葉樹樹が遺跡周辺

に生育していたと想定された。なお、この遺跡では薩摩火山灰層（第Ⅴb層）とアカホヤ火山灰層（第Ⅲb層）の間、第Ⅳ層から加栗山式土器を主体に早期の土器（Ⅰ類〜Ⅹ類）とそれに伴う石器類、そして上半部を中心に集石32基が検出された。

志風頭遺跡（上東・福永編 1999）

同じく加世田市で 1996 〜 97 年に志風頭遺跡の発掘調査が行われた。遺跡は市の西部に位置する長屋山から東側に下った舌状に広がる標高約 60m の広大なシラス台地上にある。農道整備のための限られた面積（300 m²）であったが、連穴土坑2基、集石3基、土坑2期、槌石の集積場などが検出された。連穴土坑の煙道内から出土した 167 点の破片から初めて隆帯紋土器の全体の形（「外傾して立ち上がる口縁部がほぼ直行して胴部へつながり、強く「く」の字に屈曲して底部へとつながる器形」）が復元された（写真4）。口縁部計42cm（推定）、胴部径32cm、器高26.5cm（推定）となり、草創期の土器の中では際立って大きい。約1万3700年前の古さである。なお、早期の包含層からも集石8基と前葉の土器片が出ている。

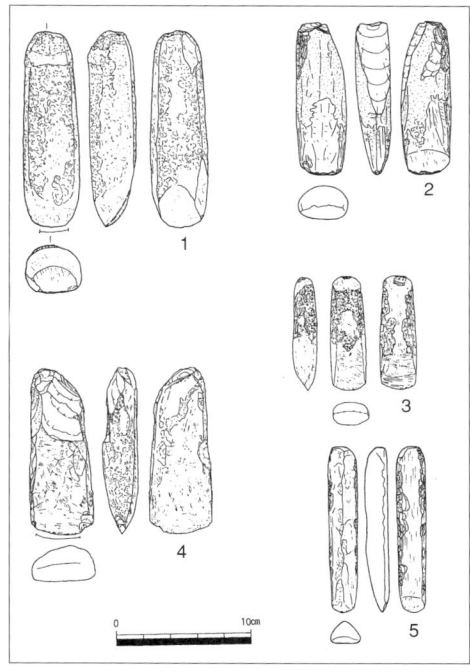

図50 鹿児島県栫ノ原遺跡出土の「丸ノミ形石斧」など石斧類（上東・ほか編 1998）

4. 種子島の遺跡

氷期の極相期には海水準が 100 〜 130m 低かったので、大隅半島の最南端である佐多岬の東南海上約 54km に位置する種子島とその西側の屋久島は九州本島と地続きであった。いつ切り離されたのか分かっていないが、急激な温暖化に伴う海面上昇の結果、今日の地形となったのである。

奥ノ仁田遺跡（児玉・中村編 1995）

農道整備事業のため、西之表市奥ノ仁田遺跡が 1992・93 年に発掘調査され、「南九州文化圏」に属することが明らかになった。遺跡は西之表市の東南部、中種子町との境に近く、太平洋に臨む標高約 133 m の台地上にある。土手状に残された道路部分が調査対象で、1,000 m² という狭い調査面積にもかかわらず、集石19基、配石遺構2基、土坑1基が検出され、出土遺物としては、隆帯上に貝殻腹縁による施紋や指頭圧痕などが見られる深鉢形と浅鉢形の隆帯紋土器の破片が約 1,500 点も出土した。草創期の既知の遺跡に比べ、土器の出土量が圧倒的に多かった。石器では、石鏃5点（磨製石鏃1点を含む）に対し、石皿14点、磨石・敲石・凹石類242点で、植物質食料の調理加工具が多く出土している。背部二次加工素刃石器が2点出ている。石斧も10点出ている。しかし両脇の畑地は削平されてしまって、遺跡の全容は知りようがなかった。約1万3600年前の古さである。

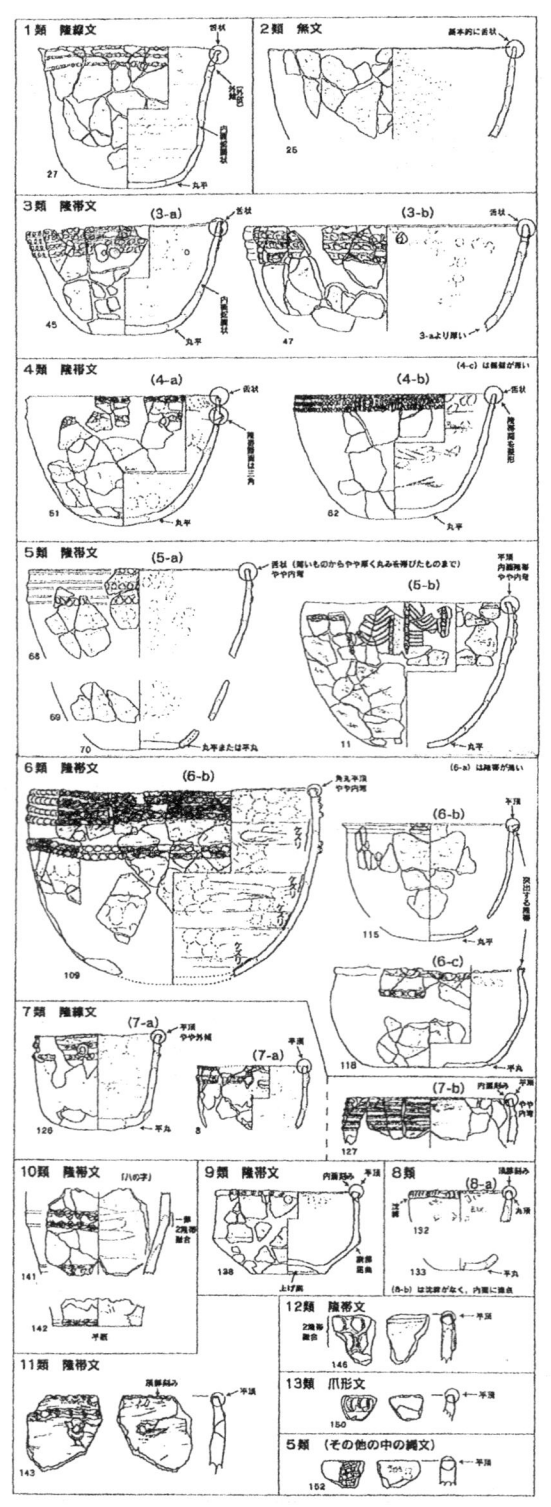

図51 鹿児島県種子島三角山Ⅰ遺跡の隆帯紋土器
（藤崎・中村編 2006）

三角山Ⅰ遺跡（藤崎・中村編 2006）

新種子島空港建設に伴って、1995～2002年に発掘調査が行われた中種子町三角山Ⅰ遺跡からは、隆帯紋土器がさらに大量に出て注目を浴びた。総数約4,000点の破片が出ており、完形品6点、底部のみを欠く復元品6点が得られている。底部も丸底、丸平底、平丸底、平底、上げ底と多彩である（図51）。円形の竪穴住居2軒、集石（礫群）8基、土坑2基が検出されている。他に焼土域1ヶ所と石器製作所数ヶ所が確認されている。1号竪穴住居跡は長径2.48m、短径2.40m、検出面からの深さ24cmで、炭化材と床面検出土器付着炭化物の放射性炭素年代測定値の違いから、この住居は少なくとも2期にわたって住まわれたと考えられている。ちなみに前者は約1万3500年前の古さである。出土した4点の石鏃はいずれも島外の桑ノ木水流系産の黒曜石製である。2号竪穴住居跡はやや大きく、長径3.36m、短径3.28m、検出面からの深さ28cmである。石器では石鏃44点（磨製石鏃5点）、磨製石斧3点、磨石・敲石類50点、石皿8点などが出ている。

なお、早期の包含層から集石40基と土坑1基、石坂式土器1個体分が出ている土器片集中場1ヶ所と石器製作跡が多数確認されている。石坂式土器は種子島では初出で、早期前葉の岩本式土器と前平式土器の破片が少し出ているほかは、早期後葉の土器類がもっぱらである。気候が悪化した時期に九州本島から集団が移住してきたように見えるが、種子島の草創期～早期の土器の出土状況が気候の変動（海水準の高低）と関連しているのか、重要な検証課題となっている。

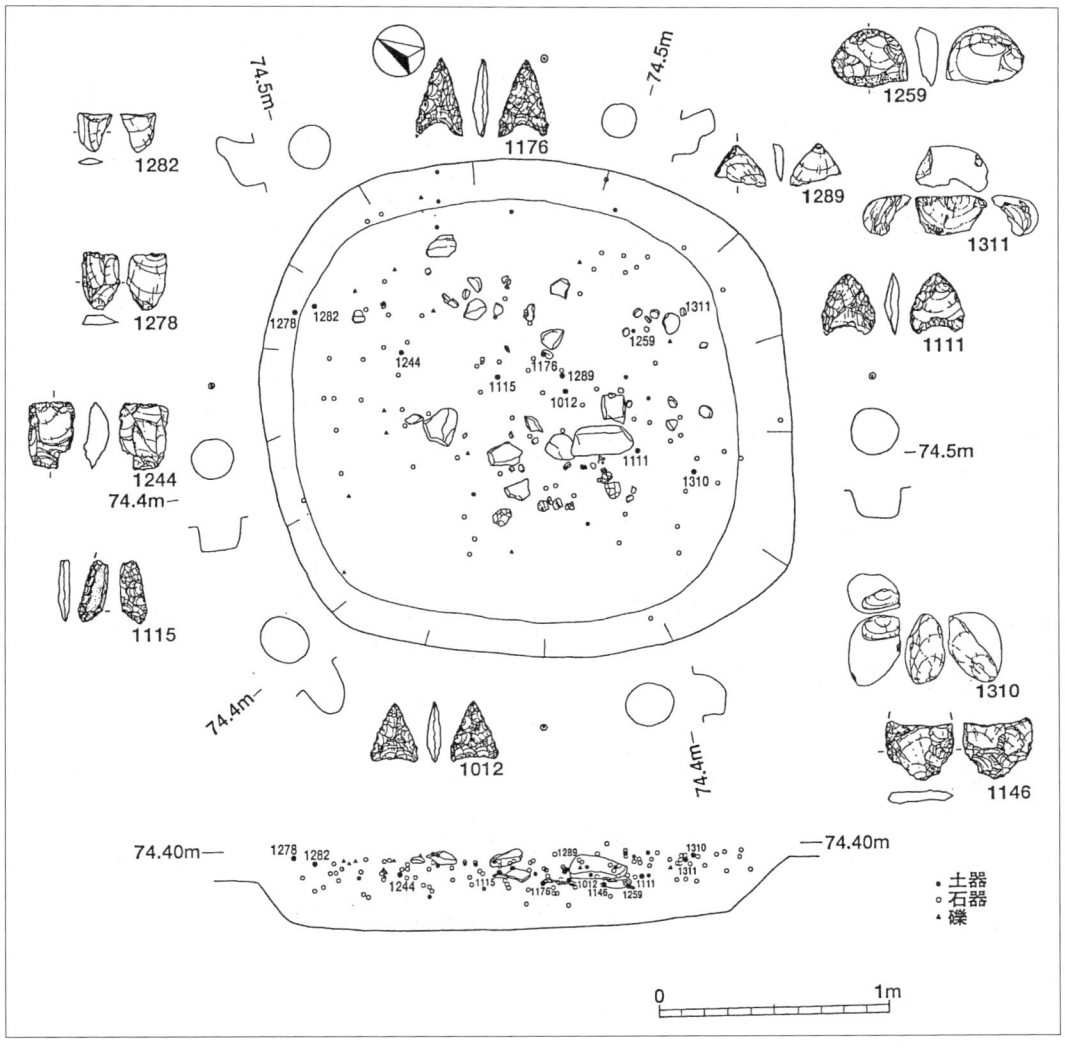

第 2 章　更新世／完新世の縄紋化プロセス　89

図 52　種子島鬼ヶ野遺跡の遺構配置と 1 号住居跡（右下）
（沖田・堂込編 2004）

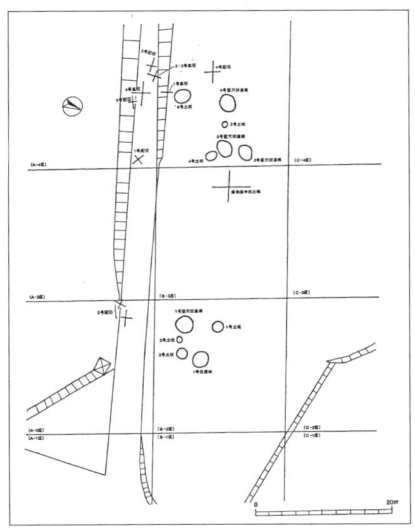

鬼ヶ野遺跡（沖田・堂込編 2004）

さらに 2001 年に実施された鬼ヶ野遺跡の発掘調査によって新しい知見が得られた。遺跡は西之表市の東南海岸部、奥ノ仁田遺跡の北 3km 余のところにある。竪穴住居跡 1 軒、竪穴状遺構 4 基、集石 4 基、配石遺構 5 基、土坑 6 基が検出された（図 52）。竪穴住居跡は長径 2.29m、短径 2.22m、検出面からの深さ 27cm で、周辺の 6 ヶ所のピットが柱穴と見なされた。覆土から炭化物、剥片類・楔形石器 109 点、礫 18 点、土器片 27 点、軽石 2 点、磨石 1 点、石核 1 点が出ている。竪穴状遺構とされたものも同様の遺構であるが、ピット（柱穴）が検出されていないことと、多少の違和感で

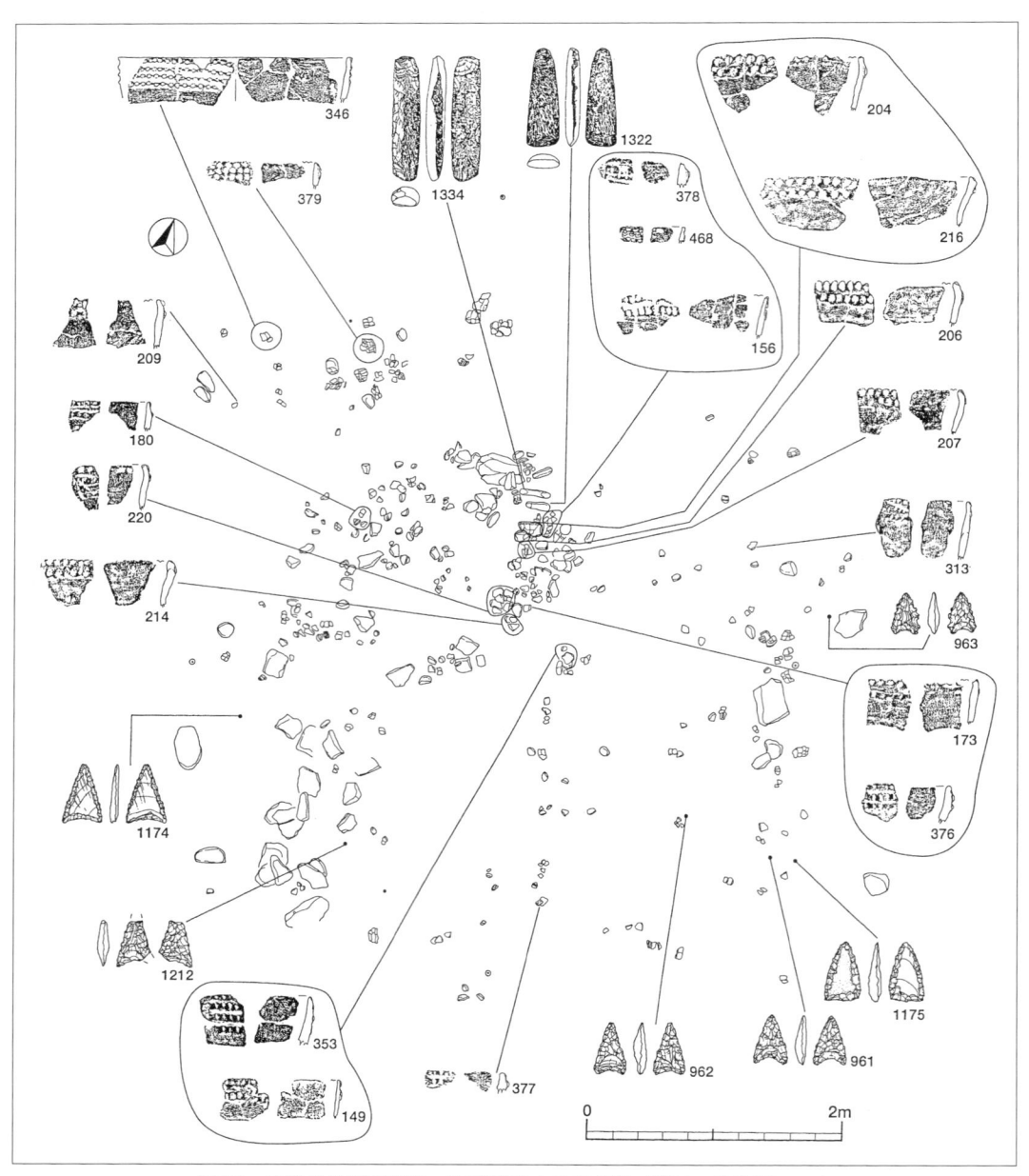

図 53　鹿児島県種子島鬼ヶ野遺跡出土の廃棄場（沖田・堂込編 2004）

住居と決めかねたようである。注目されるのは 3.2×2.8m の範囲に、土器片 143 点、礫 134 点、石鏃 6 点、石斧 3 点、砥石 4 点が集中して出土した地域である（図 53）。B-2 区の遺構群（1 号住居跡・1 号竪穴状遺構・1～3 号土坑）と、B-4 区の遺構群（2～4 号竪穴状遺構・4～6 号土坑）との間の、後者に近い空間（B-3 区）で検出された。遺構が確認できなかったということで、この集落のゴミ捨て場だった可能性が高い。

　この遺跡からも総数 1 万 4,352 点の隆帯紋土器の破片が回収されているが、南側の未調査区域に土器片の分布が続くようである。石器では石鏃の多さが目につく。石鏃 311 点、石鏃未製品 56 点、磨製石鏃 5 点である。石斧類も「丸ノミ形石斧」13 点を含めて 50 点以上出ている。丸ノミ形石斧の多さを目にすると、南方からの渡来説は別にして、小田静夫の丸木舟製作用具説を支持したくなる。言うまでもなく、急激な温暖化に伴う海面上昇と、九州本島からの離島化を念頭においてのことである。磨石・敲石類 51 点、台石・石皿類 24 点が図示されているが、出土量は多く、約 1 割の図示・掲載だという。石器類からみると、動物質食料と植物質食料とのどちらかに偏ることなく、バランスのいい摂食だったようである。ちなみに、放射性炭素年代の暦年較正で三角山 I 遺跡や奥ノ仁田遺跡よりも古い年代値が出ているが、リザーバー効果のせいだと言われている。

第3章　8.2 ka イベントを巡る考古現象
―――早期の構造変動―――

　約1万1600年前、それまで1300年ほど続いた寒冷気候（新ドリアス期）が終って、再び急激な気候温暖化が始まった。再び落葉広葉樹林が拡大し、海水面の急激な上昇が起こって、縄紋時代の基調となる生活世界（森と海の文化）の形成が始まった。つまり早期の開始である。暖温帯広葉樹林と冷温帯落葉広葉樹林が育む植物質食料・動物質食料が縄紋人の生活を豊かにし、特に太平洋沿岸部では海進に伴い各地に内湾などの浅海域が拡大して、魚介類をはじめとする海産資源の利用も可能となった。

　縄紋時代早期に当たる期間中にボンド・イベントが4回あったとされている。すなわち、1万1100年前頃、1万300年前頃、9400年前頃、8200年前頃である。前の3回については古気候学的データも考古学的データも持ち合わせていないので、ここでは8.2 ka イベントに関連して検証していくことにする。

第1節　関東地方

　第2章で見てきたように、南関東地方での縄紋化のプロセスには神子柴系石器群が強く関与していた。ところが東海地方では別な動きがあったようで、池谷信之によれば北と南の折衷的な様相が見られるという。静岡県愛鷹山麓にある葛原沢第Ⅳ遺跡出土の隆帯紋土器を基準にして、葛原沢Ⅰ式土器を設定した池谷は、出土石器群が石鏃・磨石を組成し神子柴系石器群を伴わないことも理由に、南九州との関連を論じている（池谷 2006）。黒潮の媒介が予想されるが、検証できていない。

　静岡県東部でも草創期の押圧縄紋式土器期から、「住居跡があり、時に集石や炉跡、土坑を伴う遺跡」、「住居跡はなく、集石、炉跡、土坑などの遺構が見つかっている遺跡」、「視覚的に遺構が発見されておらず、遺物の存在のみにより知られている遺跡」という3類の遺跡が認められ、中村雄紀はこれを前者が定住的な拠点、後の2者をそこから派生した一時的野営地、あるいは季節的な活動拠点という機能的な差異と解釈している。そしてその居住パターンの変化を調べるため、草創期後半から早期末までの石器群を対象に検討して、早期末葉に大きな画期を見出している（中村 2010）。間違った結論とは言えないが、分析アプローチを変えることで、経年的に石器群にとどまらない構造的な変動期を見いだせよう。

(1) 早期の土器型式編年とその画期

　土器型式の編年的研究が進んでいる関東地方において、早期の土器編年を見てみると、前葉の撚糸紋系土器群、中葉の貝殻沈線紋系土器群、後葉の条痕紋系土器群の３系統に大別されている。そこでこの土器型式上の３期（前葉・中葉・後葉）区分が縄紋人のエコ・システム、ソーシャル・システムの変遷、言い換えると、縄紋人の生活世界の構造変動を反映しているかを問う必要がある。また、撚糸紋系土器群は、井草Ⅰ・Ⅱ式土器から大丸式、夏島式、稲荷台式、稲荷原式・花輪台式・大浦山式と続き、東山式・平坂式で終わる（図54）。そして中葉の貝殻沈線紋系土器群が竹之内式土器から始まり、さらに三戸式、田戸下層式、田戸上層式、そして後葉の子母口式土器へと続き、以後、野島式、鵜ヶ島台式、茅山下層式、茅山上層式、下沼部式・打越式・神ノ木台式・下吉井式へと続いて早期が終わる。そこからさらに前期の花積下層式土器へと変遷する。そこで３系統内でのこの細別型式の変遷が単に編年上の便宜的区分に過ぎないのか、それとも社会・文化の安定と変化を示唆しているのかも問わなければならない。

　視点を変えてみよう。静岡県における土器付着炭化物のＡＭＳ法による年代測定値の較正年代（三好 2011）を参考にすると、約8200年前をピークとする寒冷現象（8.2kaイベント）に絡む構造変動が子母口式土器期前後に予想される。富士山麓周辺の土器群でみると、子母口式から「野島1式・2式」にかけての土器型式はスムーズに変遷するようである（井上 2006）。

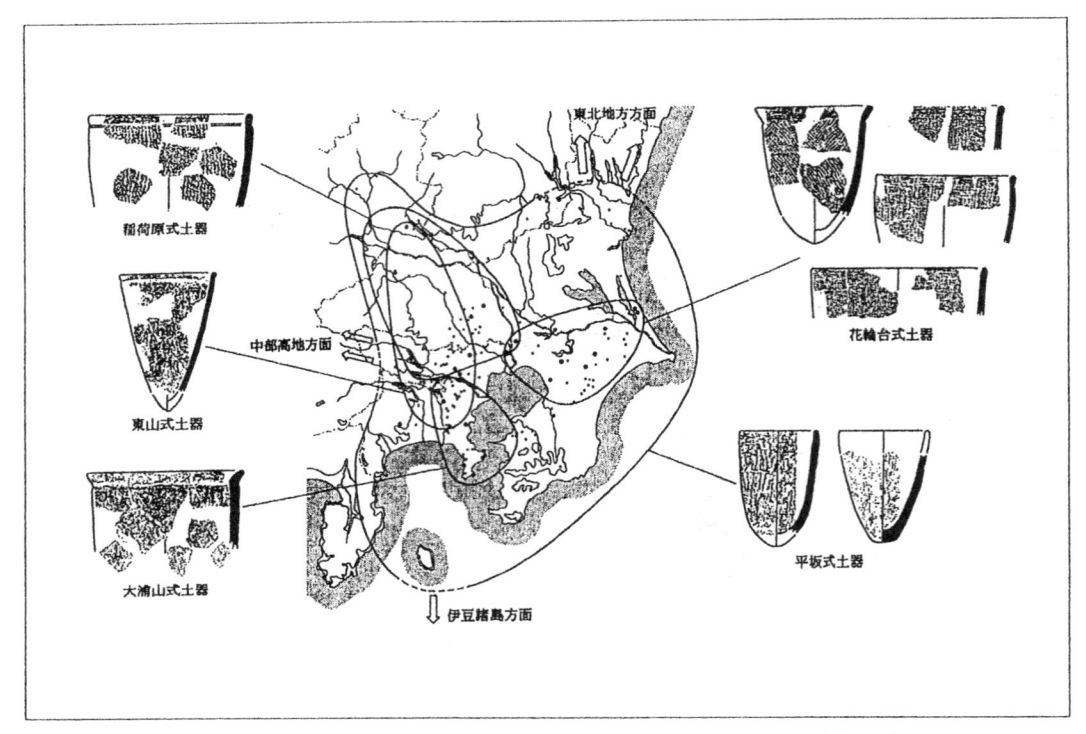

図54　撚系紋系土器群終末期の諸型式の分布（小野・春成・小田編 1992）
平坂式土器の分布拡大の背景にある社会生態学的要因？

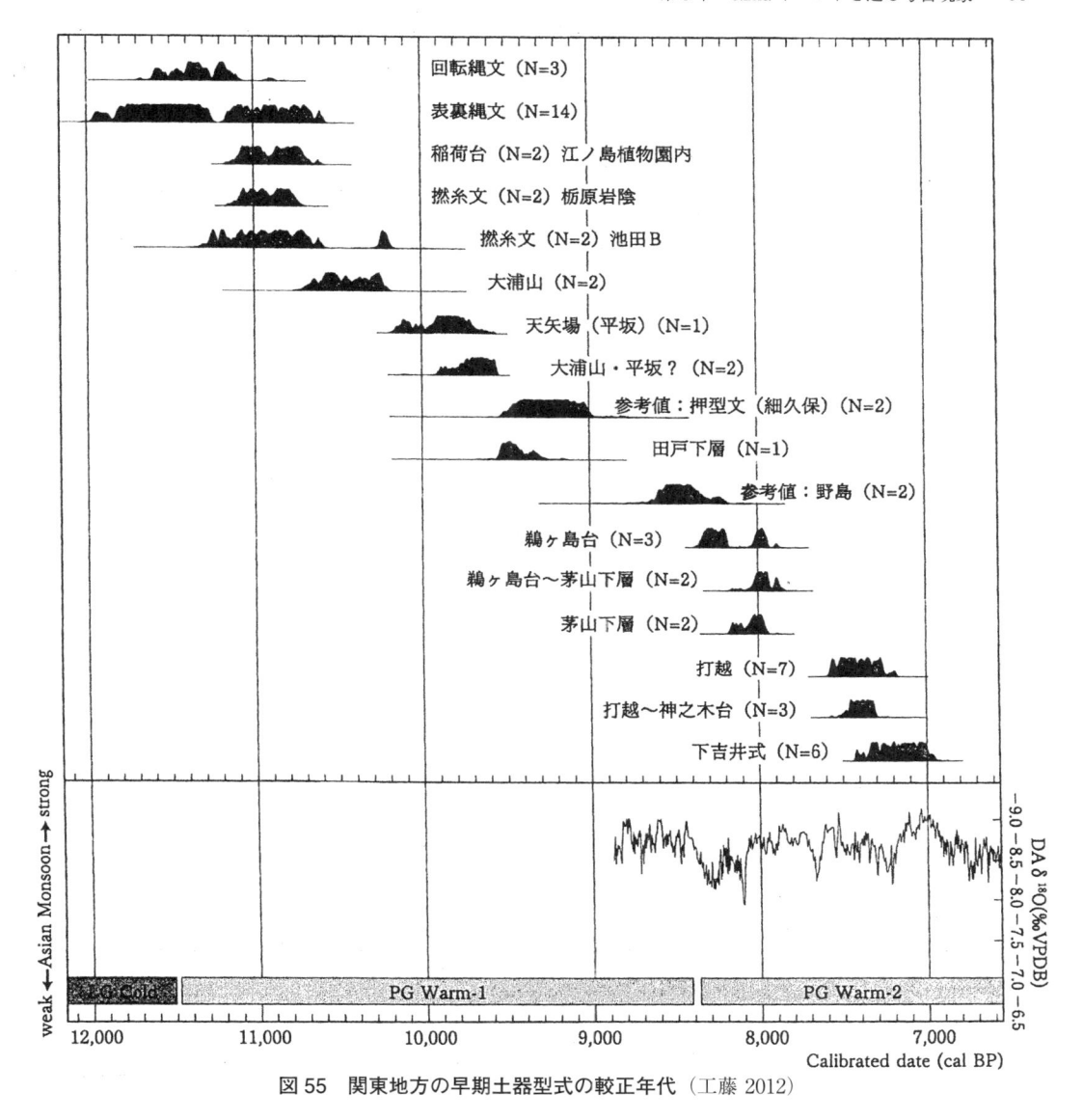

図55 関東地方の早期土器型式の較正年代（工藤 2012）

　さらに細かく見ていくと、ボンド・イベントに加え、中国南部のドンゲ洞窟の石筍の酸素同位体変動、鳥取県東郷池の年縞堆積物、関東平野の海水準・植生変化などのデータを参照して、後氷期の関東平野の環境史と土器型式の時間的対応関係を提示している工藤雄一郎は、早期に関連して、温暖1期（約1万1500〜8400年前）に表裏縄紋土器群の一部、撚糸紋系土器群、沈線紋系土器群、条痕紋系土器群（子母口式、野島式頃までか）を、温暖2a期（約8400〜7000年前）に条痕紋系の鵜ヶ島台式、茅山下層式、茅山上層式、打越式、神之木台式、下吉井式あるいは花積下層式頃までを当てている（図55）（工藤 2012）。工藤が温暖1期に配した野島式土器期と温暖2a期に配した鵜ヶ島台式土器期、その両時期およびその直後の茅山下層式土器期の考古記録上に8.2kaイベントに関連した顕著な変化が見られるか、それが本節の主題である。

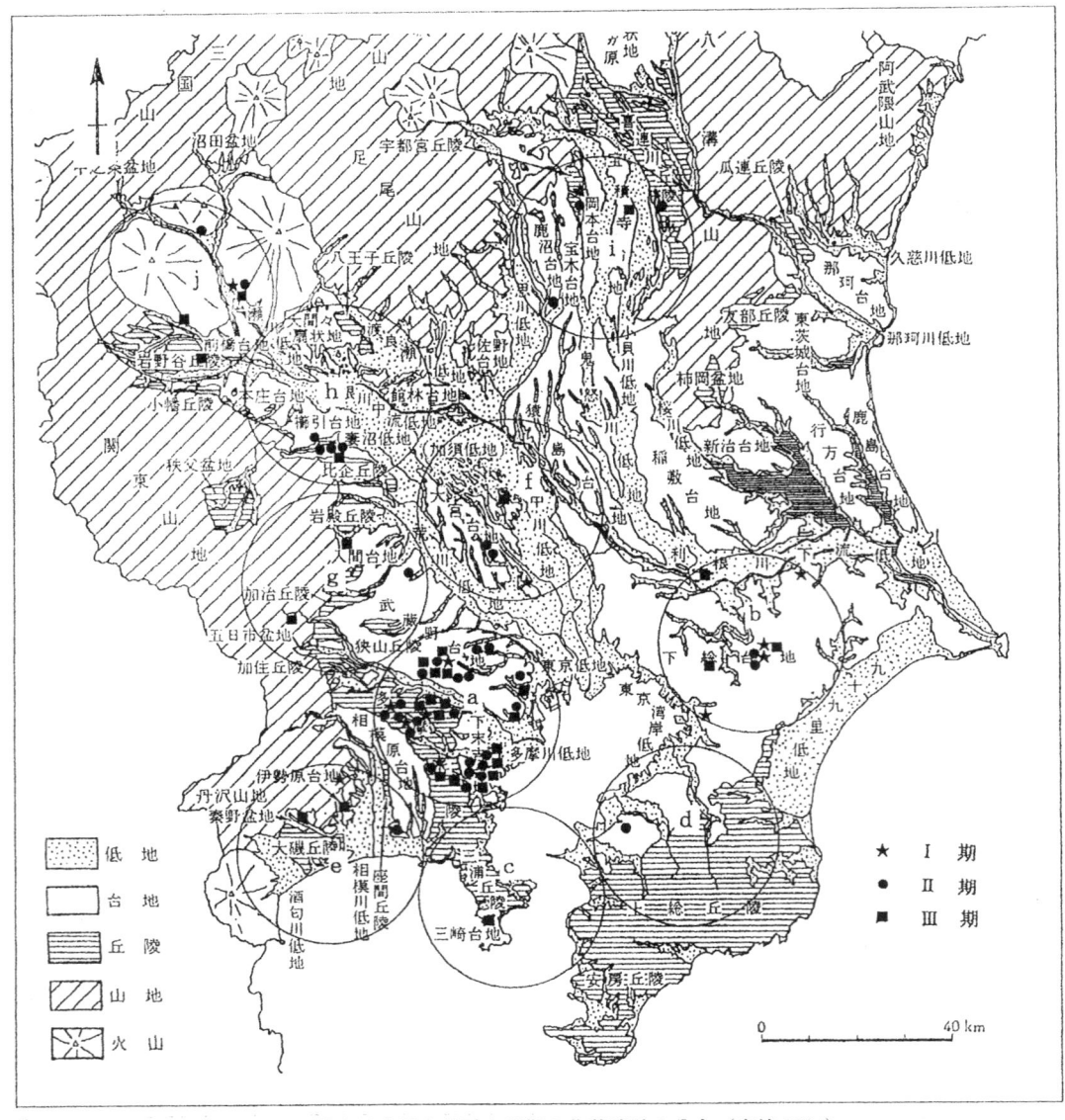

図56　関東地方撚糸紋系土器期の集落遺跡の分布（宮崎 2004）

1. 撚糸紋系土器期

　撚糸紋系土器は関東地方、特に多摩丘陵、下末吉台地、武蔵野台地、および下総台地を中心に分布する地域性の強い土器群である。宮崎朝雄は、Ⅰ期（井草Ⅰ・Ⅱ式）、Ⅱ期（夏島式～稲荷台式新・稲荷原式古）、Ⅲ期（稲荷原式新・大浦山Ⅰ式・花輪台Ⅰ式～東山式・大浦山Ⅱ式・平坂式古・花輪台Ⅱ式）の3つの時期に分け、竪穴住居から定住化の傾向を探っている（図56）。Ⅰ期は多摩丘陵と下総台地に集中し、Ⅱ期になると下末吉台地、武蔵野台地で遺跡の急増が顕著になり、Ⅲ期にもその分布傾向が継続された。住居は大型化、方形化に向かい、合わせて、方形掘り込み内の中央柱穴を中心に、中間の柱穴、壁際の柱穴が整然と並び、Ⅲ期に定型化する（図57）。Ⅰ期に町田市日影山遺跡で23軒、Ⅱ期に町田市多摩No.200遺跡で31軒、Ⅲ期に府中市武蔵台遺跡で32軒の住

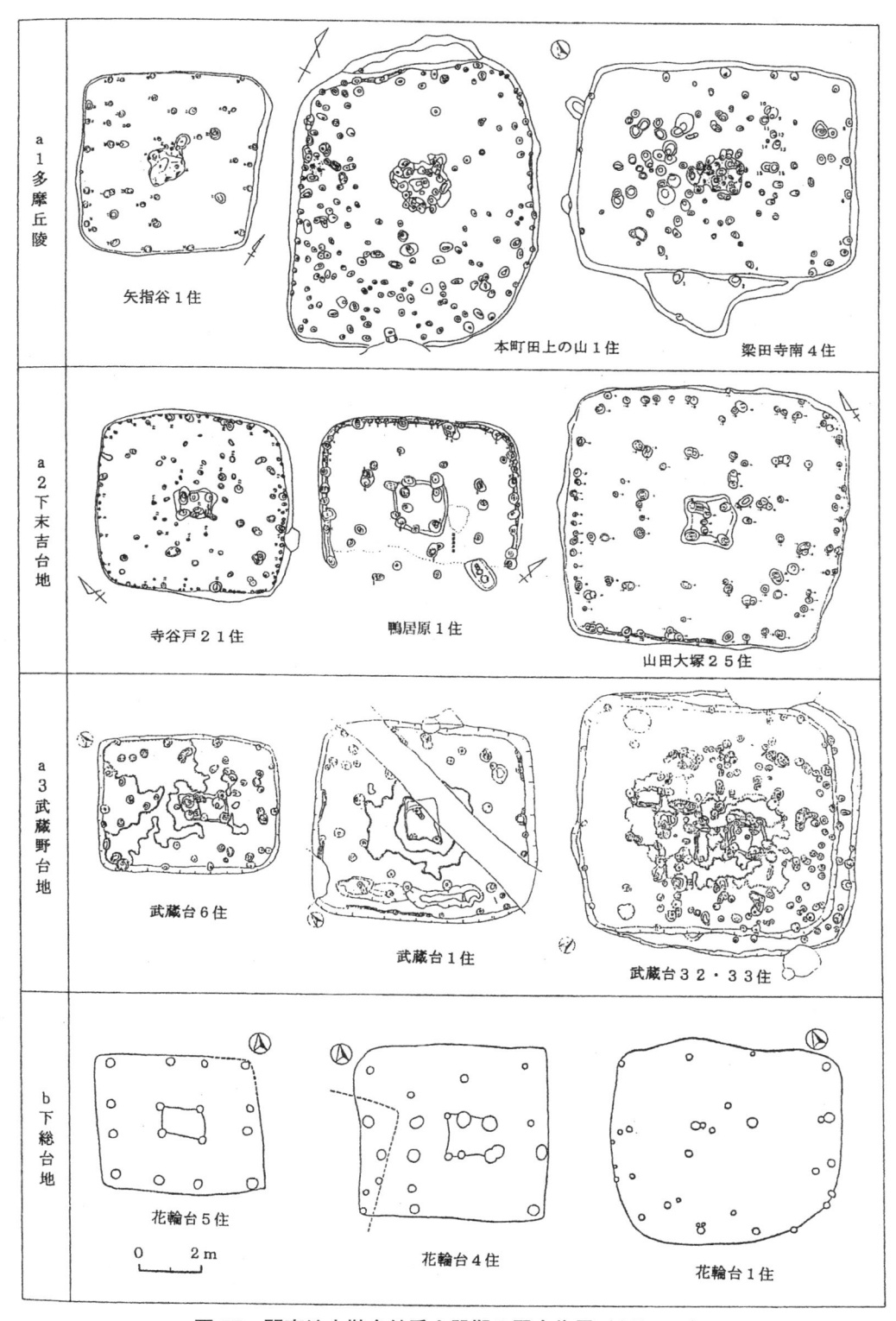

図57　関東地方撚糸紋系土器期の竪穴住居（宮崎2004）

居跡が検出されている。多摩No.200遺跡では中・大型竪穴住居1軒と付随する小型竪穴遺構1〜2軒が単位となっており、武蔵台遺跡でも大型住居1〜2軒を中心に、付随する小型竪穴住居あるいは竪穴遺構2〜3軒の単位で6〜8群確認された。石器組成で見ると、多摩丘陵と下末吉台地のⅡ期・Ⅲ期は、竪穴住居周辺での磨石とスタンプ形石器を主用具とする生業形態が考えられる。石鏃が極端に少ないことが注意される。武蔵台遺跡は磨石とスタンプ形石器が多いことは他の遺跡と同じだが、石鏃（402点）が主体的石器として加わり、石皿、砥石なども多く、石器組成における多様性の幅がきわめて大きい。植物質食料加工と狩猟を主体とする多様な生業形態を持つ拠点集落の出現、と捉えている（宮崎2004、2005）。

　谷口康浩の撚糸紋土器期に関する論考も示唆に富んでいる（谷口1998）。早期前葉の撚糸紋土器期を5期に細分する。そして、「第Ⅳ様式期」（稲荷台式期）が定住化への明確な画期だとしている。立地、竪穴住居の定型性、住居配置の計画性、住居の継続性、集落の反復性、この5つを基準として定住性の安定度を1〜7に類型化してみると、武蔵野台地地域と多摩丘陵・下末吉台地地域との差が明瞭に読み取れる。武蔵野台地南面には類型1・2の集落が安定して維持されている一方で、下末吉台地の集落が類型2・3で比較的安定しているものの、多摩丘陵部の集落は安定性の弱い類型7・8で占められていた。谷口は撚糸紋土器期の安定化の一因は漁撈に関係していたと見る。

　ここで興味深いデータは住居数の変化である。両地域とも「第Ⅳ様式期」に急激に増加するのだが、その後「第Ⅴ様式期」になると、武蔵野台地地域では引き続きさらに増加する一方で、多摩丘陵・下末吉台地地域では3分の1以下に減少してしまう。それだけでなく、武蔵野台地地域でも次の貝殻沈線紋土器期に集落が衰退してしまうのである。後で言及する松島義章の言う縄紋海進前半の急激な海面上昇と関係がありそうである。土器が広域にわたって動く背景に、気候の寒冷化など社会生態学的な要因がある、というのが最近の私の見立てであるが、早期の前葉と中葉を分ける要因にボンド・イベント（約1万300年前と9400年前）の関連は考えられないだろうか。

2. 沈線紋系土器期

　1982年の福島県竹之内遺跡の報告により、削り調整の無紋土器、帯状施紋山形押型紋土器、竹之内式と命名された稲荷原類沈線紋土器、日計式押型紋土器の密接な関係が示され、沈線紋系土器成立の背景に、中部、関東、東北に及ぶ土器群の広域的動態が関与することが示唆された。竹之内式土器は、千葉・茨木両県と栃木県東部を中心に分布し、関東地方でも神奈川県・東京都・埼玉県西部・群馬県には少ない。

　岡本東三はこれを、三戸1式（竹之内式）－日計式（古）－樋沢2式の併行関係と解釈した（岡本2012b）。岡本は沈線紋系土器出現の胎動を撚糸紋系土器終末期（花輪台式d期）の木の根式土器に認め、沈線紋系土器の成立は撚糸紋系土器の分布域すなわち関東地方を母体として成立したと見ている。三戸式土器を3細分し、中部・関東・東北の土器型式ホライズンを、細久保1式－三戸2式－大新町a式－日計式（新）、細久保3式－三戸3式－大平式－大新町b式－日計式（新）とする。東北地方では大新町b式土器の後に、蛇王洞Ⅱ式土器、白浜式土器と続く。つまり、「沈線紋土器の波及により日計式土器の製作集団は、ついに回転施紋具をすて、貝殻を用いた貝殻・沈線

紋土器を生みだしていく」、というシナリオである。

他方、恩田勇は沈線紋系土器の2系列発生説である（恩田 1991）。日計式土器は北海道渡島半島から利根川南岸まで分布している。日計式土器期の後葉になると押型紋のモチーフに東北地方の北部と南部で差が生じる。北部のものが大新町式と呼ばれるものである。日計式土器群のこの地域差を反映して、沈線紋系土器群にA系列とB系列が生成した。A系列は「大新町（古段階）」（岩手県大新町遺跡）に、B系列は竹之内式（福島県竹之内遺跡）に始まり、次の段階（大新町中段階／三戸式・大平式古段階）で、東北北部のA系列の南下により型式学的特徴において一部共通項が見られるようになる。さらに第3段階（大新町新段階／三戸式・大平式新段階）で沈線紋土器群における系列差がいったん解消する。恩田はこの第3段階が沈線紋土器群の変遷過程において特徴のあるひとつの段階と評価し、さらに次の田戸下層式土器期を第4段階から第6段階に3細分して、第6段階（田戸下層新段階）で大きく東北北部・東北中南部・関東の地域ごとに特徴の異なる土器群の分布圏が形成されたとみる（恩田 1994）。ただし、恩田は型式学的研究にとどまり、土器型式の変遷過程の背景にある社会生態学的要因の解明には踏み込んでいない。

竹之内式土器の成立については、栃木県や千葉県の遺跡で平坂式土器b期の擦痕土器に伴う細沈線紋の土器にその萌芽を見る中村信博は、竹之内式土器をⅠ式とⅡ式に細分し、充填鋸歯紋→鍵状入組紋→帯状格子目紋という変化を通して、三戸Ⅰ式土器へのスムーズな変遷を考えている（中村 1999）。関東地方に限定してみると、領塚正浩は細別型式を導入し、また施紋帯概念を導入することで、竹之内式土器から水戸Ⅰ式・水戸Ⅱ式へ、さらに田戸下層Ⅰ式・田戸下層Ⅱ式、そして田戸上層式土器の変遷がスムーズな流れで捉えられるという（領塚　1987a、1987b）。言い換えれば、沈線紋系土器群にあっては、土器製作者間の技術継承が安定していたということである。

3. 条痕紋系土器期

山内清男による「子母口式」設定以来、沈線紋系土器群から条痕紋系土器群への変化、つまり田戸上層式土器から野島式土器への変遷を主題とし、子母口式土器の存否、定義、条痕紋系土器群の起源、細分、系統など、当該期研究は型式学的編年研究に集中してきた。

小笠原永隆によれば、今もなお田戸上層式土器期終末から子母口式土器期にかけての編年学的研究は混乱しているようである。東北南部から関東甲信越にかけての土器の系統を見てみると、田戸上層式土器期終末に関東地方と他の地域はお互いに融合しながら併存していた状態から、子母口式土器期になるとより地域的な差異として明確化する傾向が見て取れるという。かなり混沌としているが、この間の変化はきわめて漸移的であるという（小笠原 2001）。田戸上層式土器直後から野島式土器まで、つまり沈線紋系土器群終末から条痕紋系土器群初頭あたりに構造的な変動期がありそうなことは、北信・上越地域の条線紋土器とその伴出土器に見られる紋様構成の混交傾向から、金子直行も指摘していた（金子 2005）。中部地方の当該期の土器群はいまだ不明瞭な部分を多く残しているが、田戸上層式の古・新・新々から子母口式への変遷に準じた変遷、すなわち、貫ノ木式・鍋久保式・下荒田式・上林中道南式という編年である（橋本 2010）。

一方、1960 年代前半までの考古学研究の成果を総括した『日本の考古学』（河出書房）の中で、

図 58　鵜ヶ島台式土器から茅山下層式土器へ
　　1：南房総市（旧三芳村）谷向貝塚　2・3：船橋市飛ノ台貝塚　5・6：旭市（旧干潟町）諏訪山遺跡

岡本勇と戸沢充則は遺跡立地の在り方の違いから、野島式土器以前の時期を「早期的な立地」（丘陵の頂部や舌状台地の先端などのごく狭い、局限された遺跡立地）、野島式から茅山上層式土器にいたる時期を「前期的な立地」（平坦な台地のより広い遺跡立地）と呼んで、この間に何らかの発展の力が働いたと見なしていた（岡本・戸沢 1965）。発展段階論的な視点であったが、そこから条痕紋土器群によって特徴づけられる早期後葉は、「遺跡数の増大」と「分布圏の拡大」といった状況を示す、一つの画期とされてきた。現在の知見にのっとれば、「定住性」が低くなり、「遊動性」が高まったことを暗示している、とも見なせる。

　鵜ヶ島台式土器で見てみると、長野市村東山手遺跡、塩尻市八窪遺跡、御代田町塚田遺跡など長野県内の各地、妙高市（旧新井市）萩清水遺跡、十日町市（旧中里村）千溝遺跡など新潟県内の各地、前橋市下鶴谷遺跡、松井田町横川大林遺跡など群馬県内の各地、愛知県豊田市瀧脇遺跡、静岡県沼津市的場遺跡、茨城県ひたちなか市船窪遺跡など広域に分布する（谷藤・関根編　2000）。土坑内から完形が出土した塚田遺跡や下鶴谷遺跡での鵜ヶ島台式土器のあり方が特異で、この点からも鵜ヶ島台式土器期は注目される。

　野島式・鵜ヶ島台式・茅山下層式の各土器型式の器形・紋様帯・紋様の系統的変遷を検討した関野哲夫によれば、諸種の器形が見られた野島式から鵜ヶ島台式になると斉一性が強くなり、文様構成・紋様要素も限定されてくる。さらに、くびれが強調され、大きく口縁が外反し口端部が内削げ状となる。鵜ヶ島台式からの区画状紋・紋様帯はそのままの形で茅山下層式に受け継がれ、茅山下層式（新）において紋様帯のⅡ帯の省略が行われるとともに、くびれが退化・減少していく（関野 1980）。この変遷は、系統を同じくする、言い換えれば、土器の製作技術を継承する集団内で、鵜ヶ島台式土器期に土器表現の強調（過剰デザイン化）が行われた、と読み取ることができる。紋様要素の分類と紋様モチーフの分類を組み合わせ、型式細分すなわち野島式土器終末段階、鵜ヶ島台式土器1～4段階、茅山下層式土器成立段階に細分した鈴木啓介の表現を借りれば（鈴木 1998）、ここでいう過剰デザイン化とは、①襷状紋・蕨手襷状紋の細分割、②区画交差部への押捺、③器形における二段の段と括れ、④口縁部直下やⅠ・Ⅱ帯間の無紋帯、紋様帯を区画する縦区画などのことで、きわめて斉一性が強く、地域差が見出されないことと相俟って、この土器製作集団において共通のアイデンティティー強化が図られた、と解釈できる（図58）。

　加納実が千葉県十余三稲荷峰遺跡（空港No.67遺跡）の集落を分析している（加納 2011）。沈線紋段階と条痕紋段階の2分法であるが、沈線紋段階（田戸下層式土器期）の竪穴住居跡29軒／炉穴11基／土坑7基に対し、条痕紋段階の竪穴住居0軒／炉穴20基／土坑1基である。「台地上での生活領域が、沈線文段階と条痕文段階ではやや異なり、後者のほうがやや広い生活領域を有していた」ということである。言いかえれば、集住居住から分散居住（あるいはより遊動的な居住）への、居住形態の変化が起こっていた、ということである。

（2）成田国際空港建設工事関連遺跡

　成田国際空港周辺地域は、利根川へ北流する河川と、九十九里方面へ南流する河川の分水域が走

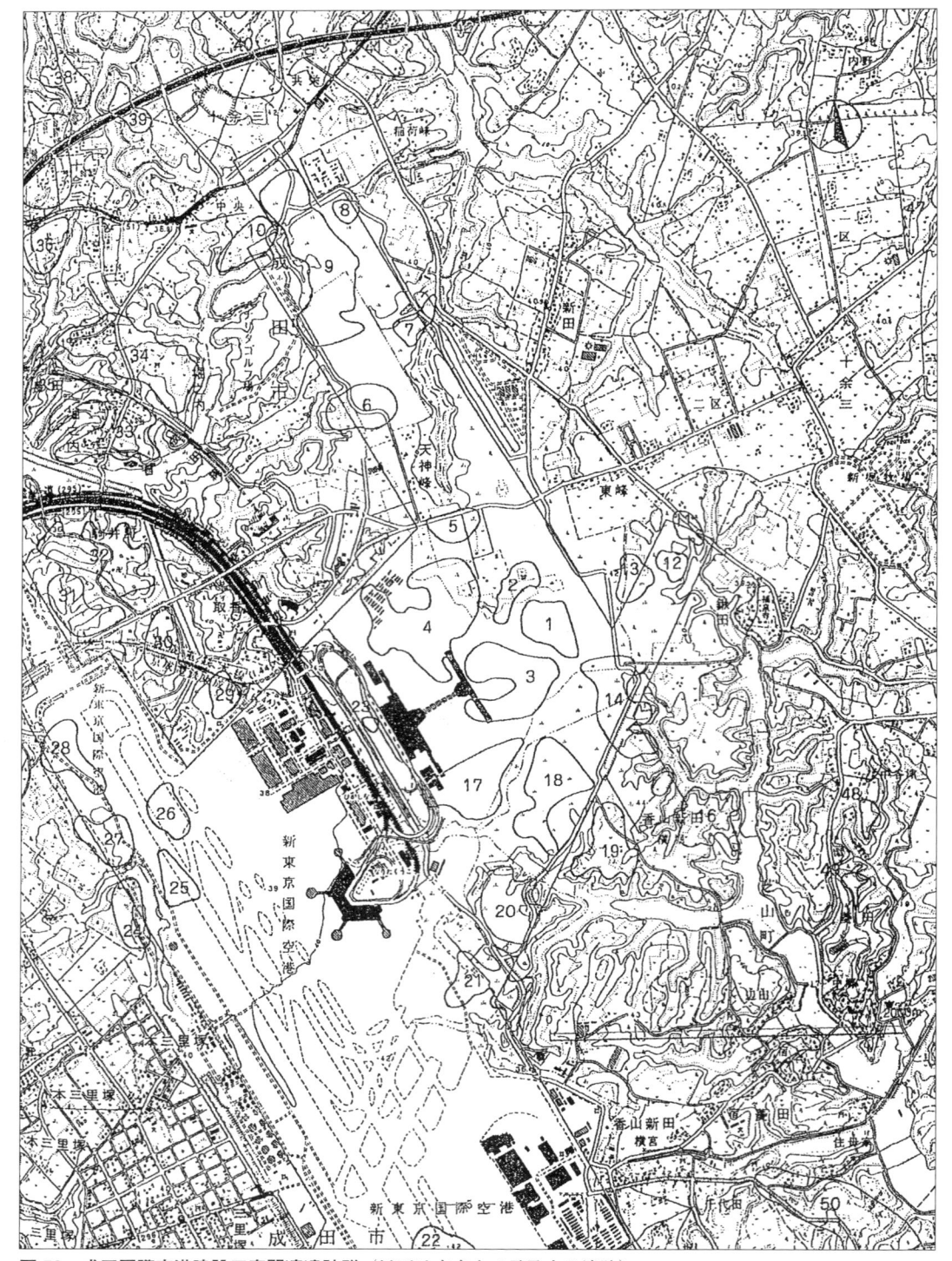

図 59 成田国際空港建設工事関連遺跡群（以下は本文中で言及する遺跡）
1：東峰御幸畑西（NO.61）遺跡　2：東峰御幸畑東（No.62）遺跡　3：古込（No.14、55、56）遺跡　4：取香和田戸（No.60）遺跡　6：天神峰最上（No.64）遺跡　9：十余三稲荷峰（No.67）遺跡　10：十余三稲荷峰西（No.68）遺跡　11：一鍬田甚兵衛山北（No.11）遺跡　12：一鍬田甚兵衛山南（No.12）遺跡　13：一鍬田甚兵衛山西（No.16）遺跡　14：香山新田新山（No.10）遺跡　18：香山新田中横堀（No.7）遺跡

り、全体としては比較的広い平坦な台地が広がる。源流域では特に八つ手状に開析を受けた台地上に、旧石器時代と縄紋時代早期の遺跡が密集していた（図59）。早期の遺跡では、土器や石器の遺物の出土量が多いのと対照的に、住居跡の数が少なかった。

　この地域は拠点的集落を営むというより、狩猟など季節的な生業の場として利用されたようであるが、それでも撚糸紋系土器期には東峰御幸畑西遺跡（空港No.61遺跡）に住居跡5軒、取香和田戸遺跡（空港No.60遺跡）に住居跡6軒が残されていた。土器もその東側や南側の地域に多数残されていた。沈線紋系土器も撚糸紋系土器期と同様の地域を利用するとともに、より北の十余三稲荷峰遺跡（空港No.67遺跡）とその周辺の地域でも多数の土器が残されていた。条痕紋系土器期になると鵜ヶ台式土器期を除いて、この地域での活動は不活発となったようである。例外的な鵜ヶ台式土器期には、古込遺跡（空港No.14・55・56遺跡）に周辺地域を見ても珍しく竪穴住居跡が3軒残されていた。土器もほぼ全地域から出ており、狩猟活動などを活発に行っていたようである。ちなみに田戸上層式土器期の竪穴住居跡も1軒出ている。

1. 撚糸紋系土器期

取香和田戸遺跡（空港No.60遺跡）（小久貫・新田編 1994）

　遺跡は空港予定地内の中央よりやや北寄り、香取川の支谷の最奥部に位置する。1978年度から80年度にかけて発掘調査が行われた。調査区H・I・J地点ではH地点で住居跡2軒、炉址1基、土坑10基が、またI地点で住居跡4軒、炉址1基、土坑5基が検出された。J地点からは土坑が6基のみである。住居はすべて撚糸紋土器の時期で（図60）、7号住居と8号住居の間は70m、8号と9号が34m、9号と10号が37m、9号と11号が70m、11号と12号が20m、それぞれ離れていて、集住集落遺跡とは言い難いた（図61）。

　調査区のA～E地点ではD地点で竪穴住居跡1軒が見つかった。この1号住居跡は時期が不明だが、沈線紋系土器が包含層の主体をなすことから同時期のものとされる。検出された炉穴20基と土坑24基は遺物を含まないか土器が小破片で、その時期が確定できない。1号土坑の西約12mの地点で見つかった集石土坑も時期を絞り切れず、井草II式土器期～前期の黒浜式土器期と推定されていて時期幅が大きい。土器は田戸下層式土器を中心に田戸上層式土器と撚糸紋土器が多い。条痕紋系土器は子母口式土器が目につく程度である。

　なお、この遺跡では検出された63基の土坑のうち48基が陥穴に同定されている。また、既調査区の隣接調査地点からも、2000年度の調査で、井草I・II式土器片がほぼ全面で出ている。

東峰御幸畑西遺跡（空港No.61遺跡）（宮・ほか編 2000a）

　遺跡群の中央やや北寄りに位置し、利根川水系支流香取川に解析された支谷の最奥部、取香和田戸遺跡（空港No.60遺跡）の西側の対岸、南に舌状に張り出している半島状の台地部分にある。撚糸紋土器期の住居跡5軒、炉穴14基、陥穴16基、土坑3基、小礫集中地点1ヶ所が検出された（図62）。1号、4号、5号住居は井草I式土器期、2号住居は沈線紋土器期の可能性、3号住居は田戸下層式土器期に同定されている。約4万点出た土器片は、その半数が撚糸紋土器（井草I・II式が

図 60　千葉県取香和田戸 (No.60) 遺跡 7 号住居跡出土土器（小久貫・新田編 1994）

第 3 章　8.2ka イベントを巡る考古現象　105

図 61　千葉県取香和田戸（No.60）遺跡 A～E 地点（下）と H・I 地点（上）の遺構配置（小久貫・新田編 1994）

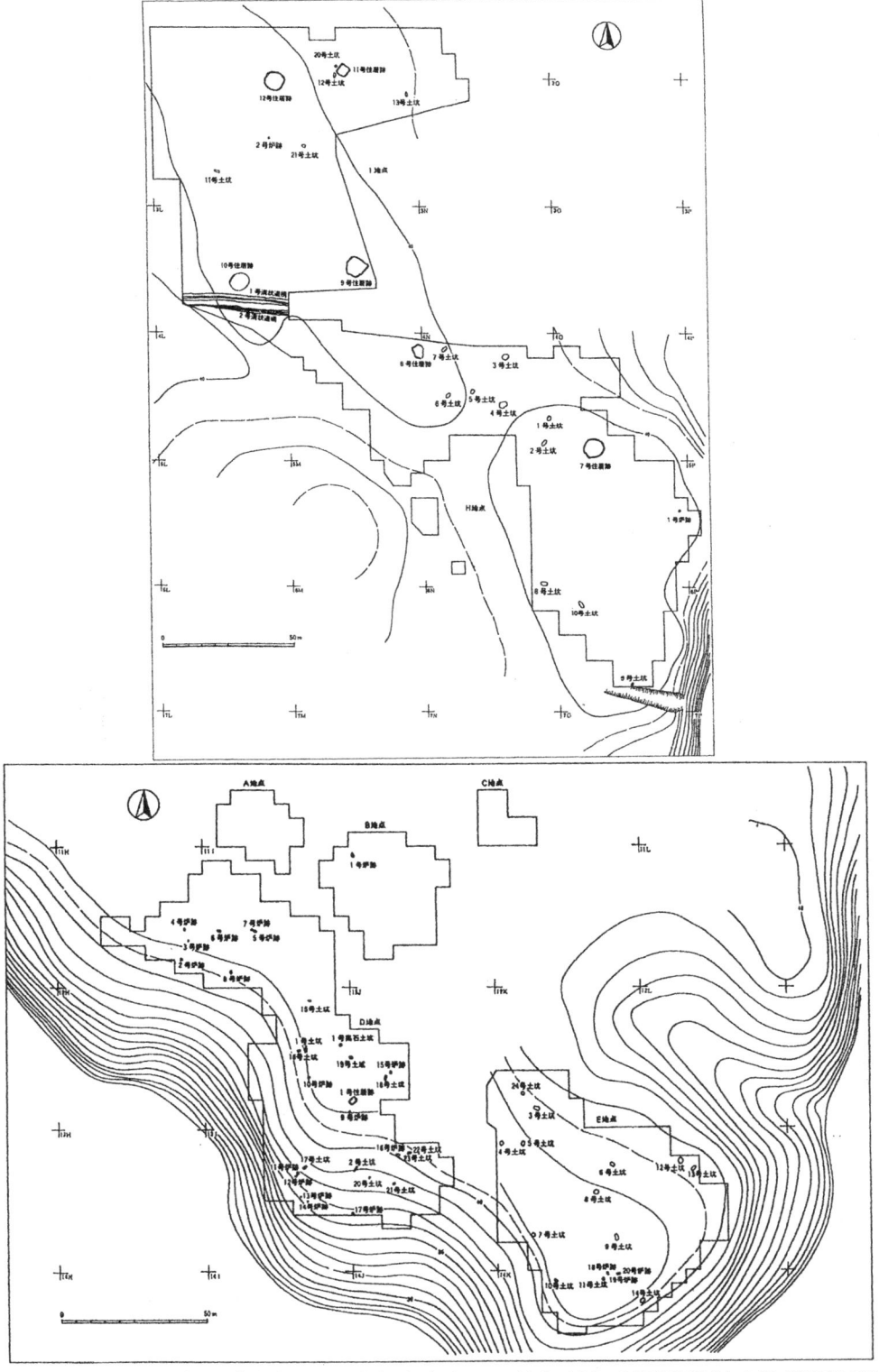

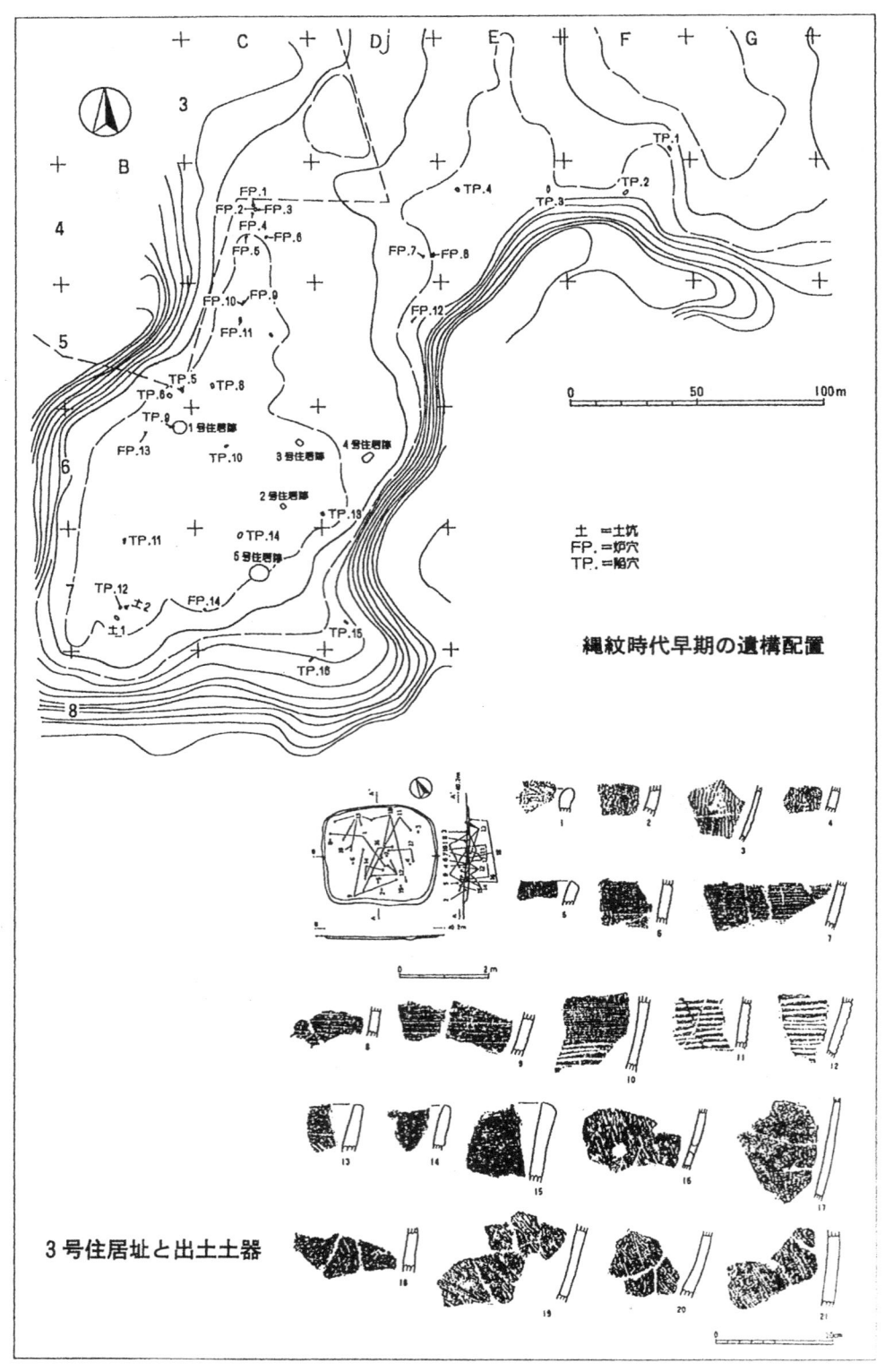

図62 千葉県東峰御幸畑西(No.61)遺跡（宮・ほか編 2000a）

主で、夏島式は少なく、稲荷台式はさらに少なく、花輪台式はごくわずか）である。沈線紋土器が4分の1で1万点以上を数えるが、三戸式土器はわずかで田戸下層式土器が主である。田戸上層式土器はわずか172点のみで、居住地はよそへ移ったと考えられる。条痕紋土器が全体の1割（子母口式土器・繊維無紋土器が1800点あまり、鵜が島台式土器や貝殻条痕紋が施された土器が約3000点を数えるが、野島式土器は少なく破片のみ）に減少する。

香山新田中横堀遺跡（空港 No.7 遺跡）（西山・西川編 1983）

遺跡は栗山川水系に属し、谷を挟んで No.6 遺跡の北側にある。小谷によって北側のA地点と南側のB地点とに分けられる。B地点から住居跡2軒、炉穴5基、陥穴13基、土坑6基が検出された。1号住居は覆土中から出土した土器片がほとんど井草Ⅰ式であることから、一応同時期とされた（図63）。2号住居はその覆土から出た無紋土器片が周辺グリッドの無紋土器と同様の特徴をもち、子母口式土器と考えられることから、同時期とするのが妥当だとされた。3号炉と4号炉の覆土中と、5号炉の壁に密着した状態で撚糸紋土器の破片が出ている。撚糸紋系土器が調査区のほぼ全域から豊富に出土した。特に井草Ⅰ、Ⅱ式が多い。対称的に、田戸下層式は3個体、田戸上層式も2個体のみである。子母口式土器の破片268点が2号住居跡周辺から1号住居跡付近にかけて集中していた。鵜が島台式土器は1個体のみであった。

A地点からは炉穴11基、陥穴16基、土坑11基が検出された。5号炉穴から野島式土器の小破片2点、6号炉穴から表裏条痕の大形口縁部破片と鵜ガ島台式土器の体部破片がまとまって出土した。9号炉穴からは撚糸紋土器の体部破片が見つかっている。撚糸紋系土器は各型式にわたって出土するが、量的にはあまり多くない。ただし、復元しうる土器が比較的多い。三戸式土器は4個体のみである。田戸下層式も尖底を含め32個体、田戸上層式も35個体程度の確認である。子母口式土器は器形のわかるものは2個体、野島式土器は4個体のみである。野島式の出土地点と重なって鵜ガ島台式土器は16個体出土した（図64）。

一鍬田甚兵衛山遺跡群

横風用滑走路の北東突出部、九十九里方面に南流する高谷川の源流域に面する標高40mの台地上に一支谷を取り囲むように4つの遺跡が検出された。

一鍬田甚兵衛山南遺跡（空港 No.12 遺跡）からは陥穴13基と土坑1基が確認されただけで、出土土器片も撚糸紋土器を主（2,113点）に、田戸下層式土器が見られ、他に田戸上層式土器と三戸式土器が若干出ている。この台地上には条痕紋土器がまったく残されていなかった（西口・遠藤編2005）。

一鍬田甚兵衛山北遺跡（空港 No.11 遺跡）でも8基の陥穴と、稲荷台式土器を主体とする撚糸紋土器が6,430片（56％）、田戸下層式・上層式を主とする沈線紋系土器が1,144片（10％）、おおむね茅山式土器の条痕紋系土器が1,325片（11.5％）出ているだけである（小久貫・新田編 1995）。

一鍬田甚兵衛山西遺跡（空港 No.16 遺跡）でも炉穴2基、陥穴8基、土坑5基が検出されただけで、土坑は田戸下層式土器期と前期の浮島式土器期のようである。土器は田戸下層式が多く、条痕

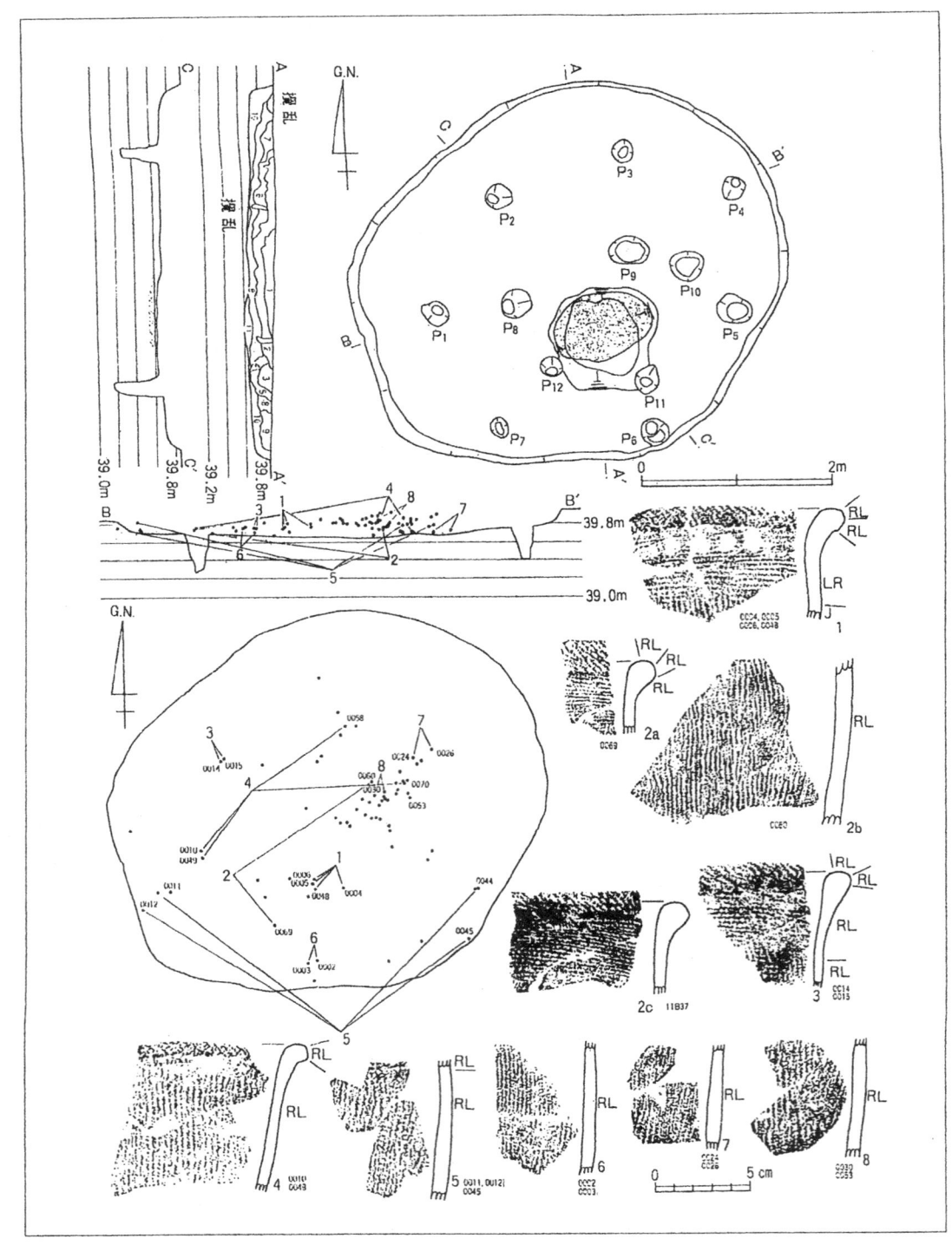

図63 千葉県香山新田中横堀(No.7)遺跡出土竪穴住居跡 (西山・西川編 1983)

第 3 章　8.2ka イベントを巡る考古現象　　109

図 64　香山新田中横堀(No.7)遺跡 A 地点出土土器（西山・西川編 1983）
1：三戸式　2〜5：田戸上層式　6：野島式　7：鵜ヶ島台式

紋系土器は茅山下層式土器片がわずかに出ているにすぎない（永塚編 2001）。

2. 沈線紋系土器期

十余三稲荷峰遺跡（空港 No.67 遺跡）（池田・ほか編 2006）

遺跡は空港予定地内の北端、尾羽根川と香取川の分水域に当たる平坦な台地に展開する。早期を

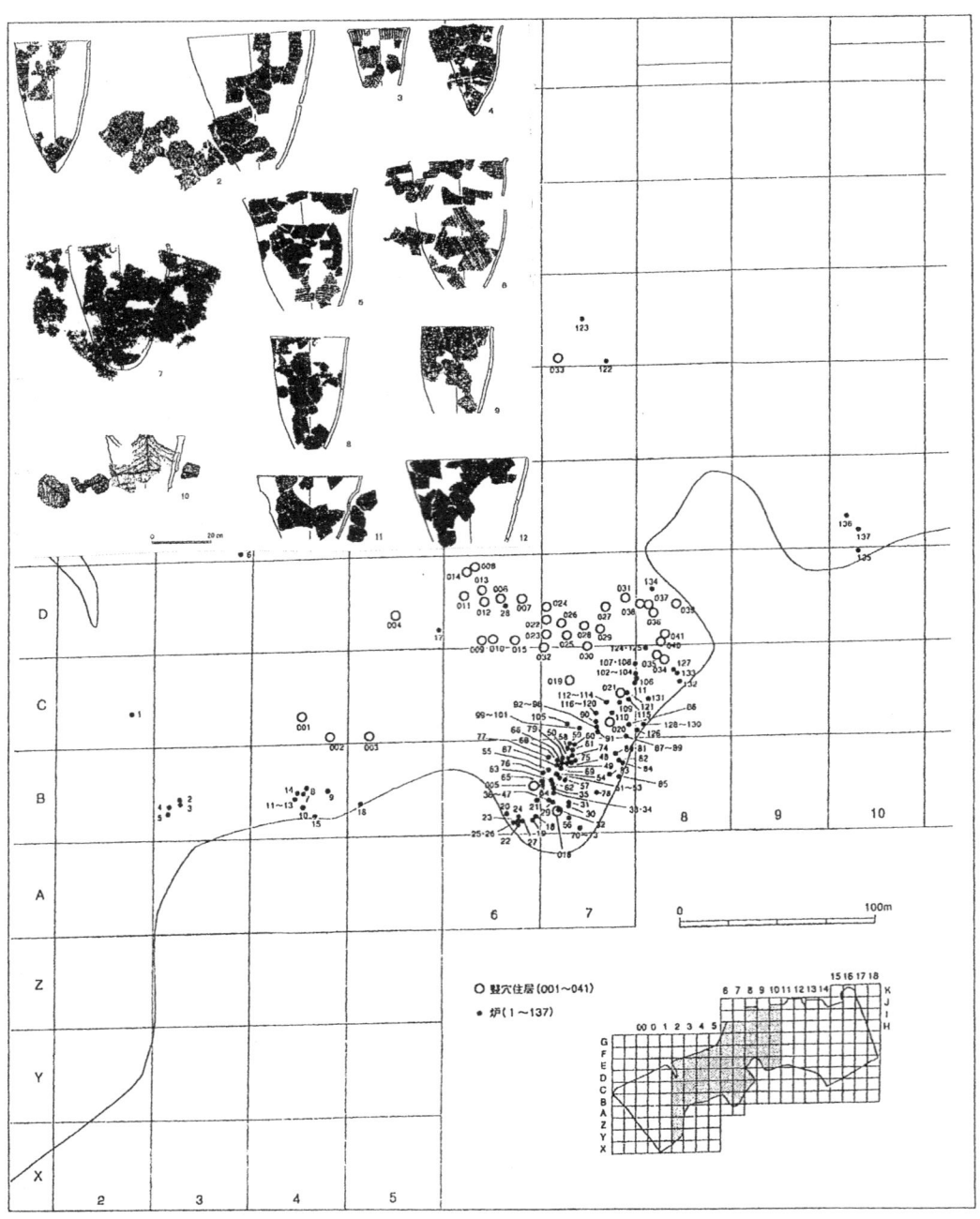

図 65　千葉県十余三稲荷峰 (No.67) 遺跡の遺構配置と出土土器（池田・ほか編 2006）
1・2：三戸式　3～6：田戸下層式　7：田戸上層式　8：田戸上層～子母口式　9：子母口式　10・11：鵜ヶ島台式　12：茅山式

中心とする竪穴住居跡（と竪穴状遺構）41 軒と炉穴（焼土跡）137 基が中央部の谷に面する台地縁辺部に集中し、陥穴 147 基と土坑 44 基は比較的中央部に多く検出されたが、全体に分布する（図 65）。

　出土土器を見てみると、竪穴住居の覆土からは三戸式・田戸下層式土器を中心に沈線紋系土器片が多いようである。炉穴からは子母口式土器以降の条痕紋土器片が出ている。土坑と陥穴出土の土

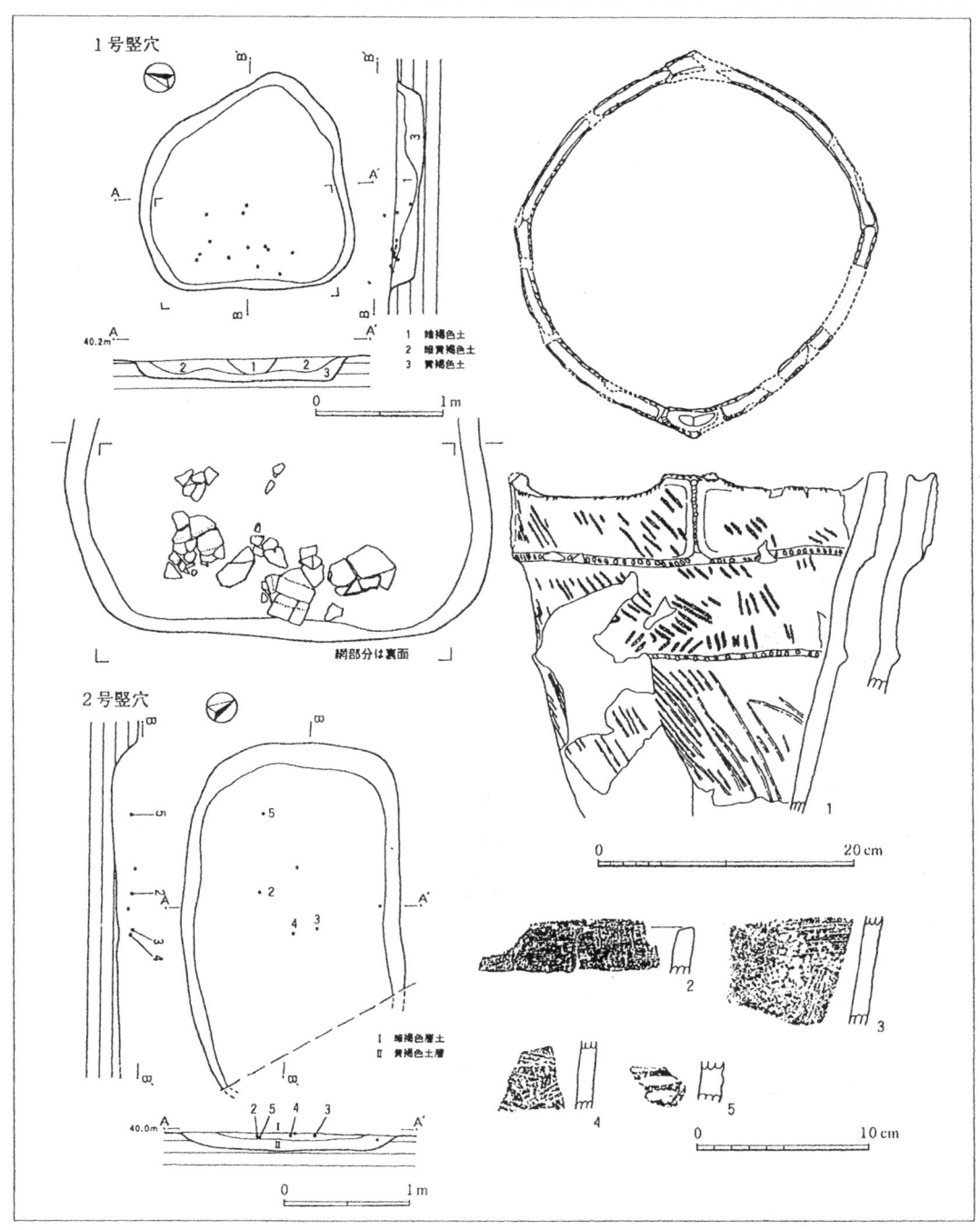

図 66　千葉県十余三稲荷峰西（No.68）遺跡出土竪穴状遺構（宮・ほか編 2000b）
1 号竪穴：茅山下層式土器期　2 号竪穴：三戸式土器期

器片は少ないが、主に三戸式・田戸下層式に比定されている。包含層の土器片も、田戸下層式土器を中心に、三戸式から子母口式土器まで多数出ている。他方で、野島式土器の破片は 30 点余と激減している。居住環境の変化を反映しているのかもしれない。次の鵜が島台式土器の顕著な増加（報告書図示 250 点）が目を引く。出土石器では石鏃が圧倒的に多く（報告書図示 300 点強）、遊動性が高まった条痕紋系土器、ここでは特に鵜が島台式土器期との関連が想定される。

十余三稲荷峰西遺跡（空港 No.68 遺跡）（宮・ほか編 2000b）
　遺跡は小谷を挟んで十余三稲荷峰遺跡の西側にある。1981 年度・1991 年度の調査で竪穴状遺構 2 基、炉穴 10 基、陥穴 20 基、土坑 12 基が検出された。竪穴状遺構は住居跡としてもよさそうで、2 号竪穴は三戸式土器期のもの、1 号竪穴は茅山下層式土器期のもののようである（図 66）。炉穴は条痕紋系土器と重なる分布を見せている。土器は三戸式土器の新しい段階のものを主に沈線紋系土器が 5 割、鵜が島台式土器を主とする条痕紋系土器が 4 割を占める。鵜が島台式土器は器形を復元できるもの 2 点のほか、破片が 50 点図示されている。2000 年度の調査では、中央部が大きく攪乱されていたため、検出遺構は炉穴 3 基、陥穴 8 基にとどまり、土器片もわずかであった。

天神峰最上遺跡（空港 No.64 遺跡）（宮・ほか編 2001）
　遺跡は十余三稲荷峰遺跡を中心とする遺跡群から 1km ほど南の台地上にある。わずかに炉穴 17 基、陥穴 41 基、土坑 1 基が検出されただけである。炉穴出土の遺物は少ないが、4 号および 7 号炉穴から田戸下層式から子母口式にかけての土器が出ている。条痕紋期に典型的な樹枝状に広がる炉穴が見られないことから、鵜が島台式土器期以降のものが存在しないと見られている。土器も沈線紋系土器が 7 割を占め、それも一時期の個体数はそれほど多くない。

3. 条痕紋系土器期
古込遺跡（空港 No.14・55・56 遺跡）（西山編 1983）
　遺跡は No.7 遺跡から直線距離にして 500m 北、東峰御幸畑西遺跡（空港 No.61 遺跡）の南の香取川による解析で「コ」の字状を呈し、南と北に大きく分けらた台地上に位置する。また台地の付け根にあたる南部は、高谷川の支流が入り込んでいて、利根川水系と太平洋水系の境界に位置している。空港予定地内に限らず、周辺地域にあっても珍しく、この区域から鵜ガ島台式土器期の竪穴住居跡が検出された。
　1970・71 年に第 1 次調査、1978 年に第 2 次調査が行われた。第 1 次調査区の北側を発掘した第 2 次調査では、遺構は炉穴 1 基、陥穴 2 基、土坑 1 基が確認されただけであるが、第 1 次調査では No.14 で鵜ガ島台式土器期の竪穴住居跡 3 軒、炉穴 3 基、竪穴状遺構 2 基が検出された。なお、No.56 からは田戸上層式土器期の竪穴住居跡が 1 軒出ている。約 1 万 6000 点の出土土器片の 95% が鵜ガ島台式であって（図 67）、石器類も石鏃を主体とし、総数 505 点を数えた。剥片・砕片類を主とした小規模な集中地が何箇所か見られ、石鏃の製作場所と見なされた。

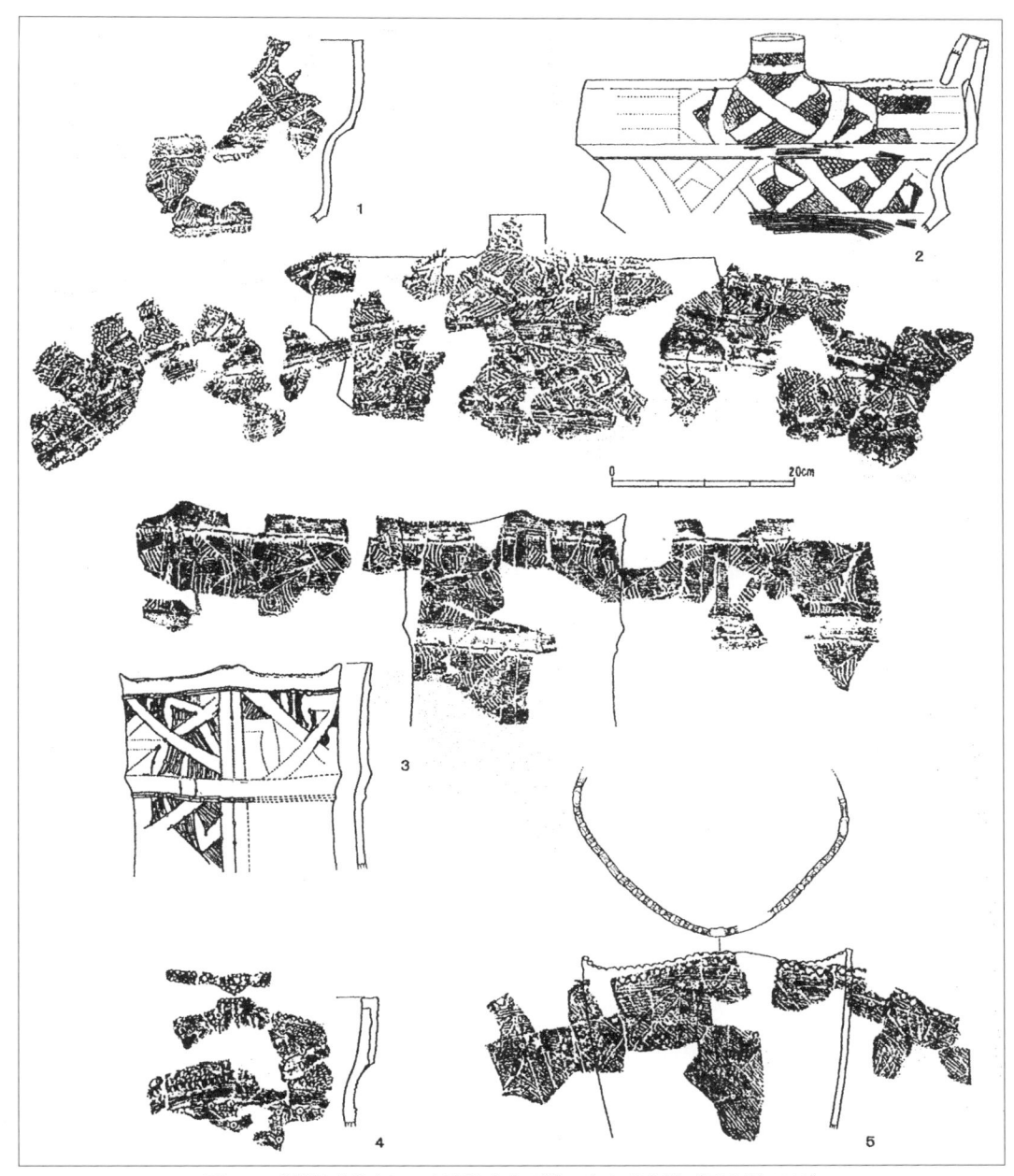

図67　千葉県古込(No.14)遺跡出土の鵜ヶ島台式土器　(西山編 1983)

東峰御幸畑東遺跡（空港 No.62 遺跡）（宮・ほか編 2004）

　遺跡は小谷を挟んで東峰御幸畑西遺跡（空港 No.61 遺跡）の南東にある。炉穴 2 基、陥穴 23 基、土坑 40 基が検出されただけで、居住域と言うより狩場のような活動域であった。型式が明示された出土土器片の数量にそのことが反映されている。すなわち、鵜が島台式土器 2,595 点、井草Ⅰ式土器ほか 1,253 点、田戸下層・明神裏Ⅲ式土器 1,227 点、茅山上層式土器 1,154 点、田戸上層式土器 446 点、野島・鵜が島台式土器 336 点、野島式土器 275 点、子母口式土器 51 点、三戸式土器 39

点である。鵜が島台式土器の多さと、茅山下層式土器が欠ける点が注目される。

香山新田新山遺跡（空港 No.10 遺跡）（田坂・川島編 1985）

遺跡は No.7 遺跡の北東 500m ほど、高谷川の源頭にある。1979 年度調査区では 66 基の陥穴と、主に鵜が島台式土器の破片が 1,000 点ほど出ただけである。1989 年度の調査でも、陥穴 3 基、土坑 2 基とわずかな土器片が出ただけである。

(3) 8.2ka イベント前後の様相

1. 環状炉穴群と大型住居

　関東地方の早期後半に特徴的な遺構に炉穴がある。①多摩川・鶴見川流域の多摩丘陵・下末吉台地・武蔵野台地、②当時の奥東京湾に面した荒川・元荒川・古利根川流域の武蔵野台地北縁・大宮台地、③下総台地・印旛沼と手賀沼周辺、この 3 地域に集中して見つかっている。多摩丘陵では特に南西端、多摩川水系と境川水系との分水嶺である標高 150m 前後の東西に連なる丘陵上に多く分布している。もっぱら野島式土器期のもので、No.939 遺跡では 5 軒の住居跡が検出された。野島式期の竪穴住居は他の遺跡にもみられる。陥穴は多摩丘陵全般に分布しており、出土土器は野島式が多いものの、鵜ヶ島台式も多く出ているし、下吉井式は少ないものの出土していて、条痕紋系土器期の狩猟場であった（小薬 1993）。

　岡本・戸沢の先の論考を高く評価して、小林謙一が炉穴と竪穴状遺構を中心に、早期後葉の居住活動を検討している（小林 1991）。小林は重複する炉穴の「使用期間は長期にわたるもの」であると見て、煙道付き炉穴の場合は、古い炉穴の軸線に対し、ほぼ並行か 90 度以下の角度で新たな炉穴が作られていることから、これは崩壊が原因で、その前後の時期の炉穴と異なる特徴と見ている。その他の炉穴の場合には、古い炉穴の軸線に対し、新たな燃焼部の軸線が 90〜180 度の角度をもつ。この場合は、風向きの変化によって作り替えられたと見なし、集落の定着性の指標と捉えている。子母口式〜茅山上層式土器期の竪穴住居については、野島式土器期までは主柱穴が不明確なものが多いが、時期が下るにつれ 4 本柱のものが増し、茅山上層式土器期以降になって定形的な方形・長方形の住居が多くなるという。小林はセトルメントシステム論の視点で、武蔵野台地東部の遺跡群、荒川右岸の遺跡群、大宮台地の遺跡群、八王子盆地の遺跡群、南多摩丘陵の遺跡群に分け、水産資源に重点を置く荒川両岸の遺跡群と、動植物質食料を基盤とする丘陵部の遺跡群に大別し、両者の中間に多数の資源を多角的に開発する集団を見てとっている。小林が集計した条痕紋土器期の竪穴住居 241 軒（掲載された第 2 表）を見ると、土器型式が明示されているものでは、子母口式に 16（あるいは 17）軒あって、その後の野島式期以降に急増している。たんに野島式期以降とされるもの 54 軒のほか、野島式期は 29 軒、野島式〜鵜ヶ島台式期 14 軒、鵜ヶ島台式期 10 軒で、茅山下層式期以降にまた急増する。

　特に近年事例が増加してきた環状炉穴群と大型住居に注目すると、貝殻沈線紋土器期に発生したそれらが子母口式・野島式土器期を画期として拡充した結果、拠点的な性格をもった集落が顕在化

したという指摘がある（高橋・谷口 2006）。長軸8m以上を大型住居と定義した場合、大型住居が早期中葉の貝殻沈線紋土器期にすでに出現していることは確実であるが、顕著な増加が認められるようになるのは野島式土器期である。長径8〜10m強の例が多いが、最大例はこの後に取り上げる千葉県沼南町の石揚遺跡017住居で、長軸が17.1m、短軸5.0m、深さ35cmである。移動的な活動痕跡が数多く残される一方で、大規模集団の存在を示唆する大型住居や環状炉穴群の登場は拠点的な集落が発生したことを意味する、と高橋誠と谷口康浩は主張している。彼らの集計には鵜ヶ島台式土器期の大形住居は見当たらない。本節のテーマ上、ここでも鵜ヶ島台式土器期が注目される。茅山下層式あるいは茅山上層式期あたりが気候の回復期ということのようである。

　ところで大型住居は温暖で安定した気候の前期中葉から中期後葉にかけて、東北地方を中心に北海道と北陸地方に安定的に分布している。特に前期中葉から後葉および中期中葉には長方形大型住居が主体となる環状集落が形成された。武藤康弘は長方形大型住居が複合居住家屋（多家族家屋）として機能したと考えている（武藤 1997）。そうだとすると、その発達を石製品および石器の交易との関連性で解釈するよりも、註で触れている「母系大家族」を想定した検証法を探るべきではないか。

2. 鵜が島台式土器期の遺跡
千葉県船橋市飛ノ台貝塚

　早期の貝塚遺跡としてつとに名高い船橋市飛ノ台貝塚は夏見台地の南縁に位置し、南側に谷を望む。この「飛谷津」は海水準の上昇に伴って台地が侵食されてできた谷で、出現した干潟が貝類の採集場所として好適であったので、飛ノ台貝塚が形成されたと言われる。その後、飛谷津は旧夏見湾に流入した沿岸流などによる土砂の堆積（天沼砂嘴）で、その出口をふさがれて淡水湿地となり、鹹水域や汽水域に棲息する生物の採集場所でなくなり、飛ノ台の縄紋人は移転を余儀なくされた（滝口 2009）。言い換えれば、縄紋海進の一時的な停滞、あるいは海況の安定した時期に遺跡が形成・維持され、その後に砂嘴の形成で集団は移動したようである（図68）。

　1932年の杉原荘介による調査を皮切りに何度も調査されたのち、船橋市教育委員会による1977年の第1次調査以降、第7次まで発掘調査が行われてきた（図69）。竪穴住居跡が早期の8軒を含んで15軒以上検出された。早期の遺構としてはほかに、小竪穴4基、炉穴254基、土坑10基、集石2基、貝塚34ヶ所が見つかっている。野島式・鵜島台式・茅山下層式土器期に属する大遺跡である（佐藤・白井 2004）。

　『飛ノ台貝塚発掘調査概報』（1978）で、第1次調査の際に出土した5軒の竪穴住居はすべて鵜ヶ島台式土器期とされていたが、近年、第1次・2次調査で検出された6軒の住居跡を再度検証した中村宣弘によれば、野島式期かそれ以前が1軒、鵜ヶ島台式期が2軒、鵜ヶ島台〜茅山下層式期が1軒、茅山下層式かそれ以降が2軒ということである（図70）（中村 2004）。同じく中村による第1次・2次調査で検出された炉穴の分析によれば、222基中、野島式期が52.2%、鵜ヶ島台式期が14.0%、茅山下層式期が18.0%である（中村 2005、2006）。2003年度、2006年度、2012年度に調査された範囲の東限区からも、野島式期を主体とする45基の炉穴が出ている（西川・ほか編 2011）。

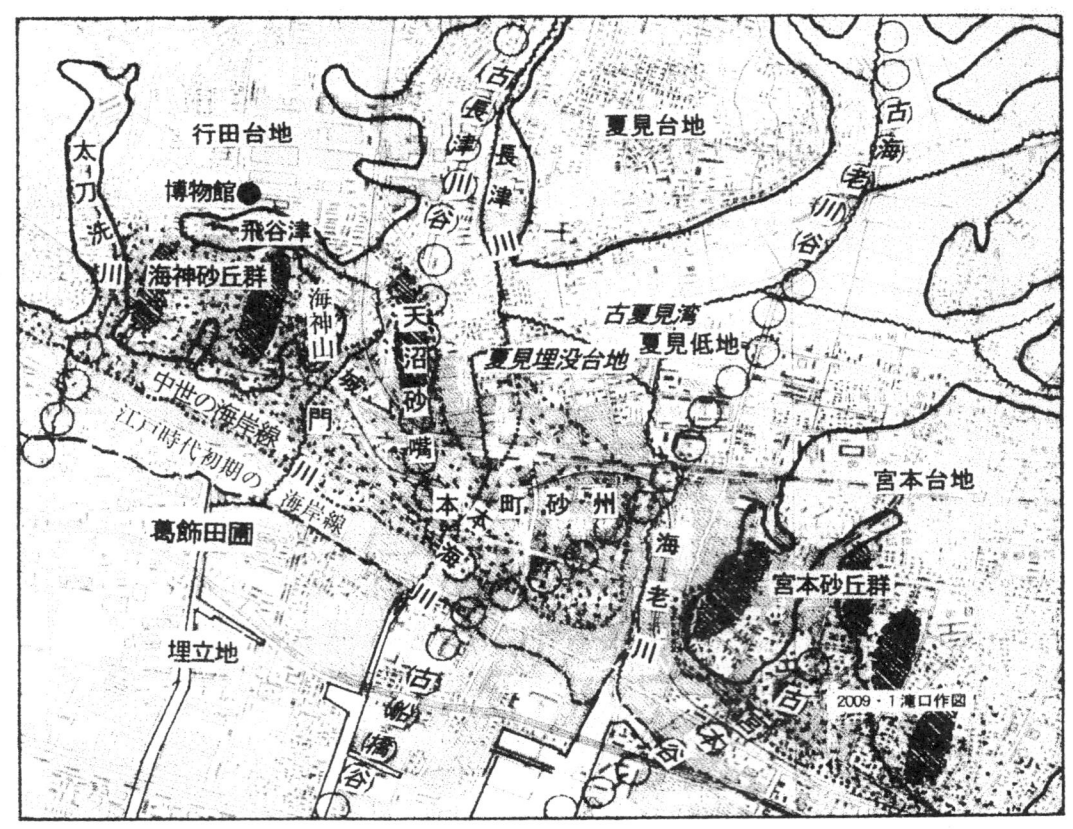

図68　千葉県船橋市飛ノ台貝塚周辺の縄紋海進（滝口 2009）

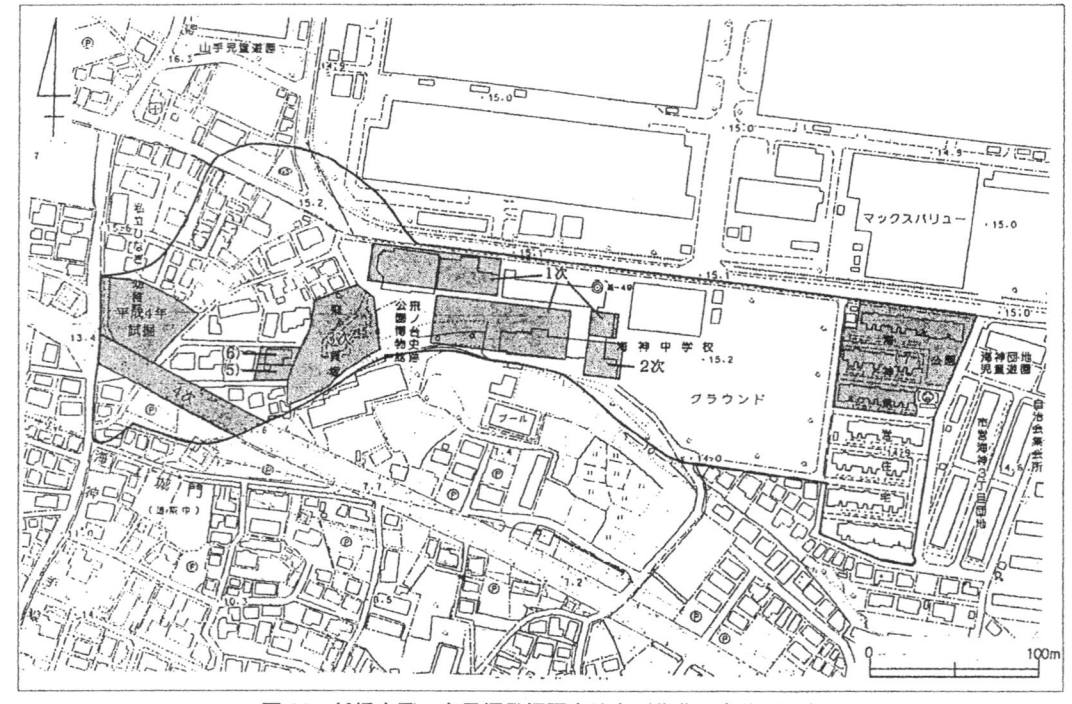

図69　船橋市飛ノ台貝塚発掘調査地点（佐藤・白井 2004）

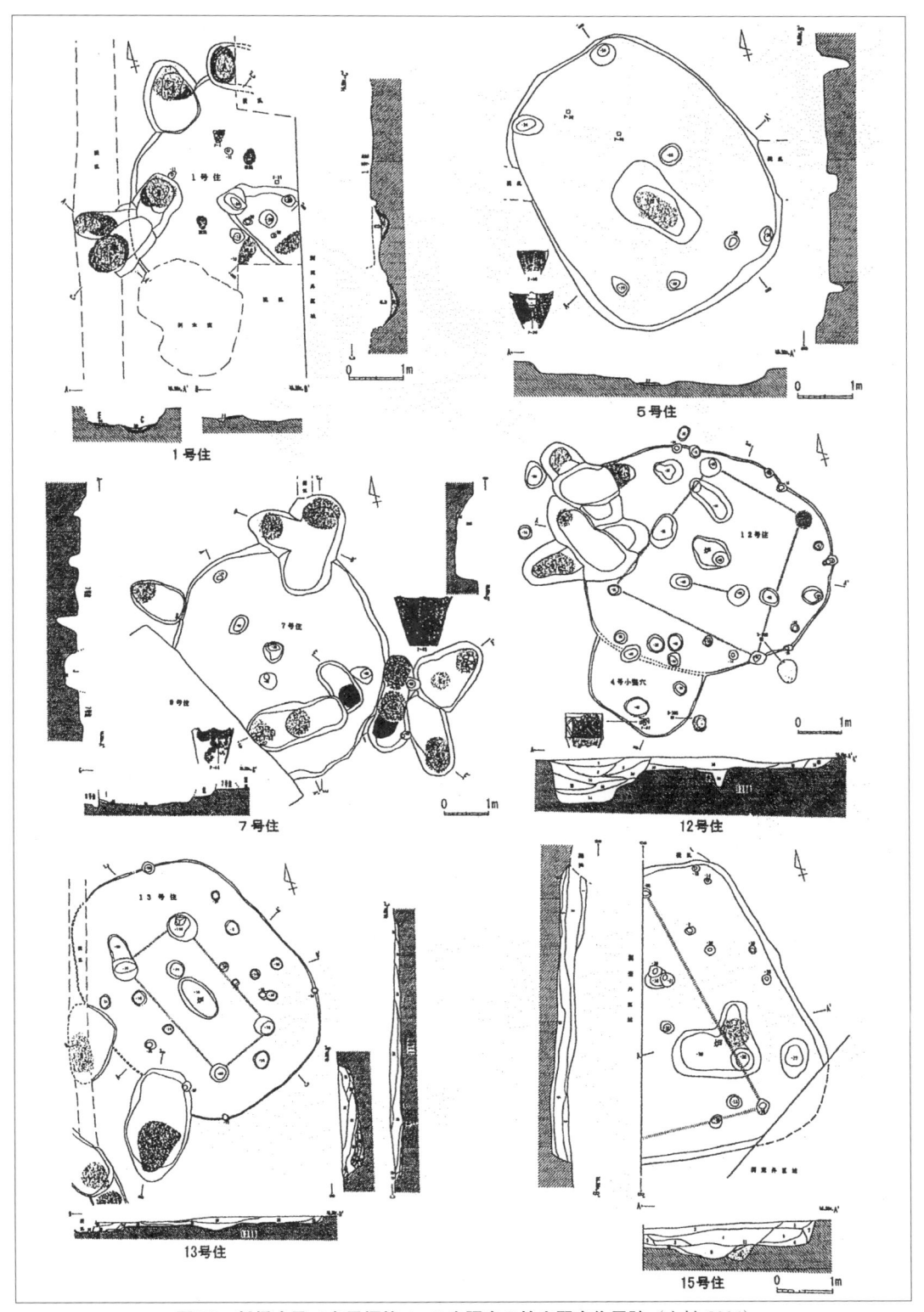

第3章 8.2ka イベントを巡る考古現象　117

図70　船橋市飛ノ台貝塚第1・2次調査の検出竪穴住居跡（中村 2004）

これまで確認されていなかった夏島式および稲荷台式の撚糸紋土器片、山形押型紋土器片、三戸式ないし田戸下層式の沈線紋土器片が見つかっており、早期の早い時期の海進時から当地の利用が始まっていたようである。上述の砂嘴の形成に8.2kaイベントが絡んでいたと考えられる。

　小林謙一と坂本稔による船橋市飛ノ台貝塚出土資料の[14]C年代測定値の較正年代（小林・坂本2011）が、8.2kaイベント問題解明の一層確実な手掛かりになる。野島式土器期の資料6点、鵜ケ島台式土器期の資料1点、茅山下層式土器期の資料2点の較正年代は、それぞれ8400〜8300年前、8400〜8200年前、8100〜8000年前である。問題の寒冷期が8200年前をピークに以後急速に回復したと仮定すると、野島式期は温暖期から寒冷化が進行する時期、鵜ケ島台式期が寒期のピーク、茅山下層式期が温暖化に向かう時期と想定される。ちなみに、飛ノ台貝塚第1次・2次調査で出土したこの3時期の土器を検討した西川博孝の考察を読むと（西川 2008）、野島式と鵜ケ島台式の型式学的分離は比較的明確であるが、鵜ケ島台式と茅山下層式との間は線引きが難しそうである。こうした土器型式学上の特徴にも、社会生態学的な意味が反映されているのであろう。

千葉市地蔵山遺跡（渡辺編 1993）

　鵜ヶ島台式土器を古・中・新、あるいはさらに最新段階を加えて3細分、4細分している例で見て見ると、「竪穴遺構」2軒と炉穴29基を出した千葉市地蔵山遺跡では、出土土器は鵜ヶ島台式土器期新段階から茅山下層式土器である。

柏市（旧沼南町）石揚遺跡（太田・安井編 994）

　遺跡は手賀沼に向かって張り出した台地上にある。前期の花積下層式土器期の集落跡で竪穴住居跡21軒と土坑11基も出ている。そのほかに早期の竪穴住居跡4軒、炉穴39基、土坑17基、陥穴21基が検出されている。早期の出土土器で見ると、多少の野島式土器片があるが、鵜が島台式土器の出土量が多い。報告者は時期順として5種に分類している。野島式からの過渡的な様相をもつものはわずかで、充填紋が押引きか刺突のものが多く、区画状紋の基本構成が崩れたものが主体的である。茅山下層式・上層式土器は鵜が島台式土器に比べると量的に少なくなる。情報は少ないが、鵜が島台式土器期の終末には気候回復の兆候があったのかもしれない。この点については天神台遺跡の状況が示唆的である。

市原市天神台遺跡（忍澤編 2013）

　飛ノ台貝塚は野島式、鵜ヶ島台式、茅山下層式の3時期にわたって居住された遺跡である。その居住期間の後半に当たる時期以降、すなわち気候が回復し、停滞していた海面上昇が再開した時期に形成されたのが市原市天神台遺跡である。遺跡は養老川が河口に向け流路を大きく西側へ曲げる箇所の右岸すぐ上の台地上、標高25〜26mの位置にある（図71）。

　早期・前期の竪穴住居跡（それぞれ17軒と34軒）、竪穴状遺構13基、炉穴248基、集石4基、陥穴38基、土坑117基、落ち込み3基、主に早期の竪穴住居跡や炉穴の覆土内に形成された貝ブロック58ヶ所（その中から1体の埋葬人骨出土）が検出された。北西から入る谷に隔てられた東

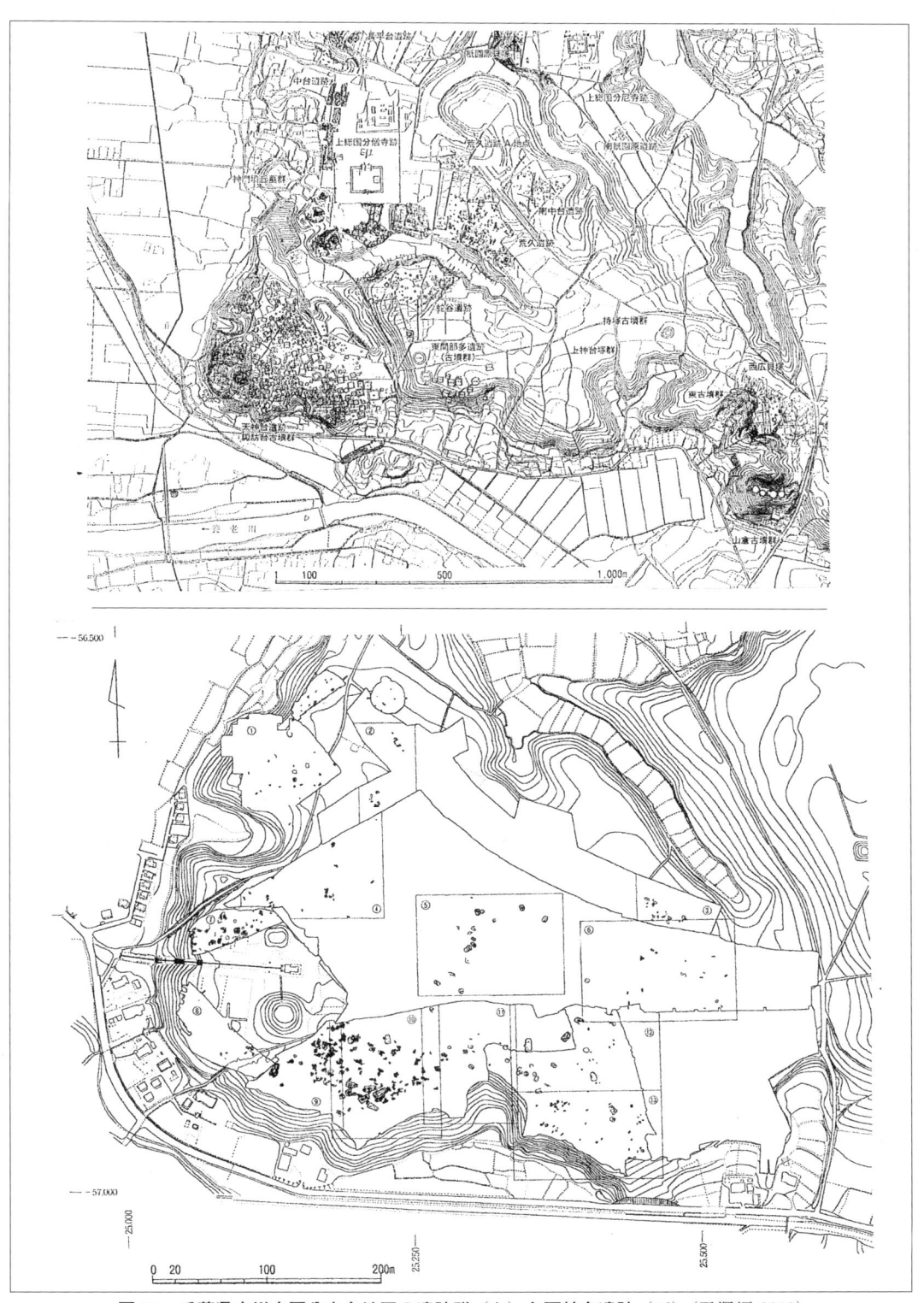

第3章 8.2kaイベントを巡る考古現象　119

図71　千葉県市川市国分寺台地区の遺跡群（上）と天神台遺跡（下）（忍澤編 2013）
台地の南西端に早期の大型住居が10軒集中している。

に隣接する台地上にある東間部多遺跡からは、野島式土器期の 79 基の炉穴群が、また天神台遺跡の北約 500m にある中台遺跡からも野島式土器期の 65 基の炉穴群が検出されている。ただし明確な住居跡が見られるのは天神台遺跡のみで、集落形成が海進による海況を含む地域生態系と関連していたことを示唆している。ちなみに、早期後葉の貝層では西部と南部で貝種構成が異なり、前者がハマグリ・マテガイ・ツメタガイ・アカニシを主体とするのに対し、後者はハマグリ・マガキ・ハイガイ・ウミニナを主体とする。なお、前期前葉の貝層では、ハマグリとヤマトシジミを主体としている。

　早期の集落は広大な台地上の西から南側の部分にのみ展開していたようである。現在諏訪神社があって未調査の区域にも遺構が残されていると見られ、集落は長軸で 240m の楕円形の範囲内にあった。最も注目されるのが 33 号住居跡（13.56 × 7.10m、深さ 100cm）を最大とする 10 軒の長台形の大型住居で、東側に分布する 59 号を除き 9 軒が南側の限られた地域にのみ分布していた（写真 5）。主軸方向が一定でないことから同時期とは考えにくく、1 時期には 1 〜 2 軒程度だったと見られている。遺構出土の土器は鵜ヶ島台式・茅山下層式・茅山上層式が混在して見られるが、主体は茅山下層式土器で、大型住居が集中する地区では茅山上層式土器がやや多くなる傾向があるという。

（4）早期末から前期初頭へ

1. 縄紋海進

　最終氷期極相期の東京湾域は海水準の大幅な低下のためにほぼ全域が陸化していた。そこでは河川浸食によって大規模な谷地形が形成されていた。約 1 万 4500 年前の急激な温暖化に伴う海進（七号地海進）によってこれらの谷は急速に沈水し、これを埋積して七号地層が形成された。新ドリアス期に対応する一時的な寒冷化に伴って海面は − 45 m 〜 − 50 m 以下に低下し、この海退によって東京湾域の大部分はいったん離水し、七号地層の浸食が進んで、広く浅い谷が形成された。約 1 万 1600 年前の気温の上昇とともに、東京湾域にふたたび海水が浸入し始めた（縄紋海進＝有楽町海進）。

　樋泉岳二の知見を以下に引用しておく（樋泉 2007）。東京湾岸域では東京湾口部（三浦半島・房総半島南部）においてこの時期の貝塚が確認されている。東京湾西岸南部の横須賀市夏島貝塚では早期撚糸紋土器期〜条痕紋土器期にかけて 1 m 以上に及ぶ厚い貝層が形成されていた。とくに夏島式土器期の第 1 貝層の発達が著しい。この貝層は成長の進んだマガキを主体としており、この年代に形成されたカキ礁に対応する可能性がある。夏島式土器期の貝層からはクロダイ・スズキ・ボラ・コチなどの内湾性魚類に加え、典型的な外洋性の回遊魚であるマグロ・カツオなどの魚骨が多数出土しており、さらに精巧な釣針も発見されている。

　夏島貝塚に近い平坂貝塚でも夏島式土器期の貝層（東貝塚）が確認されている。夏島貝塚と同様に厚いマガキ主体の貝層が形成されており、イワシ・サバ・クロダイ・マグロ・カツオ・イルカの骨が検出されている。特筆されるのは水洗選別によってイワシ類やサバの骨が多数検出されたこと

で、この時期にすでにこうした小形魚を捕獲する技術（網？）が存在していたことが示唆される。

　房総半島先端部に近い館山市沖ノ島遺跡では撚糸紋系後半の大浦山・平坂式土器期の泥炭質〜砂質層中から多数のイルカ骨と石鏃、鹿角製銛が出土している。付近の稲原貝塚（早期）でも黒曜石製石器の刺さったイルカ骨が確認されていることから、石鏃はイルカ猟に使用されたものと推定されている。ほかにクロダイ・マダイ類・スズキ属・小形魚などが出土している。

　このように海面の上昇と海域の拡大が急速に進行したが、−20 m〜−10 m付近で一時的に上昇速度が鈍化ないし停滞した可能性が指摘されている。8.2kaイベントに関連した現象と考えられる。だが、以後再び急上昇を始め早期末には現海水準を越えて＋3〜4 m前後に達した。これに伴って海域の拡大もピークを迎え、現在の東京湾域をはるかに越えて内陸へと深く侵入し、「奥東京湾」と呼ばれる広大な浅海域が形成された。この時代の東京湾は樹枝状の溺れ谷に縁取られた複雑な海岸地形を発達させていたが、湾の埋積がまだ進行していなかったため、陸域は水深のある内湾に直接面しており、干潟は全般に未発達であったと推定されている。ただし、溺れ谷の湾奥にしばしば泥質の干潟が形成され、海水準停滞期にはカキ礁の発達も見られた。東京湾〜奥東京湾岸のこの時期の貝塚は大半が小規模な遺構内貝層であり、貝類は食料資源の中では付加的な要素に過ぎなかったようである。この時期の干潟は分布も限られており、貝類の生息量もさほど多くはなかったと推定される。魚類の利用状況につては船橋市飛ノ台貝塚の野島式期でスズキを主体とする多数の魚骨が検出されているが、それ以外では全般的に出土量は少ない。

　これに対し、三浦半島の貝塚には比較的大規模な貝層を伴うものも見られる。夏島貝塚第2〜第3貝層（田戸〜茅山式土器期）では貝層は小規模化し、骨の出土量も減少傾向を示す。夏島式土器期と比較して魚類の内容には明らかな変化が見られ、外洋性魚類（カツオ．マグロなど）が消滅し、サメ類（ドチザメ？）・マダイが増加する。クロダイ・ボラなどの内湾性魚類はやや減少するが普通にみられる。鳥獣類はシカが増加してイノシシと主体をなし、他は減少して縄紋時代に一般的な様相となる。横須賀市茅山貝塚（茅山下層式期）ではマガキ主体の大規模な貝層（最大層厚1.5 m）が形成されている。魚骨の出土量も比較的多く、マダイを主体にボラ・クロダイ・スズキ・マグロなどが普通である。吉井城山貝塚下部貝層（茅山上層式土器期）でもマガキ主体の大規模な貝層（最大層厚2 m）が形成されていて魚骨の出土量も多く、マダイを主体としてボラ・クロダイも多く、ブリ・スズキなども普通にみられる。以上のように、三浦半島地域（湾口部）では比較的大規模な貝層形成や多数の魚骨の出土など、早期前半に引き続き発達した魚貝類利用の様相が認められる。しかしながら魚類の組成を見ると、外洋性回遊魚（カツオ・マグロ）が減少し、マダイを主とする外洋沿岸性魚やクロダイなどの内湾性魚類を対象とした沿岸漁に比重がシフトしている。東京湾域における縄紋初期の魚貝類利用が発展段階的な変遷を示さない点は注目される。

　『貝が語る縄文海進』などの著書がある古生物・第四紀地質学者の松島義章が、「相対的海面変化曲線」を作成している。それを見ると、新ドリアス期が終わると、急激な温暖化によって海面の急上昇が再び始まっていた。縄紋時代草創期から早期前半までの海面は、今より40〜10m低い位置にあったから、その時期に海岸近くにあった居住地跡は、その後の海面上昇によって失われたか、海底に没してしまったと考えられる。また、縄紋海進の前半では100年あたり平均2mも海面が上

昇したのに比べ、後半は平均 1m となり、上昇率が半減している（松島 2010）。これには 8.2ka イベントも関与していたと考えられる。

　岡本東三らによって 2003 年から発掘調査が行われた千葉県館山の沖ノ島遺跡では、大浦山式・平坂式土器の出土した深度は、汀線付近から－1m の範囲であった。房総半島南端の地域は基盤の隆起量が大きいことで知られており、松島義章の推計では、遺跡は現在の標高にして海抜－25m 前後に位置していた。ちなみに、調査者の岡本東三は沖ノ島海底遺跡と周辺の海蝕洞穴遺跡との比高を基準として、東京湾カキ焦、沼サンゴ焦、沼段丘、および長崎県鷹島海底遺跡、愛知県先刈海底遺跡、佐賀県東名海底遺跡の現標高を参考にして、縄紋海進の海面上昇過程を、5 期（撚糸紋期海水面・押型紋 1 期海水面・押型紋 2 期海水面・早期末海水面・前期初頭海水面）に分けて推測している（岡本 2012a）。すなわち、撚糸紋土器終末期に－30m にあった海水面はⅢ期までに 17m 上昇、さらに早期末までに 10m 上昇し、前期初頭にはさらに 6m 上昇したのち、黒浜式土器期に海退に転じた、というのである。岡本の早期編年は別として、そのⅢ期とⅣ期を分けたものが、沈線紋系土器期と条痕紋系土器期の画期に関連した 8.2ka イベントだったと考えられる。この寒冷化した気候下にあった鵜ヶ島台式土器期前後の居住形態の様子が、千葉県船橋市飛ノ台貝塚の発掘調査で明らかにされたことは、先に述べた通りである。

　ところで、鈴木正博は通説となっている海進・海退現象に加えて、より細かな「小海進・小海退」を「環境（気候）ミクロ変動」と呼んで、その存在を検証するために霞ヶ浦沿岸の貝塚貝層の観察を行い、三戸式土器期に「寒の戻り」を、また鵜ヶ島台式、茅山下層式土器期に海進のピークを見ている（鈴木 2009）。鈴木はほかにも、「貝殻条痕紋に対する温暖化適応研究視点」から、関東地方における最古の貝殻紋条痕紋土器は「草創期寿能式」であり、その成立背景が九州島における貝殻紋の発展を支えた温暖化適応にあったことを述べている（鈴木 2006）。鈴木の結論は研討の余地を残すが、地域文化の局地的な変動を考察する鈴木の視点は重要で、グローバルな気候変動に連動する列島規模のマクロな変動を視野に入れたうえで、地域のミクロな変動を探るべきである。

2. 打越式土器期

　埼玉県富士見市打越遺跡の考古資料から、気候が回復し、再び海進が進行した時期の集落変遷の様相がうかがい知れる（和田 2010）。遺跡は海進期の古入間湾（図 72）に臨む貝塚遺跡のひとつで、新河岸川に注ぐ江川とその支谷によって解析された標高約 20m の台地上に位置する大遺跡である。縄紋時代の竪穴住居跡は早期末 58 軒（打越式中段階期 37 軒、神之木台式期 1 軒、下吉井式期 8 軒、不明 12 軒）、前期 101 軒（花積下層式期 41 軒、関山式期 56 軒、黒浜式期 6 軒）、中期 8 軒（勝坂式期 5 軒、加曽利 E 式期 3 軒）、後期 11 軒（称名寺式期 1 軒、堀之内式期 10 軒）、時期不明 55 軒で、早期末葉から前期前葉の住居が多いが、特に花積下層式期から関山式期にかけて集住された。ヤマトシジミを主体とする貝層を伴っている。早期末の住居跡もほとんどが地床炉をもつ。早期末の遺構は他に炉穴 95 基、土坑 30 基、大型掘立柱建物跡 1 棟が検出されている。炉穴は単体のものがほとんどで、寒冷期特有の重複するものは少ない。早期の集落の特性が薄れ、前期の集落の特性が表れてきている。打越遺跡の近隣からも、宮廻遺跡から打越式古段階期の竪穴住居跡 8 軒と炉穴 43

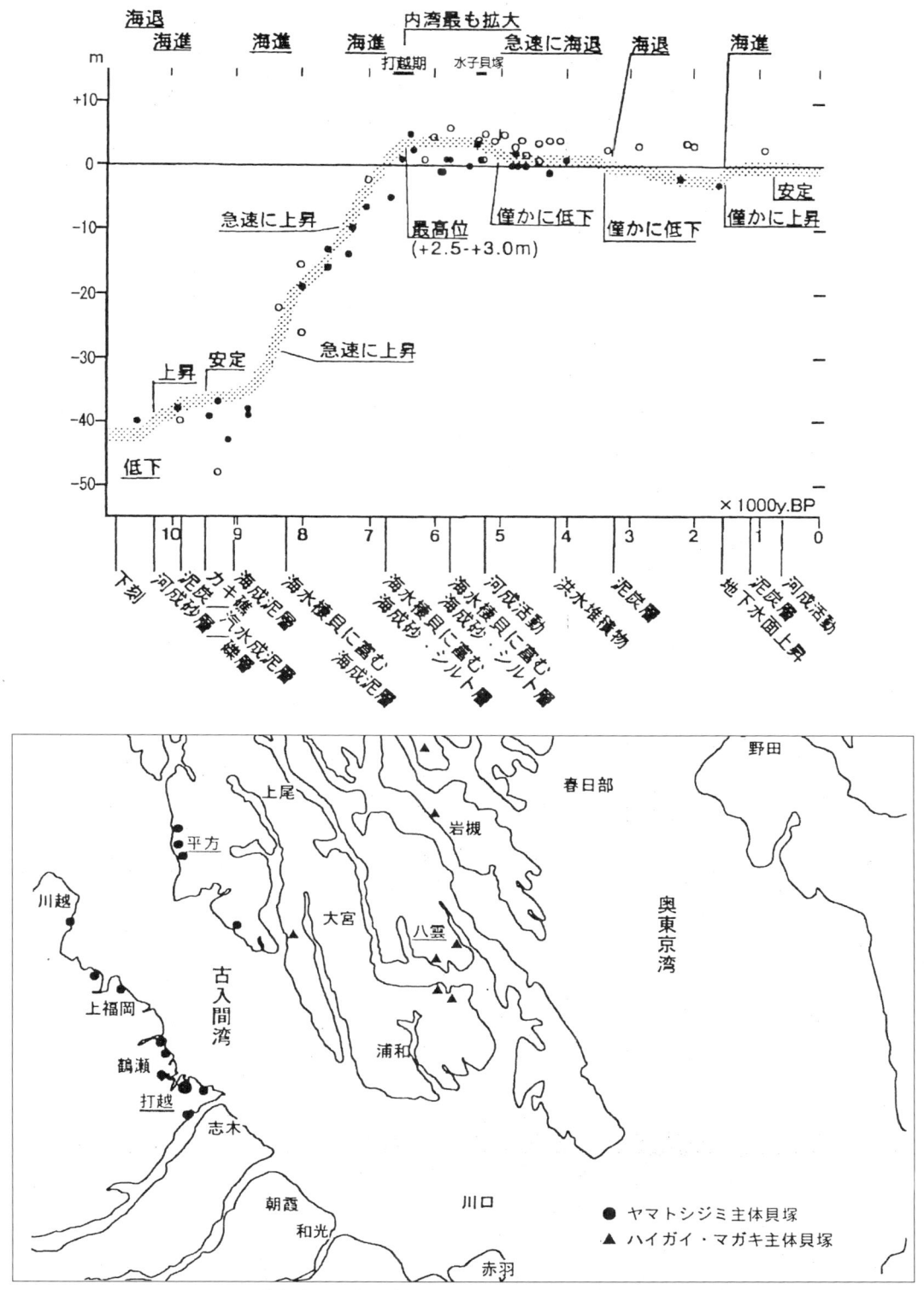

第3章 8.2kaイベントを巡る考古現象　123

図72　完新世の海水準変動と縄紋海進期の旧東京湾（早坂 2010）

基が、氷川前遺跡から打越式新段階期の竪穴住居跡1軒、下沼部式期の竪穴住居跡1軒と炉穴7基が検出されている。

　打越式中段階期以後、前期以前の集落の様相が内陸に位置する遺跡で明らかになってきている（金子 2010）。東京都東久留米市向山遺跡から早期末葉の竪穴住居跡27軒、炉穴8基、集石遺構17基、土坑11基が検出された。そのうち打越式中段階期を主体とする竪穴住居跡は19軒で、18軒が炉をもっている。東京都国分寺市恋ヶ窪南遺跡・武蔵国分寺跡遺跡からは前者で早期末葉の竪穴住居跡21軒（有炉の住居跡10軒、無炉の竪穴状遺構11軒）、炉穴1基、土坑46基が検出された。入海Ⅰ〜Ⅱ式期10軒、打越式中段階期8軒、打越式新段階期1軒である。後者では打越式新段階期の竪穴住居跡52軒（有炉の住居跡14軒、無炉の竪穴状遺構38軒）、炉穴52基、土坑60基である。東京都日野市神明上遺跡から早期の竪穴住居跡65軒（有炉の住居跡33軒、無炉の竪穴状遺構32軒）、土坑108基が検出されており、出土土器が少ないため、時期が不明なものが多いが、打越式終末か神之木台式期の初頭に位置づけられている。神奈川県横須賀市大塚台遺跡からは早期末葉の竪穴住居跡11軒（有炉の住居跡8軒、無炉の竪穴状遺構3軒）、炉穴5基、土坑12基が検出されていて、主体は神之木式期であるようだ。静岡県裾野市佛ヶ尾遺跡からは打越式期の竪穴住居跡6軒、竪穴状遺構3軒が見つかっていて、金子直行は中段階7軒、新段階2軒とするが、異論がある。同じく下ノ大窪遺跡からも早期の竪穴住居跡6軒、竪穴状遺構10軒、土坑7期、集石遺構22基が見つかっており、打越式中段階期の住居跡が1軒、新段階は住居跡3軒、竪穴状遺構3軒だそうである。

(5) 中部高地の早期

　北海道の東・北部地域に限らず、本州においても標高の高い地域においては、最寒冷期や新ドリアス期のような寒冷な時期には居住が困難であった。後期旧石器時代、特にその前半期におそらく狩猟場として多くの集団が訪れた長野県野尻湖周辺地域がそうである。最寒冷期が過ぎて気候が回復し始めたころ、人が再び姿を現したようで、東裏遺跡と日向林B遺跡からわずかであるが隆起線紋土器以前の無紋土器が出ている。隆起線紋土器期が温暖であったことがわかってきたが、星光山荘B遺跡では土器以外にも、神子柴系石斧や有舌尖頭器が多数出ている。神子柴系石斧は第2期のもので（第1期が典型的神子柴型石斧）、ちなみに ^{14}C 測定値の較正年代は約1万4000年前である。この地域で遺物・遺跡が増加するのは表裏縄紋土器の時期で、多数の土器を出した日向林A遺跡をはじめとして、貫ノ木、東浦、裏ノ山、七ツ栗などの諸遺跡から出ている。おそらく新ドリアス期直後の気候の回復期に当たる。そのほか、関東地方の田戸上層式土器と関連する貝殻腹縁紋土器なども出る（土屋・中島編 2000）。定住集落が営まれることはなかったようだが、狩猟期には遠隔地からいくつもの集団がやってきていたようである。

　「縄文早期のタイムカプセル」と呼ばれる栃原岩陰遺跡の居住歴にも、気候変動の影響が見て取れる。遺跡は長野県南佐久郡北相木村にある。相木川の浸食によって形成された岩陰で、その右岸、標高は約1000mである。人為的に10〜20cmの厚さで地表下約5.6mまで掘られた遺物包含層は、下部・中部・上部の3つに分けられている（図73）。下部は表裏縄紋土器や撚糸紋土器が中心に出

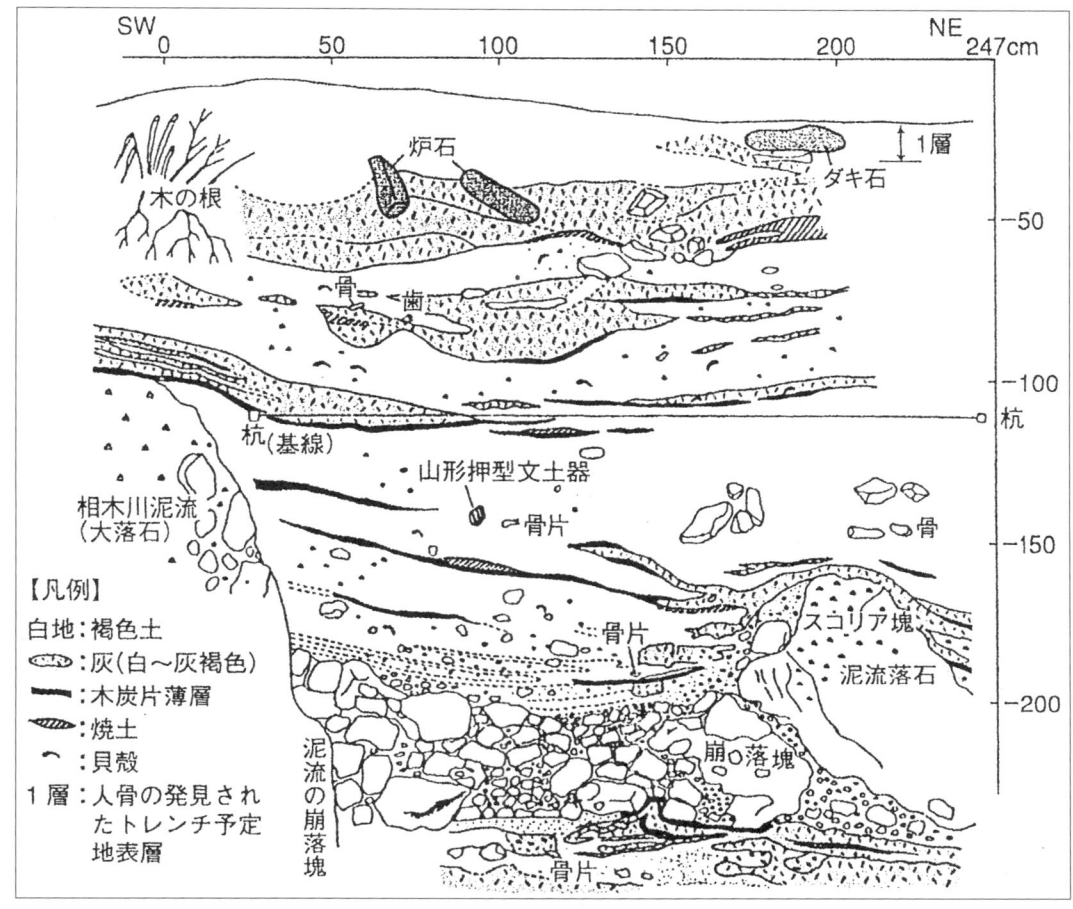

図73 長野県栃倉岩陰遺跡土層断面（藤本 2011）

ている。中部は早期前半の押型紋系土器が主体で、最も遺物の量が多い。12体検出された人骨のうち9体は押型紋系土器期のもので、5体は岩陰奥の壁面側に埋葬されていた。上部は早期中ごろ、押型紋土器期末以降で、遺物の量は少ない。

　4点の表裏縄紋土器と1点の撚糸紋土器の^{14}C年代測定値の較正年代は、約1万1000～1万700年前である（藤本 2012）。新ドリアス期の終焉が約1万1600年前であるから、気候が急激に温暖化しだしたころということになる。上部から出た相木式土器は貝殻沈線紋系土器の要素が加味され、「大きな波状の口縁をもち、裏面や胴下半部に大きな山形文が見られるが、上半部に筒状の道具でつけた押引文という文様が特徴」で、押型紋系土器の終末に位置づけられている（藤本 2011）。相木式土器をもって岩陰遺跡の実際的な利用が終わったのには、8.2kaイベント（急激な寒冷化）が関係していたと思われる。

　この相木式土器は、西日本の押型紋土器期終末の穂谷式土器、九州北部の手向山式土器との関連が言われており（可児 1989）、穂谷式土器前後の西日本、手向山式土器前後の北部九州において、寒冷化現象（8.2kaイベント）に関連する構造変動があったかどうか、検証が可能で興味深い課題である。

第2節　南九州地方

　西南日本、とりわけ南九州では旧石器時代から縄紋時代への移行プロセスが東北日本と異なっていた。細石刃石器群の時期に定住化の傾向が生じ、隆帯紋土器期に定住化が加速されたことは先に説明した通りである（第2章参照）。しかし、新ドリアス期（約1万2900～1万1600年前）相当の寒冷化と、それ以上に桜島の大爆発（薩摩火山灰層：桜島P14：約1万2800年前）によって、南九州における定住化の中核地域はいったん壊滅的な状態に陥った。南九州では、薩摩火山灰層が草創期と早期を画する鍵層とされている。その後の急激な温暖化と生態系の回復にともない、おそらく分散していた小集団が回帰し、貝殻紋系土器期の集落を形成していった。この早期の定住社会も鬼界カルデラの大爆発（鬼界アカホヤ層：約7300年前）によって再び壊滅的な被害を被った。鬼界アカホヤ層が早期と前期を画する鍵層とされている（写真6）。この2つの鍵層の間に「桜島P13」や「桜島P11」など、いくつかの局地的な火山灰層があり、土器型式との関係が探られている（前迫2009）。

　1970年代から80年代にかけて、遺跡の発掘調査件数が増加した結果、生態学的アプローチを取る生業研究が散見されるようになった。米倉秀紀の論考はその代表的なものである（米倉1984）。「縄文早期に関して言えば、具体的な生業形態、集団行動、社会組織等何一つ判明していない」。これが米倉の問題意識であった。米倉は、照葉樹と落葉広葉樹の混交林帯と見られる北九州の押型紋土器の遺跡で、当時行われていた生業を復元しようとした。石鏃と磨石・石皿の数比を基準にして、動物狩猟と植物採集のどちらに比重がかかっていたかを判定して、北の丘陵地帯（石鏃が多い）と、南の平野部（磨石と石斧が多い）における石器組成の差を基に、それが両地域の生業の差を意味し、植物質食料の比重の高い平野部周辺では、定住性が強まっていた〔Central-Based wandering〕と解釈した。

　米倉の視点と方法を生かしながら、コナラ属コナラ節の落葉広葉樹（カシワ・コナラ・ナラガシワ・ミズナラ）や照葉樹の堅果類など植物質食料の収穫量が複数世帯を通年、しかも長期にわたり維持できた時期（多数の竪穴住居跡をもつ集落遺跡）、収穫量が1～2世帯しか維持できなかった時期（1～2軒の竪穴住居跡の分散居住遺跡）、季節的な多種の食料を利用する必要のあった時期（集石遺構や土器は分布するが竪穴住居は未検出の移動的居住遺跡）といった、居住形態とその変化がどの土器型式の時期に認められるのか、この点を竪穴住居跡、連穴土坑（草創期中葉の隆帯紋土器期に出現し、早期前葉を代表する南九州の特徴的な遺構で、燻製施設と考えられている）、集石遺構とそのあり方の変化に注目し、さらに定住度と季節的移動性の判定基準のひとつとして、石皿（特に大型品）と石鏃・石匙の出土数も参考にして、近年の発掘調査の成果を検討してみた（表2）。

　早期前葉、特に加栗山式土器期を中心にその前後の時期は、安定した植物質食料の供給により長期的に集落が営まれた。その後、何に起因するのかわからない（"ボンド・イベント7"？）が、

表2　南九州縄紋時代早期前半期の竪穴住居跡

遺跡名	県名	市町名	遺構名	検出数	有効遺構数	平均面積	最大	最小
定塚	鹿児島	曽於	竪穴住居状遺構	97	83	5.34	17.52	2.45
建昌城跡	鹿児島	姶良	竪穴状遺構	67	33	4.96	11.17	1.33
前原	鹿児島	鹿児島	竪穴住居跡	25	24	6.01	10.69	2.22
加栗山	鹿児島	鹿児島	竪穴住居址	16	14	8.47	13.69	2.94
益畑	鹿児島	鹿屋	竪穴住居跡	2	2	13.04	13.98	12.1
上野原	鹿児島	霧島	竪穴住居跡	52	47	7.3	13.62	2.95
丸岡A	鹿児島	志布志	竪穴状遺構	1	1	3.92	3.92	3.92
弓場ケ尾	鹿児島	志布志	竪穴状遺構	2	2	7.97	10.22	5.72
倉園B	鹿児島	志布志	竪穴住居跡	4	3	10.62	12.72	9.47
夏井土光	鹿児島	志布志	竪穴住居跡	2	2	16.85	20.94	12.75
桐木	鹿児島	曽於	竪穴住居跡	4	4	4.46	5.94	3.8
建山	鹿児島	曽於	竪穴住居跡	4	3	5.81	8.5	3.4
地蔵免	鹿児島	曽於	竪穴住居跡	1	1	6.28	6.28	6.28
永迫平	鹿児島	日置	竪穴住居跡	9	9	6.75	10.61	4.76
大中原	鹿児島	南大隅	竪穴住居状遺構	4	4	6.35	8.03	4.29
鷹爪野	鹿児島	南九州	竪穴状遺構	8	4	7.46	10.03	5.58
栫ノ原	鹿児島	南さつま	竪穴状遺構	1	1	7.77	7.77	7.77
札ノ元	宮崎	宮崎	竪穴住居跡	2	2	5.55	6.02	5.09
又五郎	宮崎	宮崎	竪穴住居跡	3	3	6.51	6.96	5.61
留ケ宇都	宮崎	串間	竪穴(土坑)	1	1	11.02	11.02	11.02
鴨目原	宮崎	西都	竪穴住居跡	1	1	4.79	4.79	4.79

※面積は㎡

早期中葉には集団間の交流が高まったと思われる。中九州中部を中心に分布する中原式土器との共伴例が、特に石坂式土器とで増え、南九州における中原式土器の分布状況から推し量ると、そうした社会関係の変化を反映しているようである。そして約8200年前をピークとする寒冷化現象（8.2kaイベント）によって、さらに分散居住あるいは遊動的な居住形態を余儀なくされた、と見ている。この居住形態の変化の痕跡は、後で取り上げる鹿児島県国分市上野原遺跡の第2・第3地点と第10地点に対照的に表出している。

(1) 早期の土器型式編年と画期

桜島の大爆発とそれに続く寒冷期（新ドリアス期）の影響は大きかったものの、草創期の隆帯紋土器から水迫式土器、岩本式土器へと、細々とではあるが土器型式の継続が見られる（下山・鎌田 1999）。気候・環境が回復するに伴い、早期の古い段階に平底の貝殻紋円筒土器群が出現し、円筒形、角筒形、口縁部の上面観がレモン形の3種の器形からなる前平式土器以降、早期前葉に南九州を中心に各地に定住集落が営まれるようになった。

鹿児島県における早期は、前葉・中葉・後葉の3期区分と、前半・後半の2期区分がある。前者は、南九州貝殻文系土器の（水迫式土器）・岩本式土器から前平式土器→志風頭式土器→加栗山式土器・（小牧3A段階）→吉田式土器・（岩之上段階）までを前葉、園倉B式土器から石坂式土器→下剥峰式土器・（辻段階）→桑ノ丸式土器および異系統の押型紋土器や中原式土器などを中葉、（妙

岩本式土器				

1　岩本遺跡
2・3　ホケノ頭遺跡
4・6　西丸尾遺跡

前平式土器

5・8　桑ノ丸遺跡
7　永野遺跡
9　小中原遺跡
10　荒田原遺跡
11・12　志風頭遺跡
13　連島城跡

加栗山式土器

小牧3A段階

14・15・17　上野原遺跡
16・18・20・23　加栗山遺跡
19　宇治野原遺跡
21・22　小牧3A遺跡

吉田式土器

岩之上段階

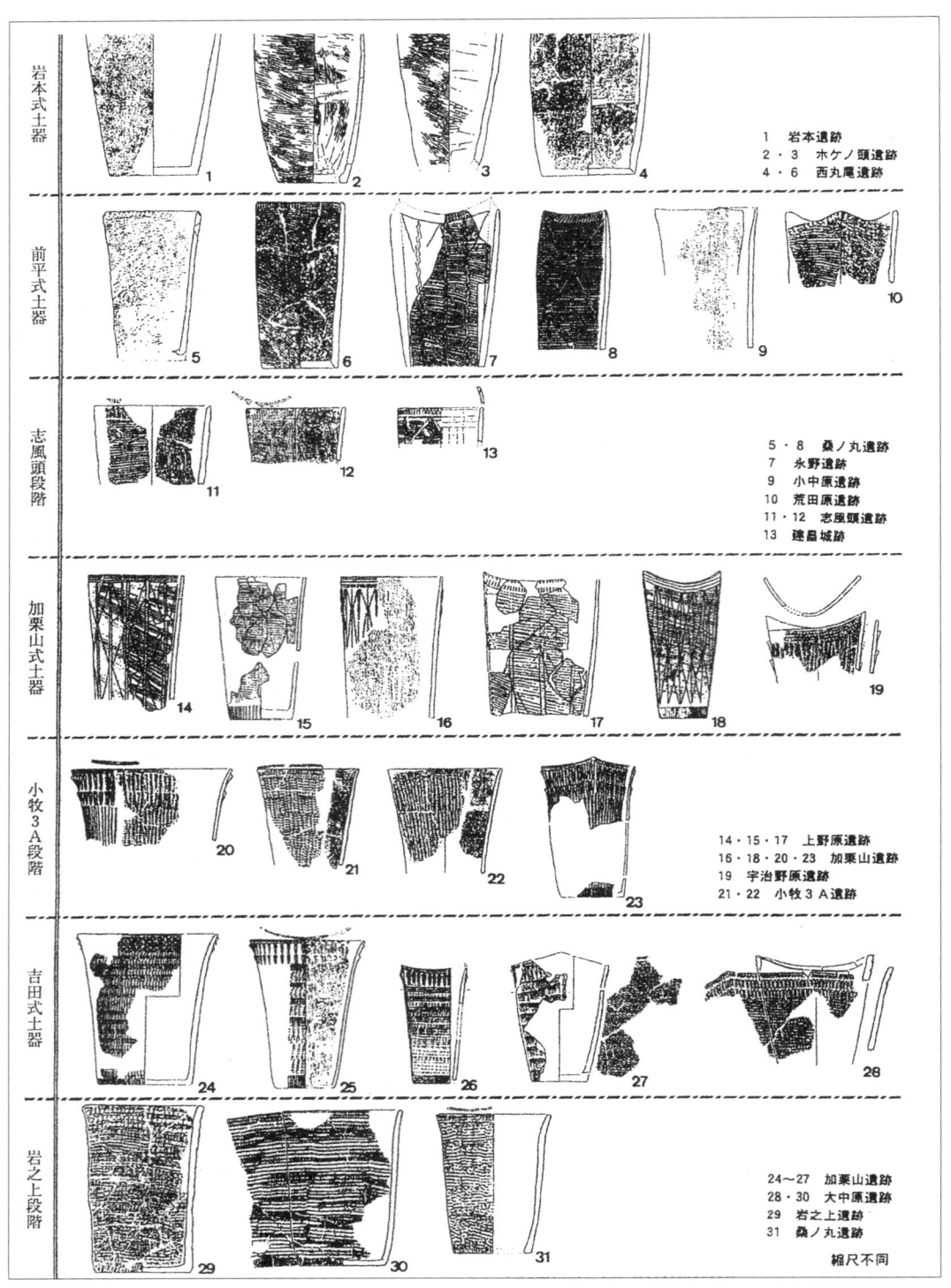

24〜27　加栗山遺跡
28・30　大中原遺跡
29　岩之上遺跡
31　桑ノ丸遺跡

縮尺不同

図74　南九州貝殻紋系土器

第3章 8.2kaイベントを巡る考古現象　129

倉園B式土器

石坂I式土器

石坂II式土器

下剥峯式土器

辻段階

桑ノ丸式土器

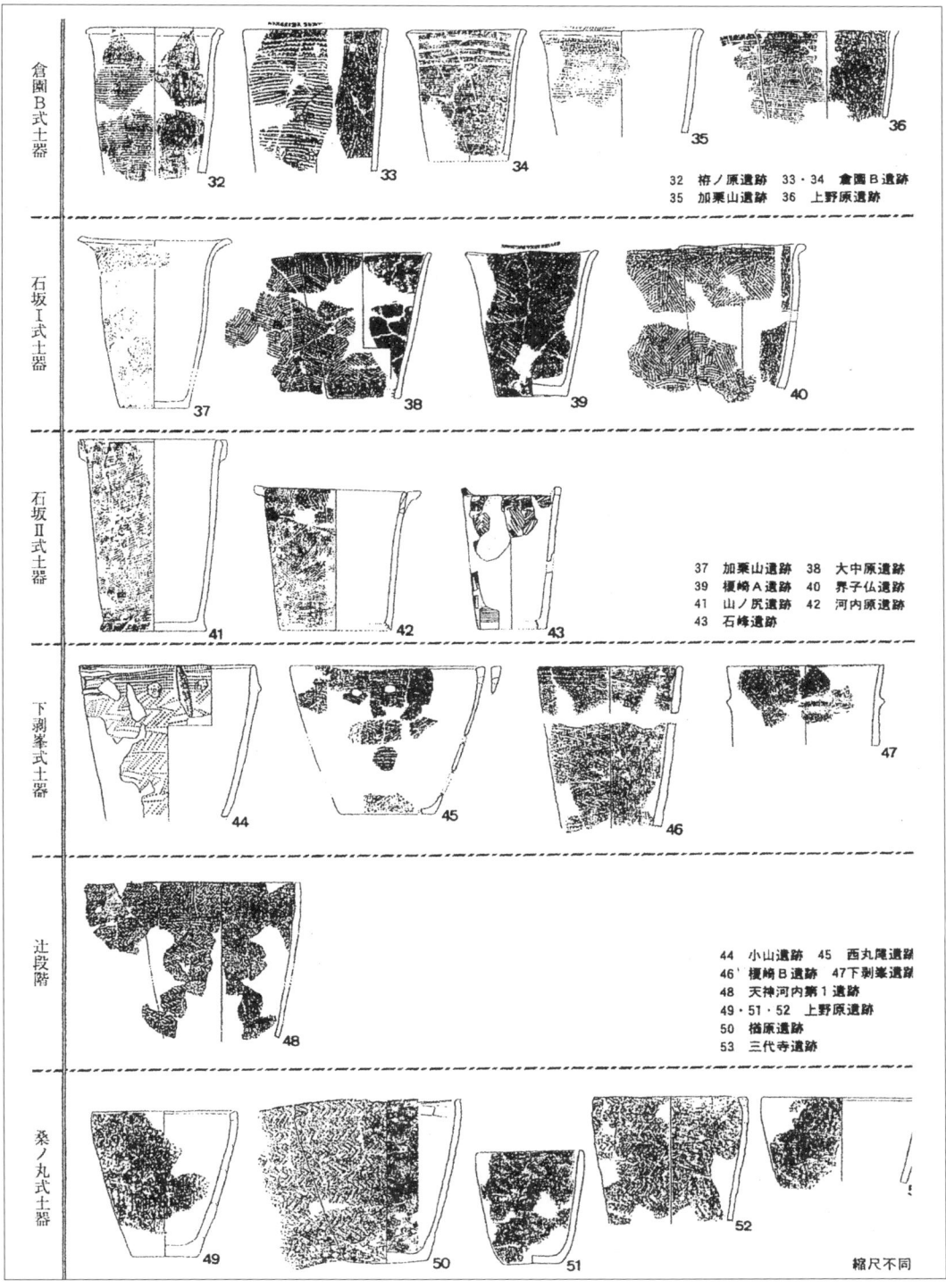

32　栫ノ原遺跡　33・34　倉園B遺跡
35　加栗山遺跡　36　上野原遺跡

37　加栗山遺跡　38　大中原遺跡
39　榎崎A遺跡　40　界子仏遺跡
41　山ノ尻遺跡　42　河内原遺跡
43　石峰遺跡

44　小山遺跡　45　西丸尾遺跡
46'　榎崎B遺跡　47　下剥峯遺跡
48　天神河内第1遺跡
49・51・52　上野原遺跡
50　楢原遺跡
53　三代寺遺跡

縮尺不同

の型式編年（黒川 2008）

見式土器・天道ヶ尾式土器)・平栫式土器から塞ノ神式土器、右京西式土器や小山タイプなどと称される条痕紋土器→苦浜式土器(アカホヤ火山灰層直下の土器)までを後葉とする。後者は、先の前葉・中葉を前半とし、後葉を後半とする(図74)(黒川 2006a)。南九州貝殻文系土器の特徴のひとつである円筒形・角筒形・レモン形の器形の組み合わせは加栗山式土器期をピークとして、吉田式土器期(岩之上段階)で終焉する(黒川 2003。2006b)。

　ところで、先に言及した桐木耳取遺跡では層位的変遷が観察された。薩摩火山灰層(Ⅸ層)とアカホヤ火山灰層(Ⅵa層)の間、すなわちⅧ層、Ⅶ層、Ⅵb層が早期の包含層で、Ⅶ層とⅥb層の間にP-11テフラ(約8100年前)の良好な堆積が見られる。第1〜15群に分類された出土土器は、既知の早期の土器型式がほぼ出そろっているが、遺構についてはⅧ層からは桐木遺跡で竪穴住居跡4軒、集石遺構34基、陥穴2基と土坑30基が、桐木耳取遺跡で集石遺構10基、陥穴1基と土坑7基が検出された。Ⅶ層からは桐木遺跡で竪穴住居跡1軒、集石遺構68基、陥穴1基が、桐木耳取遺跡で配石遺構1基、集石遺構86基と土坑3基が検出された。特に桐木耳取遺跡の3〜6区にかけては集石遺構が集中し、足の踏み場もないくらい散石が広がっていた。Ⅵb層からは桐木遺跡で集石遺構13基と土坑1基が、桐木耳取遺跡で集石遺構が11基検出された(中原・寺原編 2003、長野・ほか編 2004)。上層で竪穴住居跡が消失して集石遺構が増加している現象は定住性が低下し、遊動性が高まったことを示唆しているのだろうか。近年、相次いで報告されている同様の発掘調査の成果を使って、私の言う構造変動期が吉田式/石坂式土器期前後にあるのか、それとも桑ノ丸／平栫式土器期前後にあるのか、土器以外の考古資料を含めて以下で検討していく。なお、暦年較正の年代値は内山伸明らの集成に依拠している(内山・ほか 2012)。

(2) 宮崎県の早期の遺跡

　九州を2分する南の貝殻紋系土器群と北の押型紋系土器群との接触地域である宮崎県では、中・南九州に分布する土器群との関係の中で、この地特有の型式である別府原土器(宮崎における貝殻紋系土器)が成立した。この間の各土器型式の分布状況を見てみよう。

　金丸武司によれば、まず加栗山式土器が宮崎平野を中心に多数出土するようになった。小牧3Aタイプの土器は多少減少するものの多数出ている。しかし吉田式土器になると減少がはっきりし、倉園B式・石坂式土器で底をつく。この時期に別府原3式土器が成立・分布し、この土器が終焉すると、下剥峰式土器が再び急増し、桑ノ丸式土器でもこの傾向が続く。中原式系土器は熊本側に偏り、出土量も少ない。しかし、中原Ⅴ式土器になると宮崎平野でも増えている。別府原3式土器の終焉後に押型紋系土器は稲荷山式土器、早水台式土器が大幅に増えて、下菅生B式土器でピークを迎える。手向山式土器から妙見式・天道ヶ尾式土器の減少を見たのち、平栫式土器から増加し、塞ノ神式土器は再びピークとなる(金丸 2004)。

　こうした型式ごとの土器の分布・数量の変化には、地域の社会生態学的要因だけでなくグローバルな気候変動が関係していたはずであるが、いまだ発掘調査の成果は十分でない。近年に調査が進んだ清武上猪ノ原遺跡(井田・秋成編 2008、井田・秋成・今村編 2008、井田・秋成編 2009、秋成・

今村編 2010）で具体的に見てみよう。

　遺跡は宮崎平野の南端、清武川に臨む台地上にある。第1地区から集石遺構が55基出ている。試料5点のAMS法による年代測定値の暦年較正（約9250〜6560年前）で見ると、この地は2690年間利用されていたことになる。8基出ている炉穴の試料5点ではその存続は1580年間である。他に陥穴4基、土坑18基（4基が竪穴住居の可能性）が検出された。出土土器は貝殻紋系土器（岩本・前平・加栗山・下剥峰の各型式）、押型紋土器、平栫式土器、塞ノ神式土器である。集石遺構や土坑から採取された炭化材10点の樹種同定の結果は、コナラ属コナラ節7点、ブナ科1点、ゴンズイ1点、シャシャンボ1点で、冷温帯落葉広葉樹林の構成要素である。ミズナラ・ナラガシワ・コナラの実の利用を想定したいところであるが、石鏃が欠損品・未製品を含めて179点であるのに対し、石皿は7点に過ぎない。ここでは早期全般の様相が混在している。

　第2地区からは草創期と報告された遺構が出ている。集石遺構のうち薩摩火山灰とほぼ同一レベルで検出されたもの（ただし暦年較正年代は約1万220年前）と、AMS法による年代測定値の暦年較正が約1万3200年前のものである。土器は隆帯紋土器と爪形紋土器が出ている。また早期の83基の集石遺構のうち、試料12点のAMS法による年代測定値の暦年較正で見ると、約1万1300〜1万1000年前、9500〜9400年前、8500年前頃の3期に集中している。他に炉穴が単独で12基、陥穴8基、土坑11基検出された。土器は少数の貝殻紋系土器（水迫式・岩本式とクサビ形の貼付のある土器と、後葉の土器）、および押型紋土器、平栫式土器、塞ノ神式土器が多く出ている。129点の石鏃のうち鍬形石鏃と西北九州産黒曜石製石鏃は押型紋土器、平栫式土器、塞ノ神式土器の分布と重なる。集石遺構や土坑から採取された炭化材は、コナラ属コナラ節10点、ブナ科5点、広葉樹2点で、冷温帯落葉広葉樹林の構成要素である。

　第3地区からも56基の集石遺構が出ている。試料10点のAMS法による年代測定値の暦年暦年（約7950〜7340年前）で見ると610年間の存続である。他に陥穴7基と土坑5基が検出された。出土土器は北九州に分布する無紋土器、押型紋土器、下剥峰式土器・桑ノ丸式土器、および塞ノ神式土器・条痕紋土器である。123点の石鏃のうち姫島産黒曜石と安山岩製のものは早期後半から終末の土器の分布と重なるので、その時期に特徴的な遺物として報告されている。つまり、貝殻紋系土器分布圏に北から移動してきた集団の痕跡を見るのである。

　草創期の竪穴住居跡が14軒検出されている第5地区では、早期（前平式土器期〜押型紋土器期）の集石遺構が145基、炉穴29基、陥穴4基と多数の土坑が検出された。近隣の下猪ノ原遺跡第1地区（秋成編 2010）や五反畑遺跡B地区（今村編 2010）でも早期の同様の遺構・遺物が検出されており、台地全体にわたって活動域が広がっていたようである。

　宮崎県の考古資料にも想定した変動期の片鱗は窺えるのであるが、さらに充実している鹿児島県の考古資料で検証してみる。

（3）鹿児島県の諸遺跡

　新幹線建設工事と高速道路建設工事とに関連する発掘調査の成果によって、南九州の旧石器時代

と縄紋時代草創期および早期に関する考古学的状況が一変した。ことは南九州地域のみならず、列島全体の縄紋化のプロセスを考察するうえでも重要な情報を生み出した。

1. 貝殻紋系土器期の集落

建昌城跡遺跡（深野・上杉編 2005）

　遺跡は鹿児島湾奥の姶良町、沖積低地に伸びる山塊の南端に位置する。薩摩火山灰層（第Ⅷ層）の下の第Ⅸ層から、土器片は型式判定が困難であるが、隆帯紋土器期（約1万3800〜1万2700年前）の竪穴住居跡8軒、連穴土坑3基を含む炉状遺構8基、土坑105基が検出された。竪穴住居は長径が2m〜4mほどの円形・楕円形で、周辺に複数の小土坑を伴う。この住居形態は早期にも継続する。石鏃68点に対し、磨石18点・石皿7点である。

　薩摩火山灰層の上、第Ⅶ・Ⅵ層からは竪穴住居跡67軒、連穴土坑18基を含む炉状遺構24基、集石遺構46基、土坑233基が検出された。竪穴住居・炉状遺構・土坑の集中域が環状にめぐり、

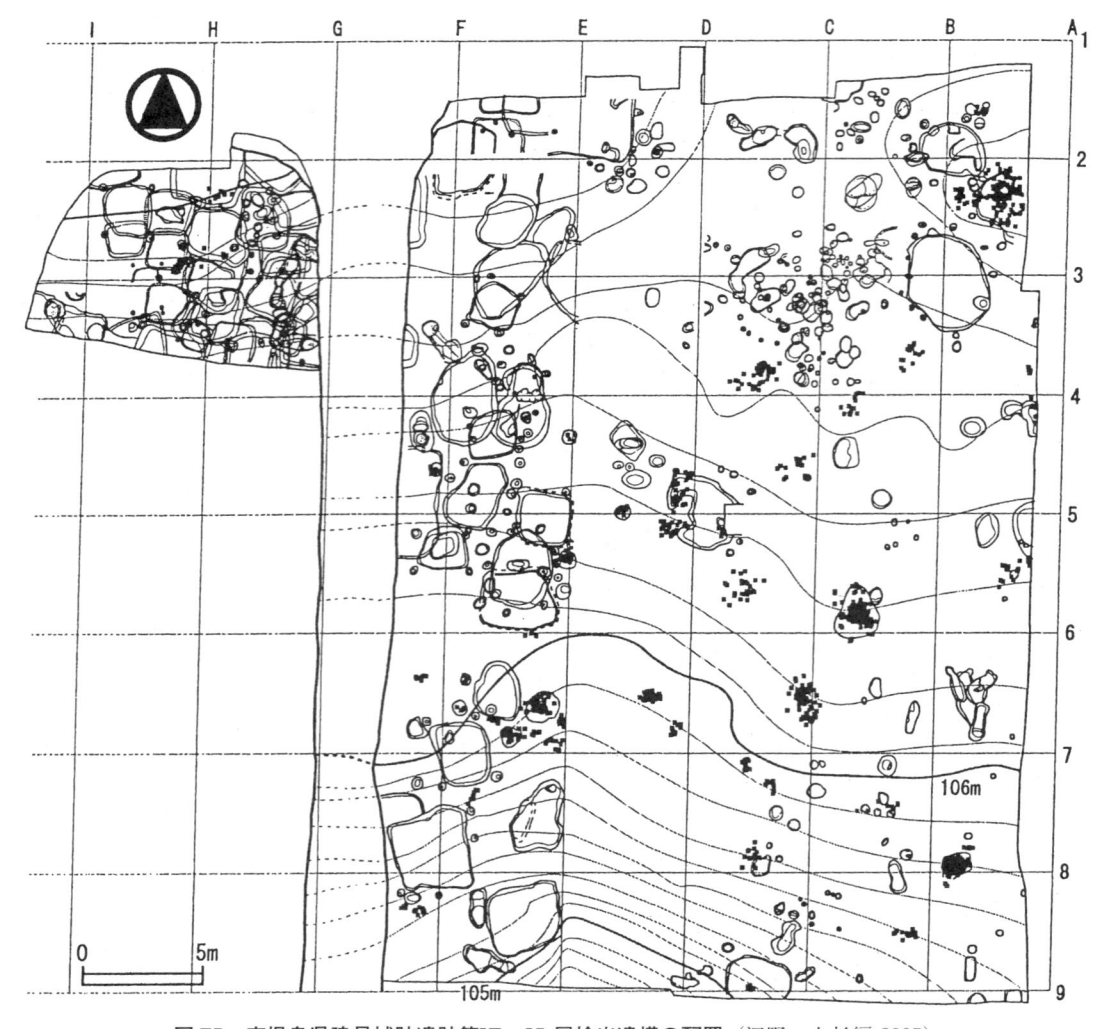

図75　鹿児島県建昌城跡遺跡第Ⅶ・Ⅵ層検出遺構の配置（深野・上杉編 2005）

その中央の空間に集石遺構が集中する（図75）。住居は$2m^2$強から$10m^2$程度の方形のものや、20～$30m^2$程度の円形のものがあり、相互に重複が著しい。加栗山式土器が出土土器の7割を占めて割合が極端に高いこと、ついで志風頭式土器が約2割と多いこと、そうした遺構内出土の土器片から判断して、志風頭式土器期ころに居住が始まり、主として加栗山式土器期（約1万1000～1万年前）に形成された集落と考えられる。先行時期の土器では水迫式土器片が1片、岩本式土器が2個体分3片、前平式土器が9片、また後続時期の土器では吉田式土器が5個体分27片、石坂式土器が29個体分226片、下剥峰式土器が8個体分64片、桑ノ丸式土器が20個体分108片、宮崎県に分布の中心がある中野式土器が3個体分40片、押型紋土器が8個体分62片、平栫式土器が5個体分出ている。集落が放棄された後にも、長期にわたり集団が回帰していたことを示唆している。石鏃が93点出ているが、第Ⅶ層下部で4点、第Ⅶ層上部で8点、第Ⅵ層から60点と新しい時期に集中している。

第Ⅴ層が米丸マール噴出物堆積層（約8100年前）で、その上の第Ⅳ層が塞ノ神式土器の新しい時期に相当する。そして第Ⅲ層が約7300年前のアカホヤ火山灰層である。

加栗山遺跡（青崎編 1981）

遺跡は鹿児島市街地の北西約7km、標高174mの舌状台地上にある。鹿児島県で最初に確認された早期の集落跡で、竪穴住居跡17軒、連穴土坑33基（9基が住居跡と重複）、集石遺構16基、土坑44基が検出された。隅丸方形の住居は13～$14m^2$ほどの大きさで、全般に小型である。11区を挟んで、その北側に前葉の土器類（前平式～吉田式）が、南側に中葉の土器類（主に石坂式）が分布することから、土地利用に違いがあったものと考えられる。加栗山式土器期の住居跡から離れた場所に石坂式土器期の14号住居跡がある。土坑も11区以南には分布していない。石鏃26点・石匕7点に対し、磨石41点・石皿16点と植物質食料の比重が相対的に高かったことを示唆している。

永迫平遺跡（繁昌・甲斐編 2005）

遺跡は薩摩半島のほぼ中央にある伊集院町、標高約150mの台地上に位置する。小型の矩形で周囲に18～43個のピット（柱穴か）を伴う竪穴住居跡9軒、連穴土坑3基、集石遺構18基、土坑392基、道跡3本が検出された。その他に「方形土坑」として竪穴住居跡に形状が似た大形土坑が95基報告されている。内部にさらに土坑やピットをもつものが多く、作りかけの住居跡あるいは畑跡が想定されたが、決め手に欠け、何かはわからない。加栗山式土器期とされている。早期中葉の土器片や後葉の塞ノ神式土器も出ているので、中・後葉にも人が回遊してきていたようである。

大形（35×27cm）で作りのよい石皿や、相当長い期間使用されたことをうかがわせる石皿がある一方で、石鏃はわずか4点に過ぎない。

前原遺跡（牛ノ濱・内村編 2007）

薩摩半島のほぼ中央にある鹿児島市福山町、標高約180mの舌状を呈するシラス台地の先端部近くに位置する。調査区は東から西へA、B、Cの3区に分けられている。前平式土器期にC地区が

利用され始める。志風頭式土器期（約 1 万 1000 年前）になって B 地区に集落が形成された。加栗山式土器期になると B 地区だけでなく、A 地区にも居住区が展開した。A 地区は次の小牧 3A タイプ土器期から石坂式土器（この地区の主体的土器）期まで継続して利用されていた。

C 地区では 1.98 × 1.64m の方形の竪穴住居跡 1 軒、集石遺構 2 基、土坑 87 基が検出された。多く出ている前平式土器か小牧 3A タイプ土器の時期の住居かもしれない。石鏃 52 点、磨製石槍 1 点に対し、石皿は 7 点に過ぎない。

B 地区では竪穴住居跡 12 軒、連穴土坑 6 基、集石遺構 3 基、土坑 81 基、道の跡 2 本が検出された。竪穴住居は A 地区のものと同様のものだが、より新しい時期（志風頭式・加栗山式土器期）の集落である。石鏃 43 点、磨製石鏃 10 点、石槍 3 点が出ているが、注目するべきは石皿の数で、133 点にのぼる。

A 地区では 2 列に並んで 3〜12m^2 の小型の竪穴住居跡 12 軒、連穴土坑 5 基、集石遺構 10 基、土坑 136 基が検出された。遺構内出土の土器はわずかで時期決定が難しいが、遺跡出土の土器量から見て、早期前葉が主体と思われる。下剥峰式・中原式・押型紋・平栫式土器が 1 個体から数個体分出ていて、集落が放棄された後も断続的な回遊があったことが分かる。石鏃 29 点に対し、石皿は大形品を含め 10 点出ている。

定塚遺跡（前迫・ほか編 2010）

宮崎県境に近い大隈町、標高約 220m の台地上に立地する、早期前葉の集落遺跡である。竪穴住居跡 97 軒、連穴土坑 15 基、集石遺構 54 基、土坑 257 基、道の跡 2 本が検出された（図 76）。土器は前平式土器から塞ノ神式土器までの各型式が出ているが、主体は前平式土器と吉田式土器である。

竪穴住居は明らかに吉田式土器期と見なせる 19 号や 22 号を除くと、多くが前平式土器期に属する状況である。検出面積が最大で 17.52m^2、最小で 2.45 m^2、平均が 5.34 m^2 と全体的に小形である。

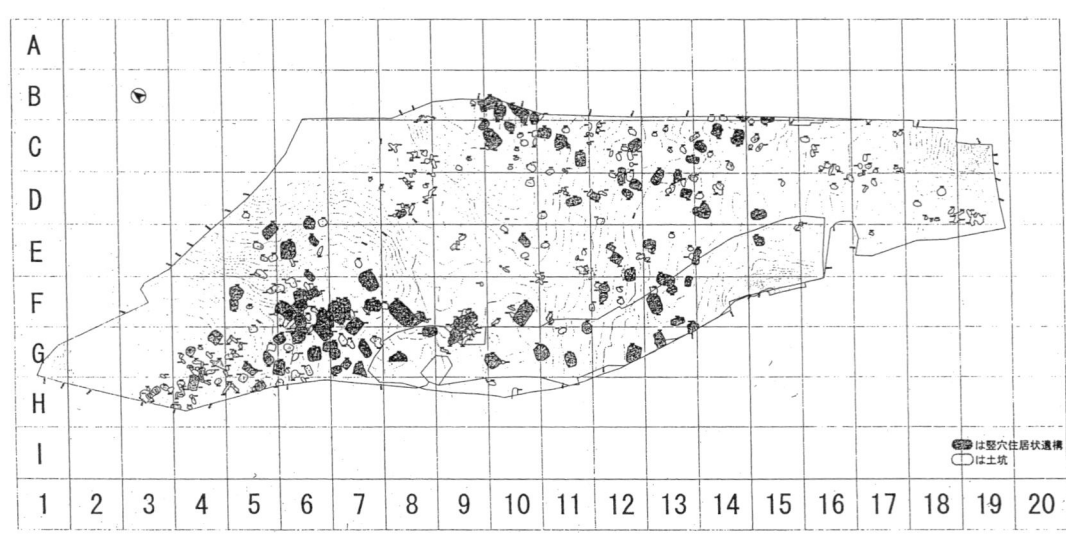

図 76　鹿児島県定塚遺跡遺構配置（前迫・ほか編 2010）

19号住居の南西隅の床面近くに横倒しになった状態で吉田式土器の完形品と、土器に寄り添うような状態で石皿の完形品（26.0 × 23.5 × 10.5cm、8.5kg）が伴出していて注目される。

石器では一部に植物の刈り取り具（石包丁）が想定される削器79点、磨石類77点、石皿6点に対し、石鏃が92点あるが、下層（Ⅷ層）の16点より上層（Ⅶ層）で76点と多い。石匙が2点だけというのも、この集落が植物質食料に依存した居住地であったことを示唆している。土器の混和材で見てみると、在地で手に入れにくい雲母・正長石を多く含む胎土の割合が、前平式土器で6％であるのに対し、吉田式土器では24.5％と高くなっている。

2. 国分市上野原遺跡（中村・ほか編 2000、中村・ほか編 2001、森田・ほか編 2002）

8.2kaイベントを境に、居住形態が大きく変化したことを明瞭に示しているのが上野原遺跡である。遺跡は鹿児島湾奥の国分市の南東側、標高約250mの台地上にあり、鹿児島湾と国分平野が眼下に眺望できる。P13火山灰降下（約1万600年前）にからむ竪穴住居群と、早期後葉の遺構群とが発掘区を異にして出土した（図77）。すなわち、第2・第3地点からは竪穴住居跡52軒、連穴土坑16基（多くが竪穴住居をきっている）、集石遺構100基、土坑170基と土坑群2ヶ所、道の跡2本が確認された。調査を担当した黒川忠広によれば、住居跡の埋土の検討や出土土器の分析などから、P13火山灰降下以前13軒、降下時6軒、降下直後7軒、それ以降の時期26軒に分けられ、降下時に廃棄された住居跡6軒を同時併存する住居として、この集落では都合8回程度の建て直しが行われた。出土土器では前葉の加栗山式土器と小牧3Aタイプ土器が量的に最も多く、竪穴住居跡の多くはこの型式の土器が混入していた。次いで多いのが中葉の桑ノ丸式土器や押型紋土器である。前葉の土器のピークがⅦ層以下の層、中・後葉の土器はⅥ層中から出ている。Ⅶ層以下の石器では石鏃17点に対し、磨石類182点（特に方形で6面体を呈するものが14点）・石皿119点（面取りを施したものが14点）と、狩猟活動が低調な一方で、植物質食料に依存していたことを示唆している。

他方、第4地点では、桑ノ丸式土器と押型紋土器が主体で、集石遺構が32基検出されている。石鏃が19点に対し、磨石99点・石皿35点であるが、方形で6面体を呈する磨石や面取りを施した石皿は出ていない。第7地点でも集石遺構が8基検出されているが、土器は破片が300点ほどで、押型紋土器と妙見式・天道ヶ尾式土器は分散して、平栫式土器と塞ノ神式土器はそれぞれ集中的に出ている。

早期にしてはそれまで知られていない特殊な様相が第10地点で見つかった。早期後葉の土器、つまり妙見式土器が150個体、天道ヶ尾式土器が180個体、平栫式土器が667個体、塞ノ神式土器が228個体報告されている。遺構内から出土した土器片から判断して、252基検出された集石遺構は主として平栫式土器期のものである。石器では石鏃544点、石槍22点、石匙92点に対し、磨石18点、石皿108点である。竪穴住居は見当たらない。平栫式土器期には、中葉の遊動性の高い居住形態と異なる当地への回帰性の高い活動が行われていたようである。この点に関して、興味深い遺構が残されている。Q・R-10区に集中して磨石の集中場所が4ヵ所（4個・2個・3個・3個）、一見して大きな円環状に磨製石斧の集中場所（「埋納」）が6ヶ所（2点・4点・5点・4点・2点・8点）、S-12区とR-12区に集中して13個体の鉢形土器か壺形土器の完形品が12ヶ所（「埋納」）

発掘調査地点

第2・3地点

第10地点

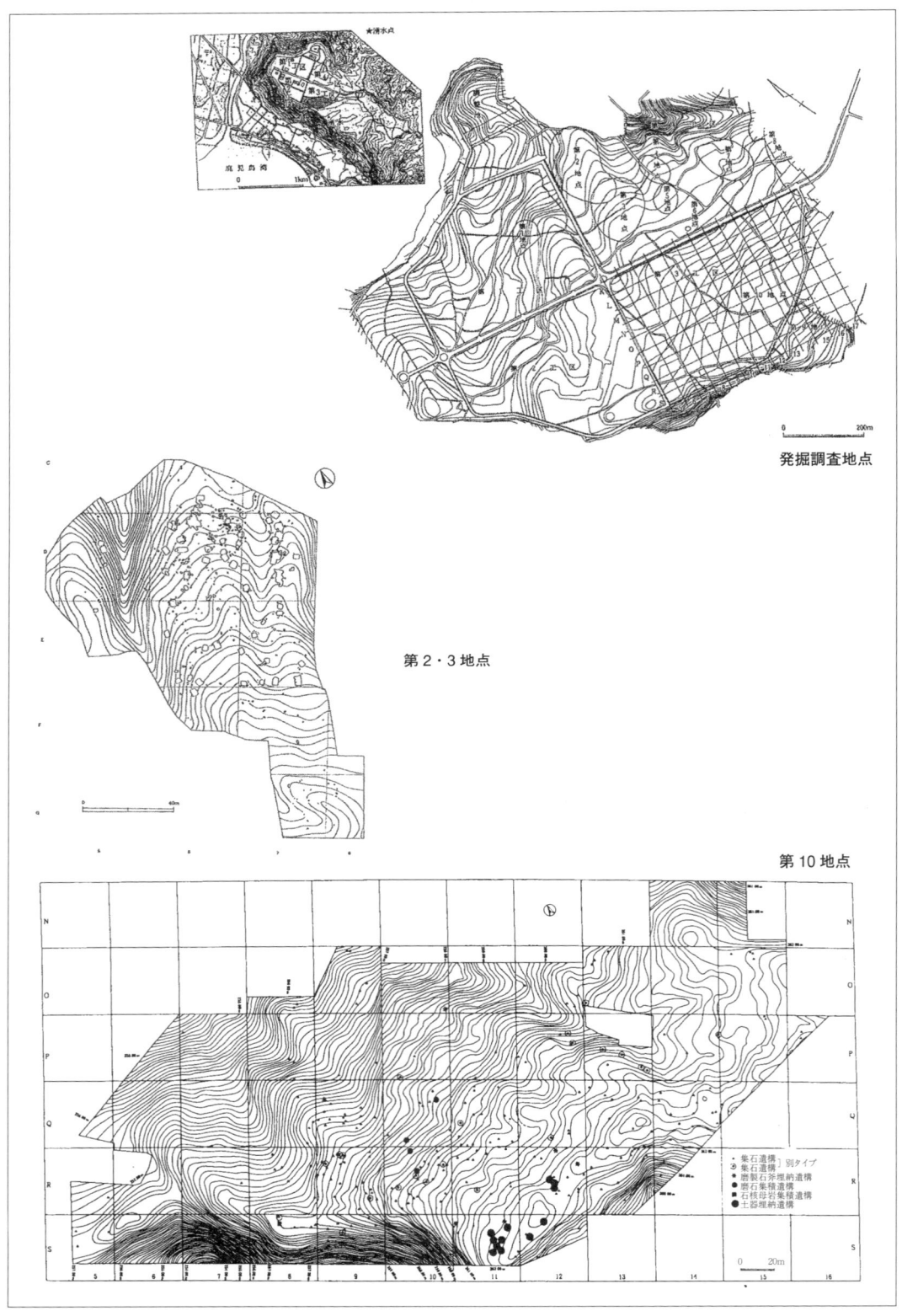

図77 鹿児島国府市上野原遺跡（中村・ほか編 2000、2001 森田・ほか編 2002）

で検出された。土坑中から2個の壺形土器が立位の状態のまま並立して出土した「土器埋納遺構1」はよく知られている。ベンガラによる赤彩土器（10数個体）、赤彩耳飾り（6点）、土偶など縄紋時代後・晩期を彷彿させるような遺物群が出ている。遺物の希薄な空間を囲んで、外径240m、内径150mほどの環状に土偶や異形土製品、異形石器などを多く含んで遺物が集中している（写真7）。

　八木澤一郎は早期後葉の土器を4期6群（第1期第1・2群、第2期第3・4群、第3期第5群、第4期第6群）に細別し、「超大型土器」と「特殊小型土器」を加える第2期が「平栫文化」のピークだと見ている。遺物の希薄な空間を囲んで外径240m、内径150mほどの環状に、土偶や異形土製品、異形石器など「第2の道具」を多く含んで遺物が集中していた地区を「環状遺棄遺構」と呼んで、土器埋納遺構や石斧埋納遺構が検出された空間が第2期を中心に「祭祀場」として機能していたと見なしている（八木澤2007a、b）。寒冷化に起因する社会的緊張下において、分散居住する集団間の精神的結束が要請されていたのであろう。次の塞ノ神Bd式土器期（約7900年前）になると祭祀場としての機能は停止したようで、当該空間から多数の土器片が出ている。

　早期後葉を特徴づける遺物が壺形土器である。上野原遺跡から11基12個体の埋納遺構が検出されている。新東晃一によると、壺形土器の出た遺跡はそのほかに、種子島の須行園遺跡ほか鹿児島県全域に21遺跡、宮崎県南部に11遺跡、熊本県人吉盆地に5遺跡、そして長崎県百花台遺跡を加えて計38を数える（新東2006）。百花台遺跡例は塞ノ神式土器の破片2点である。発掘調査が行われた遺跡からは埋納された状態で出ていることから推して、その分布圏は社会的行為を共有する地域集団の領域を示唆している。壺形土器で最も古く位置づけられる宮崎県下薗遺跡からの採集品は手向山式土器期のもので、胴部に山形押型紋が施されている。この押型紋系の土器は平栫式土器期を特徴づける壺形土器の出現の契機を暗示している。つまり、在地の貝殻沈線紋系土器を有する集団と、北から南へ移動してきた押型紋系土器を有する集団との遭遇という、社会的緊張の中で創り出されたのであろう。形態の違いから新東晃一が上記の一群から外した、熊本県中北部の大津町にある瀬田裏遺跡出土の3個体の壺形土器には、前面に押型紋が施されていることも傍証となろう。上野原遺跡において見られた第2・第3地点の加栗山式土器期の定住集落と、第10区の平栫式土器期の「環状遺棄遺構」・「祭祀場」という対照的な考古学的現象のあり方は、反復適応として東北地方に見られる縄紋時代前・中期の環状集落と、後・晩期の環状列石とに繰り返されている。

(4) 西北九州の縄紋海進期の遺跡

1. 佐賀市東名遺跡（西田編2004／2009、西田・ほか編著2009）

　8.2kaイベントから気候が回復し、再び温暖化に向かった早期終末の貝殻紋系塞ノ神式土器期の良好な遺跡が佐賀県で見つかった。佐賀平野の北部、JR佐賀駅の北700m余にある東名遺跡で、巨勢川調整池建設に伴い発掘調査が行われた。AMSによる^{14}C年代測定値の暦年較正は約8030～7610年前である。遺跡は縄紋海進最潮期直前の河口部に位置したと推定されている（図78）。珪藻分析の結果、人が居住したころは内湾の環境で、貝の自然遺体群から貝塚は汽水域のアシ原に形成されたことが分かった。花粉分析の結果、暖温帯落葉広葉樹に常緑広葉樹が混じった森林を基

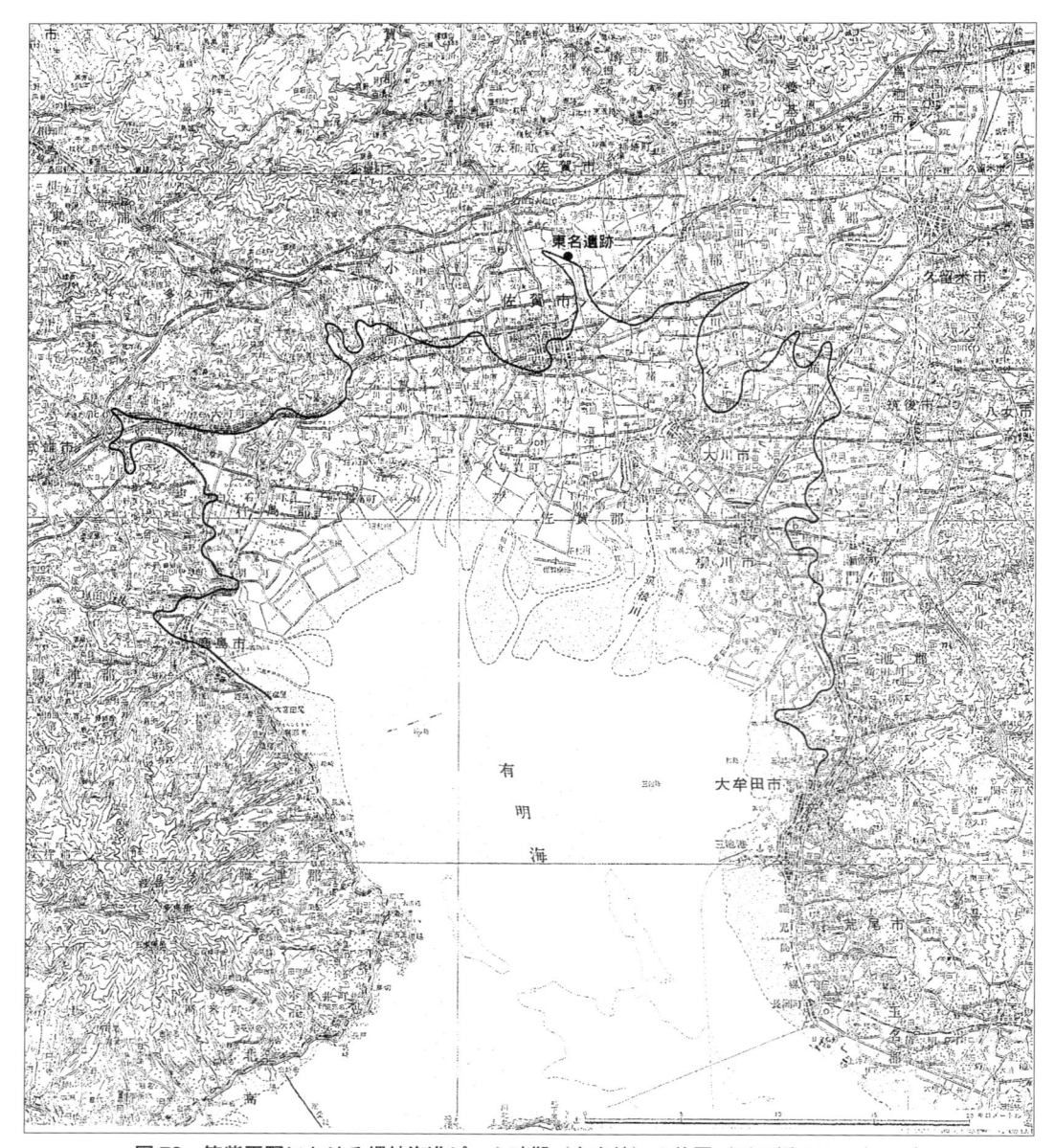

図78　筑紫平野における縄紋海進ピーク時期（太実線）の位置（西田編 2004／2009）

本にしながらも、標高の高いところには冷温帯性の樹種が存在し、遺跡周辺には落葉広葉樹が主体の二次林（クヌギ類・エノキ属・ムクノキ・ナラ類・エゴノキ属・ムラサキシキブ属・ニワトコ・クリ・ゴンズイなど）があって、その林内には常緑低木であるアオキやイヌガヤ、シキミ、ヒサカキなどが生えていたようである。

　1995〜1998年の第1次調査では標高3m前後の微高地上に167基の集石遺構と石器集積遺構19基が検出された。また埋葬人骨5ヶ所（8体分）が墓域を意識していたかのように集中して見つかり、1ヶ所では長軸1.15m、短軸0.85mの範囲で3体がほぼ同時に埋葬されていた。土器約4万4,000点、石器約4万2,600点、礫約1万3,000点など遺物量は膨大で、ほぼ塞ノ神B式土器期である。土器

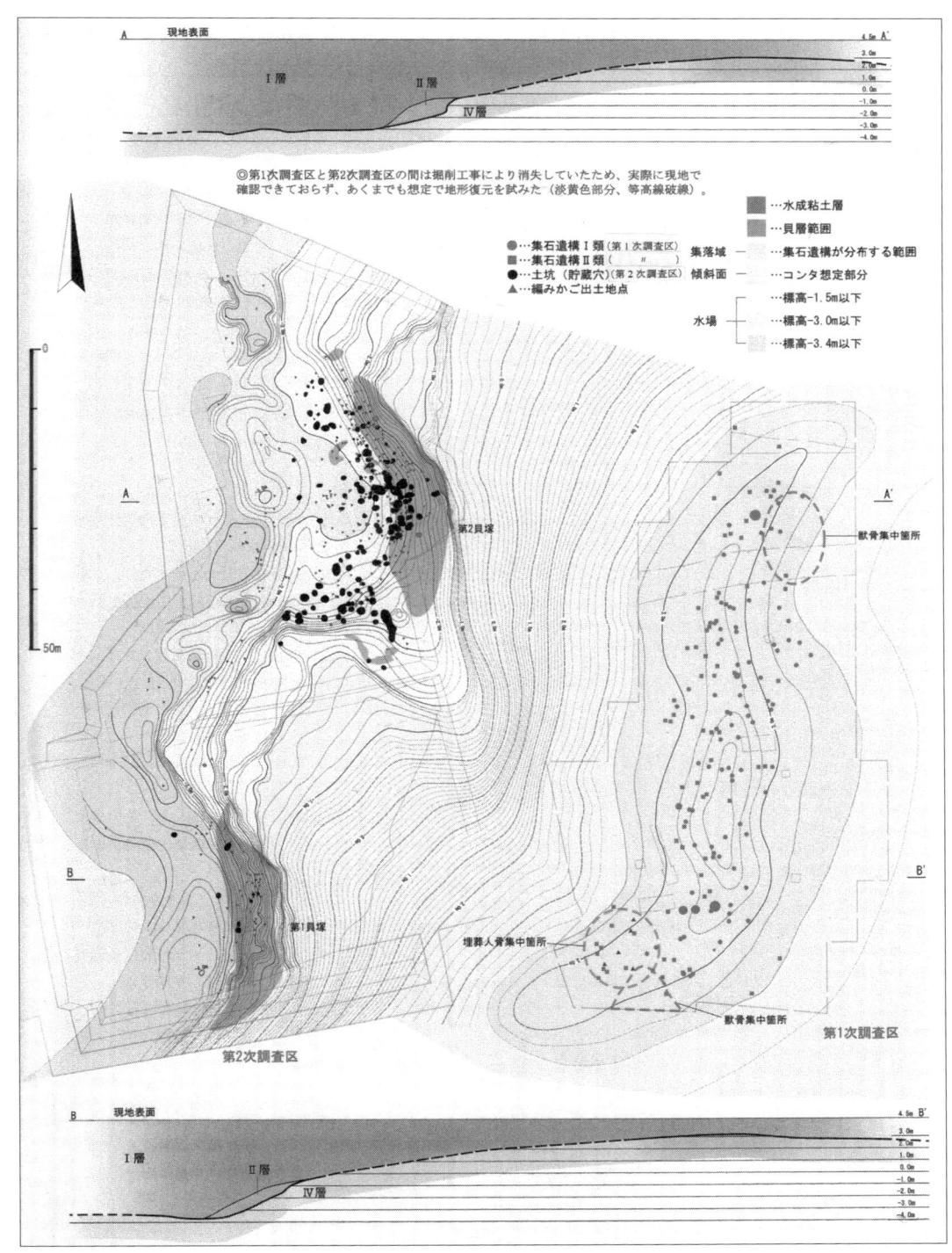

第3章　8.2kaイベントを巡る考古現象　　139

図79　佐賀県東名遺跡（西田編 2004／2009）

はわずかに押型紋土器と前期の轟A式土器が混じる。石器は狩猟具の石鏃565点と尖頭器14点、採取・加工具の石錐54点と磨製石斧32点と砥石14点、加工・調理具の削器1,423点と石匙250点、調理具の磨石類76点と石皿類37点などが報告されている。

2004～2007年の第2次調査では、居住地の東側40～50mの距離の斜面、標高0～－3m前後に形成された6ヶ所の貝塚のうち第1貝塚と第2貝塚が発掘された（図79）。土坑155基、集石遺構4基、炉跡3基、配石遺構3基、木杭500本前後が検出された。貝層は約7900年前から200年かけて堆積したもので、海水準は標高約－4.5mから約－3.0mまで約1.5m上昇した。出土石器の組成は居住地域と変わらず、石鏃346点と尖頭器9点、石錐13点と磨製石斧32点と砥石28点、削器350点と石匙142点、磨石類205点と石皿類108点などが報告されている。調理具の割合が高く、周辺に貯蔵穴があって、堅果類の加工・調理の場であったと考えられている。

ヤマトシジミ・ハイガイを主体にアゲマキ・カキが混じる貝塚である。貝層中の動物骨はニホンジカとイノシシを主体にイヌ・タヌキ・ノウサギなど前期以降の狩猟動物一般に通じるものである。歯牙のセメント質成長線で見ると、冬季に若干多いものの年間を通じて狩猟が行われていたようである。漁撈活動については、内湾から汽水域にかけて刺突漁によって大形のスズキ属、クロダイ属、ボラ科を主体に獲得し、干潟ではムツゴロウや小形のカニ類、河川の下流域では産卵のために川を降ってきたアユを獲っていた。貝輪・穿孔貝・貝製垂飾・貝玉などの貝製品398点、猪牙製錘飾品・鹿角製装身具・刺突具・骨針などの骨角製品288点が出ており、列点で精巧な幾何学紋様を施した装身具が注目を引く。クスノキやケヤキの容器類や板材、ヒサカキ・ツバキの竪櫛などの木製品も出ている。

さらに注意を引いたのが、潮汐作用により堆積した水成粘土層を中心に構築された155基の土坑である。地形的に窪まった第2貝塚で集中的に検出されている（149基）。その中にはツヅラフジなどの編籠が残されていて、周辺部や破片資料も含め700点以上の編組製品が出土した。堅果類が木杭で固定された編籠に入れた状態で水漬け保存されていたようで、イチイガシを主にクヌギ・ナラガシワなどの堅果類も多く出た（写真8）。堆積層からはイチイガシのほかにコナラ属とオニグルミが多く出ている。

遺跡の上面は洪水層によって被覆されていた。佐賀平野ではこの時期以降、このような大規模な遺跡は見られなくなる。海進の進行によって沿岸部からの撤退を余儀なくされた結果、定住的生活が困難になり、移動性の高い生活様式に戻ったようである（山崎2009）。

2. つぐめのはな遺跡

東名遺跡から3点しか出ていないが、有茎尖頭器（石銛）は重要な遺物である。定住性の高い生活を支えた生業が木の実などの植物採集と、シカ・イノシシなどの陸獣猟とにとどまらず、海獣猟などの海産資源の積極的な開拓があったことを示唆しているからである。

同種の石器を多数出して関連が予想されるのがつぐめのはな遺跡である。遺跡は九州島と平戸島との間の平戸瀬戸に、九州島側から突き出た"つぐめのはな"という岩礁とその基部にあたる。1971年に小規模な調査が行われてしばらく後に、橘昌信が「対馬暖流型漁撈文化」を提唱した（橘

1979)。西北九州における「石銛」と考える尖頭器類を収集して、それらの形態分類を行ったうえで、その文化は対馬暖流に棲息する大型魚類と海生哺乳類とを対象にした固定・離頭の石銛、組み合わせ式石銛、離頭銛による刺突漁と、結合式大型釣り針による釣り漁とを基盤としていたと考えたのである。橘分類のa1類、a2類，b類すなわち「サヌカイト製蝮頭状の尖頭器」がここで取り上げた石器である。つぐめのはな遺跡ではⅠ・Ⅱ層から阿高系土器が少量出土し、Ⅲ〜Ⅶ層から轟式土器を主体とする土器が出たと報告されていたので、橘は石銛漁の出現を前期初頭に想定した。

　近年の川道寛の論考によれば、つぐめのはな遺跡では「つぐめのはな式石銛」、横長石匙、「鎌崎型削器」の組合せを特徴とする。遺跡からは海獣骨（クジラ類）が出ており、川道は、①潮の流れの現況から判断して、前期以降の平戸瀬戸では猟は不可能であること、②西唐津式から曽畑式期に盛期を迎えた近隣の供養川遺跡と千里ヶ浜遺跡につぐめのはな式石銛が出ていないこと、③つぐめのはな遺跡自体、前期の形跡がないこと等を理由にして、この遺跡でのクジラ猟は早期末に瀬戸が開いた直後の100〜200年間に限られていたと推測している（川道 2007）。東名遺跡の発掘調査によって、川道の推測は可能性が高まった。

第3節　東北地方

　青森県大平山元Ⅰ遺跡の再発掘に当たった谷口康浩は、出土した土器付着物による ^{14}C 年代測定値が較正年代で1万5000年前を遡ることを知って、縄紋時代・縄紋文化の始まりを総合的に再吟味している。「完新世に至り東アジア各地で独自の新石器化が開始する中で、日本列島でも固有の環境に適応して独自な縄文文化の形成が加速する。それが巨視的に見た早期初頭の位置である。このような観点から」、谷口は草創期を旧石器時代から縄紋時代への移行期、そして早期初頭を縄紋時代の始まりとして捉え直した（谷口 2002）。私も同様の視点をとる。伝統的な「伝播系統論」を排して「形成過程論」を唱え、いわゆる「草創期」を「縄紋化のプロセス」と見なしている。

　1962〜64年にかけて、青森県東北町長者久保遺跡から長野県神子柴遺跡出土の石器群に類似した石器群が出土した。この長者久保石器群に土器が伴うことを実証したのが大平山元Ⅰ遺跡である。1981年になって、八戸市鴨平2遺跡から約100点の爪形紋土器片が出土し、同じく和野前山遺跡でも1点だけであるが爪形紋土器片が見つかっている。1986年の調査で六ヶ所村にある発茶沢1遺跡から隆起線紋土器の破片が12点出土した。翌年には隣接する表館1遺跡からも1個体分が出土した。1991年には同村幸畑7遺跡から円鑿を含む長者久保石器群が出た。1997年の調査で八戸市櫛引遺跡から多縄紋系土器期の竪穴住居跡が2軒、土坑6基、集石1基が出ている。土器は新潟県室谷洞穴のⅠ群土器に類似する。階上町滝端遺跡、弘前市独狐遺跡からも爪形紋土器が出ている。いずれも気候の穏やかな時期に新潟・山形方面から北上してきた小集団によって残された遺跡だと見ている。東北地方北部において確認された草創期の遺跡の数は限られているが、爪形紋系土器群の時期になると、遺跡数が増加するとともに分布範囲が広がる傾向が見て取れる。温暖な気候の時

期に相当すると考えられる。

(1) 早期の土器型式編年と画期

　遺跡数でみると、早期初頭の無紋土器の時期になって急増したということはない。草創期末から早期初頭とされる平底無紋土器を中心とした時期の竪穴住居跡が、岩手県花巻市上台Ⅰ遺跡で5軒出ている。較正年代で1万3000～1万1170年前で、新ドリアス期相当の寒期の終結ころである。早期も一貫して温暖化に向かったのではなく、ボレアル期とベーリング期の間にグローバルな寒冷期（8.2kaイベント）があったことがわかっている。その後、2000年間にわたる最適温期（ヒプシサーマル）において安定した縄紋社会が形成されたと見なされてきたが、東北北部では火山爆発（中掫テフラ）の影響で、円筒式土器期まで遅延したようである。その安定した社会も約5800年前をピークとする寒冷化現象（5.8kaイベント）によって、一時的に不安定化したようである（図3および第4章参照）。

1. 早期編年の混乱

　1949年に下北半島尻野崎に近い物見台遺跡を調査した江坂輝弥は、新型式土器として物見台式を設定するとともに、物見台式→吹切沢式→ムシリ式→野古呂式の変遷を示唆した（江坂1950）。その後に物見台式と吹切沢式を逆転させる編年案を提示し、今日まで続く混乱を招いた。

　佐藤達夫が角鹿扇三、二本柳正一と1956年に、青森県小川原湖東岸中央部の段丘上にある早稲田貝塚を試掘した。3日間の発掘であったが、第1類・第2類（吹切沢式土器類似）から第6類（前期の春日町式土器）まで異なる土器が層を違えて出土し、その後の土器編年の標式遺跡となった。第1貝層は第3類土器（ムシリⅠ式土器）の時期に形成され、第4類土器（赤御堂式土器）の時期を挟んで、第2貝層は第5類土器の時期に形成された。佐藤らは第5類の時期にかなり顕著な変動があったことを示唆している（二本柳・ほか1957）。そして六ヶ所村唐貝地貝塚の調査から、早稲田第1類以前に押型紋土器（今日の日計式土器）の存在を主張し（佐藤・渡辺1958、佐藤1961）、同じく六ヶ所村表館遺跡での表採土器（表館式）を第6類に後続するものとした（佐藤・渡辺1960）。それから半世紀がたつが、東北地方におけるそれ以前の早期前葉・中葉の編年はいまだ確定したとは言えない。

　青森県三戸町にある寺の沢遺跡を踏査して集めた土器片に基づいて、1974年に名久井文明が、「小船渡平式・白浜式・吹切沢式と続いた吹切沢式系統」の土器の一時期、おそらく吹切沢式土器の時期にきわめて近い頃に、ほとんど不意に圏外（南東北以南）から新たに波及したのが物見台式土器である、と吹切沢式土器と物見台式土器の異系統土器並存説を提示した。そして吹切沢式土器に続く土器（青森市蛍沢遺跡出土第Ⅱ類土器・大鰐町砂沢平遺跡出土第Ⅰ群土器）を、この系統の末期に位置づけた（名久井1974、1982）。さらに三戸町館遺跡採集の土器片の分析と新しく発表された土器資料との比較を通して、吹切沢式系土器の変遷を、白浜式・小船渡平式→寺の沢式→吹切沢式（直後に早稲田1・2類式）→蛍沢Ⅱ式（砂沢平式）→館式・鳥木沢式という見通しを提示した（名

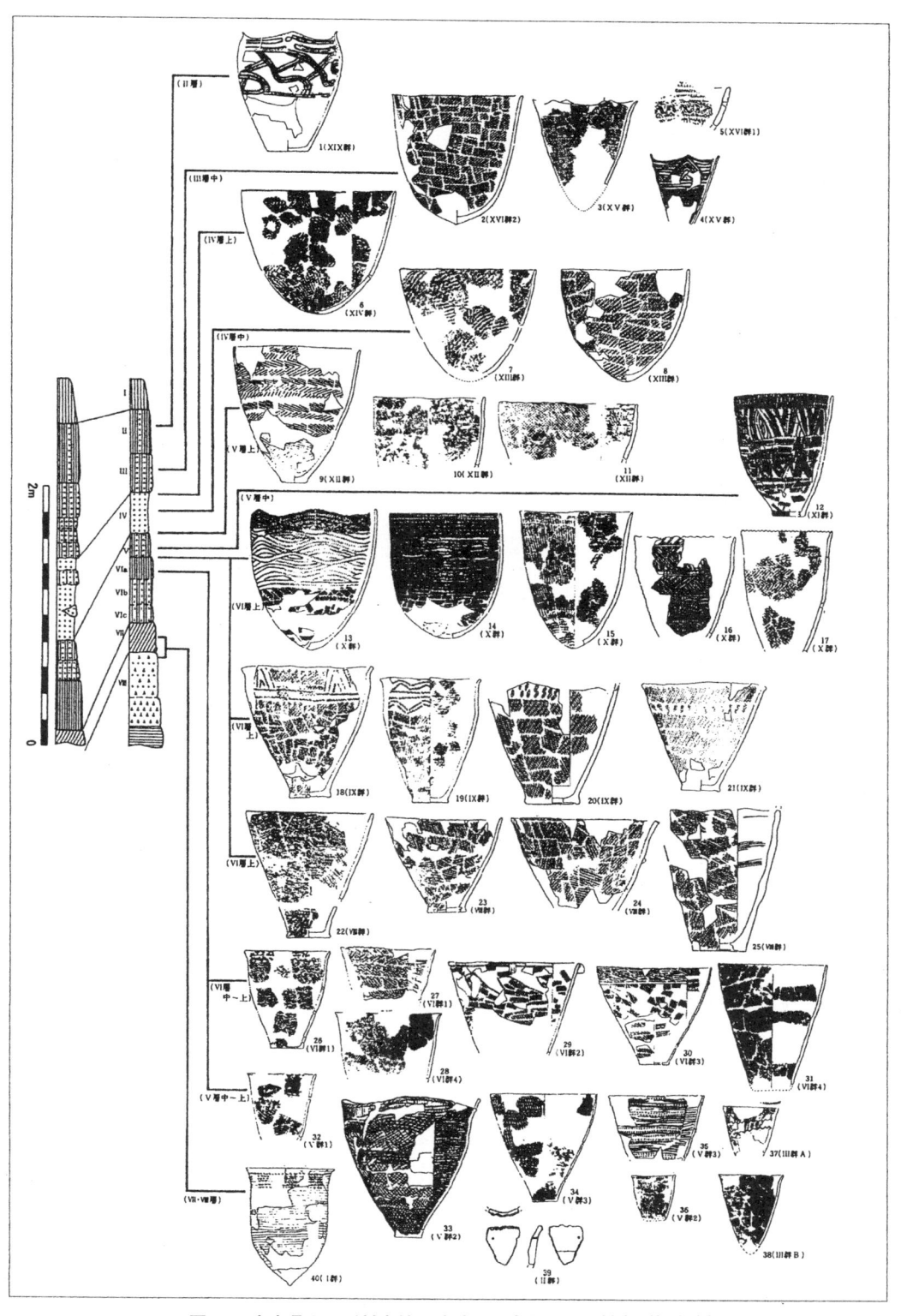

第3章 8.2kaイベントを巡る考古現象　143

図80　青森県六ヶ所村表館1遺跡の層序と土器の対応（報告書）

久井 1988)。

　1985年発行の発掘調査報告書において、八戸市売場遺跡出土の土器類は、第Ⅰ群から第ⅩⅤ群に分類された。古い方から、日計式系、白浜・小船渡平式、寺の沢式、吹切沢式、物見台・千歳式、ムシリⅠ式、ムシリⅠ式系、赤御堂式、早稲田5類、東釧路Ⅲ・中茶路・東釧路Ⅳ式、新出の土器、長七谷地Ⅲ群、早稲田6類、そしてⅩⅤ群が型式の特定できない土器類という編年であった。

　1987年に青森県六ケ所村にある表館1遺跡の発掘調査が行われ、層位的に出土した土器は20群に分けられた。第Ⅰ群土器と第Ⅱ群土器が草創期で、この遺跡では早期前葉と中葉前半の土器（日計式・白浜式・寺の沢式）を欠き、第Ⅲ群から第Ⅹ群までの8群の土器が早期中葉から末葉までの土器である（三浦 1989）。第Ⅲ群が物見台式土器、第Ⅳ群が吹切沢式土器、第Ⅴ群がムシリⅠ式土器、第Ⅵ群がムシリⅠ式土器／赤御堂式土器中間型、第Ⅶ群が赤御堂式土器、第Ⅷ群が早稲田5類土器、第Ⅸ群が早稲田5類土器直後、そして第Ⅹ群土器が早期最終末におかれ、北海道では早期最終末とされる第ⅩⅠ・ⅩⅡ群の中茶路式土器と東釧路Ⅳ式土器は前期の最初頭に置かれた（図80）。

　同時期、西川博孝が名久井編年案を批判的に継承しながらも、物見台式土器と吹切沢式土器の異系統土器併存説を排して、寺の沢→（庄内墓地）→千歳a類→千歳b・c類（中野A並行）→鳥木沢→蛍沢AⅡ→吹切沢・早稲田1・2類という直線的変遷観を提示し、論考を次のように結んでいる。「東北地方では、田戸上層式の強い影響を受けて物見台式系統が生まれたが、間もなく在地化し、道南部では住吉町式A類、東北北部では鳥木沢式、東北南部では大寺2類bに変容し、次第に紋様の簡素化が各地で同様に進行していった」（西川 1989）。物見台式土器資料が増えた現在も、「田戸上層式の強い影響を受けて物見台式系統が生まれた」という考えを補強する証拠は見られないが、物見台式が鳥木沢式に変容したという視点が浮上した。

　成田滋彦が物見台式土器の系統を、根井沼Ⅲ式→江坂物見台式→千歳物見台式→鳥木沢式の流れで考えている（成田 1990）。白浜式→根井沼・寺の沢式→蛍沢ⅡA式→吹切沢式の系統との関係が未解決であり、日計式と白浜式の間の型式、物見台式土器系統の初現土器、吹切沢式土器の細別など、残された問題も少なくない。

　さらにその後、領塚正浩がそれまでの編年研究を詳しく分析し、早期前半の編年案を提示した（領塚 1996）。領塚は山内清男の「紋様帯」に準じた「施文帯」の概念に基づく「日計類型」、「大新町類型」、「中野A類型」とその変遷観を使って、日計式（古・新）→寺の沢式→白浜式→物見台式→鳥木沢式→吹切沢式→ムシリⅠ式、という独特な型式変遷観を提示した。北海道南西部と関東地方を同時に見据える「縦横構造」を重視する編年案だとのことだが、寺の沢式土器を貝殻紋系土器の初めに持ってきたことに特徴がある。その当否は別にして、日計式（古・新）と白浜式の中間にいまだ認識されない型式が入る余地がありそうである。

2. 寒気ピーク時の土器型式

　見てきたように、東北地方北部の早期中葉の白浜式土器期からムシリⅠ式土器期にかけての編年は確立しているとは言い難い。ここでは津軽海峡を挟んだ北海道南部における早期土器の型式変遷案を参考にして、東北地方北部の早期土器の型式変遷を臨時的に次のように見ておく。日計式（川

汲式）→白浜・根井沼・寺の沢式（ノダップ式）→物見台式（中野Ａ式）→鳥木沢式（鳴川式）→蛍沢ＡⅡ式（住吉町式）→吹切沢式（根崎式）→ムシリⅠ式（アルトリ式）→ムシリⅠ／赤御堂中間型式・赤御堂式（東釧路Ⅱ式）→早稲田5類・直後型式（東釧路Ⅲ式）→終末型式（コッタロ式）→前期初頭型式（中茶路式・東釧路Ⅳ式）となる。

　岩手県気仙郡住田町山脈地遺跡から「物見台式系土器」の出土が最近報告された。福島正和が7段階に分けた土器の最も古い土器の年代は、暦年較正では約 9530 ～ 9490 年前である（福島 2013）。先に報告されていた北海道中野Ａ遺跡の物見台式土器の年代とほぼ同じ古さである。この数値を妥当と見ると、8.2kaイベントよりかなり古い時期で、気候が温暖化していた時期に位置づけられる。「吹切沢・物見台問題」は一応解決をみたことになる。

　ところで、三浦健一が北東北三県（青森・秋田・岩手）の縄紋時代草創期・早期の遺跡数と集落遺跡数の集計を行っている（三浦 2007）。青森県内の太平洋側、岩手県北部、および盛岡市周辺地域に遺跡が集中する。無紋土器期、日計式期、白浜・小舟渡平式期、寺の沢式期、吹切沢式期、物見台式期、ムシリⅠ式期、赤御堂式期、早稲田5類期という時期区分である。物見台式土器期の編年上の位置と鳥木沢式土器および蛍沢ＡⅡ式土器が看過されているが、これを先の編年案に準じて組みかえて見てみると、無紋土器期の遺跡数 14、集落遺跡数 1 に対して、日計式土器期になると、それぞれ 74 と 9 となり、人口増加の傾向にあったことが分かる。白浜・小舟渡平式期が 111 と 11 と大きく増える。寺の沢式土器期で 73 と 5 といったん減じ、物見台式土器期が 167 と 3 と遺跡数は大きく増加する。そしてその後の吹切沢式期になると 72 と 11 と、遺跡数が減じるが集落数は増える（鳥木沢式期・蛍沢ＡⅡ式期が潜在？）。その後にムシリⅠ式土器期が 146 と 5、赤御堂式期が 142 と 13、早稲田5類土器期が 117 と 15 と増加に転じている。

　先に見た関東地方や南九州と同様に竪穴住居跡数の増減を検討する必要があるのだが、可能性として、早期に入って急激な温暖化に伴い、無紋土器期、日計式期、白浜・小舟渡平式期、寺の沢式期、物見台式期、（鳥木沢式期、蛍沢ＡⅡ式期）と順調に進んできた人口増と定住化の傾向が、吹切沢式期前後に、まさに 8.2ka イベントの寒冷化によって停滞ないし後退し、気候が回復する後葉のムシリⅠ式期、赤御堂式期、早稲田5類期に再び増加に転化した、と一応解釈しておく。

　岩手県九重沢遺跡出土の吹切沢式土器付着炭化物のＡＭＳ法による年代（補正値）が 1 例報告されている。8100 ± 40yrBP で予想外の年代値である。貝殻沈線紋系土器のＡＭＳ法による年代測定値の較正年代の集積は必須となっている。早期最終末から前期初頭の長七谷地Ⅲ群土器期、表館式土器・早稲田6類土器期にかけて、定住性の一つの目安である竪穴住居跡数の順調な増加は見られない。今のところ原因は不明であるが、十和田火山の大爆発（中掫テフラ）が関係したと見る研究者もいる。定住が明確化するのは大木式土器分布圏にある北上川上・中流域では大木2式土器（深郷田式・白座式土器）期に入ってのことで、円筒下層式土器圏ではさらに一時期遅れて円筒下層ａ式土器期である（須原 2011）。

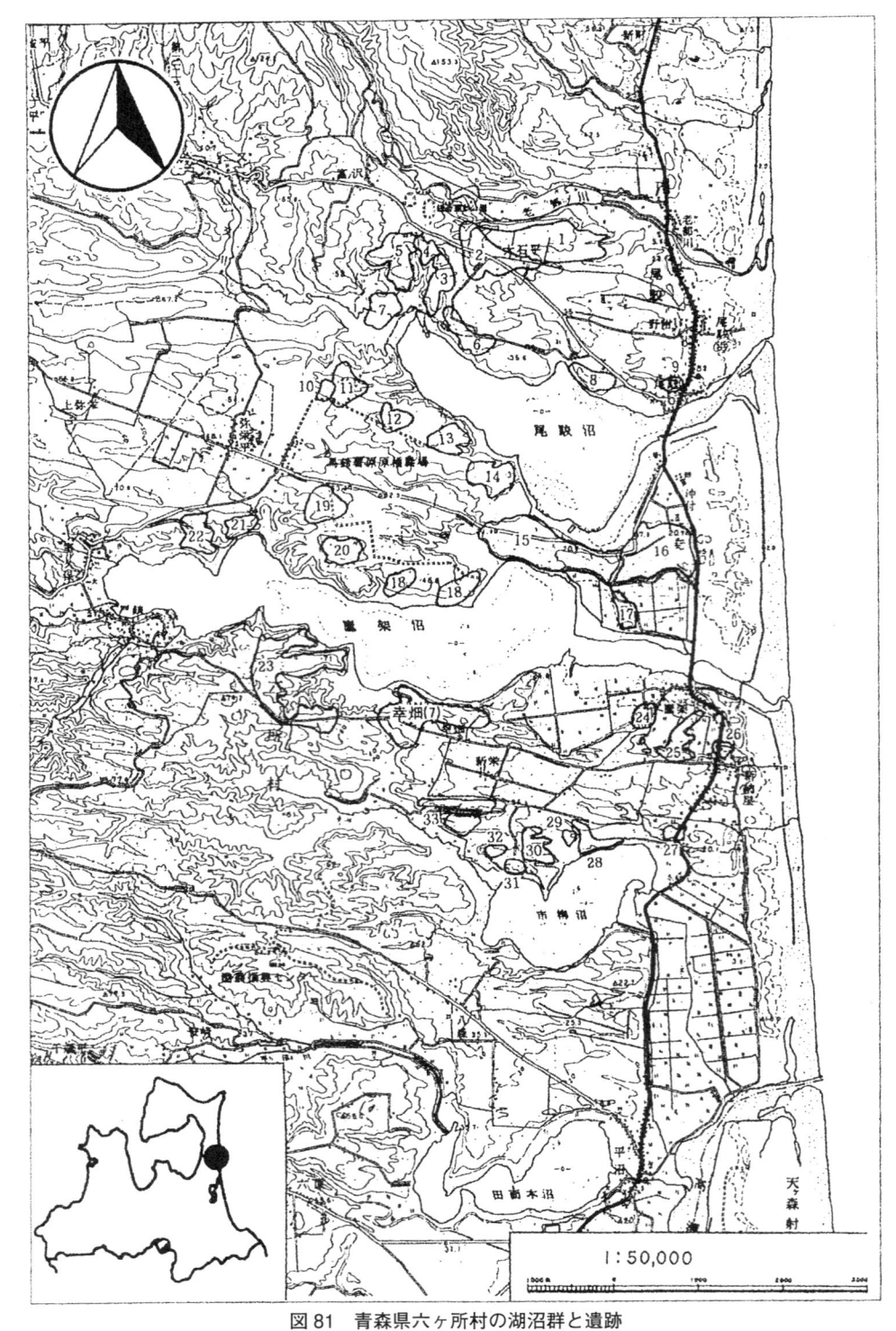

図81 青森県六ヶ所村の湖沼群と遺跡
8：家ノ前遺跡　16：表館1遺跡　22：弥栄平7遺跡　24：幸畑1遺跡　25：鷹架遺跡　26：新納屋2遺跡

（2）東北地方北部太平洋岸

　青森県東部の六ヶ所村から上北町にかけての太平洋岸地域には、北から尾駮沼・鷹架沼・市柳沼・田面木沼・小川原湖と湖沼が連なり、湖沼群が形成されている。湖沼群は海岸線と隣接するため、縄紋海進時には入り江を作り、豊かな自然環境を形成したため、遺跡が集中している（図81）。また上北地方南部を東に流れて太平洋に達する奥入瀬川の南から、岩手県境を超え北東方向へ流れて太平洋に注ぐ馬淵川の下流域にかけて、同様に遺跡が集中する。

　遺跡の発掘調査は八戸市周辺に集中していたが、六ヶ所再処理工場建設工事関連の発掘調査によって六ヶ所村でも多数見つかっている。新ドリアス期相当の寒期から気候が回復し、急速な温暖化によって海進が進んだ時期の集落跡が日本各地で検出されているが、この地域では貝殻沈線紋期の大きな集落跡が見つかっていない。おそらく標高－10m以下に埋没しているものと思われる。

1. 貝殻沈線紋系土器期

表館1遺跡（青森県教育委員会編　1981、青森県埋蔵文化財センター編1989、1990a、b）

　遺跡は尾駮沼と鷹架沼の間にある台地上にあり、数次にわたって発掘調査が行われた。この遺跡からは草創期の細隆起線紋土器（第Ⅰ群土器）が検出された。やや下膨れ状の尖底深鉢形で底部には乳頭状の突起がある。口径22cm、器高30.5cmで、全面に37条の粘土紐が貼付されている。長野県石小屋洞穴出土の微隆起線紋土器と近い時期のものとされる。出土した第Ⅷ／Ⅶ層から3基の集石遺構が検出されている。その上の層は無遺物で、早期前葉の押型紋土器期の居住の痕跡はない。

　1979年の調査に際しては、竪穴住居跡は見つからなかった。早期の土器は、白浜式・小船渡平式土器が第1地区から多数、第4地区から少数出土した。物見台式土器も第4地区から1個体分出土したほか、第2地区調査区域外の北側台地から多数採集された。吹切沢式土器は第4地区から1個体分出土した。ムシリⅠ式（早稲田3類）土器は第3、第4地区から少数出土した。赤御堂式（早稲田4類）土器は第4地区から少数出土した。早稲田5類土器は第4地区から多数出土した。東釧路Ⅲ式土器は第4地区から少数、そして東釧路Ⅳ式土器も第4地区から多数出土した。早期末葉から前期初頭にかけての、当時型式名が与えられていなかった土器類は第4地区から多数出土した。

　近接する発茶沢遺跡から白浜式土器、物見台式土器、早稲田6類土器が、102号遺跡からも同様の土器が出ている。周辺の遺跡からも、新納屋1遺跡から多数の白浜式土器が、幸畑1遺跡でも白浜式土器が、幸畑2遺跡からは早期末から前期初頭にかけての土器が出ている。家ノ前遺跡からは吹切沢式土器、ムシリⅠ式土器、早稲田5類と6類土器が出ていた。この土器の出土状況は、当時の居住形態をある程度反映しているであろう。

　1988年の調査でⅡ地区から白浜式土器期の竪穴住居跡2軒と、遺構外から白浜式土器が出土した。Ⅰ地区からは物見台式土器期の竪穴住居跡3軒、同時期と見なせる土坑16基、および物見台式土器が多数出た（図82）。第2号住居跡は南東側から北西側にかけて、高さ11〜16cmの段が付設されていた。住居跡から土器片と石鏃8点、石槍4点、石匙5点、石箆3点などの他に、石錘が8

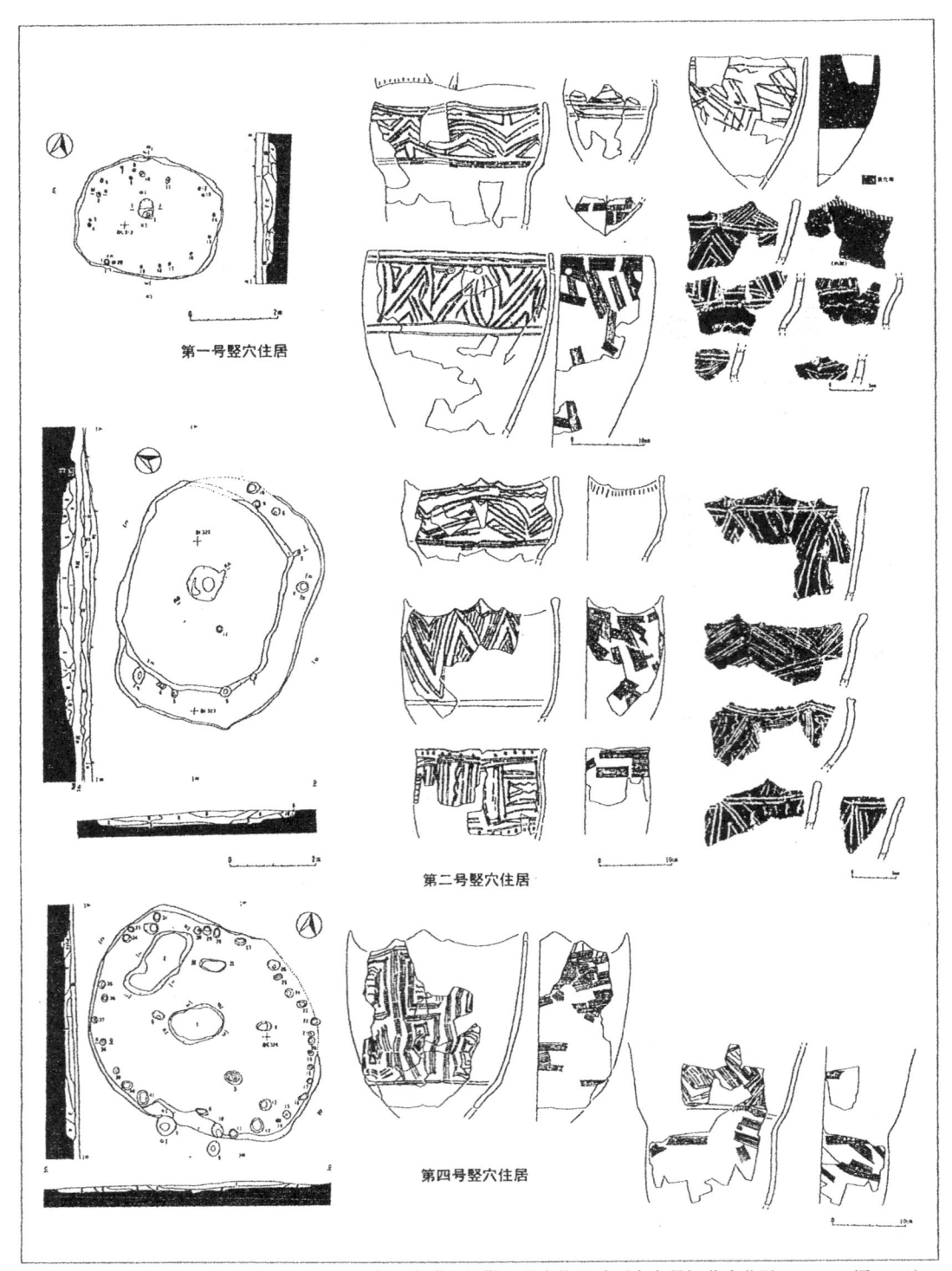

図82 青森県六ヶ所村表館1遺跡出土の物見台式土器期の竪穴住居跡（青森県埋蔵文化財センター編 1989）

点出ているのが注目される。第 4 号住居跡からも石錘が 4 点出ている。

中野平遺跡 （青森県埋蔵文化財センター編 1991）

遺跡は八戸市の北に隣接する下田町の、南に流れる奥入瀬川から約 1.5km の柴山段丘上に位置する。東北地方において単一土器型式の集落跡として最大規模で、発掘調査区の北側で、白浜式土器期の竪穴住居跡が 12 軒（第 101 ～ 112 号）も検出された（図 83）。長方形・長円形の大型住居（床面積が 48.09m^2、36.49m^2）が出現している。切り合い関係などから 4 時期に分けられ、1 時期に 3 ～ 4 軒であった。出土土器も白浜式に限られるので、石器類も当該期のもとと見なせる。石鏃 68 点、石槍 5 点、石錐 12 点、石篦 6 点、石匙 3 点、不定形石器 36 点、石核 4 点、磨製石斧 40 点、打製石斧 2 点、石錘 116 点、擦・敲・凹石類 467 点、石皿・台石・砥石類 91 点、軽石 4 点という内訳である。石槍が少なく、石錘と擦・敲・凹石類、石皿・台石・砥石類が多いのが目につく。第 112 号住居跡の床面からオニグルミの核片が検出されている。

報告者の三浦圭介は、住居の平面形の変遷に言及している。日計式から白浜式系、物見台式系においては円形と方形が混在していて、吹切沢系では前半において一時方形が主体を占めるものの、後半では円形に変化する。そしてムシリ I 式でも円形が基調となっている。したがって、この変遷の中では吹切沢系の中に大きな画期があるという。

西張 2 遺跡 （青森県埋蔵文化財センター編 1998）

遺跡は青森県の南東部に位置する福地村、馬淵川に面する田面木段丘にある。東北新幹線建設事業にかかわる発掘調査により、早期前葉の白浜式土器期の竪穴住居跡が 6 軒検出された。隅丸方形か楕円形で、床面積は 1 軒（23.3m^2）を除き、13m^2 以下の小型住居である。

幸畑 1 遺跡 （青森県埋蔵文化財センター編 1998）

この遺跡の B 区からも白浜式土器期の竪穴住居跡が 1 軒出ている。長軸 3.62m、短軸 2.72m の楕

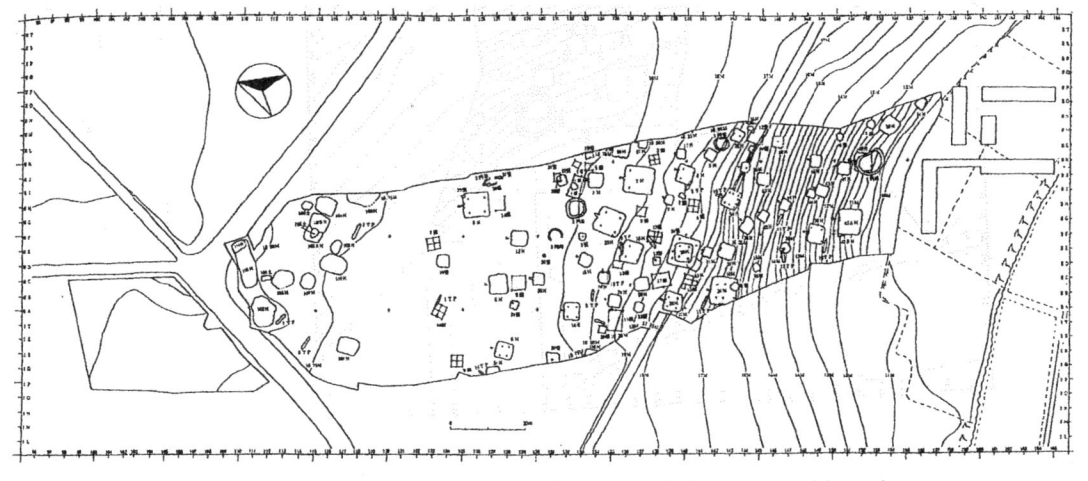

図 83 青森県中野原遺跡遺構配置 （青森県埋蔵文化財センター編 1991）

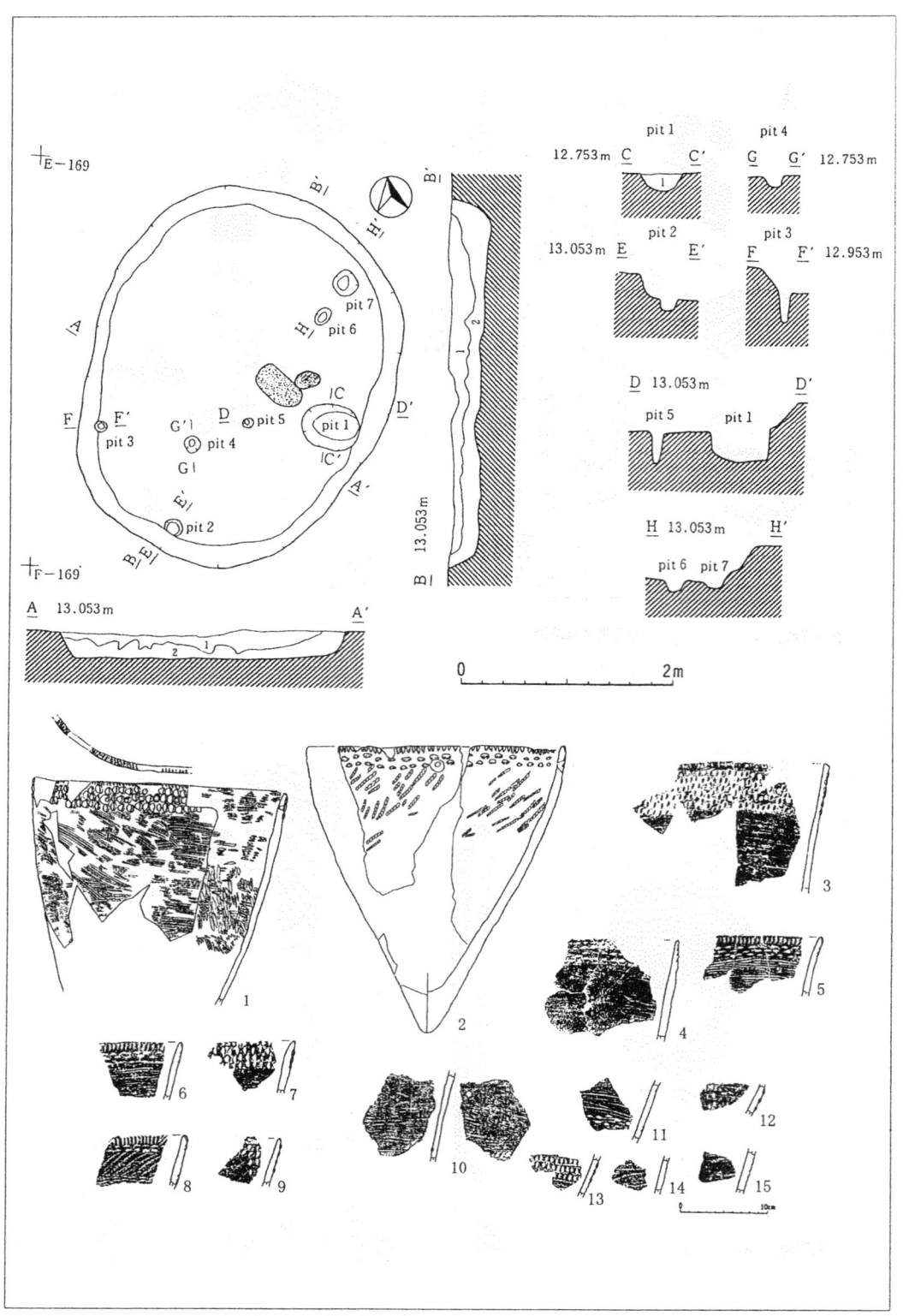

図84 青森県六ヶ所村幸畑1遺跡B区出土の第5号住居跡と白浜式土器

円形である。覆土・床面から器形復元のできる白浜式土器 4 点などが出ている（図 84）。器形は尖底深鉢である。1 は口縁部に 3 段に縦の爪形刺突紋を施し、中段部に内側から突瘤を 14 個施している。円孔・突瘤を施した土器は北海道に類例がみられる。2 は横の爪形刺突紋を 2 段施し、縄（LR）の側面圧痕紋をもつ。8 は横の爪形と貝殻腹縁紋、9 は格子目沈線紋の口縁である。他の 1 軒は同時期との確証がないようである。

千歳 13 遺跡 （青森県教育委員会編 1976）

遺跡は六ヶ所村の南西部、太平洋岸から約 10km の内陸の標高 70 〜 90m ほどの千歳段丘北斜面に位置する。遺構は白浜・小船渡平土器期の集石（焼石群）が 4 基出ているだけである。早期の土器は 3 類に分けられている。51 個体分（6 割弱）が白浜・小船渡平式土器である。16 個体分（3 割強：破片の 5 割強）が物見台式土器の範疇にある土器だが、物見台式に後続するものとして、ここで新たに千歳式土器が設定された。わずかに 2 個体分が白浜式と吹切沢式土器との中間型（寺の沢式土器あるいは庄内墓地出土例類似）とされた。

鷹架遺跡 （青森県埋蔵文化財センター編 1994）

鷹架沼の東南にある鷹架遺跡からも物見台式土器期の竪穴住居跡が 1 軒検出されている。鷹架沼北岸にある弥栄平（7）遺跡（青森県教育庁文化課 1990）から検出された 1 軒の竪穴住居跡も、出土土器から物見台式土器期の可能性がある（図 85）。

櫛引遺跡 （青森県埋蔵文化財センター編 1999）

遺跡は八戸市街の南西、馬淵川右岸の野場段丘面上にある。早期の遺構では貝殻紋土器期の竪穴住居跡が 3 軒検出された。鳥木沢式土器期が 2 軒（それぞれが 2 軒の可能性があるが、切りあい関係がつかめないため、1 軒に数えているので、本来は 4 軒なのかもしれない）と、早期中葉の 1 軒である（図 86）。土器は鳥木沢式が主体で、ほとんどが廃棄ブロックからの出土である。

報告者の坂本真弓は、物見台式→鳥木沢式→蛍沢 A II 式…吹切沢式という変遷観を記している。

新納屋 2 遺跡 （青森県教育委員会編 1981）

遺跡は鷹架沼と市柳沼に挟まれた七鞍平段丘の北端、鷹架沼南方 800m の地にある。

発掘面積が 1616m^2 と小さいので、集落の全容は分からない。3 軒の竪穴住居跡が検出された。11.5 〜 15.2m^2 の隅丸方形で、時期を確定できる床面出土の土器はないが、出土土器の数からみて吹切沢式土器期とされた。ただし第 3 号住居跡は第 2 号住居跡に切られているので、時期差を考慮する必要がある。遺跡出土の土器のうち物見台式土器片は 5 点だけで、吹切沢式土器（復元可能なもの 26 個体分、底部破片 42 個体分）を主体とし、ムシリ I 式土器と早稲田 5 類土器が加わる。出土石器では石錘が注目される。第 1 号住居跡から 11 点（うち床面 1 点）、第 2 号住居跡から 7 点、第 3 号住居跡から 14 点（うち 7 点は西側で密集して発見）出ているほか、9 基の土坑からも出ている（うち 3 基からは 2 点ずつ）。特に注目されるのは、石錘 43 点が 40 × 50cm の範囲に 4 〜 5

152

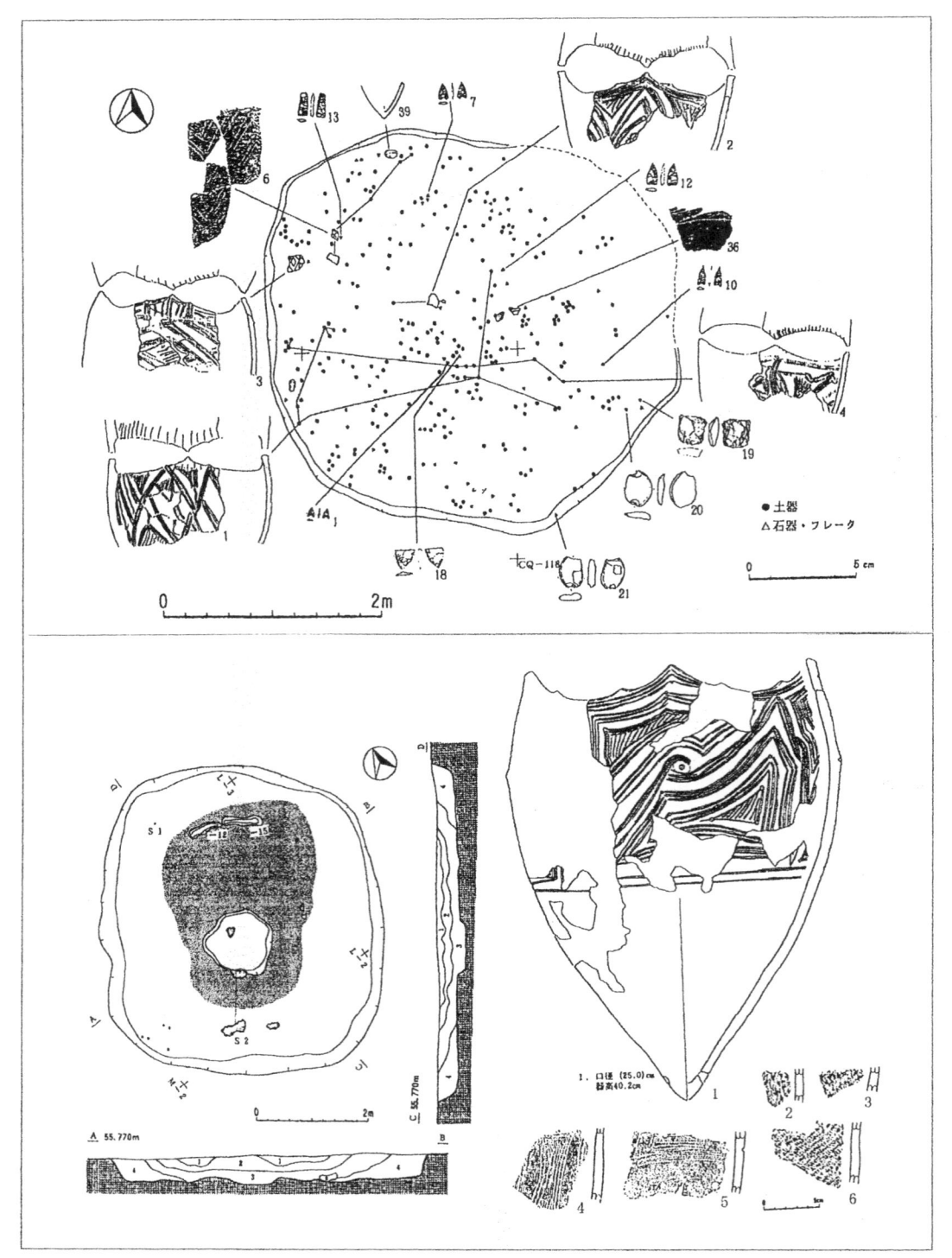

図85　青森県鷹架遺跡（上）と弥栄平7遺跡（下）出土の物見台式土器期の竪穴住居跡
（青森県埋蔵文化財センター編 1994、青森県教育庁文化課編 1990）

段に積み重ねられて、意図的に置かれた状態で出ていることである。吹切沢式土器期が寒冷期に相当するならば、問題を残す状況である。

2. 条痕紋系土器期

売場遺跡（青森県埋蔵文化財センター編 1985）

遺跡は奥入瀬川と馬淵川の下流とに挟まれた丘陵・段丘群（天狗岱・高館台地）にあり、近くには日計遺跡、長七谷地貝塚、赤御堂貝塚などの遺跡もある。

第1次・2次調査で19軒、第3次・4次調査で13軒、総計32軒の早期の竪穴住居跡が検出された（図87）。日計式土器期1、物見台式土器期1、ムシリⅠ式土器期かそれ以前4、ムシリⅠ式土器期6、ムシリⅠ式系土器期1、赤御堂式土器期5、早稲田5類式土器期前後9、長七谷地Ⅲ類土器期4、時期不明1という内訳である。物見台式土器や早稲田5類土器も少なくないが、出土土器片の主体はムシリⅠ式と赤御堂式土器である。早期前葉に居住が始まったが、中葉の貝殻沈線紋系土器期の人の活動痕跡が少なく、後葉以降になって集落が維持継続されたようである。

住居跡内出土の遺物で注目されるのは、物見台式土器期の202号住居から石皿2点と磨敲凹石類2点が、また赤御堂式土器期の4号住居から石皿4点と磨敲凹石類20点が出ている。早稲田5類土器期の308号住居跡は長径が11mを越える楕円形の大型で、60余の側壁柱穴が検出された。報告者の三浦圭介は、物見台式土器（売場Ⅴ群B類）の系列を、住吉町下層式から売場Ⅴ群A類（直前型式）を経て成立し、売場Ⅴ群C類（直後型式）という変遷で考えたが、現在、物見台式土器の編年的位置ははるかに古く考えられる。

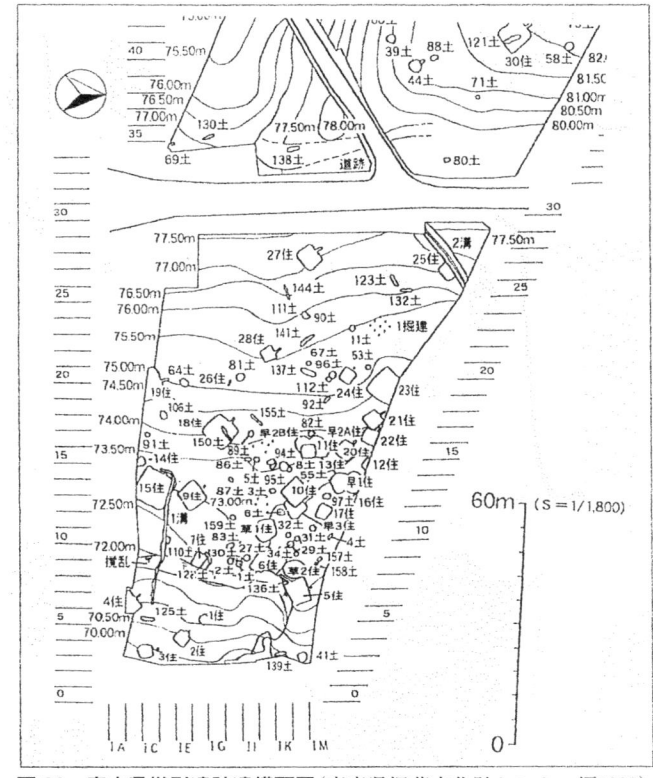

図86 青森県櫛引遺跡遺構配置（青森県埋蔵文化財センター編1999）
草創期：草1住、草2住　　早期：早1住、早2A住、早2B住、早3住

見立山2遺跡（村木編 1998）

限定された発掘であるが、見立山2遺跡からも早期の竪穴住居跡が日計式土器期2軒、赤御堂式土器期1軒（第16号）、表館第Ⅸ群土器期2軒（第15号、第20号）、その他3軒が検出された。この遺跡でも中葉の貝殻沈線紋系土器期の痕跡が見つかっていない。

表館第Ⅸ群土器期の2軒は大型住居である。第15号竪穴住居跡は隅丸方形を呈し、長軸10.6m、

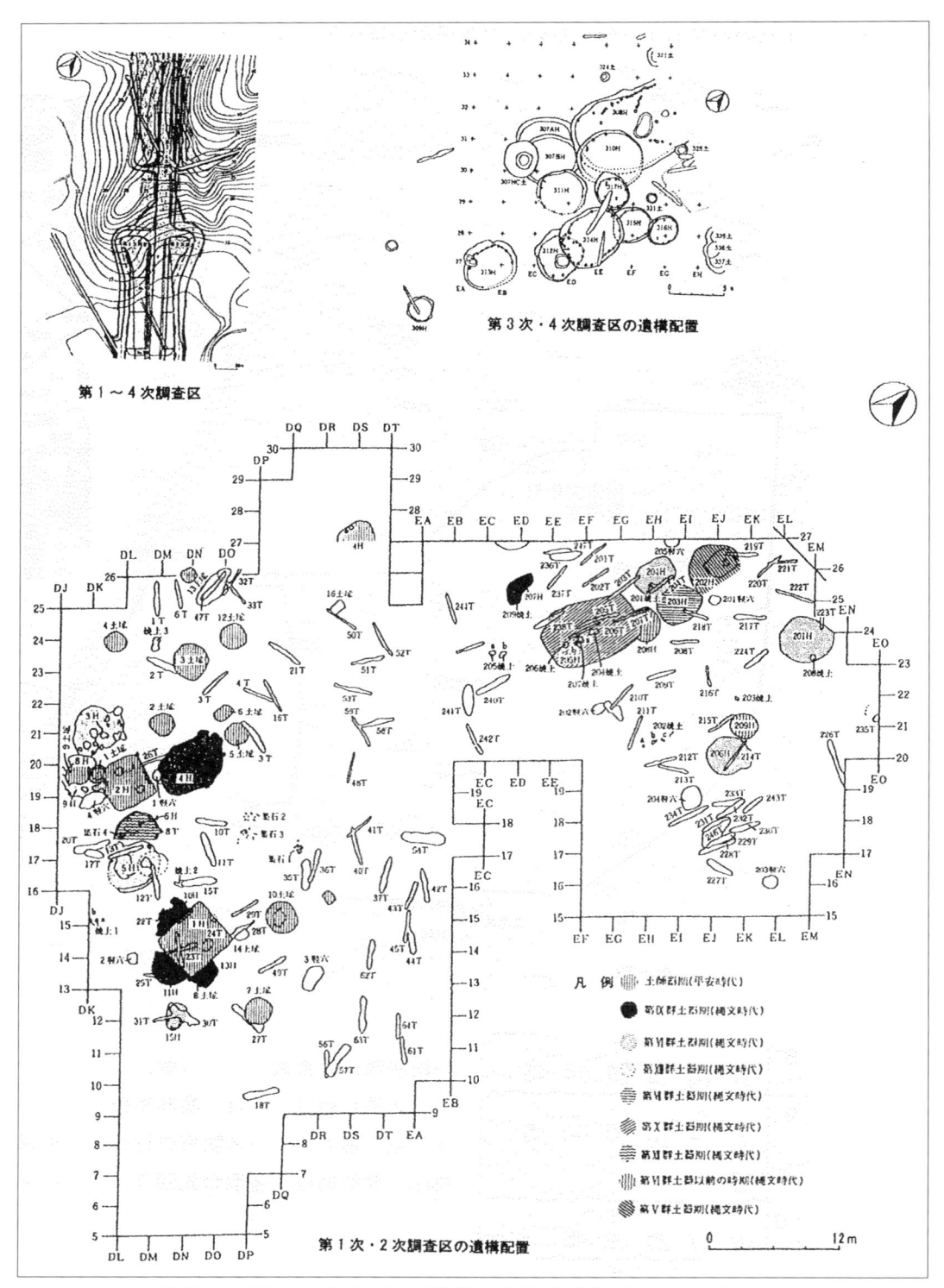

図87 青森県八戸市売場遺跡遺構配置（青森県埋蔵文化財センター編 1985）

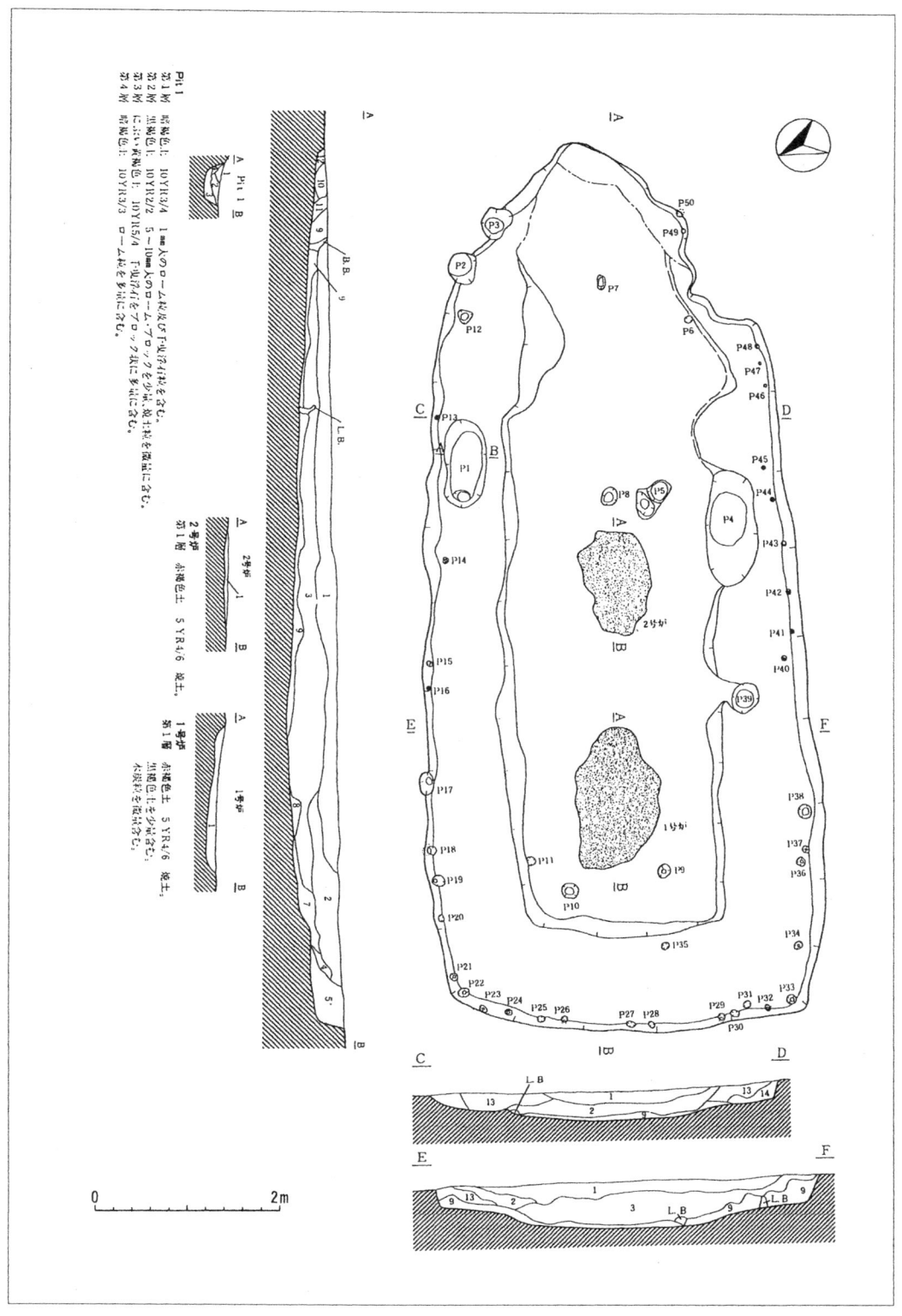

図 88 青森県表館 1 遺跡出土の第 302 号大型竪穴住居跡（報告書）

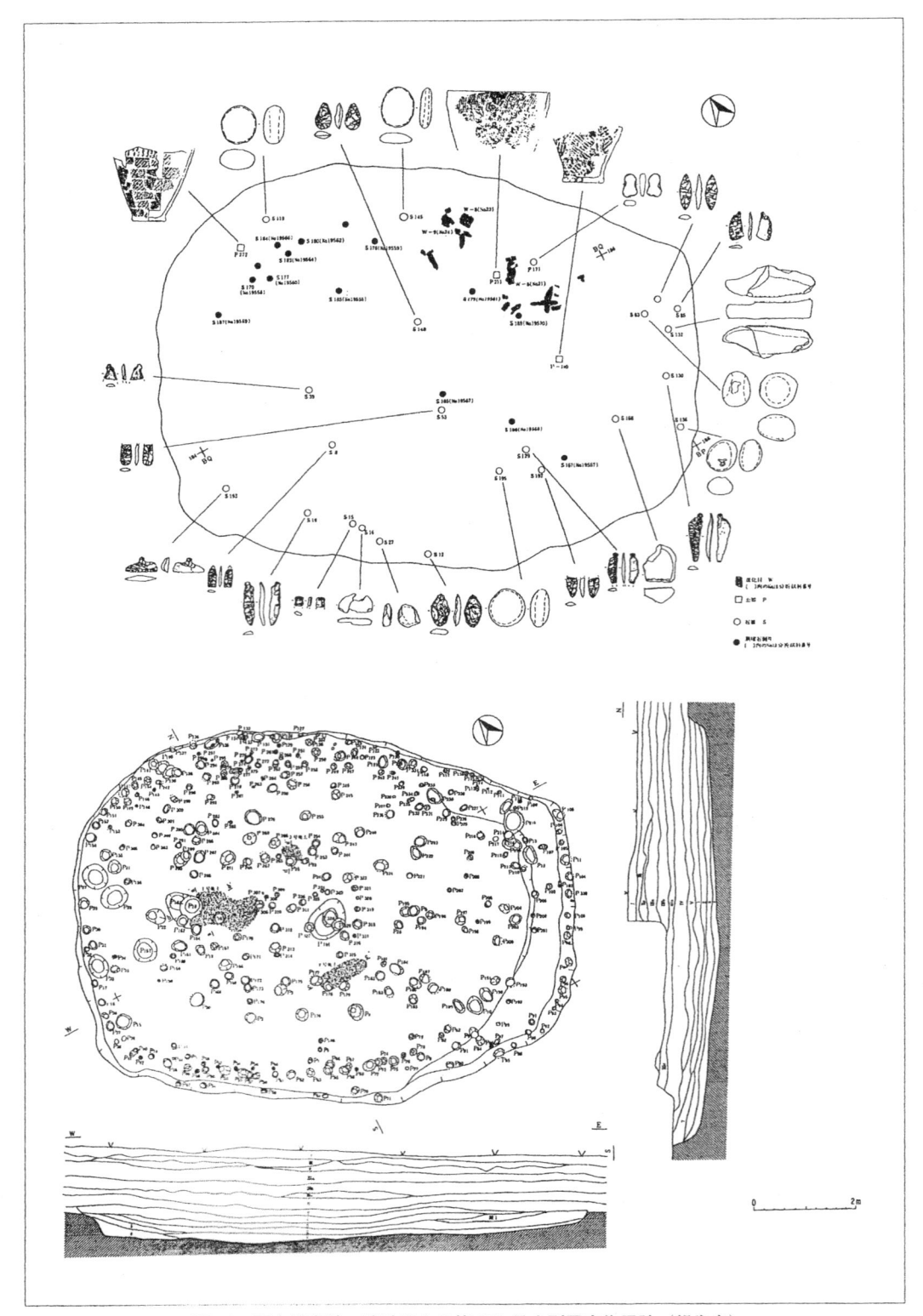

図89 青森県表館1遺跡出土の第108号大型竪穴住居跡（報告書）

短軸9.25mあり、第20号竪穴住居跡も長軸12.3m、短軸9mで楕円形を呈している。遺跡から出土した土器も表館第Ⅸ群土器が主体である。1個体だけであるが平組紐圧痕の土器がみられ、東釧路Ⅲ式土器との共通性が指摘されている。

表館1遺跡（青森県教育委員会 1981、青森県埋蔵文化財センター編1989、 1990a、b）

貝殻沈線紋系土器期で取り上げた表館1遺跡でも1987年度調査で竪穴住居跡が検出された。遺構・遺物の主体は、第Ⅵ層（早期中葉～末葉）にある。A区では竪穴住居跡が20軒報告されているが、床面積が3m²台の2軒は炉跡も柱穴もなく、住居とする積極的な根拠に欠け、そのうちの第123号は石器の工房跡の可能性が指摘されている。5～12m²の円形・楕円形の住居で、

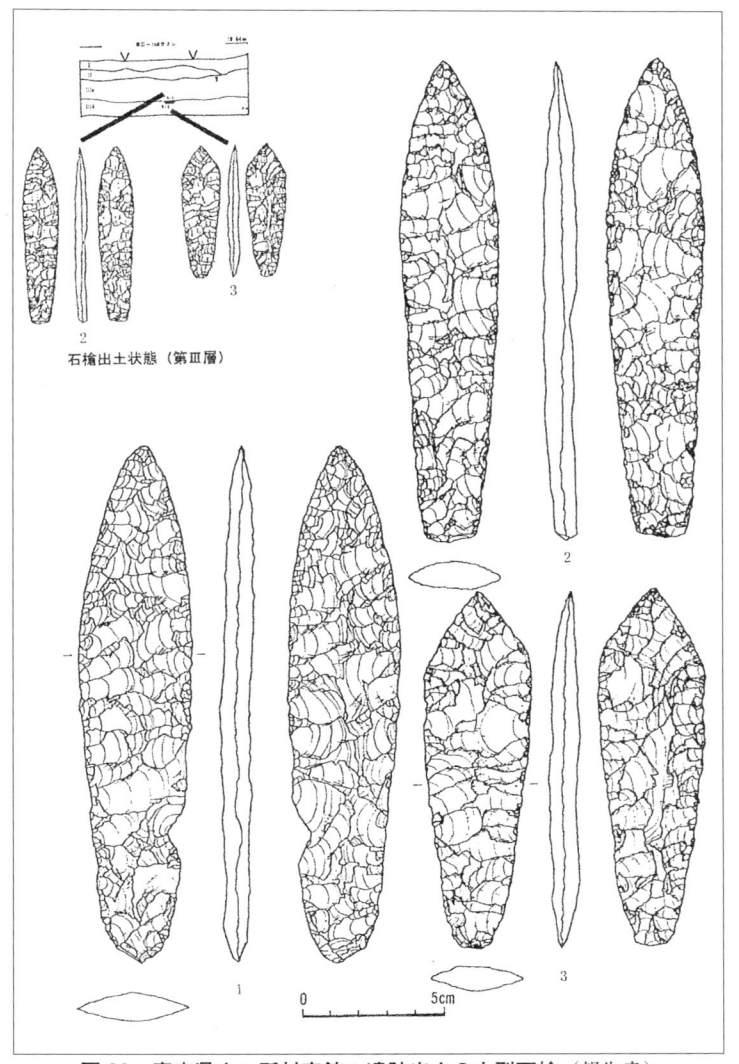

図90 青森県六ヶ所村表館1遺跡出土の大型石槍（報告書）

地床炉を持つものと持たないものがある。この調査では第Ⅴ群土器（ムシリⅠ式土器）期に2軒の住居跡が確認された。ちなみに西隣の発茶沢（1）遺跡C地区でも第Ⅴ群土器（ムシリⅠ式土器）期の竪穴住居跡が2軒検出されている。第Ⅵ群7軒（土坑5基）、第Ⅶ群1軒、第Ⅷ群3軒（土坑5基）、第Ⅸ群3軒（土坑4基）で、早稲田5類土器直後の時期までこの集落は継続されたようである。

第301号住居跡は大型（50.71m²）で、隅丸方形である。第Ⅵ群土器（ムシリⅠ式土器／赤御堂式土器中間型）期の住居である。B区からも同時期の2軒の竪穴住居跡（第302号と第303号）と土坑2基、集石遺構1基が検出された。第302号は壁に沿ってベンチ状の段構造をもつ、長軸9.96m、短軸4.38mの5角形住居（図88）で、第303号住居跡は長軸7.8m、短軸5.14mの隅丸長方形の住居である。第108号住居跡は3回以上建て替えされた大型住居（57.54m²）で、長軸

158

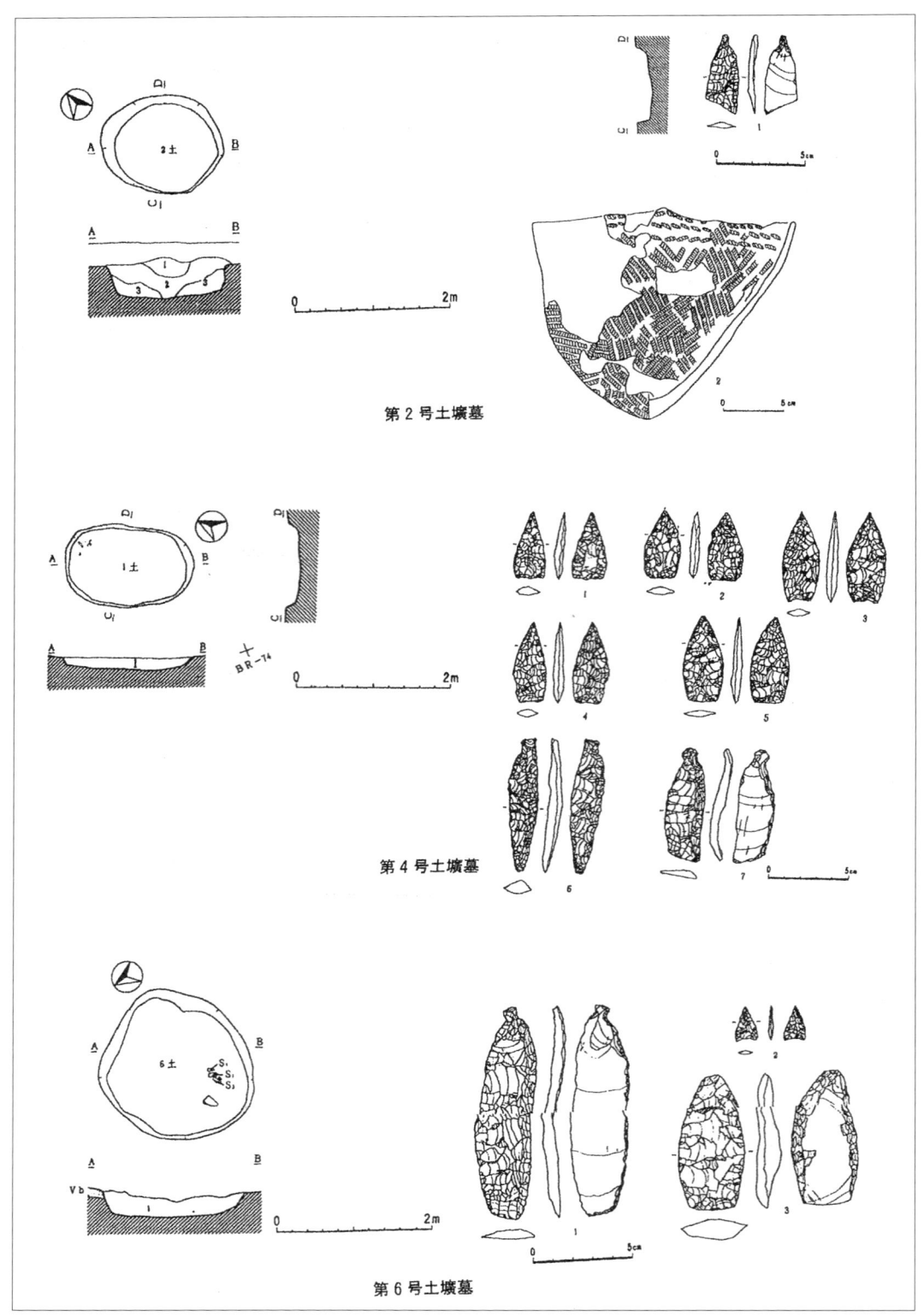

第2号土壙墓

第4号土壙墓

第6号土壙墓

図91 青森県六ヶ所村家ノ前遺跡出土の土壙墓

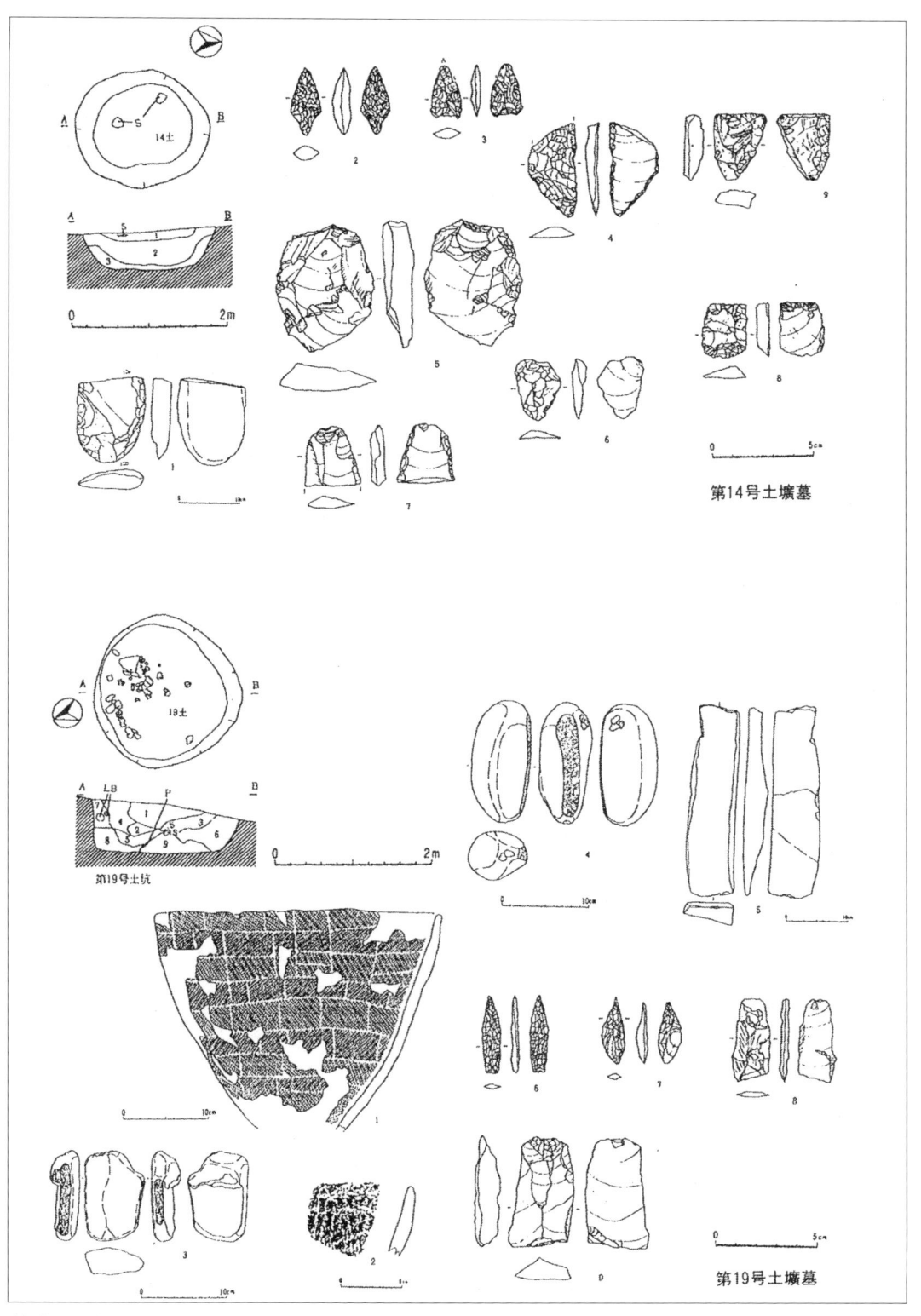

第3章 8.2kaイベントを巡る考古現象　*159*

第14号土壙墓

第19号土壙墓

（青森県埋蔵文化財センター編 1994）

9.7m、短軸 7.4m の隅丸長方形に近い卵形である。第Ⅷ群土器（早稲田5類土器）期に構築され、第Ⅸ群土器期に廃棄されたようである（図89）。

出土土器でみると、第Ⅵ群土器（ムシリⅠ式土器／赤御堂式土器中間型）と第Ⅷ〜Ⅹ群土器（早期最終末）が多い。土坑から石鏃が1点出ているものが6基、2点出ているものが1基ある。後者（第125号）からは他に敲磨器2点、石匙と石槍各1点、石皿1点、石銛1点が出ている。これらの土坑は、「規模および形状からみて土坑墓的な要素は極めて薄く、貯蔵穴等とも考えられるが、詳細は不明である」、と記述されている。だが、再考の余地があろう。石鏃副葬の風習は早期末まで遡るかもしれない。集石遺構、焼土遺構が各5基検出されているが、集石遺構のうちの4基は第ⅩⅡ群土器期（東釧路Ⅳ式土器）とされるので、この時期にはすでに集落は消失していた。さらに早期最終末の第Ⅹ群土器期に、狭小な範囲にきわめて短時間に形成された小貝塚群も出ている。

第Ⅳ層出土の土器類の出土量はあまり多くないが、興味深いものである。第ⅩⅠ群土器とされたものは北海道の中茶路式土器で、4個体の搬入品が出ている。また第ⅩⅡ群土器とされたものの一部も北海道の東釧路Ⅳ式土器であって、早期最終末に北海道から人の南下があったことを示唆している。第Ⅲ層（早稲田6類土器・表館式土器）から短剣形の大型尖頭器が3点出ている。それぞれ、19.0 × 3.9 × 1.1cm、83g、17.6 × 3.4 × 1.0cm、61g、13.1 × 3.8 × 1.0cm、47.6g を計る。2点はⅢb層上面で横位に重なって出土した（図90）。過剰デザインの尖頭器として、この種の石器は前期後半の円筒下層式土器期を特徴づけると考えていた。しかし実際には前期初頭まで遡り北海道と関連するのかもしれない。

家ノ前遺跡（青森県埋蔵文化財センター 1994）

尾駮沼の北岸にある家ノ前遺跡では、1992年と93年度の調査で63基の土坑が確認されている。その中で少なくとも5基（第1・2・6・14・19号）は、副葬品で見る限り東釧路Ⅳ式土器（表館ⅩⅡ群）期の土壙墓であろう。第1号から石鏃5点とつまみ付ナイフ2点、第2号から表館ⅩⅡ群土器とつまみ付ナイフ1点、第6号から10.9cmの長さをもつつまみ付ナイフ1点と石鏃1点と石箆1点、第14号から打製石斧1点、石鏃2点、つまみ付ナイフ1点と不定形石器5点、第19号から表館ⅩⅡ群土器と磨石器2点、台石1点、石鏃2点と不定形石器2点が出ている（図91）。第4節で検討する北海道の早期末に見られた多副葬習俗が持ち込まれている。

なお、下北半島大間町にある小奥戸Ⅰ遺跡（青森県教育庁文化課 1992）では、表館式土器を主体に物見台式土器などを出す北区に対して、南区では東釧路Ⅳ式土器を主体に東釧路Ⅲ式土器などを出す。注目されるのは南区から出たつまみ付ナイフ（石匙）の中に両面加工品が混じることである（図92）。本州側ではきわめて稀な事例である。六ヶ所村鷹架遺跡からも出ている。長さ14.8cm、幅4.7cm、厚さ0.8cmの大型品である。片面加工であるが、16.4 × 5.2 × 1.1cmの大型品と重ね合わせた状態で出土したものである。関連土器は早稲田5類から長七谷地第Ⅲ群土器である（青森県教育委員会編 1981）。

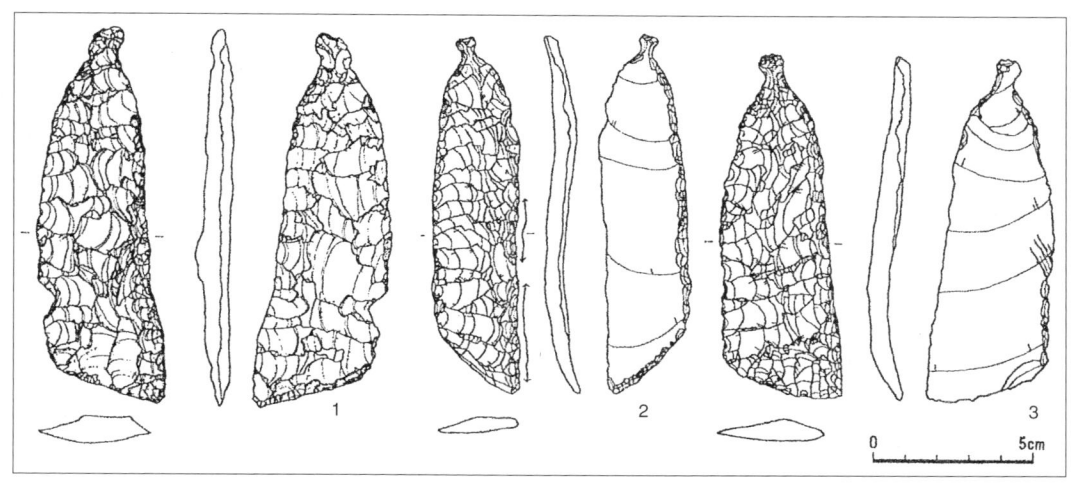

図92 青森県大間町小奥戸1遺跡出土のつまみ付ナイフ（青森県教育庁文化課編 1992）

第4節　北海道

　北海道における細石刃石器群の終末の年代が今なお確定していない。北に位置する北海道では、いわゆる草創期は存在しないと言われてきた。しかし、帯広市大正3遺跡で爪形紋土器が出土し、そのAMS法による放射性炭素年代測定値の較正年代が約1万4000年前であった（山原 2007）。このことを受けて新しい解釈の余地が生まれた。この年代は氷期最後の寒冷現象（ハインリッヒ1・イベント：約1万6600年前）が終わって、気候が緩やかながら回復に向い、さらに急激に温暖化した時期（ベーリング／アレレード期）に相当する。一般に気候が温暖化した時期には、本州から集団が北上した証拠が考古記録に見出される。この場合も、本州から爪形紋土器集団が移動してきた可能性を示唆している。しかしその後の新ドリアス期相当の寒の戻りによって、北海道の東・北部地域は早期のテンネル式・暁式土器期までほぼ無人化したようである。

　北海道においては土器型式の変遷上から中葉の貝殻沈線紋系土器群と後葉の縄紋施文の東釧路系土器群との間に画期が認められてきた。そこに社会生態学上の原因が潜んでいることは、前者に大量に伴っていた石錘が後者には伴わないことから推測できる。皆川洋一は渡辺仁の仮説を応用して、この時期に確立した「狩猟者中心の階層化社会」が、「植物質食料に関連する技術（植物栽培）」や「高度な繊維技術」「広い地域を統合する儀礼」などを外部から取り入れ、「生業分離」などを含む「社会構造の変革」を行ったことに原因を求めている（皆川 2001）。傾聴すべき重要な指摘であったが、生業構造の変革によって生じた「余剰食糧」を背景とする階層化論は賛成できない。よく知られているように、部族社会においては一般に、贈与‐返礼という互酬による共同体間の交換システムによって、特定の個人・世帯・共同体に余剰生産物が集積しないようにしている。縄紋式階層化社会化への契機は、共同体の危機的状況下に表れるというのが私の持論である。この視点から、約

8200年前の寒冷化（8.2ka イベント）から回復しつつあったコッタロ式・中茶路式・東釧路Ⅳ式土器期の社会に注目した。最近の発掘調査の成果を中心に考古記録を具体的に見ていくことにする。

（1）北海道西南部地域

1. 早期の土器型式編年とその画期

　北海道の渡島半島部は旧石器時代以来東北北部と強い繋がりをもってきた地域である。東北地方から北進してきた日計式土器の登場によって早期が開始した。横山英介がこの押型紋土器期に続く貝殻沈線紋系土器群を6群に類型化した（横山 1998）。函館市中野A遺跡で代表されるⅡ群になって、それまで渡島半島南東部に限定されていた分布が噴火湾沿いに日高地方まで拡大し、この段階で縄紋文化の中核の部分が形成されたと見る。道東には同時期、テンネル式・暁式土器が分布する。貝殻沈線紋系土器群は当初、東北地方太平洋沿岸地域と強い類似性をもっていたが、次第に北海道特有のあり方を示すようになった。そのピークが道東や道北部にまで分布を広げたⅣ類土器の段階で、この貝殻条痕紋を基調とした土器の成立は北海道における縄紋文化が形成されたことを示している、と横山は見る。国立療養所裏遺跡出土の早期の土器については、貝殻沈線紋系尖底深鉢をⅠ～Ⅷ群（白浜・小船渡平式～ムシリⅠ式）に、その後の縄紋平底深鉢をⅨ・Ⅹ群（中茶路式・東釧路Ⅳ式）に分けている（横山編 2000）。

　冨永勝也は函館市中野B遺跡の発掘調査の成果を中心において、北海道の早期を4大別（「押型文期」・「貝殻文期」・「石刃鏃石器群が共伴する段階」・「縄文期」）し、13細別に分けて地域ごとに遺構・遺物の変遷を考えている。①「アルトリ式」（ムシリⅠ式）土器期において西南部でも平底が定着すること、②石刃鏃が渡島半島を超えて下北半島へも至ること、③東釧路Ⅱ式以降に石錘の出土量が激減すること、④東釧路Ⅱ式以降の土器型式は全道的に分布するようになるとともに、スムーズに変遷することなど、冨永が指摘するⅢ期後半からⅣ期にかけて見られた大きな変化（冨永 2004）から、貝殻沈線紋系土器群期の定住的な生活様式から、一旦、遊動的な生活様式へ変化したのち、再び定住化へと変化したことが読み取れる。

　熊谷仁志の編年では、日計式土器の後の貝殻沈線紋土器群はノダップⅠ式・国療裏Ⅰ群土器・函館空港第6地点出土資料（横山のⅠ群）→中野A式（同Ⅱ群）→有珠川2式（ここまでは樽前d火山灰層（Ta-d層）下位から出土する）→鳴川式（同Ⅲ群）→住吉町式（同Ⅳ群）→根崎式という変遷である。その後にムシリⅠ式から赤御堂式、さらに中野B遺跡Ⅰ群F類土器・東釧路Ⅱ式と続く。東釧路Ⅲ式、コッタロ式、中茶路式の変遷は漸移的で明確な区別が困難な部分があるが、中茶路式から東釧路Ⅳ式へはスムーズな変遷が認められる。東釧路Ⅳ式土器は平底から丸底への移行期の土器で、微隆起がなくなる。千歳市美々7遺跡で口縁部に縄線紋、体部に羽状縄紋が施されたものが出土し、東釧路Ⅳ式土器の最終末の段階と捉えている（熊谷 2008）。

　遠藤香澄は北海道央・道南地域の条痕紋系平底土器を、古1段階・古2段階・新1段階・新2段階・新3段階の5期に細分している（遠藤 2008）。既知の型式名でいえば、沼尻式・東釧路Ⅱ式・大楽毛式・浦幌式・ムシリⅠ式（表館Ⅴ群）に並行させている。浦幌式土器期に8.2kaイベントを

図93　北海道函館空港用地内の遺構の分布（報告書）

想定しているが、渡島半島部においてはどの土器型式に並行するのか、確かなことは分かっていない。とりあえずムシリⅠ式（表館Ⅴ群）土器期の直前型式あたり、住吉町式土器期から根崎式土器期にかけての時期にあたりを付けてみた。根崎式土器はムシリⅠ式土器の祖型と見なされている。ちなみに、中野A式は物見台式土器で、報告された ^{14}C 年代測定値は、9100 ± 1900BP、9520 ± 320BP、9580 ± 1800BP、7780 ± 280BP、8660 ± 180BP で、だいぶ以前の測定値で不安定であるが、先に触れたように、最近発掘調査が行われた岩手県の山脈地遺跡出土の「物見台式系土器」も暦年較正で約 9530 〜 9490 年前である。

このあたりを念頭に置いて、函館空港拡張工事に関連して発掘調査が行われた遺跡の状況を見ておこう（図93）。

2. 函館空港拡張工事関連遺跡

中野A遺跡（北海道埋蔵文化財センター編 1992、1993）

函館市街地の東方約 8km、海岸線に沿って発達している赤川段丘の裾野部に相当する日吉町段丘上、津軽海峡に注ぐ銭亀宮の川の右岸にある。対岸の左岸には中野B遺跡がある。海岸線より約 1.2km 内陸の標高 50m 前後のところで、函館空港の拡張工事に伴う発掘調査によって、この地域からは早期・前期の大きな集落跡がいくつも見つかった。

中野A遺跡からは 1975・76 年の調査では、物見台式土器期の竪穴住居跡 6 軒と土坑 12 基が、また早期終末の「梁川町式土器」期の竪穴住居跡 8 軒と石組炉 1 基が検出された。1991 年の調査の

際も、早期前葉の押型紋土器である日計式土器に伴うと言われる縄紋施紋土器期に属する竪穴住居跡1軒と、物見台式土器期の竪穴住居跡13軒が、また1992年の調査でも物見台式土器期の竪穴住居跡が40軒も出た（図94、95）。

住居は床面積が8m²弱から28m²強の大きさで、隅丸方形・隅丸長方形や台形、あるいは卵形の平面形をもち、主柱はないものから4〜6本のもの、また炉を伴っていたり、いなかったりする。住居跡の切り合い関係や遺物の接合関係、住居の平面形の変化や長軸の方向を検討すると、集落は住居が同時に2〜3軒併存する規模で長期に継続したようである。住居形態は隅丸方形→隅丸長方形→台形→卵形と変化したとされる。報告者の1人、和泉田毅はほぼ屋内に焼土があるものからな

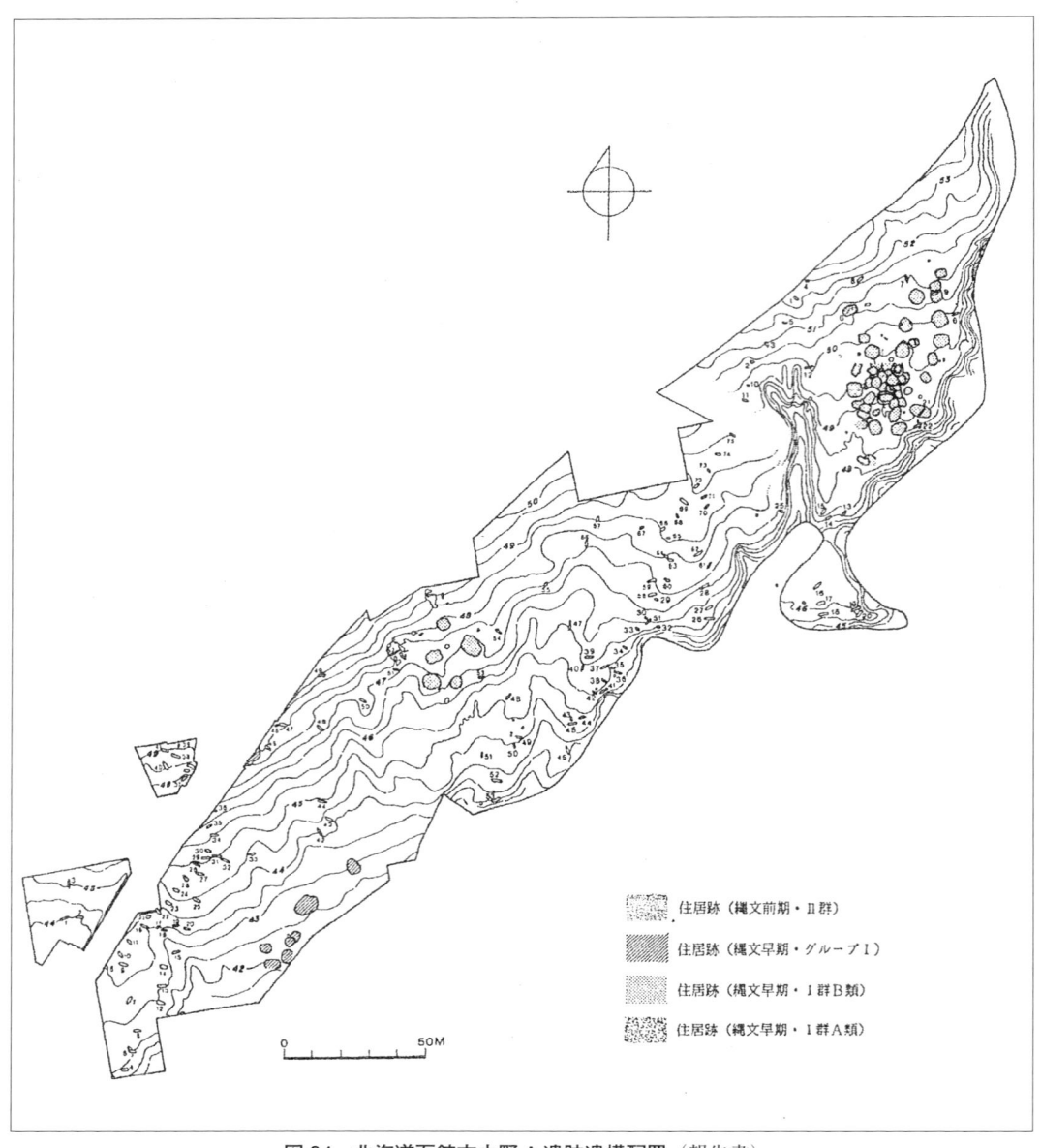

図94　北海道函館市中野A遺跡遺構配置（報告書）

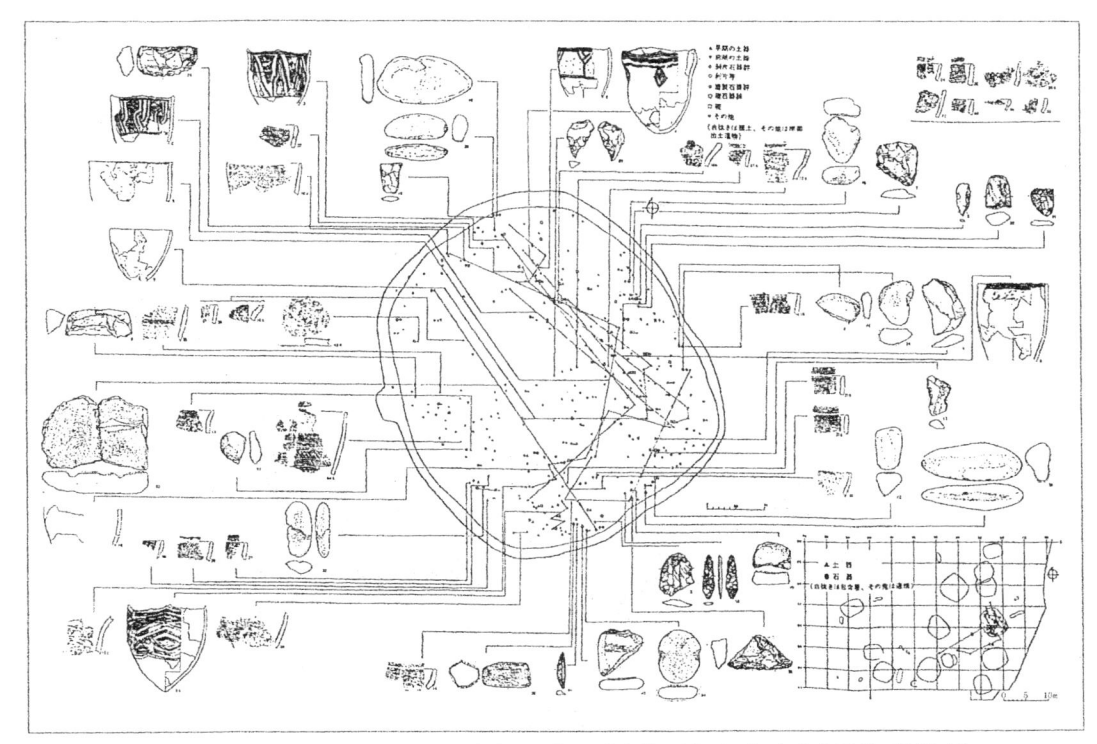

図 95　函館市中野 A 遺跡出土物見台式土器期の竪穴住居跡（H4）と出土遺物（報告書）

いものへ、壁高の高いものから低いものへ、主柱が 4 ～ 6 本のものから主柱をもたないものへ、そして大型の住居から小型の住居へという大筋の変化を指摘している。和泉田が想定する通りであるならば、この長期定住型の居住から短期滞在型の居住へという変化が、どんな社会生態学的要因によるものなのか、約 9400 年前のボンド・イベントに関連するのか、新たな研究課題となる。

　出土石器の内訳は石鏃 144 点、石槍 41 点、石錐 55 点、箆状石器 82 点、石匙 178 点、削器 578 点、磨製石斧 112 点、敲石 149 点、磨石 471 点、砥石 130 点、石鋸 130 点、石錘 390 点、石皿 91 点である。次に検討する貝殻沈線紋系土器の住吉町式土器期と比べると、石錘が相対的に少ないようである。注目される遺物として、キハダ属、クルミ属、ミズキ属の炭化種子がある。

中野 B 遺跡（北海道埋蔵文化財センター編 1996a、b、1998、1999）

　中野 B 遺跡は冨永の「II‐v 期の住吉町式土器期」を中心として、およそ 2000 年間にわたって形成された集落跡である。竪穴住居跡 650 軒、墓壙・フラスコ状土坑などの土坑 392 基、焼土 19 ヶ所、集石 3 ヶ所といった遺構が検出された。早期中葉の大きな集落を維持した生業は、約 2 万 6,000 点出ている石錘が示唆する網漁と、オニグルミなどの植物採集が考えられる。貯蔵穴と見られるフラスコ状土坑が大型化するとともに数が増加している。クルミ属の核片が出る例が多く、炭化したヒエも発見されている（冨永 2007）。

　1992 年、93 年度の発掘調査の報告書において、それ以前の出土分と合わせて竪穴住居跡 171 軒（住吉町式土器期 127 軒、ムシリ I 式土器期 33 軒、不明 11 軒）、土坑 80 基、焼土 5 ヶ所、集石 3 基な

どが報告された。高橋和樹によれば、住吉町式土器期に属する竪穴住居は135軒で、切り合い関係、長軸方向、住居の配置関係など総合して考えると9段階に分けられる（15軒、17軒、16軒、19軒、12軒、13軒、14軒、20軒、9軒）。その最新の第9段階について次のように記している。「第9段階の住居跡は、…の9軒と、やや少なめである。…分布が北東方向に偏っており、この分布傾向から、第9段階の集落の中心が、より北東にあったものと予測される。調査区内の第9段階の住居には、比較的規模が小さく、丸みを帯びた形状のものが多いようだ。第9段階の土器は、数は少ないが、…」。北東方向の未調査区域に、さらに住居跡がありそうだというのである。だが、牽強付会の誹りもあろうが8.2kaイベントにかかわる規模縮小の現象と見なせないわけでもない。ムシリⅠ式土器期の住居については、「（住吉町式土器）期の竪穴住居に比べると、どちらかといえば大きめで、掘り込みの深いものが目立つように思われる」、と記されている。東北地方北部で見てきたように、ムシリⅠ式土器期は8.2kaイベントからの回復期に当たっているからであろう。

1993年度の北側区、94年度のA〜C区調査の報告書（Ⅱ）では、さらに当該期の竪穴住居跡273軒、土坑170基が報告された。北調査区の竪穴住居は切り合いが激しく（写真9）、時期不明とされたもの28軒、早期中葉とされたもの105軒にのぼる（状況からみていずれも住吉町式土器期の可能性が大きい）が、住吉町式土器期が39軒のほかに、根崎式土器期として5軒が報告された。土坑は75基である。A区からも91軒の竪穴住居跡と73基の土坑が検出された。時期不明1軒、中葉期のもの78軒とされたほかに、物見台式土器期1軒、住吉町式土器期6軒、根崎式土器期5軒である。径・深さとも2m前後の大型のフラスコ状ピット群は根崎式土器期のものと報告されていて注目される。寒冷化に対応した貯蔵穴の大型化と見ている。

報告書（Ⅲ）では1992年度調査区の東に隣接するD地区から、1995年の調査によって検出された102軒の竪穴住居跡などが報告されている。住居はすべて住吉町式土器期のものとされている。他の調査区と同様に、ここでも住居跡同士の切り合いは著しく、405号住では6軒と、454号住では9軒と重複していた。この報告書ではAMS法による放射性炭素年代測定の暦年較正年代値が8例掲載された。約9050〜8650年前で、この集落は8.2kaイベント以前の温暖期に形成されたのである。ここでも8.2kaベントは住吉町式土器期終末から根崎式土器期に相当する可能性を示唆している。

クルミ属、ブドウ属、ミズキ属、キハダ属、ニワトコ属、マタタビ属、タデ属の炭化種子の他に、ヒエ属の種子が2軒の住居の床面から1粒ずつ、1軒の住居の床面直上から2粒、3基の土坑から1粒ずつと1基の土坑から3粒と、わずかだが出ている。小粒だが、雑草のノビエ（イヌビエ）とは形態に違いがあるという。①炭化している。②遺構から出土している。③内外穎がとれた穎果の状態である。④ほかの炭化種子が同遺構から検出されている。⑤ほかの「雑草性植物」種子は検出されていない。こうした出土状況から、越田賢一郎と福井淳一は縄紋早期人の関与を考えている。出土石器は石鏃123点、石槍113点、石錐75点、篦状石器19点、両面調整石器（他器種の未製品？）77点、石匙280点、削器類1,152点、磨製石斧70点、敲石544点、磨石638点、砥石355点、石錘4,453点、石皿・台石225点という内訳である。石錘の数の多さは調査時から注目されたことである。

発掘調査の最終年である1996年には、D区の東に隣接するG区から住吉町式土器期の竪穴住居跡84軒、土坑79基、焼土1ヶ所などが検出された（報告書Ⅳ）。これまでと同様、竪穴住居跡や小型フラスコ状ピットなど多くの遺構が重複する状況にあった。その東側、銭亀宮の川から約80m離れた地点から、隅丸長方形の長軸7～8m（床面積40m²前後）の大型で深い竪穴住居跡が、切り合い関係をほぼ持たず、数軒ずつ長軸を南北方向にそろえて、2列に並んで見つかった。竪穴中央にほぼ方形の掘り込み炉をもち、それを巡るように主柱穴が配置されている。主柱穴は深さ40cmを超える規格性に富んだものである。この特異な住居群の性格づけは課題として残されている。関東地方や東北地方北部で見てきたように、大型住居からなる集落は早期末に出現している。
　以上、発掘調査報告書の記載をまとめると、中野B遺跡からは総計で竪穴住居跡631軒、土坑377基、焼土19ヶ所、集石3ヶ所、Tピット（落し穴）271基が検出されたことになる（図96）。報告書Ⅲの時点での中野A遺跡・B遺跡出土土器の復元個体数は746点で、内訳の総個体数はB類

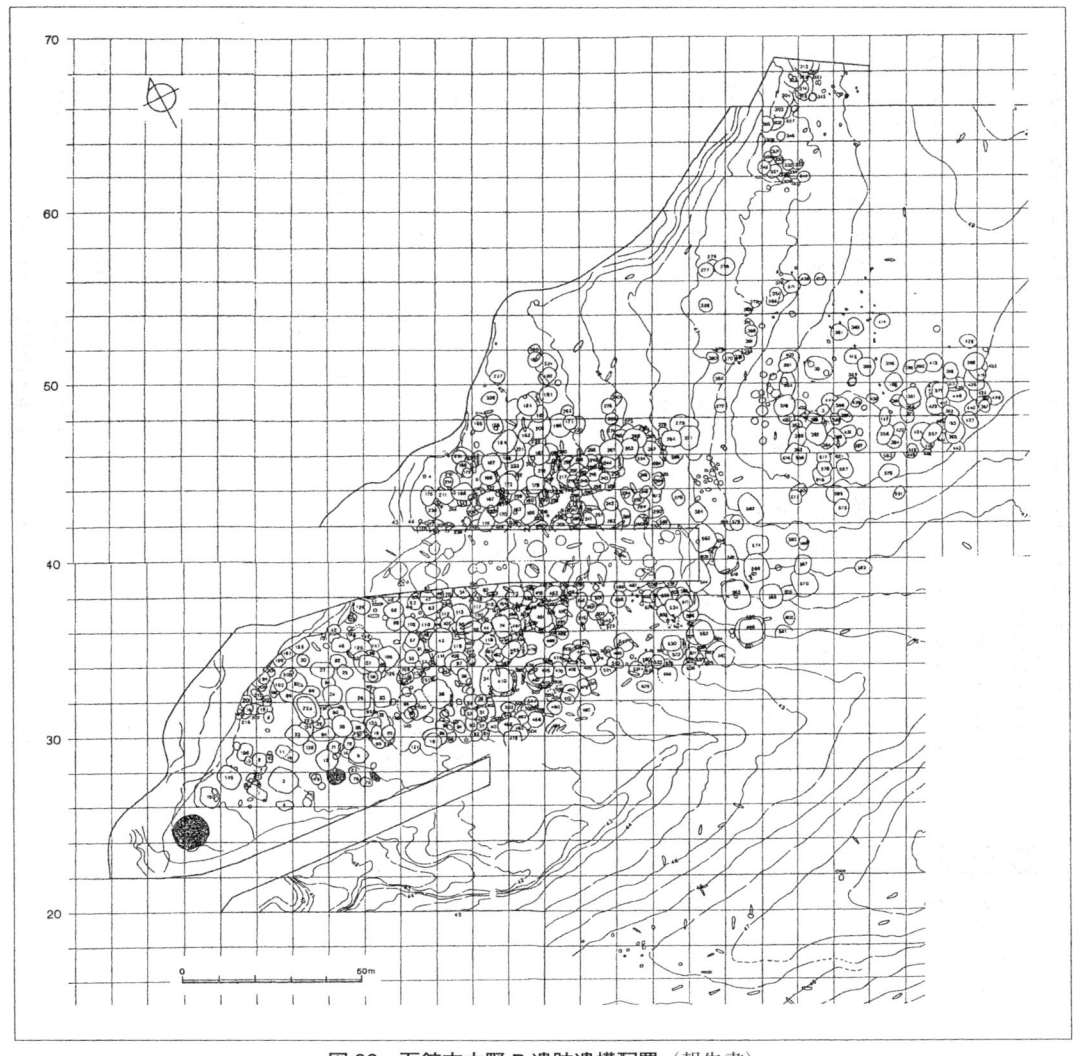

図96　函館市中野B遺跡遺構配置（報告書）

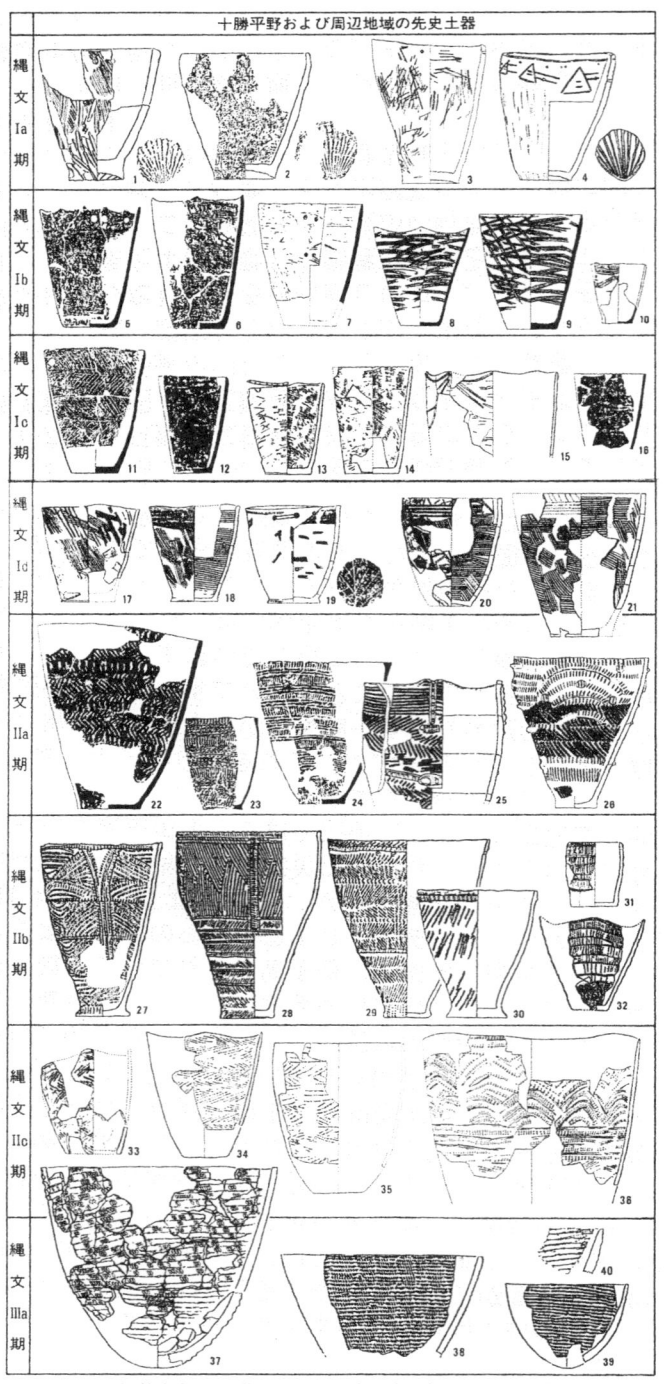

図97 北海道東部の早期の土器型式編年（北沢編 1990）
テンネル・暁式、沼尻式、下頃部・大楽毛・東釧路Ⅰ式、浦幌式、東釧路Ⅱ・Ⅲ式、コッタロ・中茶路式、東釧路Ⅳ式、網紋式（前期）

（中野A式・物見台式）147点、C類（鳴川式）40点、D1類（住吉町式）409点、D2類（根崎式）32点、E類（アルトリ式・ムシリⅠ式）118点である。E類は貝殻紋が紋様要素としてほぼ消滅し、絡条体圧痕紋・集合沈線紋・微隆起線紋などの新要素が登場する土器である。土器の面からも住吉町土器期末〜根崎式土器期が8.2kaイベントに相当し、アルトリ式・ムシリⅠ式土器期がそこからの回復期に相当したと見なせる。

なお、中野B遺跡に隣接する石倉遺跡からも、1995年の調査で住吉町式土器期（報告者は物見台式と住吉町式との中間型）の竪穴住居跡8軒と、後葉から縄紋時代前期にかけての竪穴住居跡2軒が検出されている（北海道埋蔵文化財センター 1996c）。

(2) 北海道中央・東部地域

1. 早期の土器型式編年とその画期

北海道の中央部と東部は全体に南西部とは異なる土器型式の変遷を見せる（図97）。

この地域の早期で最古の土器はテンネル式・暁式土器で、帯広市大正6遺跡から出土したテンネル式・暁式土器の表面付着炭化物の放射性年代測定値の暦年較正年代が約1万550〜1万260年前と1

万1100～1万700年前である（北沢・ほか編 2005）。新ドリアス期から回復に向かう気候期にあたり、それ以前の居住の痕跡がほとんど見られない。最近の年代研究（國木田 2014）によれば、テンネル式・暁式土器期は約1万200～8200年前、さらに樽前d火山灰層を挟み、沼尻式土器期が約9000～8000年前、下頃辺式・大楽毛式・東釧路Ⅰ式土器期が約8700～8200年前、平底条痕紋系土器期が約8400～8000年前、女満別式・トコロ14類土器期が約8400～7800年前、浦幌式土器期が約8400～7600年前、東釧路Ⅱ・Ⅲ式土器期が約8000～7300年前、東釧路Ⅳ式土器が約7500～6700年前と続いた（図98）。

浦幌式土器が石刃鏃石器群と伴出した大正3遺跡で炭化材のAMS法による年代値が出ており、その較正年代では約8340～8180年前で、浦幌式土器期が寒冷期のピーク（8.2kaイベント）に相当したようである。石刃鏃の全道的な分布拡大の背景に、気候の悪化に伴うより遊動的な居住形態への移行があったと想定される（山原 2008）。その後に気候が再び回復するに伴い、「縄紋平底土

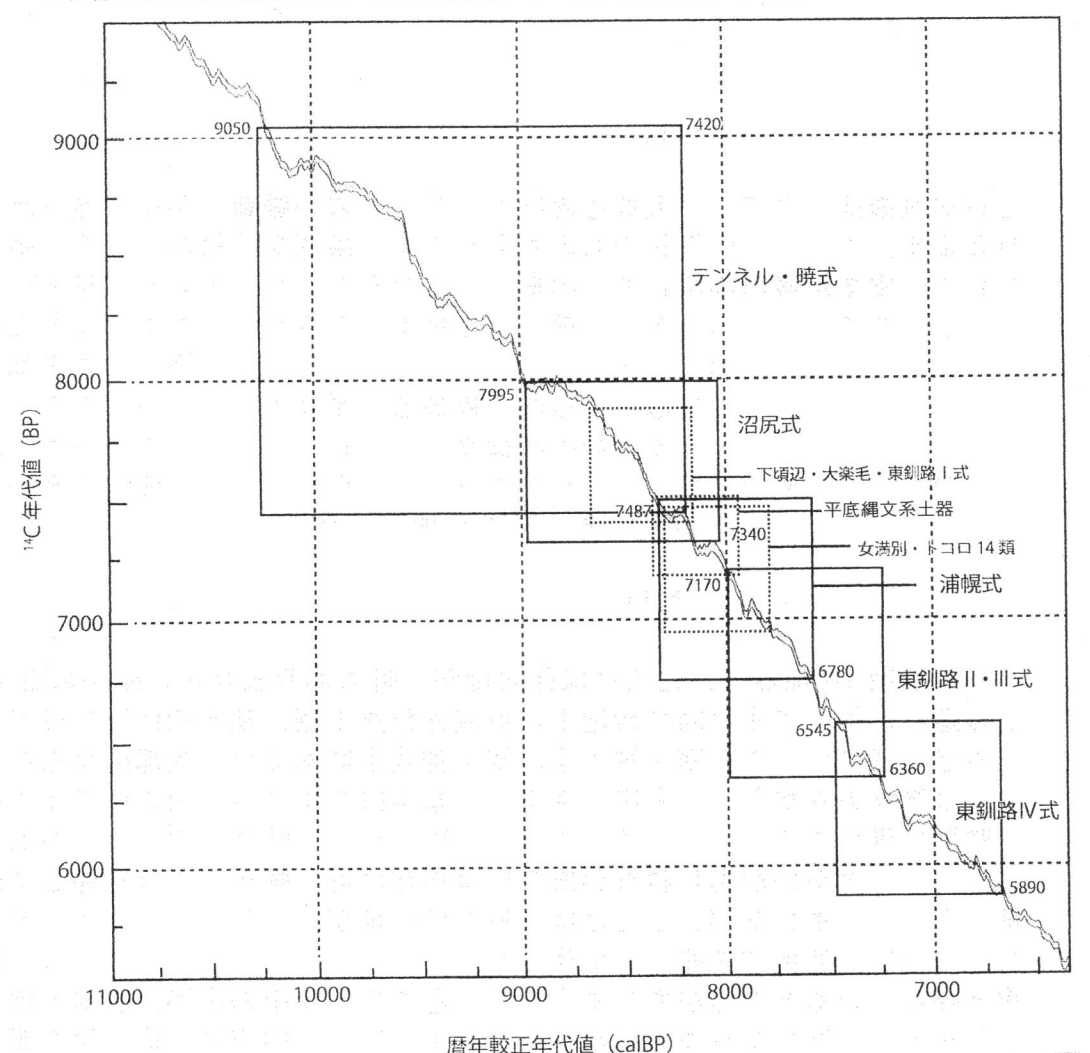

図98　北海道東部縄紋時代早期土器型式の歴年較正年代値（國木田 2014）

器群」(東釧路Ⅱ式・東釧路Ⅲ式・コッタロ式・中茶路式・東釧路Ⅳ式) を残した集団が、定住集落を形成していった。ちなみに、東釧路Ⅱ式土器期に関連した大正8遺跡の炭化材では、約7950〜7790年前の年代である。

新ドリアス期相当の寒冷気候から回復して急激に温暖化したが、8400年前頃から寒冷化に向かい、8200年前頃に寒さのピークを迎えたのち、8000年前頃に再び温暖な気候となったようである。最近の発掘調査の成果を中心に相当期の考古現象の変化を具体的に見ていくことにする。

2. 気候温暖期の諸遺跡
帯広市八千代A遺跡 (北沢編 1990)

先に関東地方や九州南部、北海道南西部で見てきたように、早期に入って温暖な気候が続くと集住化が進み、多数の竪穴住居跡からなる集落が形成された。八千代Aは暁式土器期の代表的な遺跡である。遺跡は帯広市街地の南約30km、帯広川の支流売買川の源流部付近、標高280m前後の馬の背状台地に位置する。草地造成・草地整備工事に伴い、1985年から4年間にわたり発掘調査が行われた。

1地点〜5地点に分けられた調査地点から竪穴住居跡105軒、土坑121基などが出土した (図99、写真10)。1地点から住居跡80軒、土坑29基、陥穴5基、焼土29ヶ所が検出され、そのうち住居跡79軒と土坑28基が暁式土器期である。さらに北側に遺構が広がりそうである。2地点から住居跡14軒、土坑64基、、陥穴6基、焼土18ヶ所が検出され、そのうち住居跡13軒と土坑10基が同時期である。4地点からも同時期の住居跡11軒と土坑8基が検出されている。暁式土器期の住居は計103軒を数えるが、北東側に隣接する八千代C遺跡でも同期の住居跡が2軒調査され、さらに6軒以上の存在が推定されていることから見て、この台地上にはさらに多くの竪穴住居が営まれていたと考えられる。ちなみに次の沼尻式土器期の住居跡が2地点から1軒出ていて、遺物も遺構外から多数出ている。3地点からも同時期の土坑18基と遺物が多数出ており、5地点からも土坑1基と陥穴1基が出ている。

直径3m未満の竪穴住居は仮小屋的な性格のものと見られている。直径4〜5mの中型住居の床面に地床炉と小ピットが残されていて、相当量のクルミをはじめとする炭化物が得られている。直径8m前後の大型住居は炉をもたず、立地も他の住居と異なることから違った性格をもつと見られている。遺物を比較的多く出土した住居2で見てみると、土器以外に、石鏃、石槍、削器、彫刻刀形石器、石錐、磨製石斧、擦石、敲石などが世帯道具だったようである。石斧の素材は大半が緑色岩、蛇紋岩なので、この集落の居住者たちの行動領域が旭川方面にまで至っていたかもしれない。

竪穴住居の構造材あるいは薪炭材と思われる炭化木片についての樹種同定では、トネリコ属 (ヤチダモ・コバノトネリコ?)、ニレ属 (ハルニレ・オヒョウ?)、ハンノキ属 (ヤチハンノキ・ケヤマハンノキ?)、コナラ属 (ミズナラ・コナラ・カシワ?)、トウヒ属 (エゾマツ?) と、カエデ属? (イタヤカエデ・ヤマモミジ・ウチワカエデ?) およびオニグルミ? の樹木が見られ、遺跡周辺には冷温帯落葉広葉樹林が広がっていたようである。また出土した炭化物から、山田悟郎はミズナラとキハダの果実利用を示唆している。

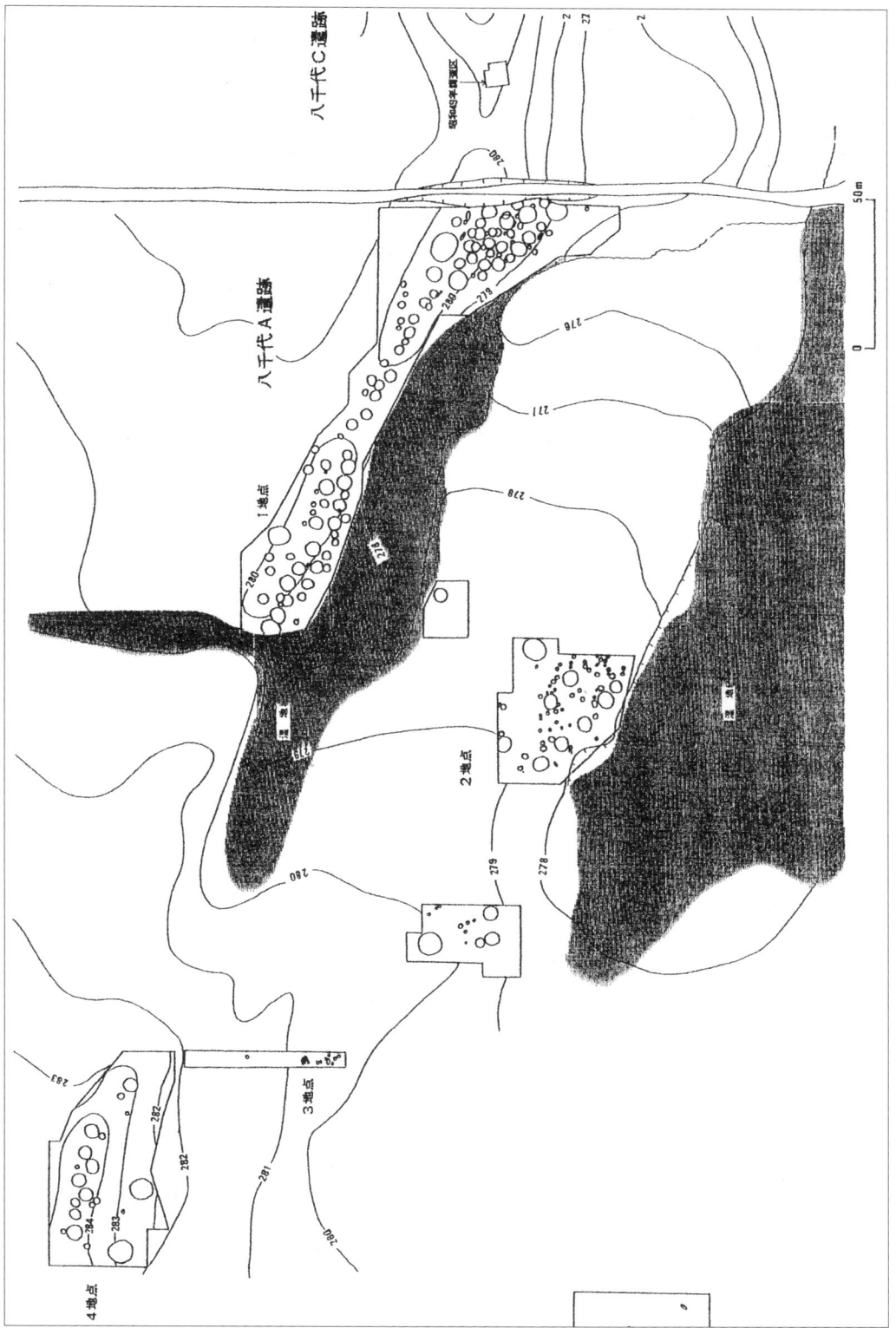

第3章 8.2ka イベントを巡る考古現象　171

図99　帯広市八千代A遺跡遺構配置（縄文時代文化研究会編 2001）

釧路市材木町5遺跡 (澤編 1989、1990)

遺跡は釧路駅の南東1.5km、釧路川左岸の釧路段丘上にある。縄紋時代早・中・後晩期、続縄紋、オホーツク、擦紋、アイヌ期の複合遺跡である。1987〜89年の3次にわたる調査により、テンネル式土器期の竪穴住居跡17軒、土坑129基が検出された。竪穴住居は床面積がおよそ14〜33m^2、深さが40〜100cmで、円形・楕円形・隅丸方形・多角形と一定しない。土坑は径2〜4m前後で、中央に柱穴をもつものが多い。報告者は仮小屋的な性格を考えている。石鏃・削器・石錘・敲石が多い。内陸部の八千代A遺跡では石錘は出ていなかったが、沿岸部のこの遺跡から652点も出ている。遺跡はアイヌ期までの複合遺跡であるが、石錘の出土位置はテンネル式土器期の遺構とほぼ重なっている。海進期には台地の下は海であり、定住を可能にした生業を示唆している。

幣舞2遺跡 (石川編 2005)

遺跡は釧路川河口から1kmほど上流、左岸の釧路段丘上にある。樽前d火山灰層の下からテンネル式土器期の竪穴住居跡17軒（第31号〜47号）、土坑29基が検出された。円形・楕円形・多角形で、床面積が50〜60m^{2}の大きな住居もあるが、20〜30m^{2}が標準である。深さは70〜80cmと深い。そのうち9基が地床炉をもつ。住居跡からは石鏃を主に彫刻刀形石器、石錘などが、また土坑からは主に石錘が出ている。

ピタルパ遺跡 (川内谷編 2002)

遺跡は門別町を流れる沙流川右岸、標高約45mの河岸段丘上にある。暁（テンネル）式土器期の竪穴住居跡11軒、土坑9基が検出されている。竪穴住居は床面積が10数m^{2}の隅丸方形が普通だが、20m^{2}と30m^{2}近い家がある。他に陥穴が9基出ているが、早期後半以降とされる。土器は暁式土器以外に前期の静内中野式土器と続縄紋時代の後北C$_2$式土器が出ている。石器に関しては、石錘が暁式土器期にあって前期にないこと、つまみ付ナイフ（縦型石匙）は逆に前期にあることが注目される。ちなみに、10号住居床面の炭化材の年代は約9500年前である。

大正遺跡群 (北沢・ほか編 2005)

帯広市街地の南約15km、十勝川の支流途別川の左岸段丘上に大正1〜大正8遺跡で構成される。大正1遺跡から暁式土器と東釧路Ⅳ式土器、大正2遺跡から東釧路Ⅳ式土器、大正3遺跡からは爪形紋土器、暁式土器、石刃鏃石器群期の土器、東釧路Ⅱ・Ⅲ式土器、東釧路Ⅳ式土器と前期の繊維尖底丸底土器、大正4遺跡から東釧路Ⅱ・Ⅲ式土器と前期の繊維尖底丸底土器、大正6遺跡から暁式土器、平底条痕紋土器、東釧路Ⅱ・Ⅲ式土器、東釧路Ⅳ式土器と前期の繊維尖底丸底土器、大正7遺跡と大正8遺跡から暁式土器、石刃鏃石器群期の土器、東釧路Ⅱ・Ⅲ式土器、東釧路Ⅳ式土器と前期の繊維尖底丸底土器がそれぞれ出ている（表3）。

大正6遺跡では暁式土器期の遺物集中4ヶ所と土坑3基、および東釧路Ⅳ式土器の濃密な分布が見られた。暁式土器付着炭化物による年代測定の暦年較正で約1万400年前、ないし1万900年前である。

表3　帯広市大正遺跡群出土の早期〜前期前葉（II群〜 VII群）の遺構・遺物編年（北澤・山原編 2008）

| | 調査年次 | 調査面積 (m²) | 時　　　　期 ||||||||||| 掲載報告書 |
			I群	II群	III群	IV群	V群1類	V群2類	VI群1類	VI群2類	VII群	VIII群	IX群	X群	XI群	
大正1遺跡	H14・15	7,557		○	○				○			●	○	○		帯広・大正遺跡群1
大正2遺跡	H14	3,920							○				○	○		帯広・大正遺跡群1
大正3遺跡	H15	3,625	●	○		●	○	○	●	○	○		○			帯広・大正遺跡群2
大正4遺跡	H15	3,128			○	○	●	●	○		○		○			本書
大正5遺跡	―	―														
大正6遺跡	H15	704		●		●			●		○		○	●		帯広・大正遺跡群1
大正7遺跡	H15	2,100				●			●		●		●			帯広・大正遺跡群2
大正8遺跡	H16	6,500			●		●	●	●	●	●		●			本書

●：遺構を伴うもしくは相当量が出土　　○：遺物が出土

3. 8.2ka イベント相当期の諸遺跡

　オホーツク海沿岸を中心に北海道東部に石刃鏃石器群が広く分布する。女満別式土器やトコロ第16類土器、あるいは浦幌式土器が伴い、大陸起源の石器群と言われてきた。道央部や南西部にも、千歳市キウス9遺跡の92点を例外として、石刃鏃が1〜4本出土した遺跡が22ヶ所あり、さらに津軽海峡を越えて、青森県東通村ムシリ遺跡と平内町槻の木遺跡から黒曜石製石刃鏃が採集されている（高倉 2014）。先に記したように、浦幌式土器が石刃鏃石器群と伴出した大正3遺跡の年代が8.2ka イベントに相当することが分かっているので、そうした分布圏の拡大は寒気のピークを迎えて従来の生業圏では人口を維持できなくなったため、小集団ごとにより南へと移動した結果だと考えられる。長万部町富野3遺跡の土坑内出土遺物（図100）から「赤御堂式の新手、東釧路II式末期の土器群」との共伴関係が推定されているようだが、気候が回復した時期に在地の集団に吸収されて、石刃鏃が消滅したようである。

東釧路第3遺跡（澤 1978）

　遺跡は釧路段丘北縁、東寄りに位置する。1977年の発掘調査で、前期を中心に早期や中期の竪穴住居跡や土坑が多数検出された。早期の竪穴住居では、中茶路式土器期およびその可能性の高い隅丸長方形のものが4軒とされている。土器は東釧路I式、大楽毛式、浦幌式、東釧路III式、中茶路式、東釧路V式、縄紋尖底土器、北筒II・III式などが出ている。石器では石刃鏃4点、石刃4点、石刃核2点、彫刻刀形石器2点が図示されている。石鏃、つまみ付ナイフ、石錘が多く出ているようだが、実数は報告されていない。

共栄B遺跡（石橋編 1976）

　遺跡は十勝川河口から北西約10kmの段丘上にある。1975年の発掘調査で、床面から浦幌式土器片、石刃、彫刻刀形石器などが出土した竪穴住居跡2軒、石刃鏃が出たもの（土坑9、12）を含め土坑19基、多量の炭化材を伴う焼土2ヶ所、雑然と並ぶチャート礫群が検出された。出土遺物は浦幌式土器、16点の石刃鏃、石刃、4点の円錐形石刃核、108点の石刃製彫刻刀形石器、石刃製掻器、石刃製削器、27点の石錘、16点の擦切磨製石斧、石鋸、敲石などである。報告者は凹石、石皿、砥石が1点も出土していないことを不思議に感じていたようだが、寒冷な時期の証左かもし

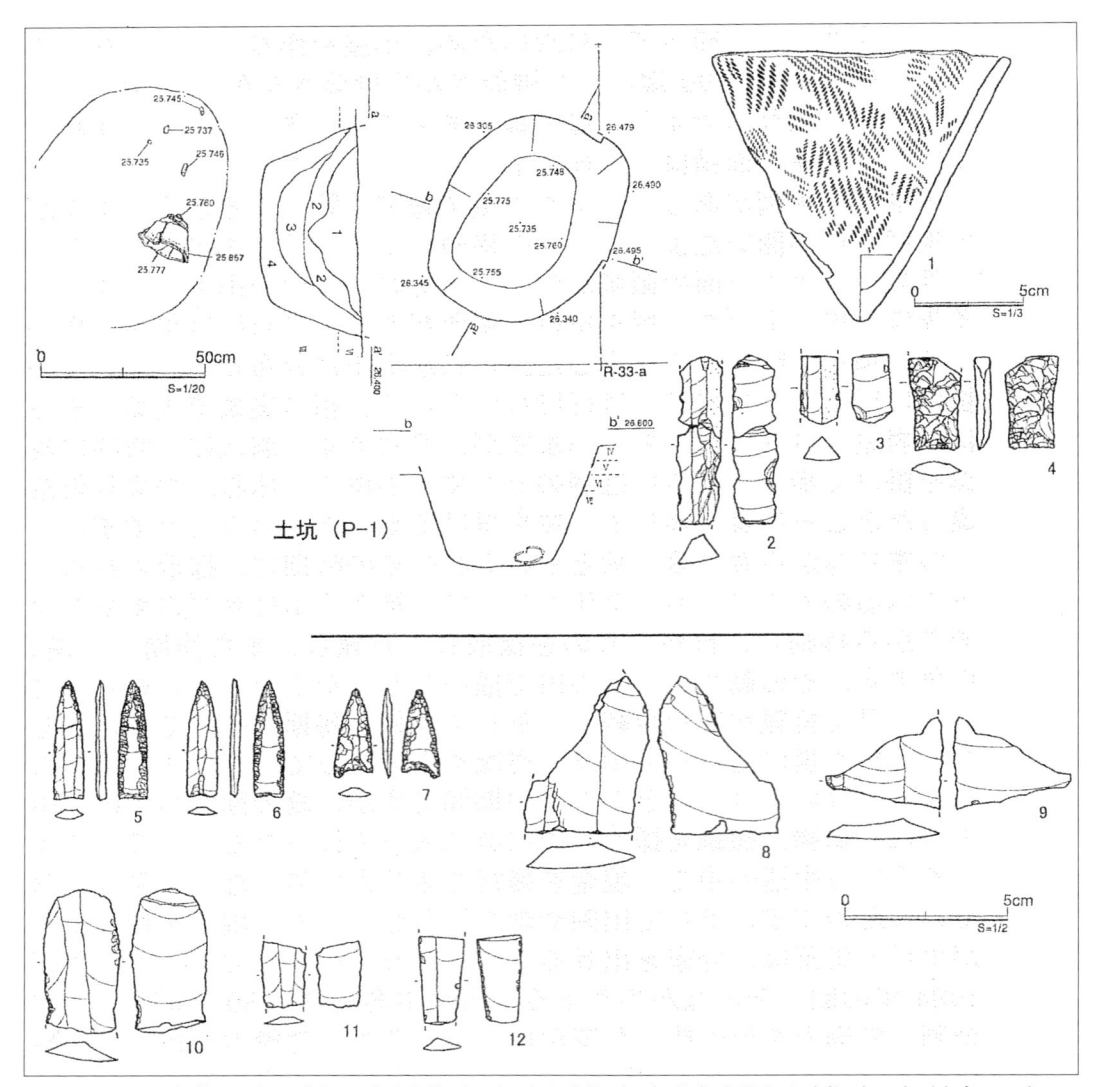

図100　北海道長万部町富野3遺跡土坑（P-1）出土遺物（1-4）と包含層出土遺物（5-12）（高倉 2014）

れない。

　佐藤達夫はつとに、「浦幌式は波状口縁をもち、紋様には住吉式の貝殻腹縁紋圧痕を、絡条体圧痕に置き換えたにすぎないようなものがある。波状口縁は縄紋的な特徴とされるので、浦幌式は住吉式の系統に属すると考え」、道南と東北地方北部に見られる絡条体圧痕の土器の併行関係から、浦幌式土器を住吉式の直後、ほぼ吹切沢式土器期並行のころと見なしていた（佐藤 1964）。

　注目されたのが石製装身具である。5点出ているが、そのうちの2点は、「環状のものの折損であると思うが、一方には明確な折損痕は認められず玦状耳飾との可能性も残している」と報告された。藤田富士夫が主張するアジア最古の「玦飾」で知られる中国東北部の興隆窪文化の波及的拡散（藤田 2004）と見なされたが、共栄B遺跡出土のものは玦状耳飾ではないという見解もある（大貫 2014）。

大正3遺跡・大正7遺跡（北沢・ほか編 2006）

大正3遺跡は主に爪形紋式土器期、石刃鏃石器群期、東釧路Ⅳ式土器期の遺構・遺物で占められる。石刃鏃石器群期では竪穴住居跡4軒が出ている。住居1は3m前後の不整円形で焼土（炉跡）をもつ。住居2は4.4×4m前後の不整長円形で中央に六角形状の炉をもつ。炭化材が残る焼失住居である（図101）。住居4は3m程度の方形で住居2に切られている。住居3は住居2の北側に隣接する長軸4m程度の方形状で、遺構内に東釧路Ⅳ式土器期の土坑が3基構築されていた（図102）。

大正7遺跡からも石刃鏃石器群（浦幌式土器）期の竪穴住居跡3軒、土坑1基、石器集中7ヶ所、集石1ヶ所が出ている。

4. 早期の終末から前期初頭へ

気候が回復すると再び定住化の傾向が生まれ、複数の竪穴住居で構成される集落が形成されて、早期末から前期初頭にかけて地域色の強い特異な社会が形成された。

大正8遺跡（北沢・山原編 2008）

大正8遺跡からは竪穴住居跡10軒が検出された。石刃鏃石器群（浦幌式土器）期1軒（住居9）、東釧路Ⅱ～中茶路式土器期2軒（住居8・10）、東釧路Ⅳ式土器期4軒（住居3・4・6・7）、前期の繊維尖底丸底（綱紋）土器期3軒（住居1・2・5）である。

東釧路貝塚（石川編 1995、高橋編 2010）

遺跡は釧路駅の東方2.5km、標高13～25mの釧路段丘上にある。たびたび調査されてきたが、1994年および2009年の調査ではテンネル式土器期の竪穴住居跡2軒が樽前d火山灰層の下から検出された。1990、91年の調査では、早期（東釧路Ⅰ～Ⅳ式土器）の竪穴住居跡1軒と土壙墓24基が検出された。第4号墓から石鏃1点、第7号墓から周辺加工つまみ付ナイフと石鏃各1点、第11号墓の覆土中から両面加工石槍1点、第14号墓から両面加工のつまみ付ナイフ1点、第17号墓から石鏃2点、第24号墓の覆土中から石鏃破片、石錐、掻器、両面加工つまみ付ナイフ、石槍様石器各1点と削器2点がまとまって出ている。東釧路系土器期における石鏃とつまみ付ナイフの副葬が注目される。時期は東釧路Ⅳ式土器期が妥当であろう。

大楽毛1遺跡（石川編 2003）

遺跡は釧路市中心部から西へ11km、釧路湿原西縁の海と湿原に面した丘陵先端にある。2002年度の調査で竪穴住居跡3軒、土坑12基、焼土9ヶ所が検出された。包含層出土の土器の96.2％が東釧路Ⅳ式土器である。石器の大部分もその時期のものと考えられる。柳葉形・5角形石鏃、菱形石槍、石錐、つまみ付ナイフ、削器、彫器、片刃石斧、敲石、磨石、砥石、台石などである。石鏃・石槍41点とつまみ付ナイフ31点に対し、石錘が3点で、その対照的な数が注目される。つまみ付ナイフには両側平行例と両面加工例が見られる。

標高21m（Ⅷ層上面）付近の斜面に集中する第19号住居、土坑3基、焼土8ヶ所は東釧路Ⅳ式

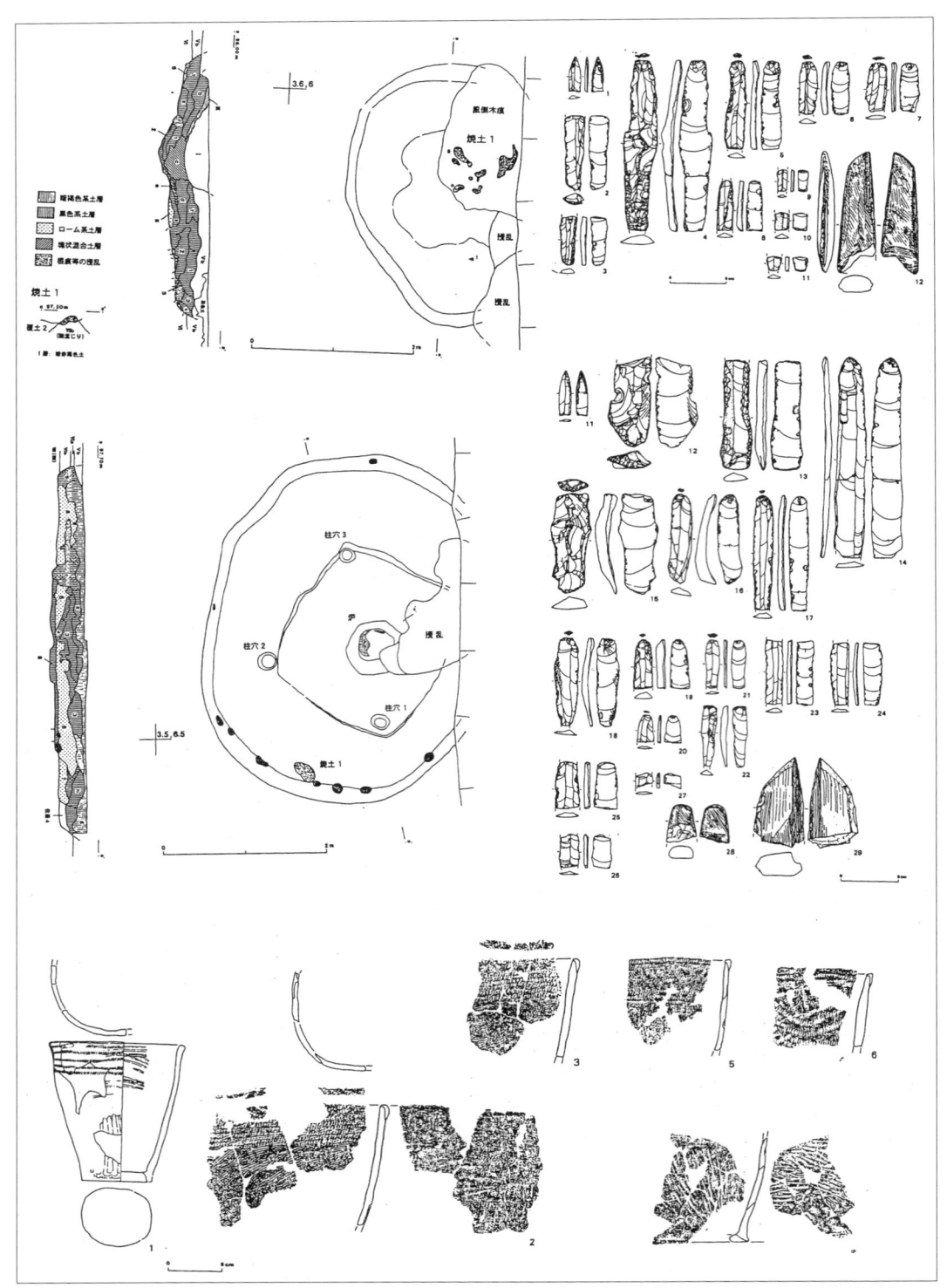

図101 帯広市大正3遺跡出土の住居1と出土石器（上）、住居2（中・左）、住居3の出土石器と浦幌式土器（中・右、下）（北沢ほか編 2006）

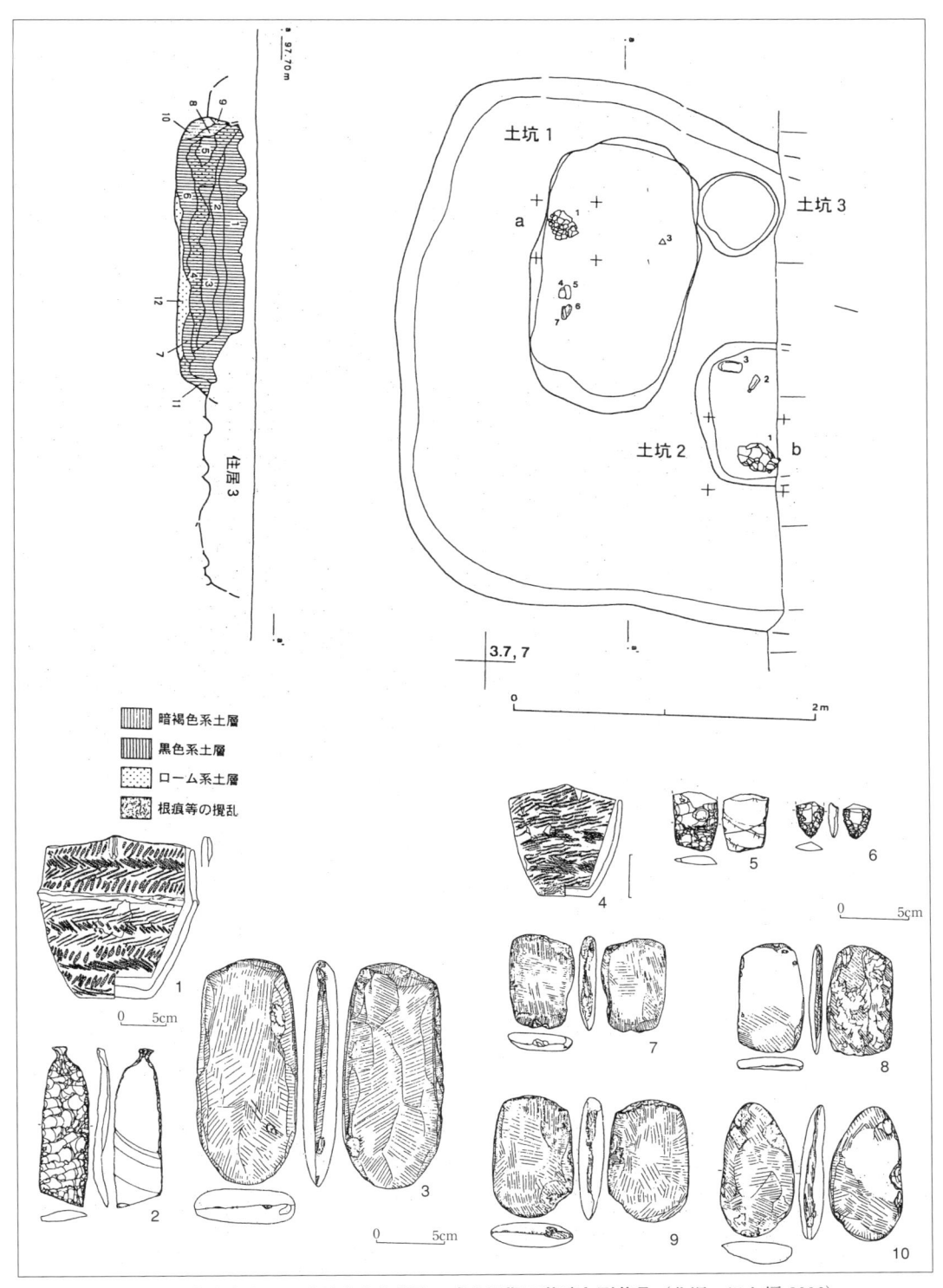

第3章　8.2kaイベントを巡る考古現象　177

図102　帯広市大正3遺跡出土東釧路Ⅳ式土器期の墓壙と副葬品（北沢・ほか編 2006）

土器期である。楕円形の住居は急斜面にあるので確認できたのは西側だけで、5.6×2.8m、深さ45cmで、炉跡と土坑1ヶ所、壁柱穴7ヶ所である。床面および床面直上から土器3点、石鏃・石槍類とつまみ付ナイフ各2点、砥石と台石各1点などが出ている。

標高15〜17mの段丘裾から低位平坦面にかけて第17号、第18号住居と土坑9基が密集して見つかっている。東釧路Ⅳ式土器期かそれ以降の可能性がある。第54号土坑からは東釧路Ⅳ式土器1個体、つまみ付ナイフ7点、削器1点、剥片1点が出ており、当該期の土壙墓と副葬品と考えられる（図103）。

美沢1・2遺跡（北海道教育委員会編 1978）

苫小牧市を流れる美沢川の右岸（南側）、台地裾部の標高10m以下の低地にがある。美沢1遺跡からコッタロ式土器期の竪穴住居跡8軒が検出された。つまみ付ナイフ2点を副葬した土壙墓が出ている（熊谷・ほか編 1997）。美沢2遺跡からも同じ時期の竪穴住居跡が33軒検出された。出土土器はコッタロ式土器が圧倒的に多く、次いで晩期の土器である。石器の時期は不明であるが、石鏃（1,031点）とつまみ付ナイフ（366点）の多くは当該期のものであろう。

美沢3遺跡（北海道埋蔵文化財センター編 1989）

美沢3遺跡出土の土器は東釧路Ⅳ式土器が多く、次いで中茶路式土器である。中茶路式土器期では土壙墓1基と土坑6基が検出された。墓には黒曜石製石鏃片、頁岩製つまみ付ナイフ3点、頁岩製両面加工削器、蛇紋岩製磨製石斧刃部破片などが副葬されていた。次の東釧路Ⅳ式土器期では、竪穴住居跡11軒、土壙墓1基、土坑7基が検出された。竪穴住居は径3〜4mの円形で、40〜70cmの深さがある。一般に壁に沿って柱穴が廻る。土壙墓には足形付土版2点が副葬されていた。

美々7遺跡（千葉・西田編 1992、千葉編 1993）

遺跡は千歳市を流れる美沢川左岸（北岸）、標高25mほどの台地から川床に向かう傾斜地に点在する遺跡のひとつで、新千歳空港建設に伴い発掘調査が行われた。出土土器の大半はコッタロ式と東釧路Ⅳ式である。前者は斜面下方に、後者は斜面上方に分布する傾向がある。石器では石鏃とつまみ付ナイフが多い。

東釧路Ⅳ式土器期の竪穴住居跡4軒、土坑18基、焼土5ヶ所（1ヶ所はコッタロ式土器期）が検出された。1979年に当該期の竪穴住居跡が6軒報告されているので、計10軒になる。台地縁辺に近い平坦部にある土坑群は土壙墓と見られている。P-34には石鏃1点、P-35には小鉢1点、P-37には魚骨紋が施された小鉢1点とメノウ製異形石器3点と足形付土版2点、P-38には石鏃13点とつまみ付ナイフ1点と異形石器5点と箆形掻器2点（図104）、P-39にはつまみ付ナイフ1点、P-43にはつまみ付ナイフ3点と足形付土版2点が副葬されていた。土壙墓の配置や規模や副葬品などから被葬者は集団の中で特別な扱いがなされていたと報告されている。

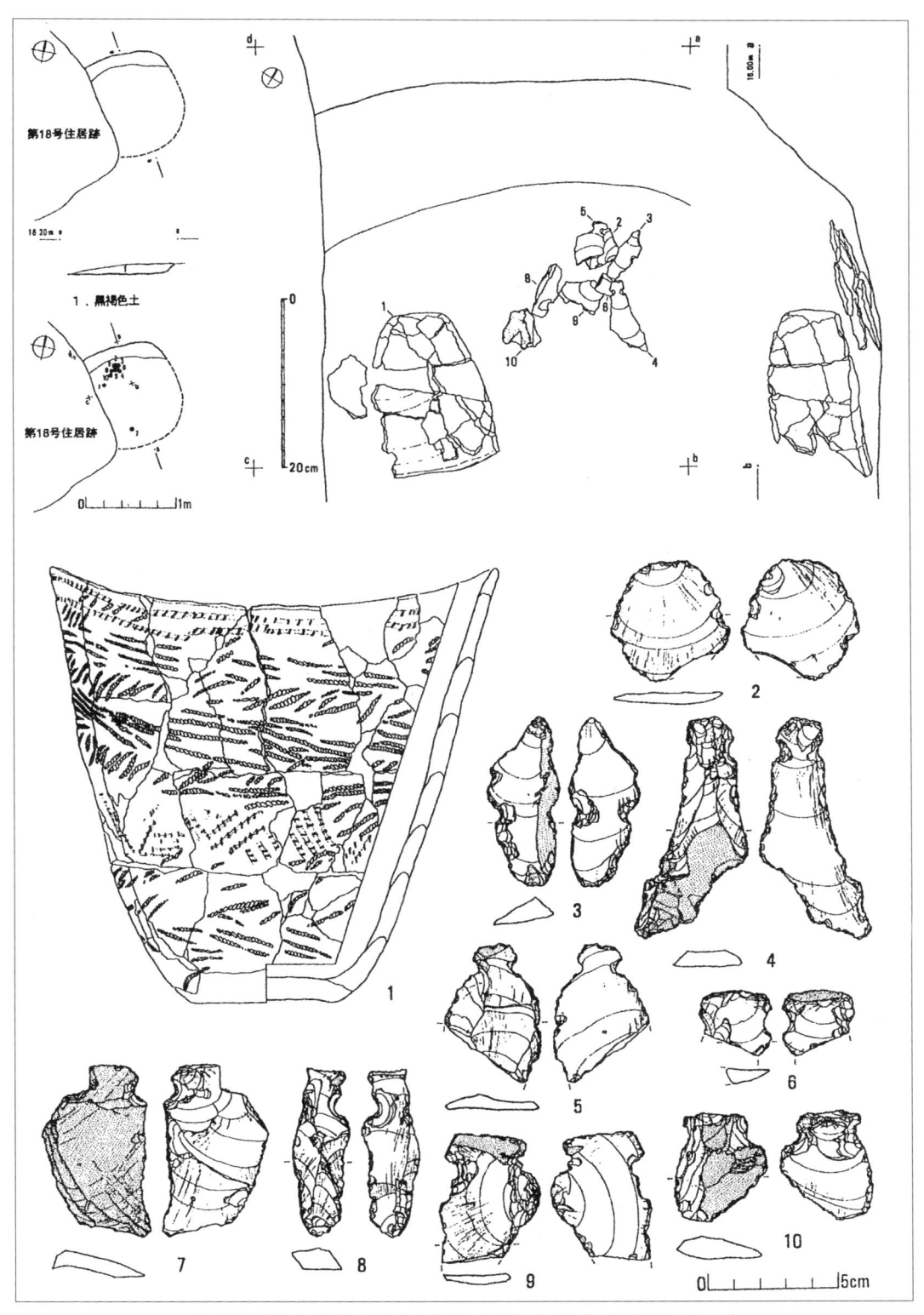

第 3 章　8.2ka イベントを巡る考古現象　　179

図 103　釧路市大楽毛 1 遺跡第 54 号土壙墓と副葬品（石川編 2003）

北斗遺跡 （澤・西編 1975）

　遺跡は釧路市の北西、釧路湿原に接した釧路段丘上にがある。1972 年の調査で第 1 地点から東釧路Ⅲ式土器期と綱紋土器期の竪穴住居跡 4 軒、綱紋土器期の土壙墓 5 基を検出した。第 1 号墓から「特異なつまみ付ナイフ」（「北斗型石小刀」） 1 点、第 2 号墓から「特異なつまみ付ナイフ」 1 点と石鏃・掻器各 2 点と黒曜石剝片 245 点、第 3 号墓から「特異なつまみ付ナイフ」・黒曜石剝片各 1 点と自然礫 2 点、第 4 号墓から「特異なつまみ付ナイフ」 2 点と磨製石斧 1 点と石製装身具が出ている（図 105）。

東釧路第 3 遺跡 （澤 1974）

　東釧路第 3 遺跡の第 152 号の覆土から短剣形尖頭器 2 点が黒曜石製大型掻器 5 点とともに出ていて、前期と報告されている。この過剰デザインの尖頭器は東釧路遺跡第Ⅱ地点の墓壙からも、磨製石斧、石匙などとともに 5 点出ている（図 106）。黒曜石製で、20〜26cm の大型品である。前期の「東釧路Ⅴ式土器」期とされている。いずれも早い時期の調査であって、所属時期の様子がよくわからなかったようである。

東釧路貝塚

　東釧路貝塚からも前期の東釧路Ⅴ式土器期の貝塚 4 ヶ所、両時期の中間期の竪穴住居跡 1 軒と墓 1 基が出ている。第 1 号住居跡から石鏃 2 点、彫器 1 点、削器 3 点、つまみ付ナイフ 1 点、磨製石斧 3 点、石錘 3 点、敲石 2 点、磨石 1 点、台石 1 点などが出ている。注目されるのが 2 点の黒曜石製石槍で、過剰デザインである（図 105）。前期の貝塚を覆う「縄文前期盛土層」と呼ばれる焼礫・焼土・炭化物を大量に含む層から、「盛土構築時に投げ込まれた」ように重なり合って出ている。22.8 × 6.0 × 1.5cm、22.5 × 6.5 × 1.6cm とたいへん大きい。東北地方北部の円筒下層式土器期の類品と対応するのか、検討課題である（第 4 章参照）。

三橋遺跡 （荒生編 1992）

　遺跡は美幌町の旧国鉄相生線と国道 38 号線とに挟まれた三角地帯にがある。綱紋土器期の竪穴住居跡 2 軒、墓壙 5 基、貯蔵穴状土坑 8 基、その他の土坑 296 基、焼土 2 ヶ所が報告されている。墓壙 1 から作りが丁寧で未使用の長さ約 19cm の大型の「特殊なつまみ付ナイフ」が、墓壙 2 からも作りが丁寧で未使用の長さ約 13cm のものが、そして墓壙 3 からは作りが若干雑なものが出ている。墓壙 3 には他に通常のつまみ付ナイフ 2 点、剝片と掻器各 1 点、頁岩製磨製石斧 3 点、緑色岩製磨製石斧 2 点、両端に彫刀面剝離が加えられた黒曜石の棒状原石 1 点、原石 4 点が副葬されていた（図 107）。この特殊なつまみ付ナイフは、「亡き死者に奉げるためにわざわざ作成されたもの」で、「綱文式土器文化といえるような、ひとつの共通基盤を持った文化伝統が背後に確立していることが伺える」、と荒生建志は報告している。

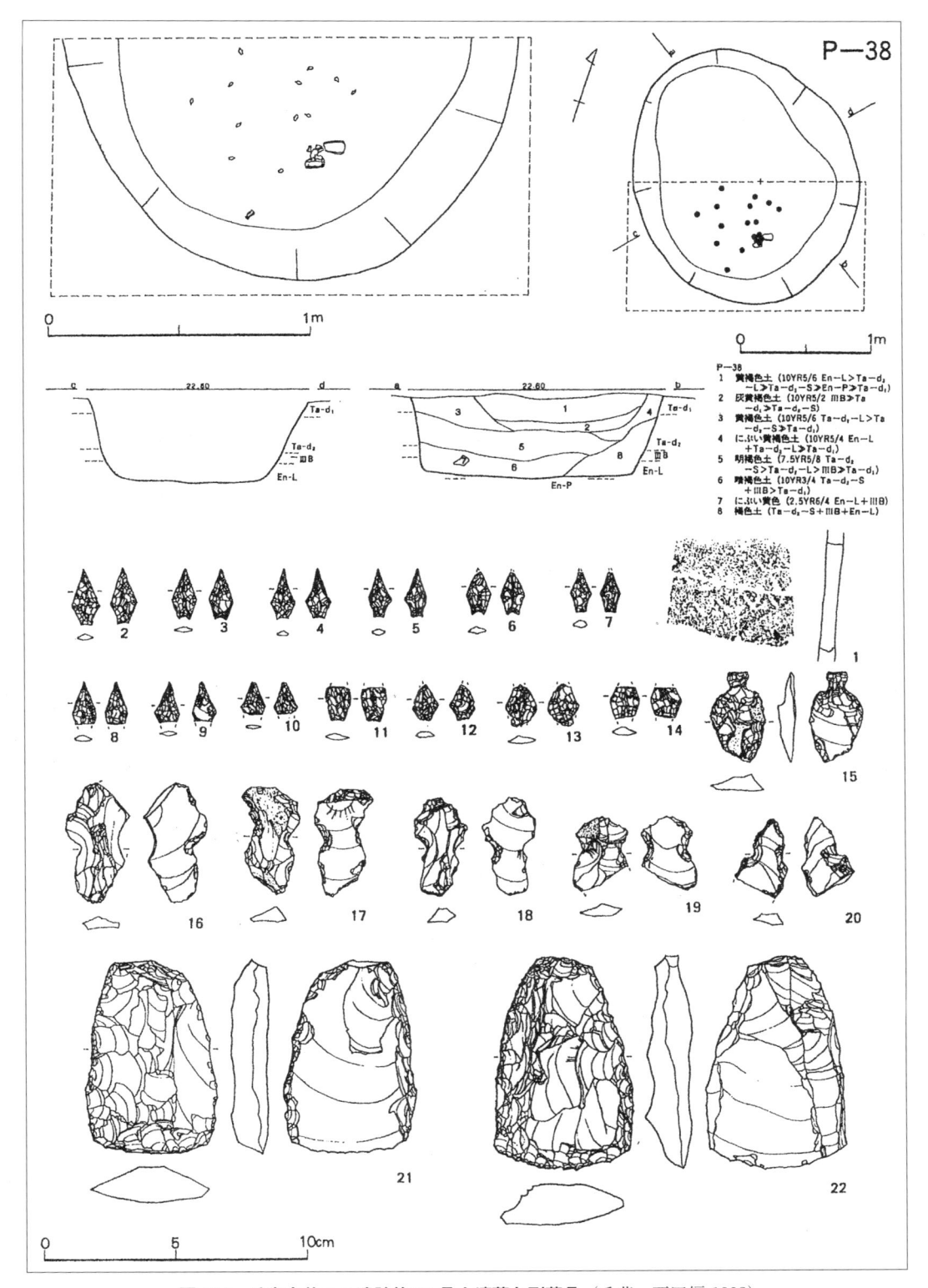

図104　千歳市美々7遺跡第38号土壙墓と副葬品（千葉・西田編 1992）

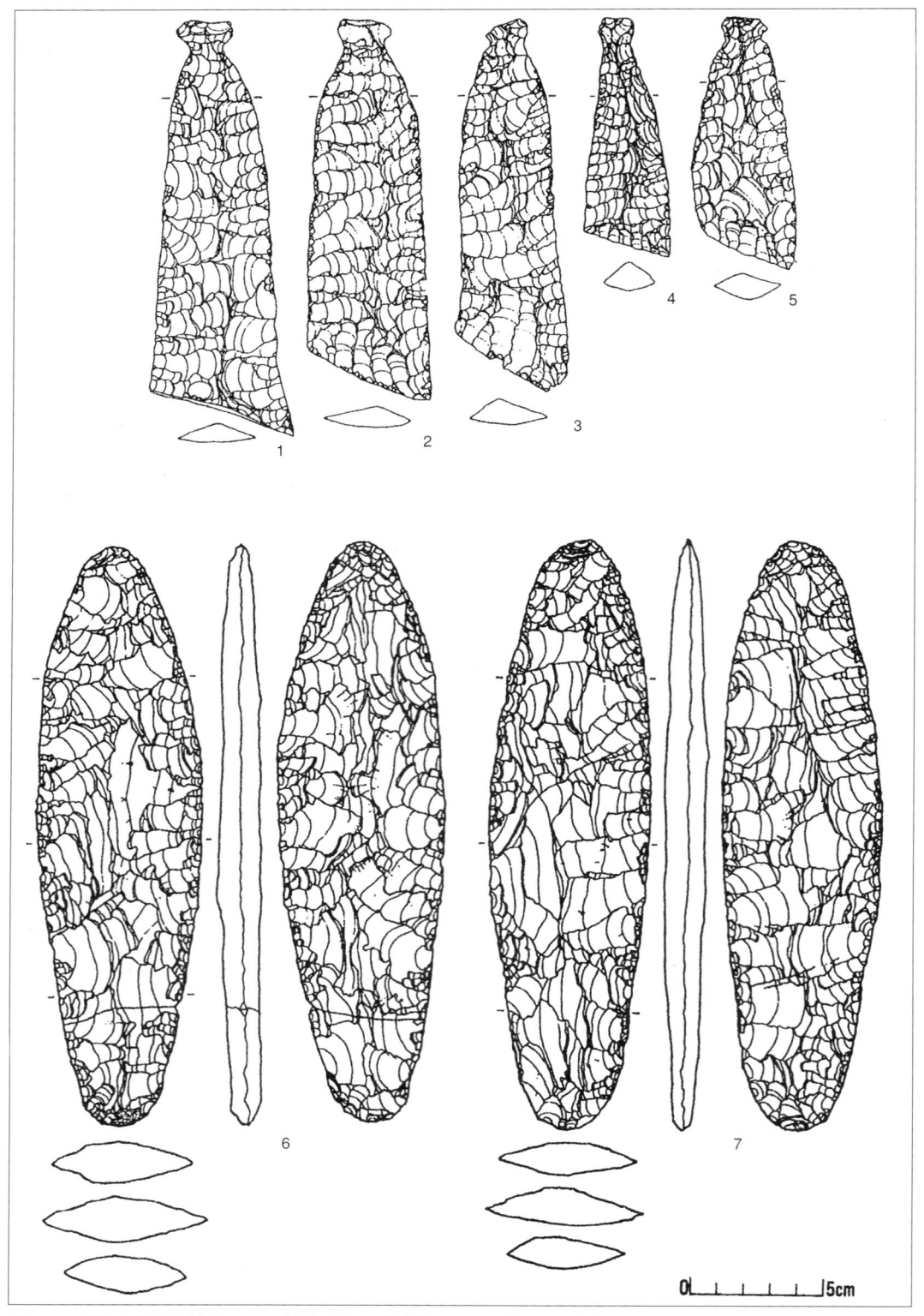

図105 釧路市北斗遺跡第1〜4号墓出土の「特異なつまみ付ナイフ」(「北斗型石小刀」)(1〜5)と東釧路貝塚出土の「過剰デザイン尖頭器」(6・7)(澤・西編 1975、高橋編 2010)

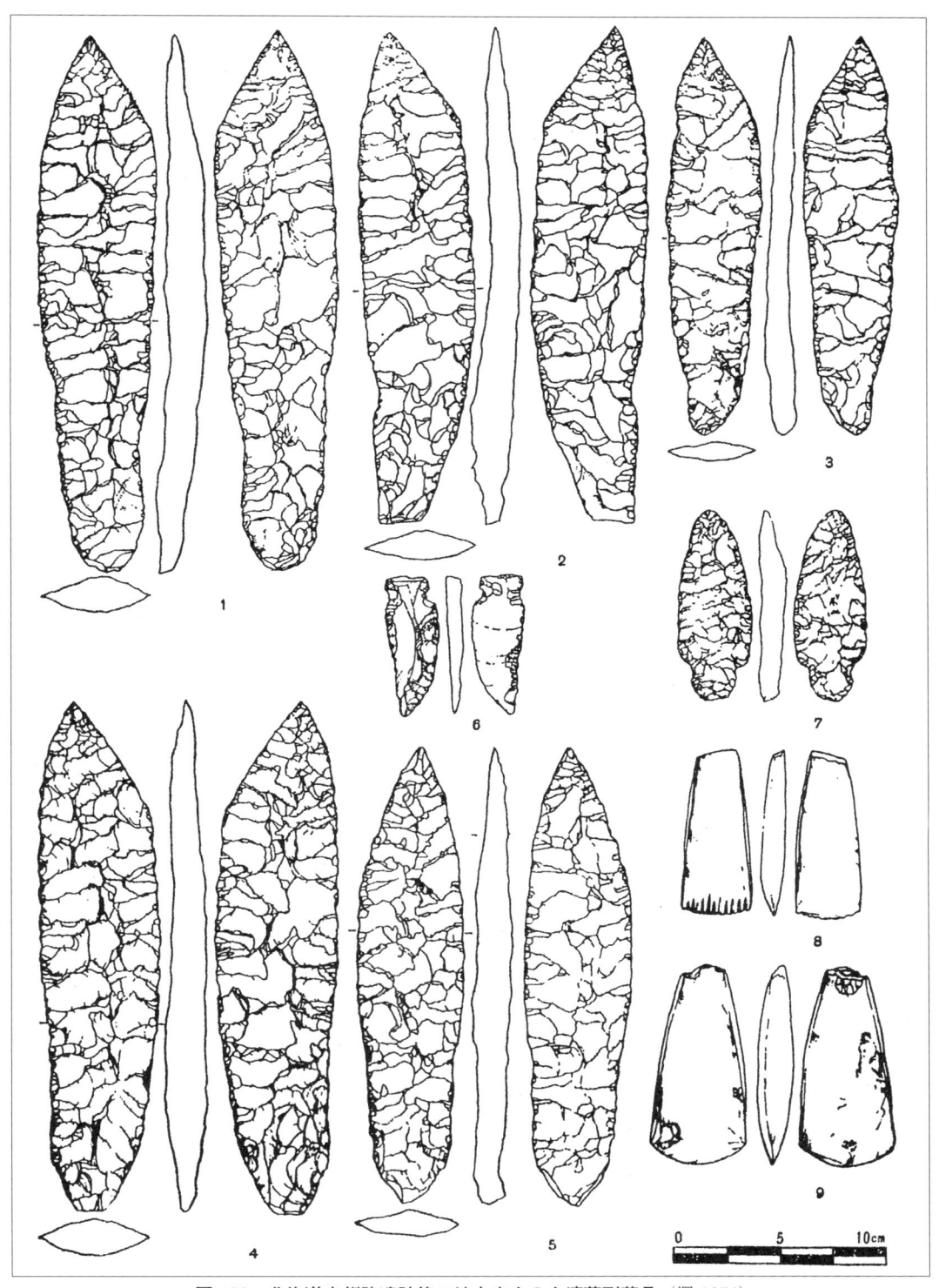

第3章 8.2kaイベントを巡る考古現象 *183*

図 106 北海道東釧路遺跡第Ⅱ地点出土の土壙墓副葬品（澤 1974）

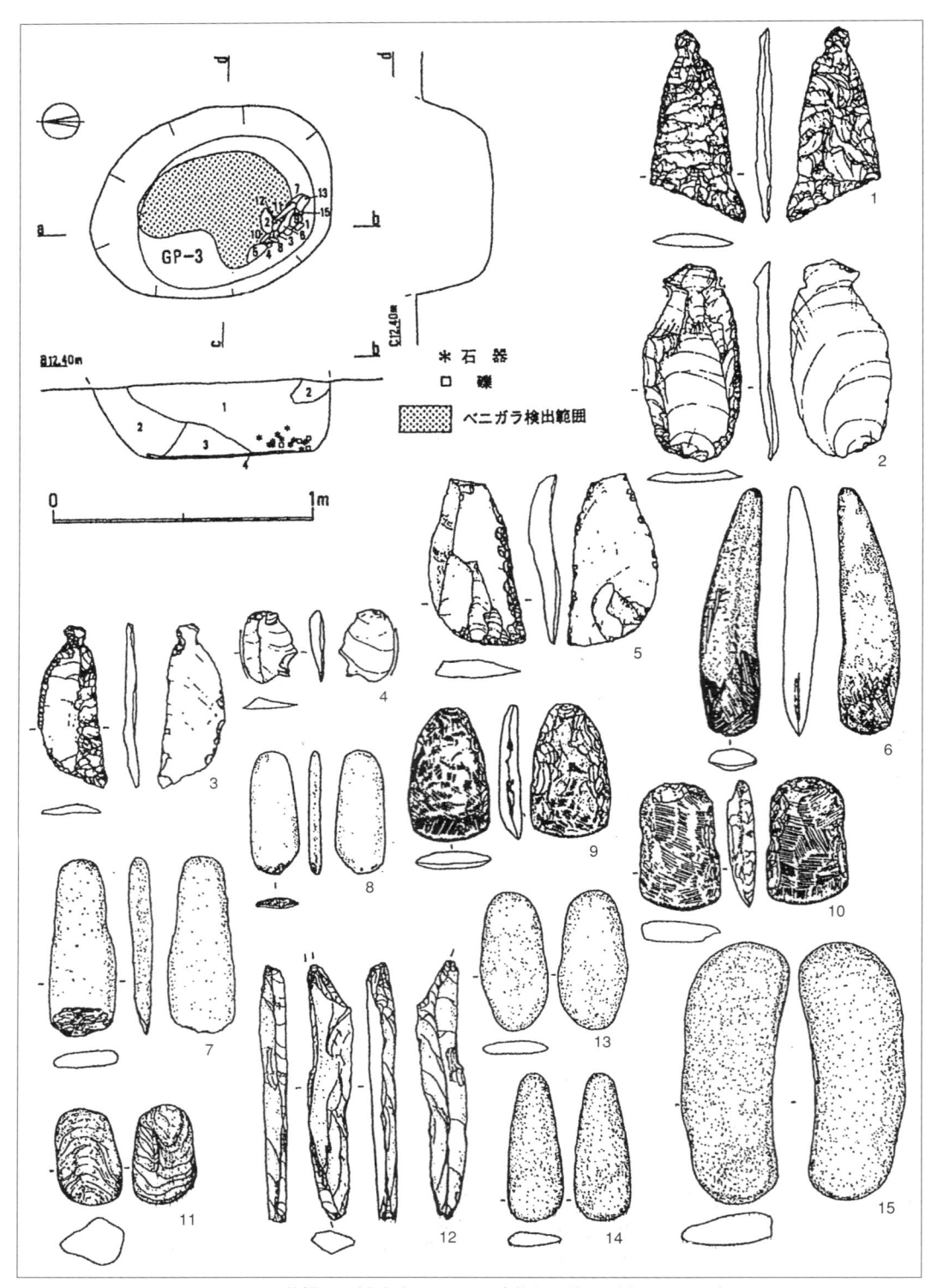

図 107　美幌町三橋遺跡 GP・3 土壙墓と副葬品 （荒生編 1992）

5. 東釧路Ⅳ式土器期の社会

　早期末葉の東釧路Ⅳ式土器を残した集団は風変わりな習俗を持っていた。乳幼児の足形が付いた土版を墓に副葬したのである（表4）。この「足形付土製品」に関する皆川洋一の研究から要点を列挙しておく（皆川 2006）。

①道央部で4遺跡（千歳市美々5遺跡、同7遺跡、苫小牧市美沢3遺跡、江別市吉井の沢2遺跡）、同南部で2遺跡（函館市豊原4遺跡、同垣ノ島A遺跡）が見つかっている。

②足形の乳幼児および製作者がそれぞれ異なり、製作者は経験のない素人である。

③土製品を伴う土壙墓は河川や海を見渡せる小高い台地や段丘縁辺部に立地するが、周囲に該当期の住居跡がない。

④墓域は「中心タイプ」、「準中心タイプ」、「周縁タイプ」の3タイプの土壙で構成される。

⑤土製品以外に、尖頭器類、つまみ付ナイフ、抉り入り剥片、石斧類が副葬されるが、中でも尖頭器類とつまみ付ナイフは際立って特徴的である。

⑥土壙墓の規模が副葬品の総点数でなく、副葬品のセット数と関係する。

⑦東釧路Ⅳ式土器期に限定される。

　皆川は民俗学の事例に照らし、乳幼児の足形は、「（乳幼児の姿をした）『小さき神（性）』の象徴であり、土製品の意味は、それに備わる霊力や神性など超自然的な力を足型という形で土製品に付与した『呪物』」であるとし、土製品と葬礼は「重要人物（権威者）の死」と、その継承者の政治的プロパガンダとに強く関わっていた、と考えている。

　皆川の解釈の当否は即断できない。だが、この種の土壙墓が東釧路Ⅳ式土器期に限定される点に問題の核心があるように思われる。視点を変え、色のシンボリズムという観点から見てみよう。

　旧南茅部町の垣ノ島A遺跡では、足形付土版は当該期の76基の土壙墓のうち4基から計17点出ている。一辺が2.5×2.5m、深さ80cmのP-330からそのうちの3点の土版とともに、長さが20cm弱の精製の尖頭器が出ている。一辺が5.4×4.7m、深さ80cmの隅丸方形の大型合葬墓と見られるP-181からは10点出ている（図108）。No.10土版に尖頭部を向けた黒色頁岩の尖頭器の両側に「ハ」の字状に白色チャートの尖頭器を配して、黒白のコントラストを強調している。No.4土版の傍らには赤色チャートのつまみ付ナイフの両側に白色チャートのつまみ付ナイフが「川」の字状に配置され、赤白のコントラストが強調されている。No.2土版に接して出た7点のつまみ付ナイフも石材の色が意識されていたと思われる（写真11）。

　函館空港の東側、汐泊川の左岸段丘上にある豊原4遺跡は前期後半から中期後半にかけての集落遺跡であるが、調査区の一画で足形付土版を副葬した早期末の土壙墓群が検出された。1.67×1.25mの浅い皿状を呈したP-100は他のピットに囲まれるようにその中心に配されていた。3点の土版と石槍1点、土版を囲むようにしてつまみ付ナイフがほぼ等間隔に並び、またそれと対峙するように同一石材のつまみ付ナイフや剥片類が16点集中して出土した。南側には白色と赤色の石斧が対峙するかのように配されている。いずれも蛇紋岩製であるが、色調を異にする。副葬品であるだけに赤、白、黒の石斧の色彩に象徴的な意味が込められていることは間違いない（写真12）。

　さらに石器の象徴性について言えば、前期前半に複数の石鏃を副葬する土壙墓が知られている（西

表4　東釧路Ⅳ式器期の足形付土版を副葬した土壙墓（皆川2006）

番号	所在地	遺跡名	遺構名／規模（長径×短径×深さm）	報告書提示番号	土製品規模（長さ×幅×厚さcm）	足形種	足形の大きさ（長さ×幅cm）	貫通孔数	特徴	遺構に伴う別の遺物
1	① 北海道千歳市	美々5遺跡（北海道教育委員会1979）	BP-4 (1.45×1.23×0.18)	21	12.9×9.5×1.8	左足？	—×3.6	1	乳児の足形 表面の一部に撚糸文風の文様あり	大型槍先1点 小型槍先17点 つまみ付ナイフ2点
2				311	13.3×9.6×1.6	右足	—×3.8	1	両足の可能性有り	
3	② 北海道苫小牧市	見沢3遺跡（財団法人北海道埋蔵文化財センター1988）	P-16 (2.06×1.86×0.87)	1	10×8.5×2.5	左足	—×3.6	1	生まれて1年にも満たない幼児の足形	なし
4				2	10×8.5×2.5	右足	—×3.9	1	生まれて1年にも満たない幼児の足形	
5	③ 北海道千歳市	美々7遺跡（財団法人北海道埋蔵文化財センター1991）	P-37 (2.29×1.84×0.53)	6	5.4×7.6×1.8	片足？	—×—	1	乳幼児の足形と推測される 割れ口に磨滅あり	小形土器1個体 扶入石器3点
6				7	17.6×13.1×1.7	左足	15.3×7.1	2	失敗した貫通孔が2ヵ所ある	
7		美々7遺跡（財団法人北海道埋蔵文化財センター1992）	P-43 (1.92×1.57×0.68)	1	7.1×6.1×1.4	片足？	—×—	1	8と同一個体の可能性有り 割れ口に磨滅あり	つまみ付ナイフ3点
8				2	8×8.8×1.4	片足？	—×—	2	7と同一個体の可能性有り 割れ口に磨滅あり	
9	④ 北海道江別市	吉井の沢2遺跡（江別市教育委員会2002）	土壙74 (1.3×0.95×0.12)	P74	9.5×7.6×2.3	片足	7.6×3.3	2		なし
10	⑤ 北海道函館市	豊原4遺跡（函館市教育委員会2003）	P-100 (1.67×1.25×0.12)	33	21.6×14.1×2.7	左足	17.5×8.5	2	十歳過ぎぐらいの子供の足形　重さ755g、貫通孔に擦痕あり	石槍1点 つまみ付ナイフ14点 剥片類11点 細石刃状の剥片2点 磨製石斧3点
11				34	16.6×12.6×1.9	左足	13.5×5.7	2	重さ342g、貫通孔に擦痕あり	
12				35	13.1×10×1.6	片足？	—×—	4	指痕？ 重さ180g	
13			P-106 (0.98×0.74×0.22)	6	13.3×8.9×1.6	両足	8.6×4.9	1	表面:左足、裏面:右足　重さ200g	つまみ付ナイフ5点
14				7	12.1×9.4×1.6	両足	7.4×3.5	1	重さ173g	
15			P-181 (5.4×4.7×0.8)	1	11×8×1.2	右足	6.9×4	2	割れ口に磨滅あり	小型土器1個体 尖頭器5点 つまみ付ナイフ13点
16				2	13.7×10×1.9	両足	9.4×4.2	1	つまみ付ナイフ7点が伴う	
17				3	14×9.7×1.3	左足	—×5.8	1	17・21・23は重なって出土	
18				4	13.6×10.7×1.7	左足	9.4×5.5	1	つまみ付ナイフ3点が伴う 裏面に左手形あり	
19				5	13.5×10.2×1.6	左足	10.7×5.4	2	尖頭器2点、つまみ付ナイフ1点が伴う	
20				6	14.8×11×2.1	左足	11.7×5.8	1	裏面に指痕あり	
21				7	16.9×13.4×1.8	右足	10.9×—	1	裏面に指痕あり 17・21・23は重なって出土	
22	⑥ 北海道函館市（旧南茅部町）	垣ノ島A遺跡（南茅部町埋蔵文化財調査団2004）		8	13.4×11.8×1.5	両足	8.8×4.7	2	裏面に右手形あり 17・21・23は重なって出土	
23				9	17×14.2×2.3	両足？	—×—	1	未焼成	
24				10	14.1×12.4×2	両足	7.5×—	1	尖頭器2点が伴う	
25			P-325 (0.74×1.02×0.41)	1	7.9×10.5×1.6	—	—×—	2	割れ口に摩耗あり	なし
26				2	12.1×9.9×2.6	両足	7.2×3.9	1	裏面に両手の指痕あり	
27				3	15×11.1×3.6	両足	8.5×4.2	2		
28			P-330 (2.5×2.5×0.8)	1	10.2×9.5×2	—	—×—	1	足形がきわめて不明瞭である	尖頭器1点 つまみ付ナイフ1点 鑿1点 擦石1点 メノウ原石1点
29				2	11.9×9×1.1	左足	9.2×4.8	2		
30				3	13.6×10.1×2	片足？	—×—	1		
31			P-409 (1.31×0.83×0.25)	1	17×12.4×2.1	両足	—×—	1	非常に脆い	なし

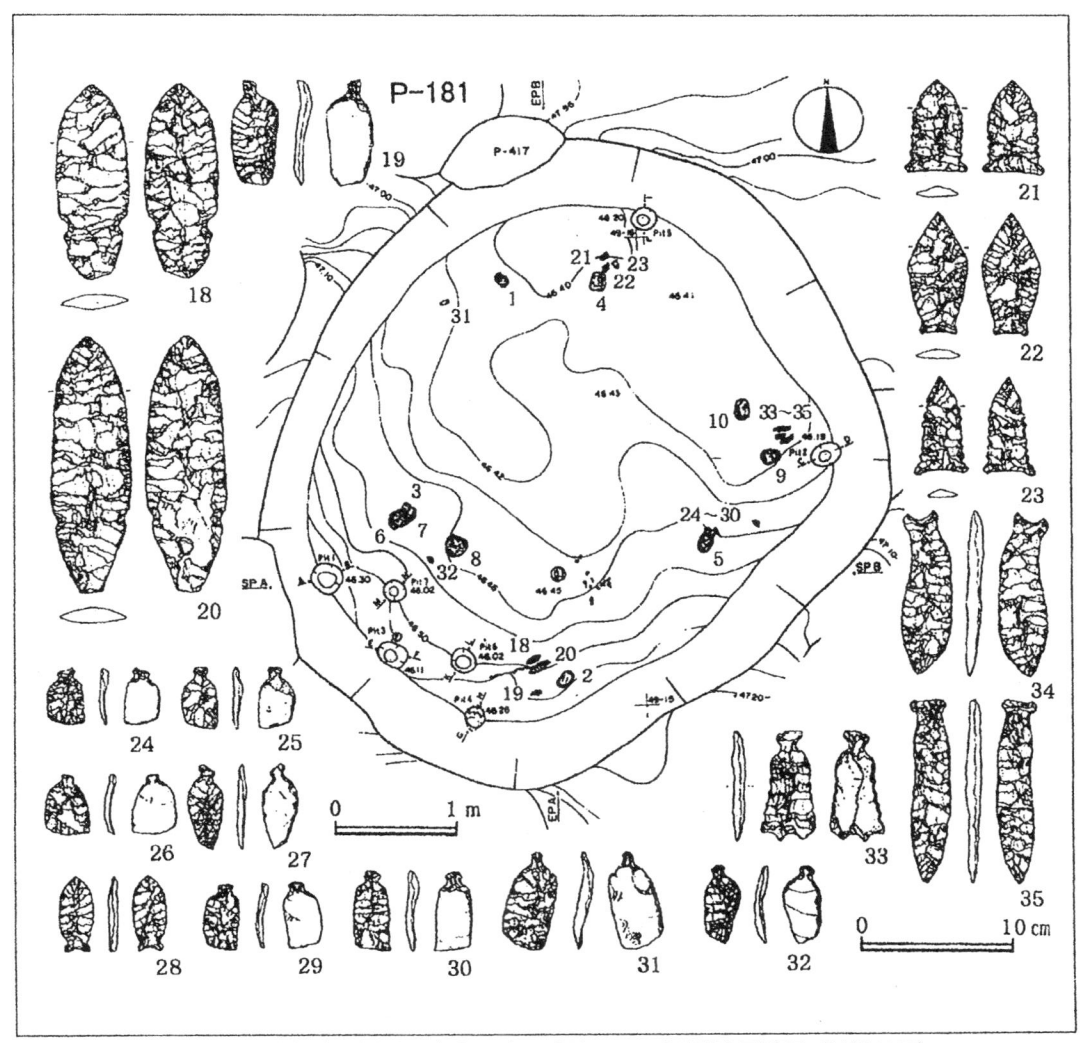

図108　函館市（旧南茅部町）垣ノ島A遺跡P-181土壙墓と副葬品（阿部2002）

田1993）。江別市吉井の沢1遺跡では、P-13とP-260からそれぞれ石鏃が13点と3点出ている。他に石錐（2点と2点）、つまみ付ナイフ（9点と4点）、削器（11点と19点）、石斧（15点と1点）、台石（1点と1点）、磨石（0点と1点）、石皿（0点と2点）、砥石（1点と1点）、軽石（9点と4点）剝片（139点と0点）の石器類が副葬されている。縄紋尖底土器期の土壙墓であるが、P-13が若干古いとされる。西田茂はこれらの石器は副葬のために新たに準備したものでなく、日常使用している道具を墓に納めたと考えている。そうだとしても、P-260に土器と磨石と石皿があってP-13にないこと、P-13に石鏃とつまみ付ナイフと石斧と剝片の数が絶対的に多いという違いは重視しなければならない。つまり、埋葬された両者の性別、あるいは狩猟者の立ち位置ないし威信が示唆されている。

　円筒下層式土器期には北海道ではこの葬制は見られなくなるのであるが、次の第4章で詳しく述べる津軽地方を中心とした東北北部の円筒下層式土器、特に円筒下層c式とd1式土器期に、土器

以外にも多数の石鏃、過剰デザインの尖頭器・異形デザインの尖頭器、石匙（つまみ付ナイフ）、精製の石斧などを副葬する葬制が見られる。過剰デザインの石器という視点から見て興味深い石器を澤四郎が報告していた（澤 1974）。「非常に特徴的なつまみのある切り出し形の石小刀」で、先に記述した釧路市北斗遺跡第Ⅰ地点の墓から出たものである。この石器は秦昭繁の謂う東北地方に分布する「松原型石匙」のA類に類似する。ただし加工が両面に施される点が異なる。松原型石匙の過剰デザイン品と言い得る石器で、基本的に墓への副葬品である。「特異なつまみ付ナイフ」とも呼ばれるこの興味深い石器は東釧路Ⅳ式土器期の系譜にある。なお松原型石匙の東北地方での展開も、東釧路Ⅳ式土器が六ヶ所村上尾ブチ（1）遺跡A地区、表館（1）遺跡第4地区、八戸市売場遺跡から出ている（福田 1990）ことから推して、また家ノ前遺跡の土壙墓などから大型のつまみ付ナイフが出ていることでもあり、東釧路Ⅳ式土器期の社会に始まったと考えられる。

6．過剰デザイン石器

　宇田川洋が「大型ナイフ」（「短剣形石器」や「北斗型ナイフ」）を集成・分類し、その系譜と機能を考察している（宇田川 2006）。長さ10cmを境に大型のAタイプと未満のBタイプに分けている。ここではAタイプに言及する。

　その系譜は早期にさかのぼる。恵庭市ユカンボシE4遺跡出土品は珪質頁岩製で、早期～前期相当とされている。苫小牧市美沢1遺跡出土品2点は頁岩製で、早期の中茶路式土器期のJP-8、JP-9からの出土である。登別市川上B遺跡出土品2点は頁岩・硬質頁岩製で、早期とされる。千歳市美々7遺跡出土品1点は頁岩製で、早期に属する。美々8遺跡出土品1点は黒曜石製である。釧路市沼尻遺跡出土品1点は早期の沼尻式土器より下層で出ている。紋別市柳沢遺跡出土品2点のうち1点はPit33からの出土、他は黒曜石製でいずれも早期の中茶路式土器期のようである。函館市中野A遺跡出土品3点は硬質頁岩製で、早期と考えられている。函館市中野B遺跡出土品1点は頁岩製で、1号竪穴住居の埋土からの出土である。深川市納内6丁目付近遺跡出土品1点は黒曜石製で、中茶路式土器に伴う。

　前期になるとその「過剰デザイン」品は副葬品として墓壙から出土してくる。常呂町岐阜第2遺跡出土品4点は黒曜石製で、前期のピット35、前期の繊維尖底土器の17B竪穴床面および埋土からの出土である。類似品は斜里町大栄6遺跡の竪穴から出土している。釧路市東釧路遺跡第Ⅱ地点出土品5点は黒曜石製で、前期の「東釧路Ⅴ式土器」に伴い墓壙様のピットからの出土である。釧路市北斗遺跡第1地点出土品は黒曜石製で、前期の綱紋式土器期の1～3号墓からの出土である。美幌市三橋遺跡出土品は黒曜石製で綱紋式土器期のGP-1～GP3墓壙からの出土である。

　宇田川はさらに北方の地域に大型ナイフの類品を探り、さらに皮などをまいて擦れたと考えられる柄の部分に摩耗痕をもつ例などから次のように結論づけている。「縄文前期頃の大型ナイフは海獣の解体に用いたと考えてもよさそうである。そのタイプのモデルとなったものは、より北方地域の新石器時代のナイフ類であり、それらは別の用途であったが、北海道でやや限定された機能を有するようになったと考えておきたい」。

第4章　5.8ka イベントを巡る考古現象
―― 前期／中期の構造変動 ――

　約 7000 年前から 4500 年前までの縄紋時代前期・中期は縄紋文化の高揚期というのが定説である。自然環境に恵まれた東日本、とりわけ中部・関東地方における遺跡数の急激な増加にその一端を見ることができる（図 109 上）。前期には植生が安定して生態系に応じた居住形態が出現した。中部・関東地方では、①奥東京湾や古鶴見湾などの内湾に面した地域、②中部高地から関東北西部や甲府盆地周辺、③多摩丘陵地域、④駿河湾沿岸から伊豆半島・三浦半島・房総半島南部など太平洋岸地域の 4 つの地域色が顕著になった。①の地域の黒浜式土器、②の地域の有尾式土器などの土器の分布圏を超えて、特に諸磯式土器期において集住・定住集落間の交流が安定した。例えば、石鏃の主要石材となった信州産黒曜石の流通ルートがこの時期に形成された（金山 1993）。産地の山麓部集団によって採集された黒曜石は、山麓部の拠点集落で集中的に管理され、「交易ルート」を通って関東北西部や甲府盆地方面の拠点集落に供給され、そこから周辺地域に再分配されたようである。

第 1 節　　前期の定住集落

(1) 関東地方

1. 前期の土器型式編年とその画期

　関東地方の前期は前半の羽状縄紋系土器群と後半の諸磯式土器群（竹管紋土器群）とに分けられる。

　羽状縄紋系土器群は縄紋土器中もっとも多種多様な縄紋原体を利用して、蕨手状・鋸歯状・羽状・菱形状など多様な紋様描出を特徴とする。花積下層式土器に始まり、二ツ木式土器、関山式土器（I 式・II 式）、黒浜式土器と続く（図 110）。二ツ木式土器は花積下層式土器と関山式土器を繋ぐ土器として型式設定されたように、数段階に細分されている各型式間の変遷は漸移的である。また黒浜式の終末と次型式の諸磯 a 式土器との明確な識別も困難なようである（田中 2008）。縄紋海進のピークから海退が始まった時期に当たり、この時期の集落は古奥東京湾沿岸や古鶴見湾沿岸に多く形成された。

　そして前期後半は諸磯 a 式土器、諸磯 b 式土器、諸磯 c 式土器と続き、十三菩提式土器で終わる。

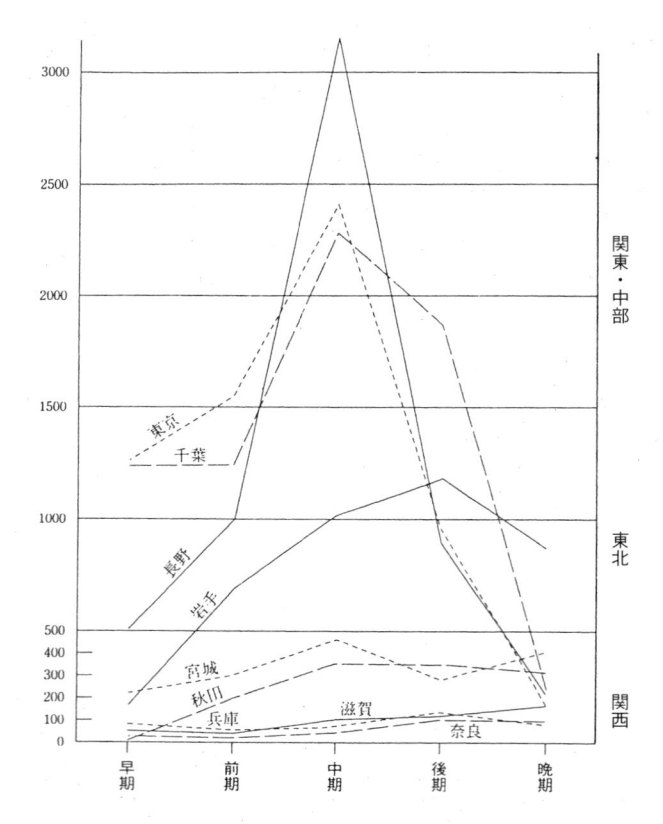

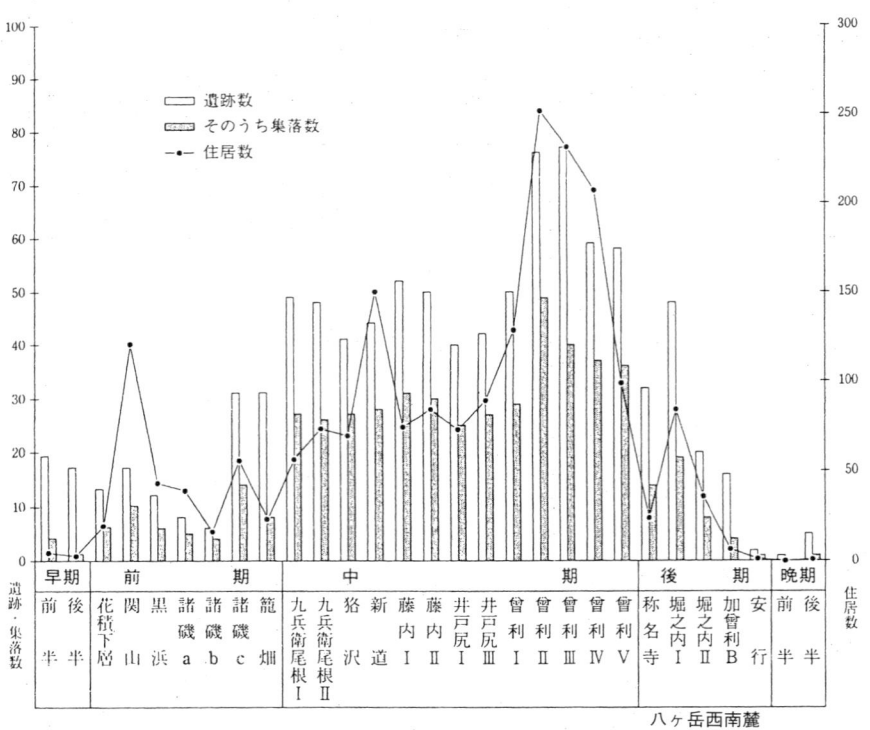

図 109　縄紋時代の時期別・地域別遺跡数（勅使河原 2013）

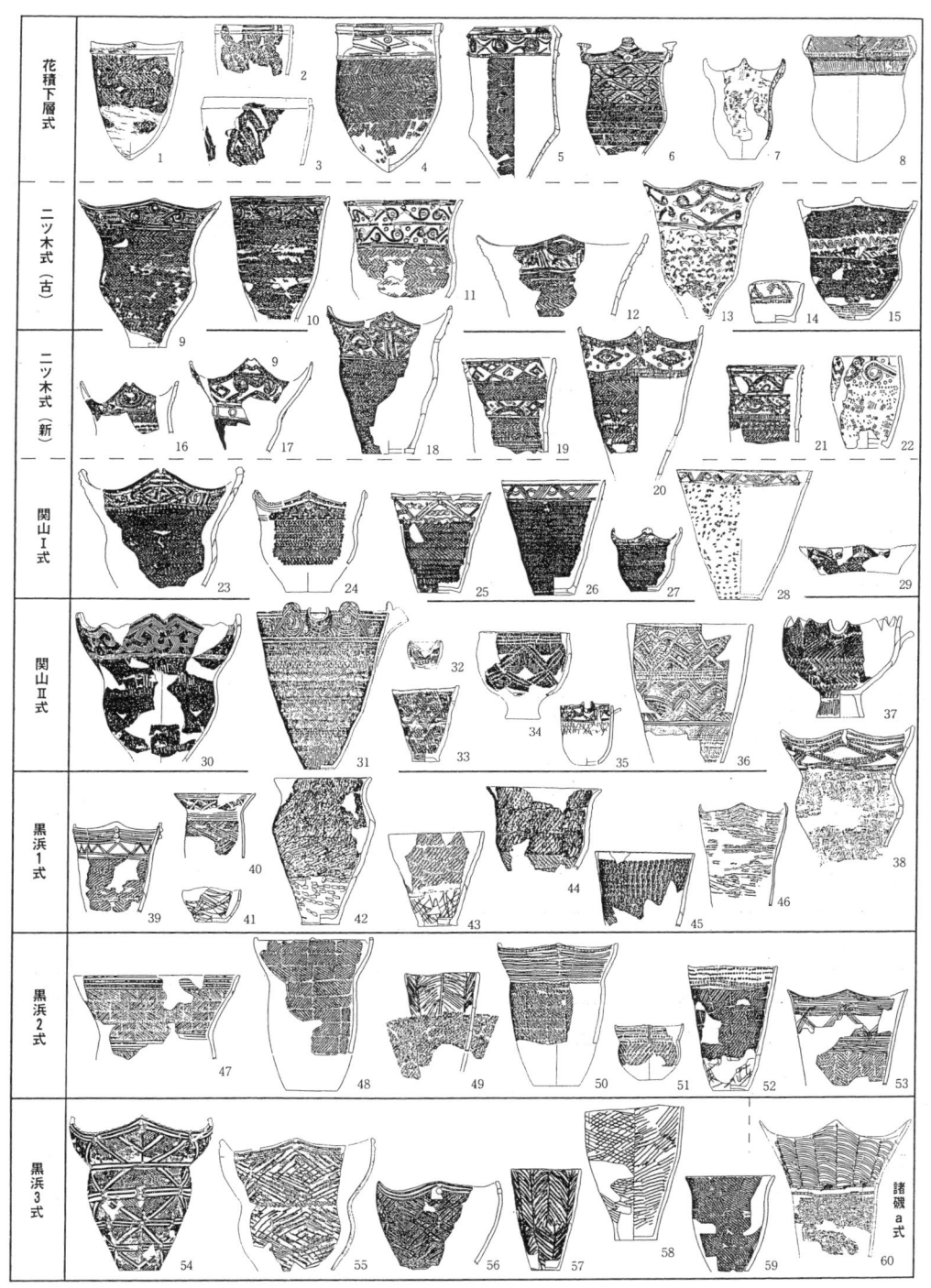

図110　関東地方の前期前半羽状縄紋系土器群（田中 2008）

1〜3：下段（埼玉）4：坂上天神前（埼玉）5・6：三原田城（群馬）7・8：タタラ山（埼玉）9・10・13・15：見立峯（群馬）11：堀越中道（群馬）12・16〜19・21〜23・25・29：貝崎（埼玉）14：横沢新屋敷（群馬）20：二ツ木（千葉）24：高輪寺（埼玉）26〜28：関山（埼玉）30：羽根尾（神奈川）31：上福岡（埼玉）32：花積内谷耕地（埼玉）33・34：馬場裏（埼玉）35・49：宿下（埼玉）36：海谷（埼玉）37：鷲巣前原（埼玉）38：吉岡（埼玉）39・42〜45：宿上貝塚（埼玉）40・46：中棚（群馬）41・55：本郷（埼玉）47・48・53：三ヶ尻林（埼玉）50〜52：木津内（埼玉）54・56・58・59：天神前（埼玉）57：犬塚（埼玉）60：峰岸北（埼玉）

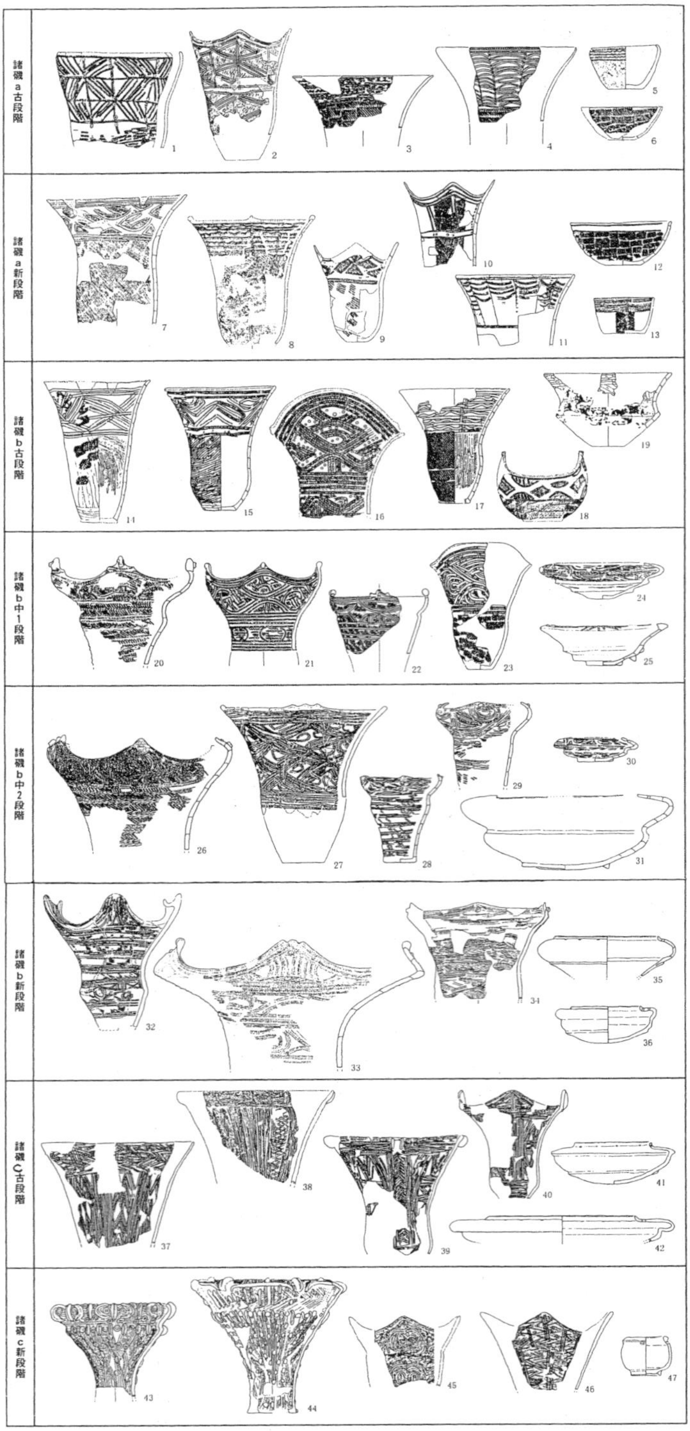

図 111　諸磯式土器の編年（関根 2008）

1・9・10・13：清水山（群馬県）2：円阿弥（埼玉）3・4・6・21・22・23：塚谷（埼玉）5：飯山満東（千葉）7・8・16：上大屋・桶越（群馬）11：峰岸北（埼玉）12・20・25・26・28～31：中野谷松原（群馬）14・15・17・19：多摩ニュータウンNo.457（東京）18：鷺谷（埼玉）25：川白田（群馬）32：半田中原（山梨）34～36・42・43・47：糸井宮前（群馬）37・38・41・45・46：花鳥山（山梨）39・40：広面（群馬）

ここでは関根慎二の諸磯a式2段階、諸磯b式4段階、諸磯c式2段階細分案（図111）を引用している（関根 2008）が、それぞれ2～3段階、4～8段階、2～4段階の変遷案があるようだ。こうした多様な変遷も気候の変動期の一様相なのかもしれない。前半期と異なり、この時期の集落は関東北西部・山梨・長野など内陸部に展開して多く見つかっている。

　土器型式だけでなく集落の形成・分布形態などを考慮に入れて、花積下層式・関山式土器期を前期前葉、黒浜式・諸磯a式土器期を前期中葉、諸磯b・c式土器期を前期後葉、十三菩提式土器を前期末とする区分もある。この前期の期間中に5.8kaイベントがあったこと、土器型式でいうと諸磯b式土器期に相当していること（図112）、いまだ考古学では注目されていないこの新しい知見で前期の画期を見直す必要がある。後で詳しく見るように、今村啓爾がすでにその前期終末から中期初頭の土器型式研究において想定していた現象である。

　ただし、5.8kaイベントの寒期のピークが諸磯b式土器期で列島各地で連動してはいたが、草創期や早期と違って、寒気の影響の時期とその対応法には地域生態と地域社会の伝統色が表れていた。前期・中期の高揚が著しかった八ヶ岳南西麓で見てみると、諸磯b

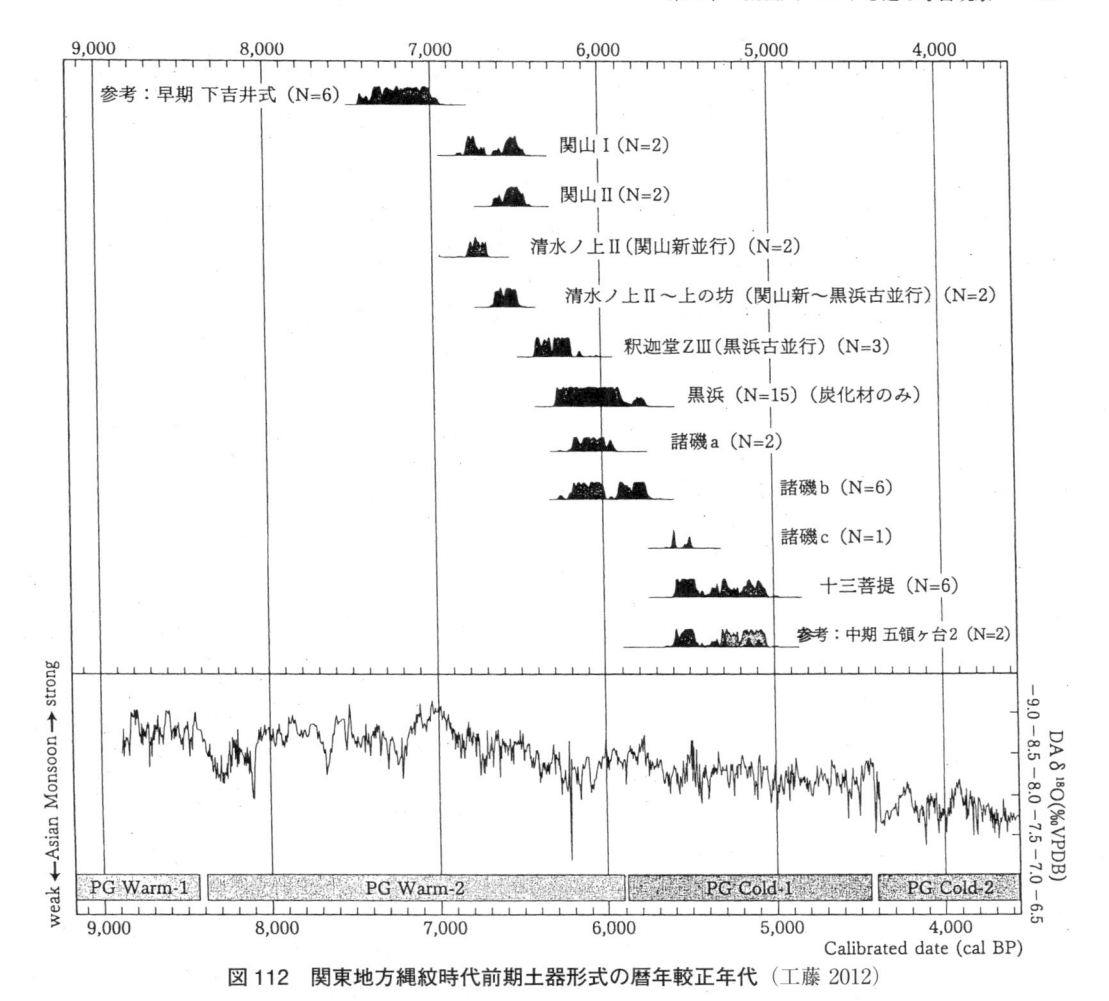

図112 関東地方縄紋時代前期土器形式の暦年較正年代（工藤 2012）

式土器期を寒気のピークとして諸磯 c 式土器期にはその環境変化への対応の兆候が見られる（図109下）。勅使河原彰によれば、前期的な石器群（石鏃・石匙）から植物採取活動を主体とした中期的な石器群（石皿・磨石）への変化は、中部高地でほぼ共通して諸磯 c 式土器期に顕著になる（勅使河原 2013）。この八ヶ岳南西麓で見られる 5.8ka イベントの影響とその対応法は決して一元的ではなかったし、諸磯 b 式土器期においてもその古段階・中段階・新段階という細分で見るのが実際的である。気候変動の影響が諸磯 c 式土器期あるいは十三菩提式土器並行期の方が深刻であった地域もあったようである。

2. 集落遺跡の変遷

ルイス・ビンフォードの民族考古学の方法論を応用して、諸磯式土器期を対象に縄紋時代の定住性を検討した羽生淳子の研究は、集落論の転換を象徴していた（羽生 2000）。羽生は諸磯式土器期の石器組成（石鏃・打製石斧・磨石類など）の幅と、遺跡規模（住居跡10軒以上：大規模遺跡、5件以上10軒未満：中規模遺跡、1～4軒：小規模遺跡）と、遺跡分布（関東地方北西部：6遺跡集

中域、関東地方南西部：4遺跡集中域、中部高地南部：いくつかの遺跡集中域、中部高地北部と伊豆諸島は不明）の分析を通して、3つのセトルメント・パターン、すなわち通年コレクター型、季節的定住コレクター型、フォーレジャー型のいずれのパターンであったかを探究した。石鏃は狩猟を表象して冬の生業活動、打製石斧は根茎類採集を表象して春から夏の生業活動、磨石類は堅果類の加工を表象して秋の生業活動と読み替えている。また集落の規模の多様性は居住集団の季節ごとの集合と離散の反映と解釈している。このような手続きを踏んで、諸磯式土器期の遺跡の分布状態、集落遺跡の規模、および石器組成のばらつき方は、季節的定住コレクターの民族誌モデルときわめてよく適合すると結論づけた。

　羽生論文はいわゆるプロセス考古学、とくにビンフォード流の方法論として賛否両論を呼び込んでいろいろ検討されてきた。羽生が選択した考古資料は春夏秋冬の季節変化の指標として使われたが、同時に、いやそれ以上に温暖期・寒冷期の気候変動の指標としても使えるものである。つまり、冬は集住して夏は分散移動したと解釈することも可能ならば、温暖期に集住して寒冷期に分散居住・移動したとも解釈できるのである。というよりも、集落遺跡、特に多数の竪穴住居跡などの遺構で構成される大集落遺跡は複数の土器型式にまたがって形成されたのであるから、当然、長期変動をより強く反映していると見ることができる。

古奥東京湾沿岸の集落

　縄紋時代の長期的な定住者にとって、堅果類などの植物質食料は死活的な主食であった。小川岳人は古奥東京湾沿岸地域においては、この堅果類の収量が年次的に変動する一方で、貯蔵施設の貧弱さから伺われる貯蔵を行う傾向の総体的な低さという条件を想定して、居住集団は安定的な居住地に獲得した資源を集積するよりも、堅果類の豊凶にあわせて集団規模を調節しその構成員を再配置（拡散あるいは集中）する方法をとったと予想している（小川 2001）。この地域に見られる前期の遺跡では、先行する住居の諸施設を効率的に再利用しながら、住居を繰り返し建て直して反復して居住していたと見ている。その結果、長軸 8m、短軸 8m 級の大型から長軸 4m、短軸 3m クラスの小型まで、異なる規模の長方形・長台形竪穴住居跡が多数重複したと見る。

　先に早期末で取り上げた富士見市打越遺跡で見てみると、関山式Ⅰa期の 169 号住居跡 (9.4 × 8.4m)、Ⅰb期の 188 号住居跡 (8.0 × 5.6m)、17 号住居跡 (7.9 × 5.0m)、87 号住居跡 (7.6 × 4.4m)、Ⅰc期の 88 号住居跡 (9.8 × 6.1m)、Ⅱb期の 173 号住居跡 (8.7 × 6.6m) と、各期にわたって大型住居が存在した。小川は他の遺跡の事例も参照して、大型住居が住居群の展開の「要」になっていることを見出して、離合集散性に富む世帯群にあって活動の中心となる「中核世帯」の住居だと見なしている（図 113）。離合集散性が高かったと小川が想定する打越遺跡においても、中期の環状集落で指摘されてきた中央広場を認知する住居の配置と、さらに早期末、花積下層式土器期、関山式土器期と時期が下るたびに先行の住居跡群の内側に住居を構築するという「約束事」が守られていたと見ている。

　当該地域において活発な遺跡形成が知られる関山式〜諸磯a式土器期にかけて、植物質食料、特に堅果類の処理加工具と見なされる磨石・石皿類が各遺跡を通じて安定的に存在することが知られ

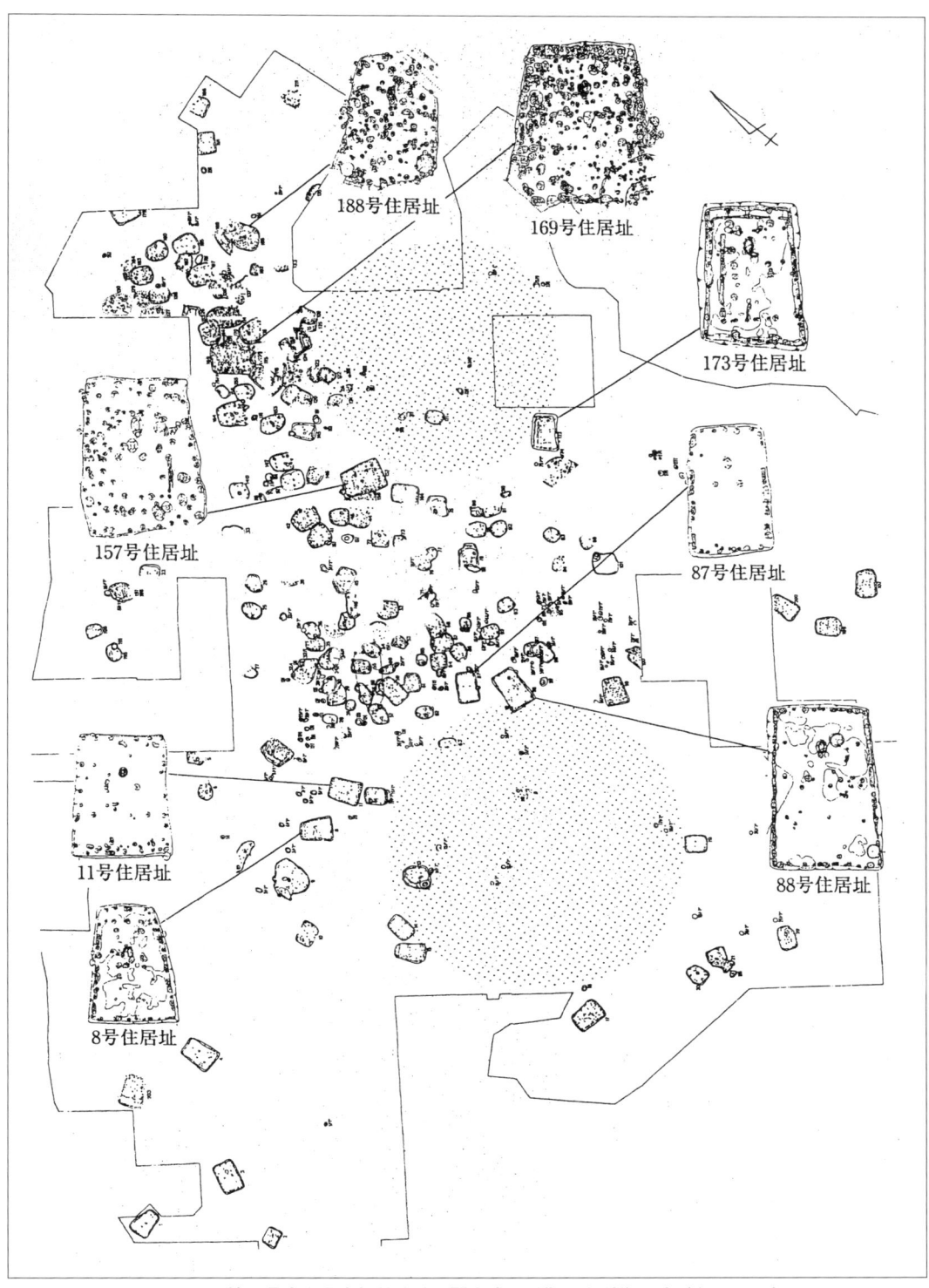

第 4 章　5.8 ka イベントを巡る考古現象　　*195*

図 113　埼玉県富士見市打越遺跡の関山式土器期の大型住居跡（小川 2001）

ている。小川岳人が注目するのは、むしろ石鏃の出土数の多寡である。打越遺跡（関山式期91点）、幸田貝塚（関山式期25点）、井沼方遺跡（関山式期25点）、飯塚貝塚（黒浜式期18点）、飯山満東遺跡（黒浜式～諸磯式期26点）、峰岸北遺跡（黒浜式期23点）、大古里遺跡（関山式～黒浜式期37点）、黒谷貝塚（黒浜式期7点）、水子貝塚（黒浜式期10点）、天神前遺跡（黒浜式期～諸磯a式期9点）などが多い遺跡で、他方、宮ヶ谷塔貝塚（関山式期2点）、稲荷台遺跡（関山式期3点）、御庵遺跡（関山式期4点）、米島遺跡（黒浜式期1点）、上福岡遺跡（黒浜式期0点）、掛貝塚（黒浜式～諸磯a式期0点）などが少ない遺跡である。打越遺跡と幸田貝塚の住居跡からイノシシの頭骨や獣骨類が出ている。また耳飾り・垂飾・管玉などの「希少財・奢侈財・威信財」は石鏃が多く出る遺跡に集中している。そして石鏃・希少財が多く出た遺跡は広場をもつ遺跡に偏る傾向も認められる。ここから小川は専業狩猟集団・狩猟系家族の存在も想定する。「こうした専業狩猟者集団〈狩猟系家族〉としての世帯は単に狩猟活動を行うばかりでなく、石器石材の入手、石器製作、狩猟の計画、狩猟に係わる動物祭祀等の狩猟とそれに伴う種々の技術・儀礼を継承し組織する存在であったろう」と。渡辺仁の謂う「縄文式階層化社会」を生み出す生業分化と、「退役狩猟者（長老）層」を念頭に置いた解釈である。

　渡辺仁の「縄文式階層化社会」と「退役狩猟者（長老）層」に関する私自身の見解は、この後、円筒下層c・d1式土器期の「多副葬墓」の項で述べている。

古鶴見湾沿岸と多摩丘陵

　谷口康浩は縄紋海進のピーク時の集落構成における地理的変異に注目する（谷口 2005）。前期の貝塚密集地帯のひとつ、古鶴見湾に臨む港北ニュータウン地域の集落遺跡は黒浜式～諸磯b式土器期に集中していて、海進が最高潮に達した時期に居住活動が活発化したことが知られる。竪穴住居跡62軒の南堀遺跡や67軒の西ノ谷貝塚など分布の要となる拠点的な環状集落が存在し、そこには古奥東京湾沿岸地域と同様の建て替えを繰り返した「多重複住居」が特徴的に見られ、同様の大型住居（面積約40～65m²）も存在する。諸磯c式土器期には集落遺跡が見られなくなる。

　他方、内陸の丘陵地に位置する多摩ニュータウン地域では、諸磯b式土器期に集落増加の突出したピークを挟んで、前期初頭の花積下層式から諸磯c式土器期まで継続して集落遺跡が見られる。しかし、拠点的な環状集落が形成されることはなく、竪穴住居跡はNo.72・796遺跡の花積下層式期の16軒を最大値として、数軒程度が河岸段丘から丘陵の尾根まで拡散した分散居住を特徴としている。したがって、多重複住居が出現せず、小型住居が普通である。

　谷口は西ノ谷貝塚と多摩ニュータウンNo.426遺跡の半径5km圏に広がる地形を比較して、食料資源量の違いと生産地への移動および運搬効率の差を検証している。西ノ谷貝塚の場合は、丘陵・台地・沖積低地・支谷湿地・汽水域・干潟・内湾という多様な生態ゾーンをもち、しかも異なる生態ゾーンの境界に当たる場所に立地していた。それと対照的に多摩ニュータウンNo.426遺跡の場合、エリアの大部分は丘陵特有の痩せ尾根と斜面、細長い支谷によって占められていた（図114）。前期の集落はこのように地理的変異が非常に大きく、自然環境に強く支配されていた。前期段階の経済がまだ環境条件の優劣を克服して生産性を均すことのできる技術的レベルに達していなかった

第4章　5.8ka イベントを巡る考古現象　　197

凡例：
- 丘陵
- 台地
- 沖積低地
- 主要河川
- 内湾奥部（干潟）
- 内湾央部（砂底）
- 内湾央部（泥底）

西ノ谷貝塚の5km圏

多摩NT No.426遺跡の5km圏

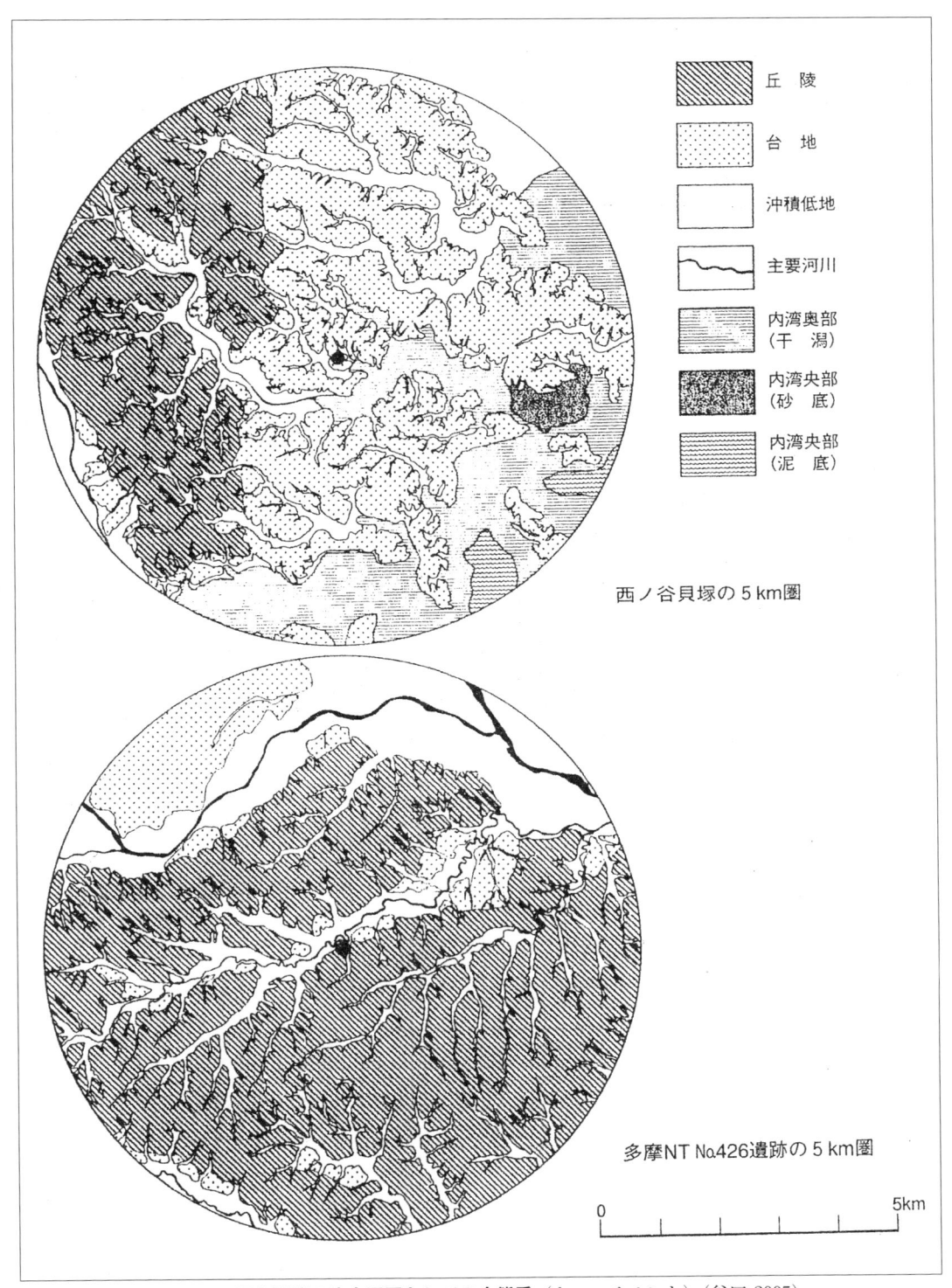

図114　居住形態の決定要因としての生態系（キャッチメント）（谷口 2005）

ことに起因する、というのが谷口の見立てである。

3. 墓域の形成

　前期には集落の内外にはっきりした墓域が形成された。その継続性は集落の継続と明らかに異なっていて、5.8kaイベントに関連した集住と分散居住をより強く反映しているようである。群馬県行田大道北遺跡は関山式から五領ヶ台式土器期にかけての集落で、竪穴住居跡91軒、土坑475基が検出された。住居跡は関山式土器期2軒、黒浜式土器期28軒、諸磯a式土器期37軒、諸磯b式土器期4軒、諸磯c式土器期14軒、五領ヶ台式土器期2軒に対し、土壙墓は黒浜式期71基、諸磯a式期65基、諸磯b式期27基、諸磯c式期45基、十三菩提式期7基、五領ヶ台式期92基で、住居が構築されなかった十三菩提式期にも墓域は機能していた。環状ないしは馬蹄形に住居がめぐり中央広場に墓域が造られた集落では、墓域はいくつかの土壙墓群から構成されていたようである（坪田 2004）。

　行田大道北遺跡の報告書が出ていないので、有尾式・黒浜式〜諸磯b式土器期の集落である群馬県中野谷松原遺跡を見ておこう。

中野谷松原遺跡（大工原編 1996／1998）

　遺跡は群馬県西部、碓氷川の南に展開する上位段丘面に位置する。この地区では花積下層式土器期の遺物が検出されているが遺構は確認されていない。関山式土器期になると比較的規模の大きな遺跡も現れているが、他は住居跡1〜2軒程度の小さな遺跡である。黒浜・有尾式土器期に大規模な集落が形成されるが、他は小規模な集落である。諸磯a・b式土器期には当遺跡以外にも中央広場を有する大規模な集落（大下原遺跡）が形成された。諸磯c・十三菩提式土器期になると集落遺跡は中野谷松原遺跡と大下原遺跡のみとなり、しかも住居跡は激減している。

　有尾・黒浜式〜諸磯b式土器期の住居跡は約95ヶ所（のべ239回）構築されており、全体の約87％は重複・拡張・建て替えが行われていて、集落は継続的に営まれていたことがわかる（図115）。土坑が970基検出され、そのうち約223基が土壙墓(上部施設・下部施設・副葬品・覆度の状態)で、6ヶ所の土壙墓群が形成されていた。36軒の掘立柱建物跡のうち20m以上の大型掘立柱建物が4軒見られる。

　有尾・黒浜式土器期には長方形で深い壁溝を有する住居跡が浅間山の方を向いて直線的に配列された「列状集落」で、立石を伴う土壙墓群も同じ方向を向いて帯状に形成されていた。諸磯a〜b式土器期には直径約110mの環状集落が形成され、北側の大型掘立柱建物跡群を要として方形ないし隅丸方形の住居跡が展開する。中央広場には環状に土壙墓群が浅間山に対する方向性を維持しながら形成されている。諸磯b式土器期の集落は調査区の西に存在していて、全体の1／3程度が調査されただけである。住居跡は隅丸方形ないし円形で、ひときわ大きく掘り込みが1.6mもある大型住居が1軒存在した。土壙墓群は中央広場の北東部分に形成されているが、浅間山を指向する軸線上に位置している。各時期の土壙墓群では抉状耳飾が検出される墓が各1基ずつで被葬者の特別な位置を示唆している（図116）。

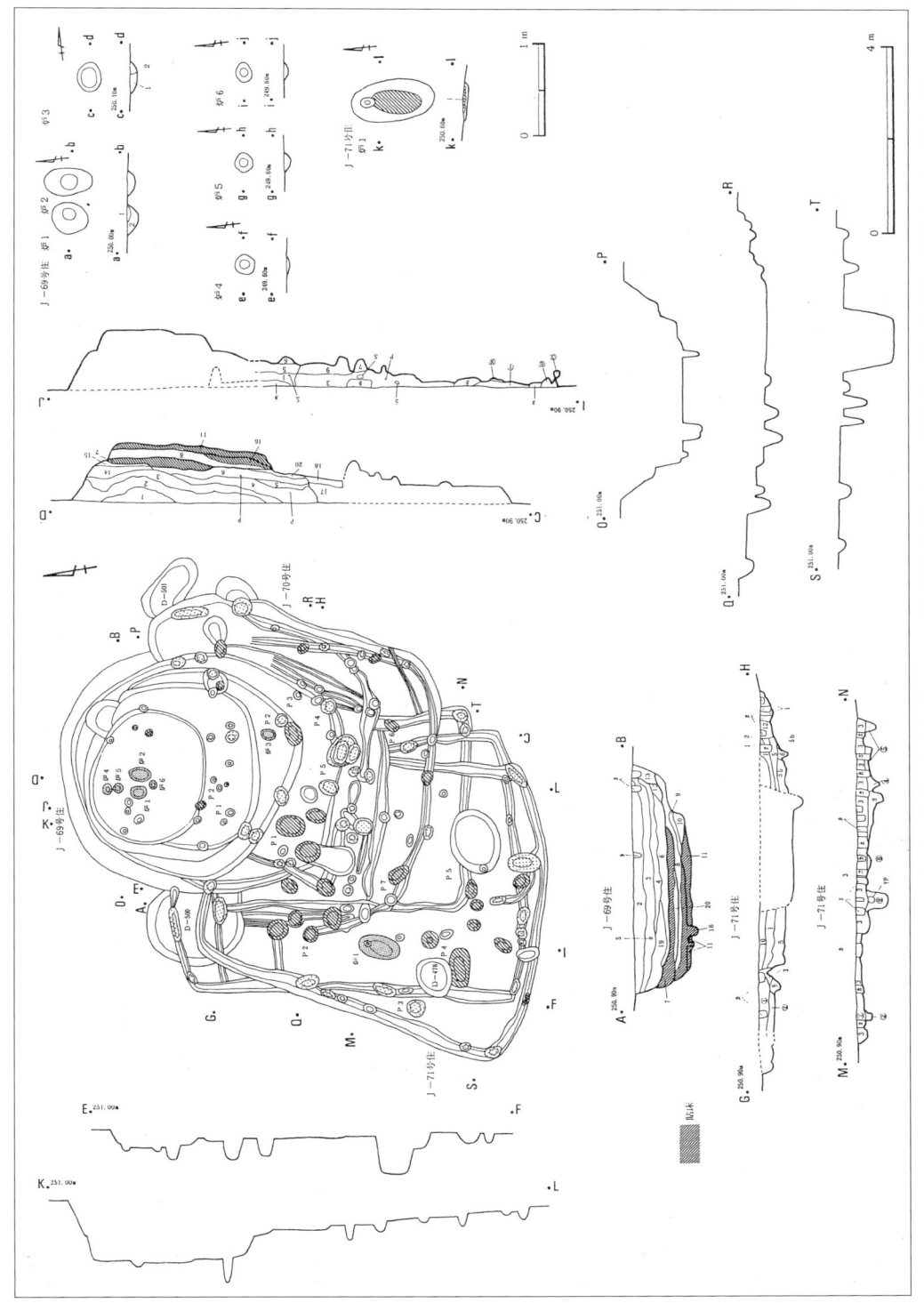

第 4 章 5.8ka イベントを巡る考古現象 199

図 115 群馬県中野谷松原遺跡の有尾・黒浜式〜諸磯 b 式土器期にかけて繰り返し拡張・縮小が行われた竪穴住居跡（14 回）（大工原 1996）

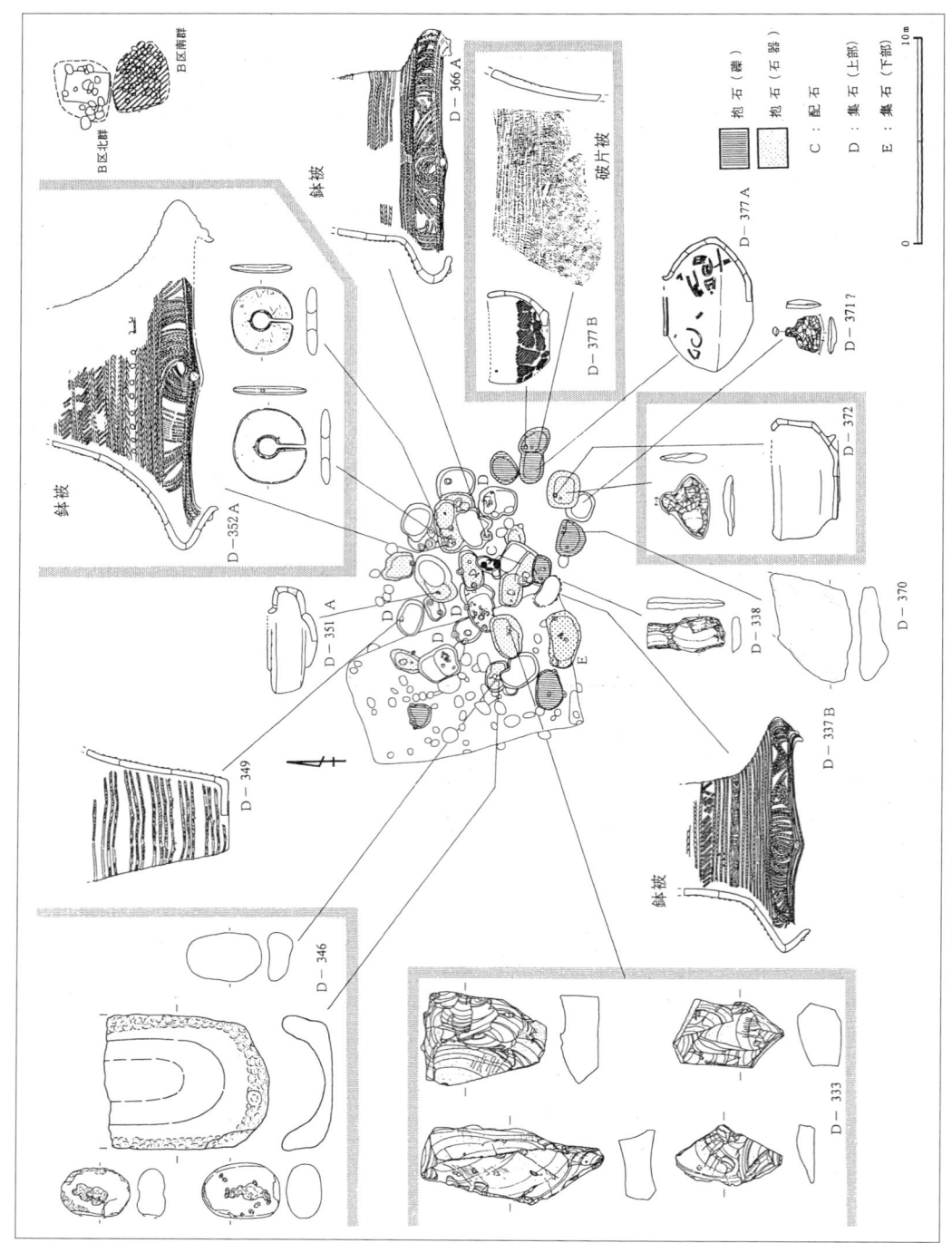

図116 中野谷松原遺跡出土土壙墓群（B区南群）の副葬品（大工原 1998）

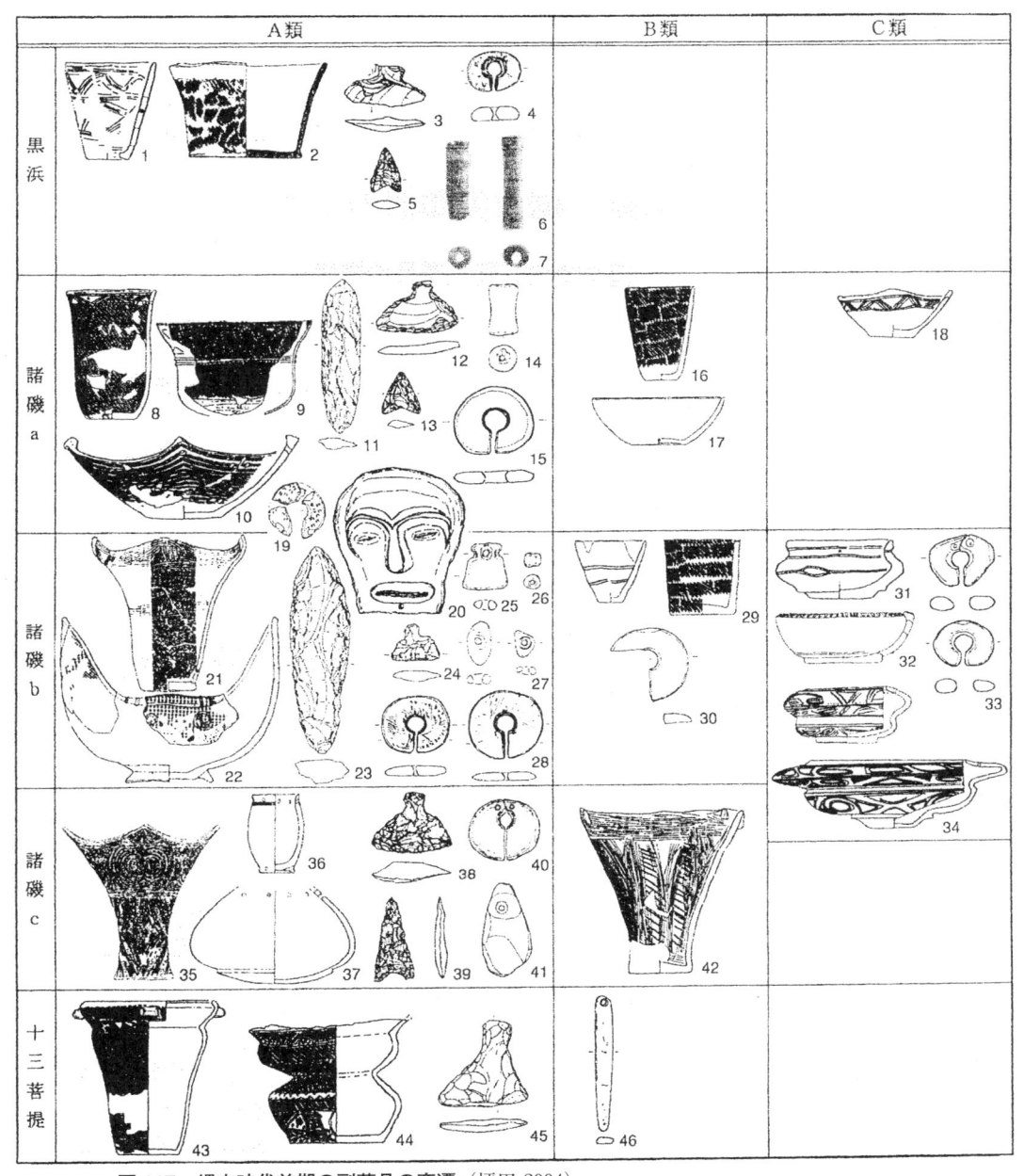

	A類	B類	C類
黒浜			
諸磯a			
諸磯b			
諸磯c			
十三菩提			

図117　縄文時代前期の副葬品の変遷（坪田2004）
A類：居住域と墓域が分離する集落　B類：居住域と墓域が分離していない集落
C類：墓域が単独で存在するもの

　報告者の大工原豊は土壙墓群、掘立柱建物、大型住居という社会的機能を有する施設が出そろい、計画的な環状集落が形成された「諸磯b式1段階」に大きな「社会的変動」があったと捉えているが、むしろ社会的安定期で変動期はその後に起こっている。

副葬品
　立石・配石をもつ土壙墓は北関東・中部地方を中心とする地域に限定され、長野県阿久遺跡の関

202

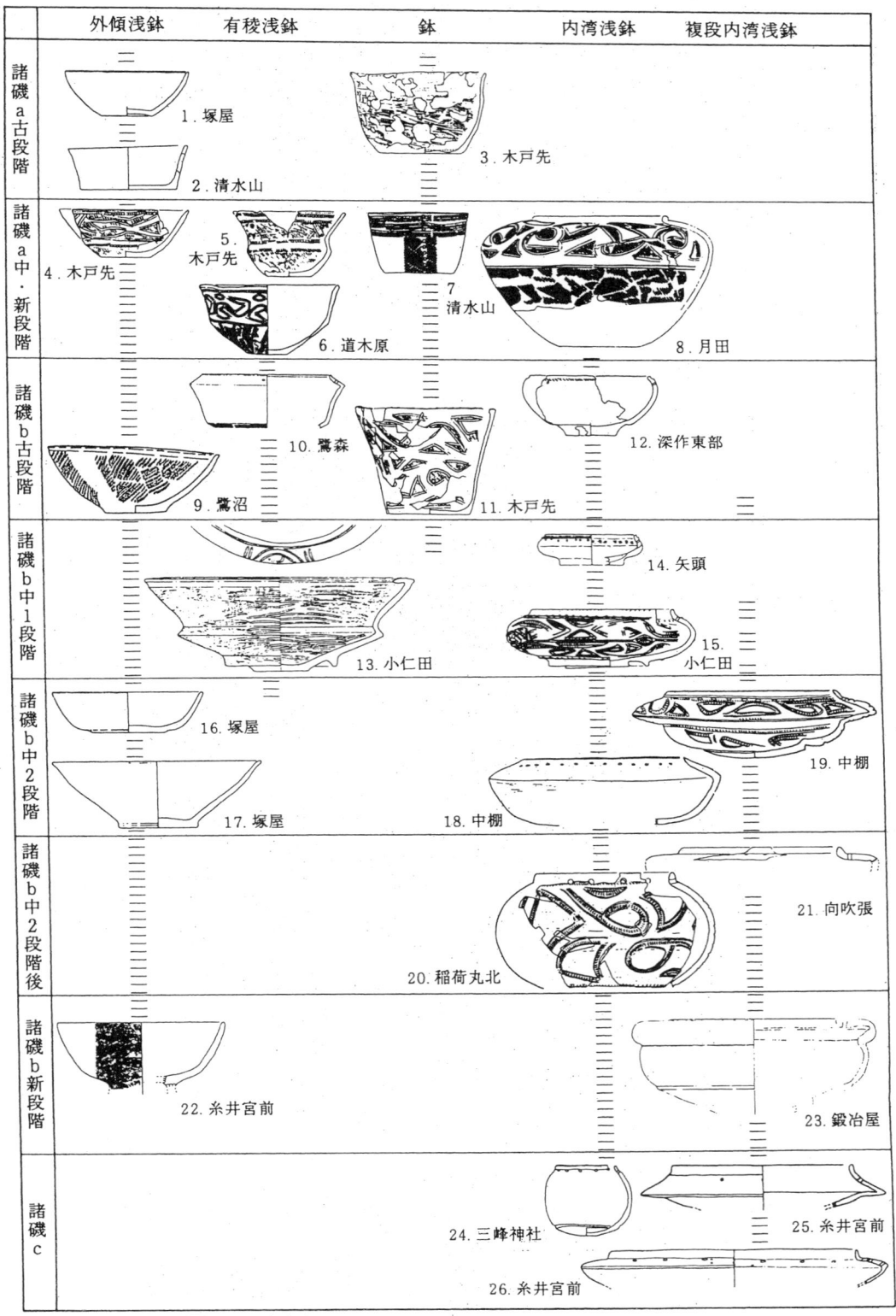

	外傾浅鉢	有稜浅鉢	鉢	内湾浅鉢	複段内湾浅鉢
諸磯a古段階	1. 塚屋 2. 清水山		3. 木戸先		
諸磯a中・新段階	4. 木戸先	5. 木戸先 6. 道木原	7. 清水山	8. 月田	
諸磯b古段階	9. 鷺沼	10. 鷺森 11. 木戸先		12. 深作東部	
諸磯b中1段階		13. 小仁田		14. 矢頭 15. 小仁田	
諸磯b中2段階	16. 塚屋 17. 塚屋			18. 中棚	19. 中棚
諸磯b中2段階後				20. 稲荷丸北	21. 向吹張
諸磯b新段階	22. 糸井宮前				23. 鍛冶屋
諸磯c			24. 三峰神社	25. 糸井宮前 26. 糸井宮前	

図118 諸磯式土器期の浅鉢形土器の変遷 (1/10) (松田 1998)

山式土器期を初例として、黒浜式から諸磯 b 式土器期にかけて存在した。土器の副葬も関山式土器期までは類例が少ないが、黒浜式土器期に入ると深鉢のほか、新たに小型土器、玦状耳飾、玉、垂飾、石匙、石鏃など種類も急増する。墓域の形成と多種の副葬は諸磯 a 式・b 式土器期を最盛期として諸磯 c 式・十三菩提式土器期には一部を除き停止された（図 117）（坪田 2004）。

威信財・交換材としての機能が指摘されたことのある諸磯式土器期の浅鉢類を、中村耕作は墓壙への「埋納」や儀礼的供献と関連づけた解釈を試みている（中村 2013）。その浅鉢の変遷で見てみると、浅鉢は関山 I 式土器期に大宮台地に現れ、黒浜式期に分布が拡散する。諸磯式土器期に量・種類ともに格段に増加するのであるが、とりわけ「複段内屈形」が展開する諸磯 b 式期に著しい。浅鉢類は諸磯 b 式新段階から諸磯 c 式期までに形態は前段階の延長線上にあるものの、ほぼすべてが無紋となる。そして十三菩提式土器期には浅鉢はほとんど存在しなくなる（図 118）。諸磯 c 式土器期に遺跡数・住居址数が急落することを見ても、この時期に伝統的生活世界がいったん崩壊したようである。

当該時期に東関東に分布した浮島式土器の I a 古段階に現れ、浮島 I b 式期以降に墓の副葬品として多用された浅鉢・鉢形土器においても、浮島 III 式期になると鉢形土器に独自色が表出する。すなわち、外傾型から直立型に変化するのに応じて、器厚が薄くなり、爪形紋で紋様を描き、口縁下に広い無紋帯を確保して赤彩を施した華麗な鉢が発達した。集団内のごく限られた個人によって保有され、所有者の死に際して墓に副葬された。千葉県木戸先遺跡では 570 基の墓壙のうち、浮島式の浅鉢形土器が副葬されていたのは 7 基（約 1.2%）に過ぎず、黒浜式・諸磯式浅鉢形土器を出土した墓壙を加えても 50 基（約 8.7%）である。そして興津式土器期には浅鉢・鉢はほとんど存在しなくなる。こうした変化は諸磯式土器分布圏の変化に対応するものである（松田 1998）。

(2) 東北地方

東北地方の前期中葉から中期中葉にかけて、およそ北緯 40 度の線、もう少し正確に言うと、秋田市・盛岡市・宮古市を繋ぐ線を境にして、北部の円筒式土器圏と南部の大木式土器圏という地域色がはっきり出てきた。近年、その特異な在り方が注目を引いている（岩手県立博物館編 2005）。辻誠一郎が言うように、ここには十和田カルデラの巨大噴火がかかわっていた可能性がある。円筒下層 a 式土器は中掫テフラの直上から出現し、このテフラの下位からは検出されない。大木式土器との関係では、大木 2a 式土器はその下位、大木 2b 式土器は並行かその上位に位置している（星・茅野 2006）。

1. 円筒下層式土器の編年と画期

円筒式土器の研究は、円筒土器の命名者、長谷部言人の 1927 年の「円筒土器文化」、およびこれを下層式と上層式とに分けて下層式に 4 型式与えた山内清男の 1929 年の「関東北に於ける繊維土器」を嚆矢とする。その後の 1964 年までの研究史については、村越潔の研究書『円筒土器文化』（1974）に詳しい。

東北地方北部の早期から前期前半の編年は江坂輝弥と佐藤達夫のものが代表的であるが、両者の違いが大きく、不明の部分も多い。円筒下層 a 式土器の直前型式を深郷田式とする点では共通している。村越は土器の形態からこの時期を変動期と見て、縄紋人の生活が不安定な生活から、不安定ながらも今までより一歩安定した生活へと変わるひとつの転換期と見なした。1955 年に早稲田・慶応大学の共同調査で発掘された、八戸市蟹沢遺跡の調査報告で下層 d 式土器が「d1 類」と「d2 類」に細分できること、「d2 類」に大木 6 式土器の影響がかなり見られることが指摘された。村越は石神遺跡や津軽半島宇鉄の中平遺跡においても、同様の傾向が顕著だと指摘し、秋田県の「狐岱式土器」も大木 6 式土器の影響を受けた土器とみている。円筒下層式の土器の中で、もっとも広く分布する土器は d 式土器で、青森県を中心に秋田県米代川流域に集中して多く、山形県吹浦遺跡からこの型式と大木 6 式の要素を備えた吹浦式土器が発掘されている。岩手県側でも盛岡市周辺まで広がり、さらに一部は一関市郊外まで影響を与えていた。北海道では岩内町東山遺跡や室蘭市ポンナイ遺跡から出ている。この分布傾向は円筒上層 b 式土器まで続くが、それ以降は次第に大木系土器に押されていった。青森県二ツ森貝塚の 2 号貝塚において、鹹水性のサルボウ・ホタテ・マテガイ・アサリからなる下の層から円筒下層 d1 式土器が、そしてヤマトシジミが多い上の層から円筒上層 a 式土器が出土したことから、前期と中期の境界がこの地域の自然環境の変化期であったと見なした。以上が本著のテーマに関わる部分の村越説である。

　土器の型式組列においては、深郷田式から円筒下層 a 式土器へ、さらに b 式、c 式、d1 式土器へ、そして円筒下層 d2 式土器から円筒上層 a 式土器へと、漸移的に系統進化を遂げていると考えられてきた。円筒下層 d 式土器は前期に属し、円筒上層 a 式土器は中期に属するというのは、あくまでも編年上の便宜的区分であって、変化は漸移的なものとされている。

2. 三内丸山遺跡の調査成果

　1992 年に始まった青森県三内丸山遺跡の発掘調査は従来の縄紋観に数々の衝撃を投げかけた、とメディアで報じられた。「前期旧石器遺跡捏造問題」の発覚も与って、表層的な喧騒が沈静化して 10 年余、一応の総括が行われた（青森県史編さん考古部会編 2002）。発掘調査は今も行われているが、三内丸山遺跡の学術的評価を含めて、「円筒土器文化」の実態研究の機が熟ししている。

　三内丸山遺跡の集落変遷は 6 期区分で理解されている。第 1 期の前期中葉（円筒下層 a・b 式土器期）に出現して、第 2 期の前期後葉（円筒下層 c・d 式土器期）に集落規模が拡大し、第 3 期の中期前葉（円筒上層 a・b 式土器期）でさらに拡大し、第 4 期の中期中葉（円筒上層 c・d 式土器期）で最大規模になる。第 5 期の中期後葉（榎林・最花式土器期）も遺構の種類は第 4 期とほぼ同じであるが、最大規模の大型住居や掘立柱建物はこの時期に属する。第 6 期の中期末葉（大木 10 式土器並行期）に集落規模が縮小し、消失した。

　第 6 次調査区では、第 28 層の円筒下層 c 式土器から第 2 層の大木 10 式土器までその間の土器型式の包含層が間断なく見られた。盛土遺構は一部で前期の遺物を包含するものの、大半は中期の円筒上層 a 式から最花式土器期までである。中期の盛土で覆われているため、特に円筒下層式土器期の居住域やさまざまな施設の変遷については不明の点が多い。同時期のほかの遺跡で検討する必要

がある。

　第6鉄塔地区の台地斜面の地層では、大量の円筒下層b式土器の密集層が見られ、またその層の下部と円筒下層a式土器の層との間にニワトコ属主体の種実のみからなる純粋な植物遺体層がある。ここでは円筒上層式土器は断片的である。辻誠一郎は遺跡の調査に関わるなかで、「人為的生態系」という概念を創り出した。人が自然と深くかかわりをもつことによって改変され、人とのかかわりによって体系的に維持される生態系のことである。縄紋時代前期中葉、人々の居住と開発によって、二次的植生が形成されるや、人々は、二次的植生をつくっているさまざまな有用植物を選択的に維持管理するか、特定の場所に移植・栽培して体系的な育成をはかっていた、と（辻 1997）。

　辻誠一郎が研究代表者を務めた三内丸山遺跡をめぐる研究プロジェクトの成果として、『三内丸山遺跡の生態系史』が出された（辻・能城編　2006）。大きくは3つの成果が注目される。①集落が暦年較正年代で約5950〜4150年前の長期間にわたって営まれており、また縄紋時代前期と中期の境は約5450年前であった。②集落の形成とともにナラ類やブナからなる落葉広葉樹林が伐採され、クリの純林が形成されて維持・管理されていた（図119）。その後、中期後半にはクリ林の縮小とトチノキ林の拡大が同時に起こっていた。③大木2a式土器は十和田中掫テフラ（To-Cu）の下位であること、大木2b式土器はその下位から上下に跨る可能性が高いこと、他方、円筒下層a式土器はTo-Cuの上位であることが明らかになった。

　辻らはこの研究成果に基づき、十和田中掫テフラの火山活動が東北地方北部の生態系と人の社会の攪乱を引き起こし、「円筒土器文化」の形成を誘導した、という仮説を提示している。東北北部において、小さい土器型式（表館式・早稲田6類・深郷田式）が並立した時期から、大きな型式（円筒下層式）が安定して継続する時期へ交代する契機となったのは十和田火山の大爆発であったというのである。そうだとすると、さらに問題としなければならないことは、前期の円筒下層式土器から中期の円筒上層式土器まで長期に継続した「円筒土器文化」の内部にあって、土器型式の変遷には直接反映しなかった変動期はなかったのかという点である。

　例えば、遺跡からは1万数千点の石鏃が出ている。中期の南北の盛土遺構からは大量に出土した。ところが出土動物骨の割合を見ると、クマとアシカが1％ずつ出ているのが注目されるが、ムササビ38％、ノウサギ36％、イタチ7％、キツネ5％、リス4％、タヌキ3％で、常連のイノシシとシカはそれぞれ3％と1％に過ぎない（国立歴史民俗博物館 2001）。人工遺物〈狩猟具〉と生態遺物〈出土動物骨〉が整合しない背景に、円筒式土器期のソーシャル・システムとエコ・システムとの複雑な関係が暗示されているように思われる。

3. 大型住居主体の集落

　前章で言及したように、早期には長さが10mを超える大型の竪穴住居が現れていた。大型住居を主体とする集落は前期から中期にかけて東北地方を中心に顕著に見られるようになる。冬期間の堅果類のアク抜き処理施設という説や集団成員の供食の場という説など多様な解釈があるが、ここでは武藤康弘の複合住居家屋という説を取り上げてみる。

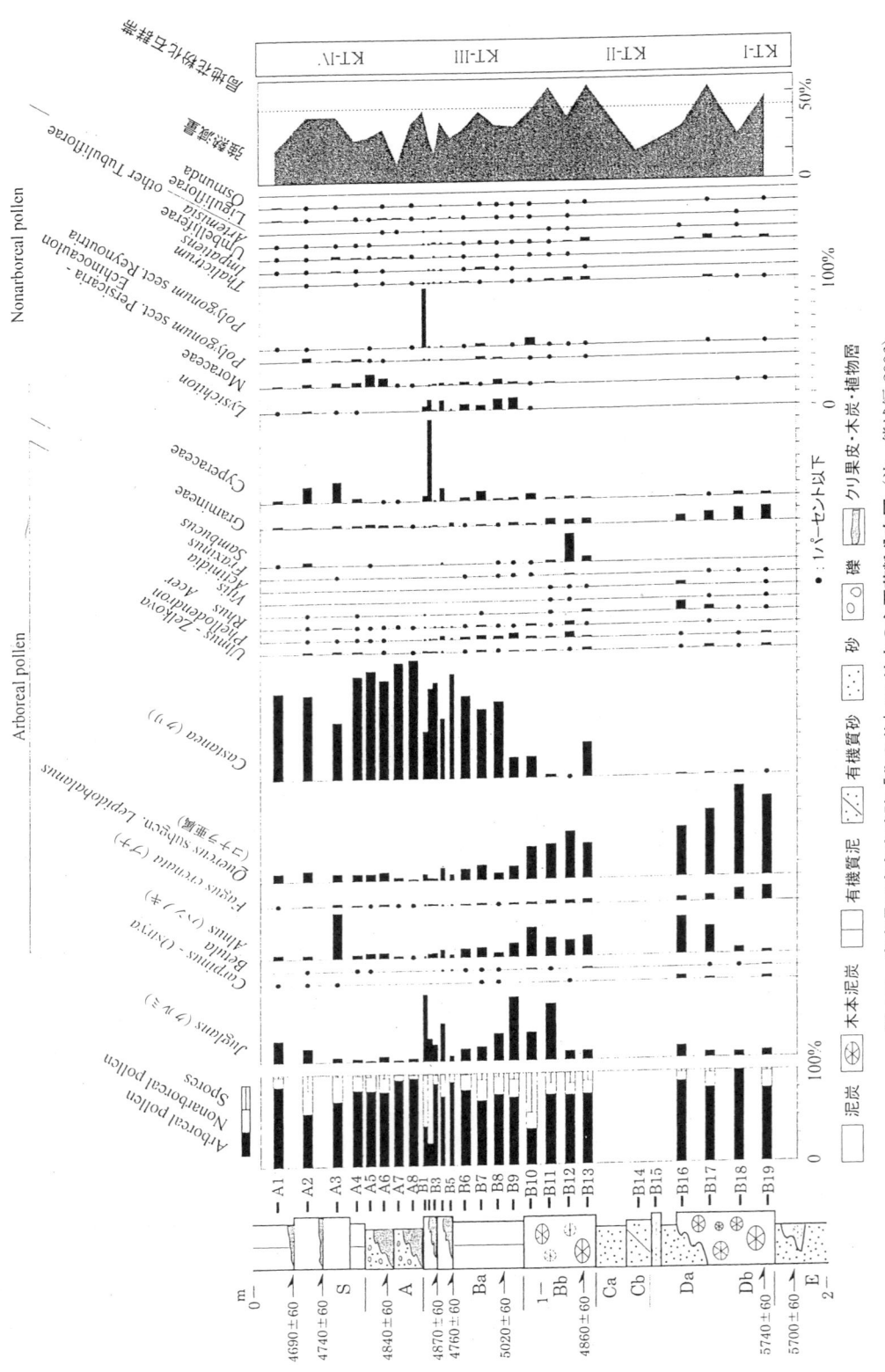

図119 青森県三内丸山遺跡［北の谷］P1地点の主要花粉分布図（辻・熊城編 2006）

複合居住家屋

　考古資料（モノ）だけからそれがどんな意味をもち、どう使われていたか（コト）を解き明かすのは困難である。民族誌を利用する手立て（民族考古学）が一般に取られる。武藤康弘はロングハウスの民族誌事例を集めた。建築構造、集落構造、居住構造などロングハウス関連の民族資料の記載は多様である。そこで考古資料の解釈に応用するのに工夫がいる。北米イロコイ族のようにその存在が直接過去に遡れる場合、民族資料・考古資料対比の確実性が増すので、「直接的歴史遡及法」が有効である。武藤は14～15世紀のイロコイ族のノッドウエル遺跡8号住とドレイパー遺跡12号住を例に、複合住居家屋が考古資料として確認されうる条件として、長大な平面形、規則的に配列された炉、隔壁構造の存在を引き出し、秋田県上ノ山Ⅱ遺跡SI213住や杉沢台遺跡SI07住にその可能性を指摘した（図120）（武藤 1989）。

　長方形の大型竪穴住居跡は北海道東部、東北地方北部、関東地方東部で早期中葉のほぼ同時期に出現した。前期中葉には東北・関東地方で安定した存在となり、中期後葉に姿を消している（図121）。円形の大型住居は前期中葉の群馬県中野谷松原遺跡などに出現するが、主に後・晩期に発達する形態であり、長方形の大型掘立柱建物遺構も早期末の埼玉県打越遺跡を初現として前期中葉に事例が見られるものの、もっとも発達するのは中期中葉～後期前葉の関東地方である。

　前期中葉から後葉の時期の長方形大型住居は東北地方北部・中部に集中して分布し、長軸長が20～30m級の超大型も含め平均で長軸が15m余、短軸が6m余で細長く、10基以上を例外として3～5基の炉をもつ。長方形大型住居が主体となって環状ないし半円状に配列された集落が出現してくる（図122）。前期末中期初頭になると岩手県中部から南部にかけて分布が顕著になり、しかも長軸と短軸の比が3：1と非常に細長い形態が目につく。また多数の貯蔵穴群を伴ってくる。前期末に長方形大型住居が急速に大型化するが、その後の中期前葉から後葉の時期になると急速に規模が縮小する。前期末中期初頭ではまた集落構成の特徴として長方形大型住居の単独立地と、長方形大型住居と貯蔵穴群が集落内占地においてきわめて緊密な関係にあることが注目され、当該時期に「長方形大型住居の構造的な諸特徴が最も顕著に表れており、この時期の様相が長方形大型住居の機能を究明する上で鍵になるものと判断される」（武藤 1998）。

　大型竪穴住居跡の出現期に関して、先に小川岳人が専業化に伴う世帯間格差と解釈していることを紹介した。出現の契機はどうあれ、縄紋時代を通してその機能が一元的であったとは考えられない。武藤が紹介している民族誌例でも、集団内の階層的分化、希少資源および資材の独占的管理統制、母系大家族集団、宗教施設など多様である。適正な問題設定（モデル構築）の上で、時期・地域ごとの関連考古資料を検証していくことが本道であるが、ここではまず武藤が提示した前期末中期初頭に見られる変化は気候の寒冷化と関連している可能性だけを指摘しておきたい。

円筒式土器分布圏と大木式土器分布圏の緩衝地帯

　大木3～5式土器期に秋田‐盛岡‐宮古ラインの南に位置する秋田平野や横手盆地、北上盆地とその周辺地域などに、北の円筒式土器分布圏と南の大木式土器分布圏を分かつかのように、大型住居跡を放射状に配置した集落構成が現れ、独特の文化的要素を持った地域圏が形成された。小林圭

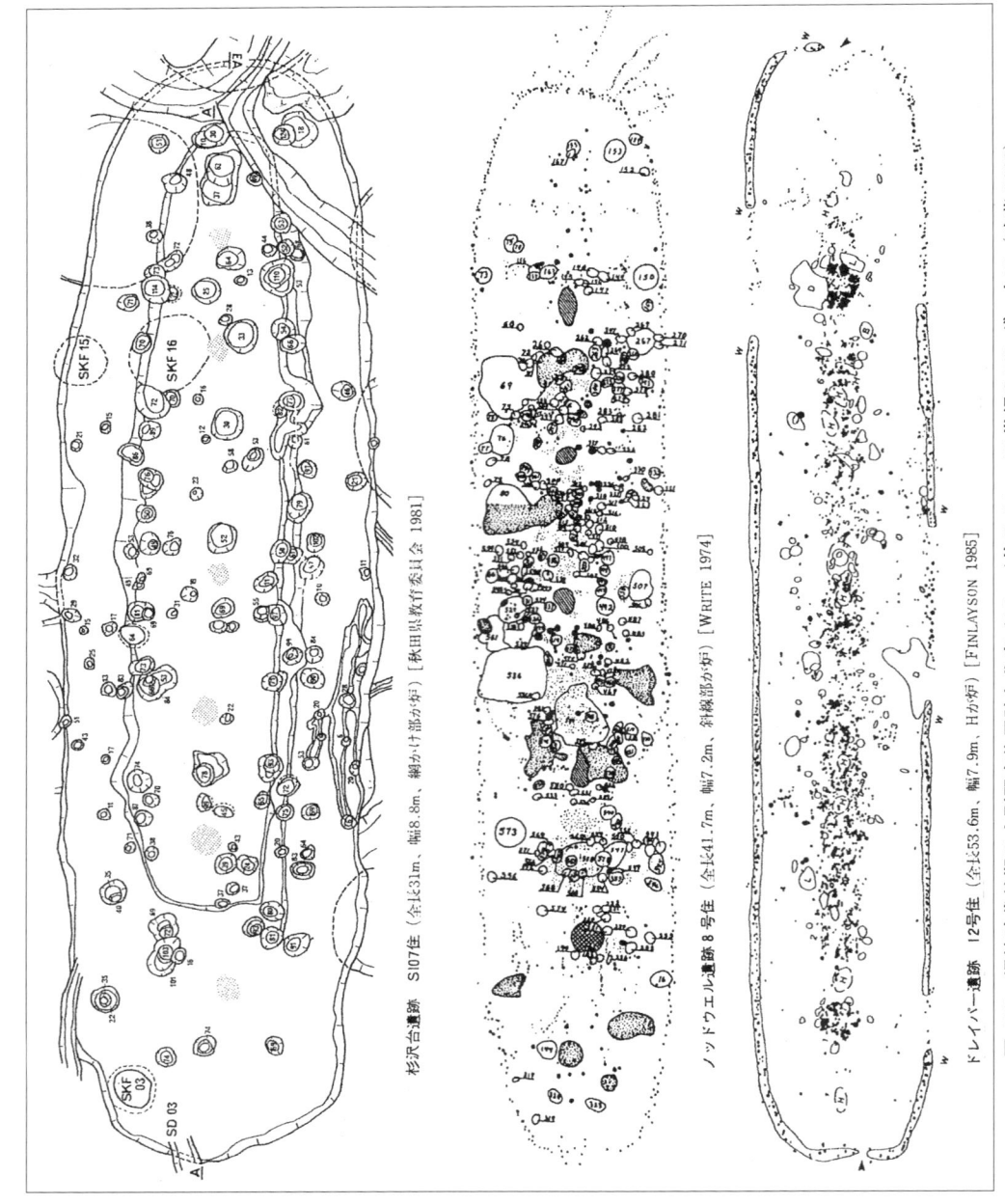

図 120　縄文時代前期の大型竪穴住居跡と北米イロコイ族の 14〜15 世紀のロングハウス（武藤 1989）

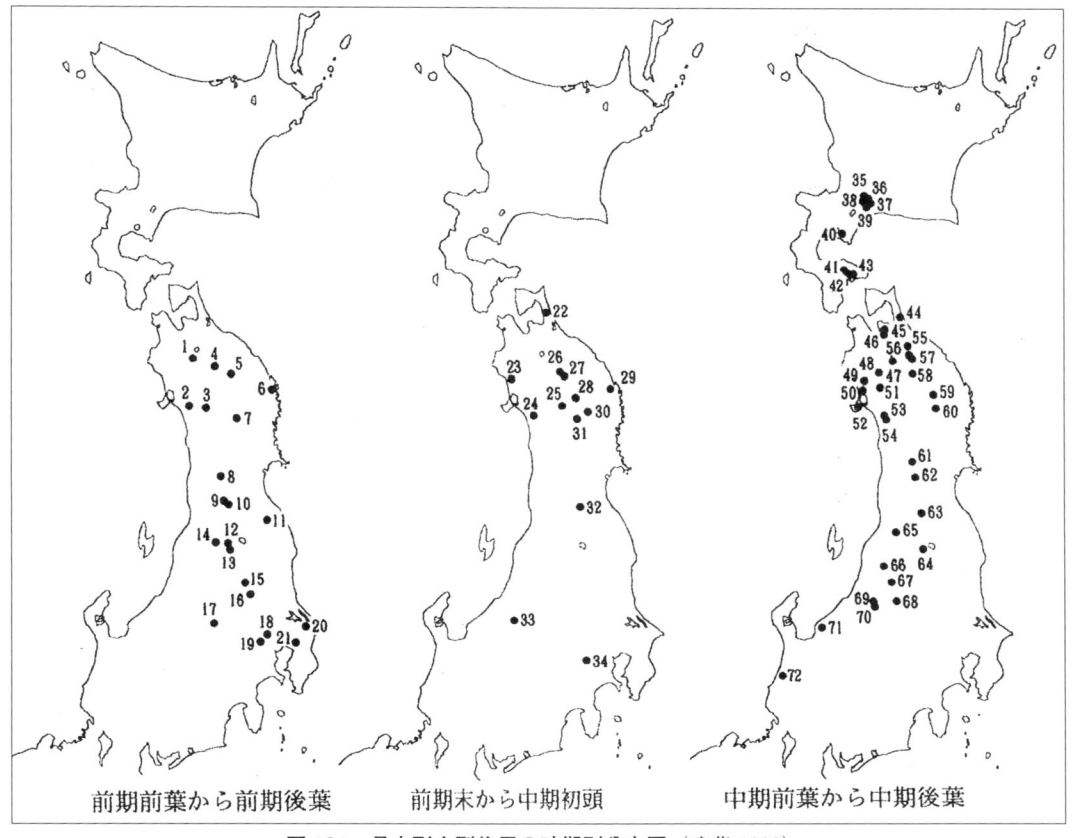

図 121　長方形大型住居の時期別分布図（武藤 1998）

前期前葉から前期後葉　　前期末から中期初頭　　中期前葉から中期後葉

秋田県
1：はりま館遺跡
2：柳沢遺跡
3：上ノ山II遺跡
岩手県
4：長者屋敷遺跡
5：上八木田I遺跡
6：沢田I遺跡
7：蟹沢館遺跡
山形県
8：小林遺跡
9：窪平遺跡
10：一ノ坂遺跡
福島県
11：羽白D遺跡
12：鹿島遺跡
13：青宮西遺跡
新潟県
14：北野遺跡
栃木県
15：古宿遺跡
16：根古台遺跡

群馬県
17：五十嵐遺跡
埼玉県
18：大古里遺跡
19：川崎遺跡
千葉県
20：多田木戸脇遺跡
21：木戸先遺跡

青森県
22：上尾駮1遺跡C地区
秋田県
23：杉沢台遺跡
24：下堤A遺跡
25：黒倉B遺跡
岩手県
26：長者屋敷遺跡
27：野駄遺跡
28：塩ヶ森I遺跡
29：花原市遺跡
30：横町遺跡
31：鳩岡崎遺跡
宮城県
32：小梁川遺跡
新潟県
33：和泉A遺跡
東京都
34：郷田原遺跡

北海道
35：メボシ川2遺跡
36：オサツ14遺跡
37：美沢15遺跡
38：美沢2遺跡
39：美沢東6遺跡
40：入江遺跡
41：石川1遺跡
42：桔梗2遺跡
43：陣川町遺跡
青森県
44：富ノ沢2遺跡
45：近野遺跡
46：三内丸山遺跡
秋田県
47：天戸森遺跡
48：橋桁野遺跡
49：館下I遺跡
50：萱刈沢貝塚
51：不動羅遺跡
52：大畑台遺跡
53：下堤A遺跡
54：坂ノ上F遺跡

岩手県
55：馬場平2遺跡
56：御所野遺跡
57：荒谷A遺跡
58：長者屋敷遺跡
59：大館町遺跡
60：大地渡遺跡
山形県
61：西ノ前遺跡
62：西海渕遺跡
63：台ノ上遺跡
福島県
64：法正尻遺跡
新潟県
65：上車野E遺跡
66：中道遺跡
67：清水上遺跡
68：五丁歩遺跡
69：道尻手遺跡
70：沖ノ原遺跡
富山県
71：不動堂遺跡
石川県
72：念仏林遺跡

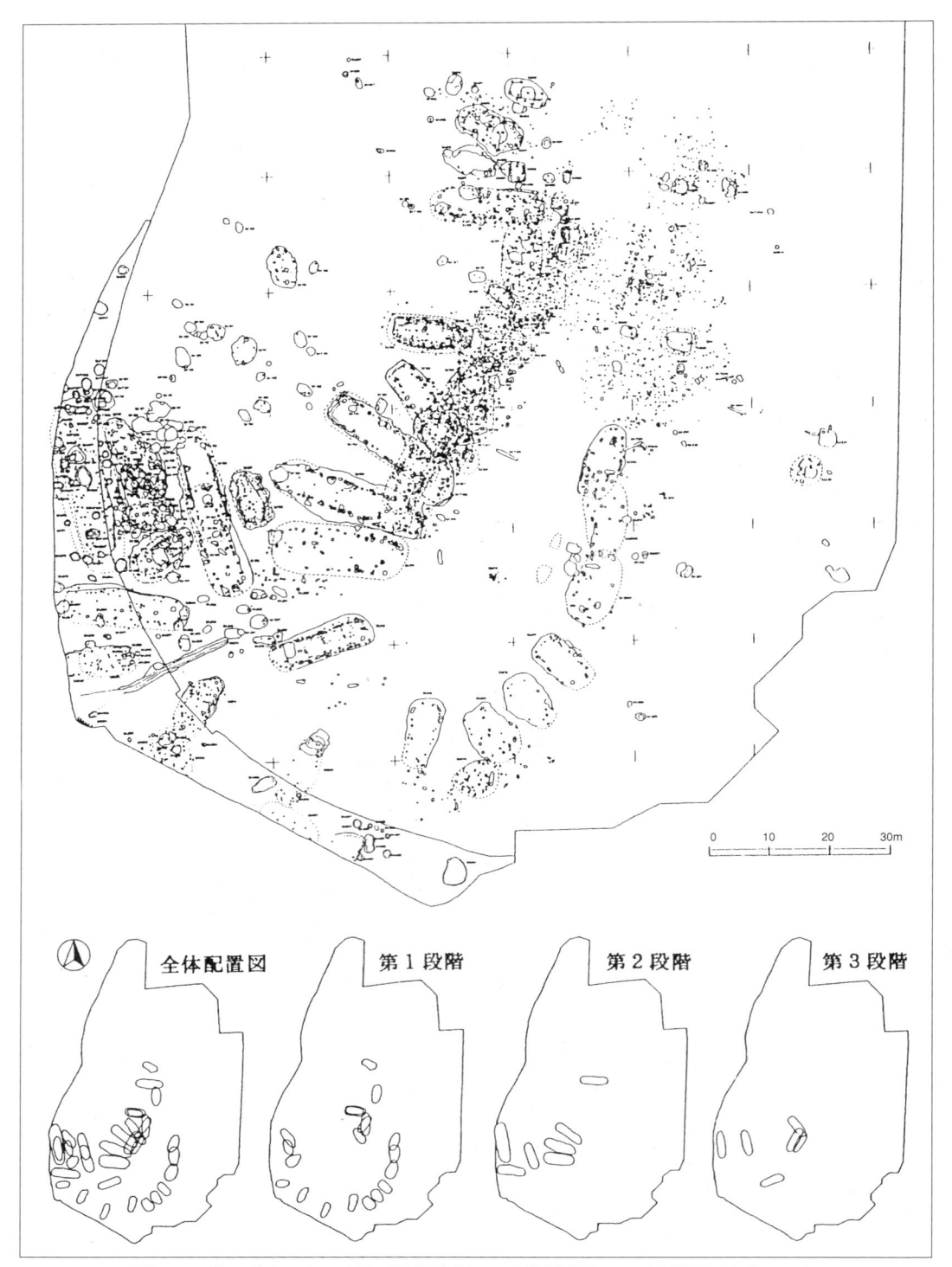

図 122　秋田県上ノ山Ⅱ遺跡（前期後葉）の遺構配置図および変遷図（武藤 1998）

一が「緩衝地帯」と呼んでいる（図123）（小林・菅原 2009）。カツオブシ形石製品や燕尾形石製品、石剣・石棒などはこの地域固有の遺物である。

典型的な集落としては、岩手県遠野市綾織新田遺跡で、大木 2a～4 式土器期にかけて長方形を

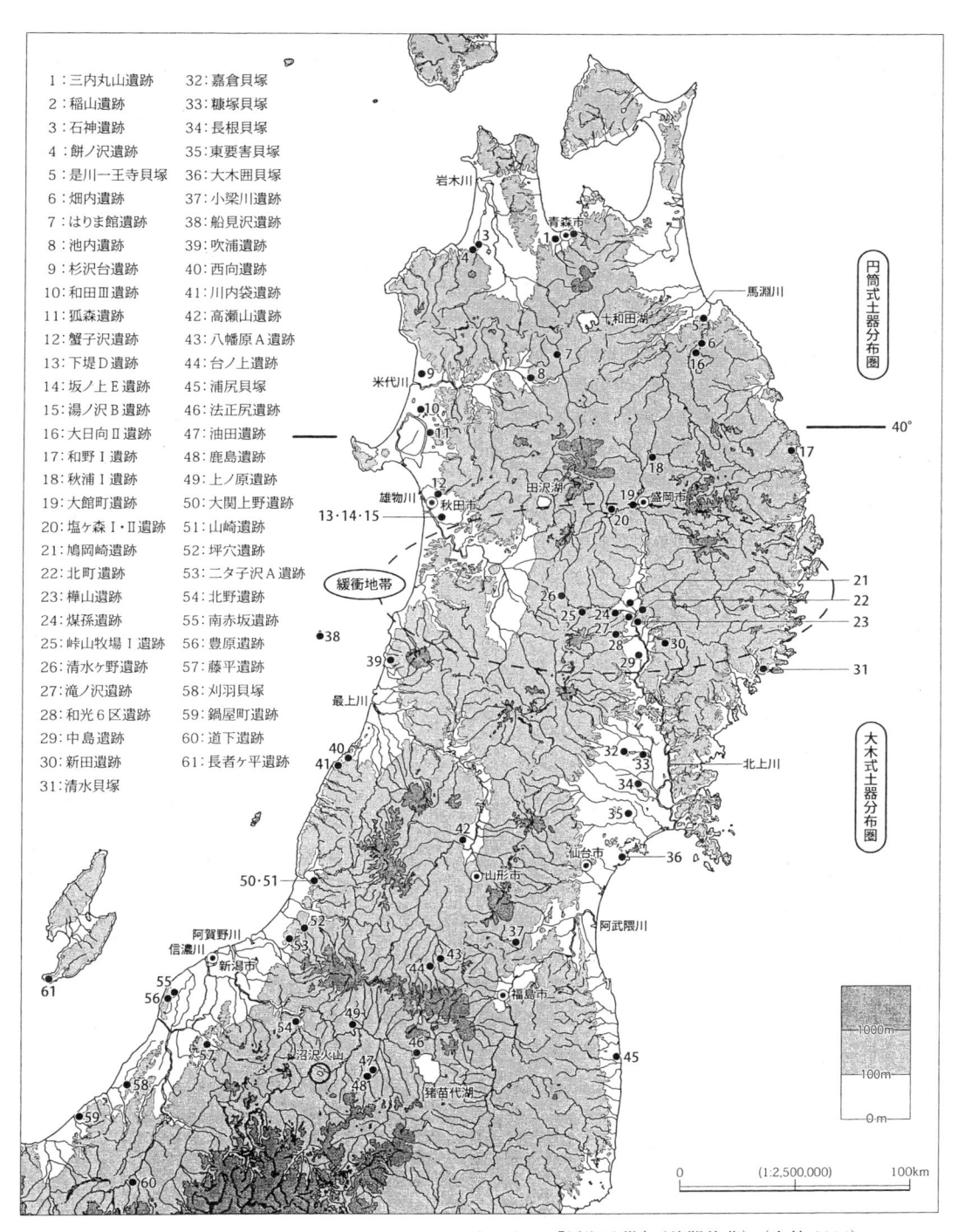

図123　円筒式土器分布圏と大木式土器分布圏との「緩衝地帯」（前期後葉）（小林 2014）

基調とした住居跡17軒と半円形の住居跡1軒が、北上市蟹沢館遺跡で大木2a〜5式土器期の住居跡17軒が、秋田県大仙市上ノ山Ⅱ遺跡で大木4〜5式土器期の住居跡17軒が、岩手県奥州市大清水上遺跡で大木5式土器期を主体とする大型住居跡62軒と小型竪穴12軒が検出されている。大型住居を環状に配置した集落構成は前期中葉黒浜式土器期の宇都宮市根古谷台遺跡がよく知られているが、関東地方でのその後の展開が見られず、東北地方への影響も判然としないので、上記の大型住居を放射状に配置する集落構成は円筒式土器分布圏と大木式土器分布圏との緩衝地帯が発祥域になっていた、と小林は見ている。

　こうした集落構成が東北地方中部・南部に現れるのは前期末になってで、宮城県嘉倉貝塚では大木5〜6式土器期に見られ、山形県高瀬山遺跡では大木6式土器期に環状集落が出現した後に、中期になると長大な住居を放射状または弧状に配置した構成が顕著になる。

第2節　変動期の社会

(1) 異系統土器社会

　編年のための土器型式研究に転換を迫ったのが佐藤達夫の「異系統土器論」である。ある特定の地域に大きな型式が安定して継続する時期と、いくつかの小さな型式が並立する時期が交互に現れるのが縄紋土器型式の変化パターンである。「多数型式の共存は、それぞれ型式の同時性を立証する。同一固体における異系統紋様は、それぞれ紋様の同時性を、より端的に示している。従ってこれらの現象が土器の編年上極めて重要なこと論をまたない。さらに同時に並存する各型式間、いいかえれば各集団間の関係を指示し、当時の社会的状態の一半を明らかにすることとなろう」（佐藤1974b）。「型式の同時性」は多くの土器研究者が言及することとなったが、土器型式の安定期と変動期、特にその変動期に当時の社会的状態の一半が表出するという、そのような縄紋土器型式の実態を見て取ろうとした佐藤の視点は、それまでの生物進化をモデルとした土器型式・編年論と根本的に異なるものであった。

1. 土器型式の実態

　佐藤の死後、隣接地域だけでなく分布圏を遠く離れた地域にも異系統土器が確認される事例が増えていった。だが、山内型式論の正系を自認する研究者からの誹謗もあって、大塚達朗の「キメラ土器論」（大塚2000）や山本典幸の五領ヶ台式土器の「2系列論」（山本2007）が提示されたものの、佐藤の視点からの「土器社会論」とでも呼ぶような研究領域は長年進展を見なかった。

　近年、「異系統土器」が用語法として普及するなか、今村啓爾の異系統土器研究によって新生面が打ち出された。人間集団の動きと生態を理解しようというのである。土器の移動には、①製品の運搬、②製作者の移動、③製作方法の伝播が考えられ、同時にそれぞれ(a)近距離か、(b)遠距離か、

も問題になる。今村が関心をもつのは（②‐b）、すなわち限られた時期に比較的大きな規模で起こった人間集団の移動である（今村 2011）。当初から前期末／中期初頭の土器型式に見られる特異な変化に注目していた。最近になって関連論文を再録・構成した学位申請論文が出版された（今村 2010）。日本列島において 5.8ka イベントに関連する古気候学的なデーが十分でない現在、異系統土器研究において最も体系的かつ精緻なこの研究書が、構造変動論の理解にとっても重要である。

　茅野嘉雄が前期末から中期初頭の円筒式土器に伴う異系統土器を集成している。円筒下層d1・d2式土器期が主体で、南部・下北地域には大木6式系が多く、津軽地域には朝日下層式を中心とする北陸系が多いという（茅野 2002）。高木晃は岩手県立博物館の企画展の展示図録中に、「交流の証：異系統土器は語る」と題して、以下の写真を掲載している（岩手県立博物館編 2005）。「円筒土器分布圏から出土した大木土器」（青森県館野遺跡・大平遺跡・板留（2）遺跡・畑内遺跡・102号遺跡、秋田県池内遺跡、岩手県大日向Ⅱ遺跡・田代遺跡）。「青森と宮城の大木7a式浅鉢形土器」（青森県津山遺跡、宮城県中ノ内A遺跡）。「秋田県南と山形から出土した円筒土器」（秋田県上ノ山Ⅱ遺跡・下堤D遺跡・下堤A遺跡、山形県吹浦遺跡・水木田遺跡・飛島蕨山遺跡）。「秋田・山形から出土した北陸系土器」（秋田県池内遺跡・坂ノ上F遺跡・和田Ⅲ遺跡・下堤D遺跡、山形県吹浦遺跡）。「石川県真脇遺跡の土器」。「東北地方の関東系土器」（山形県吹浦遺跡、岩手県横町遺跡、宮城県嘉倉遺跡）、以上である。

2. 十三菩提式土器期

　赤塩仁によれば、十三菩提式土器併行期は、①関東地方を中心に分布する狭義の十三菩提式土器、②中部高地を中心に分布する晴ヶ峰式土器、③北陸地方西部を中心に分布する福浦上層式・真脇式土器、④北陸地方東部を中心に分布する鍋屋町式土器に分けることができる（赤塩 2008）。前期的要素と中期的要素を混在していて、前期の終焉を迎え、中期の始まりへの画期を求めることが可能な時期であると言う。

　今村啓爾は、少なくとも前期末〜中期初頭の縄紋土器型式を「系統の束」として捉えている。つまり、系統の集まりであることが少なくともこの時期の土器の実態だというのである。前期末という時期は、北陸・中部高地・東海・関東の全域にわたりさまざまな系統の土器があって移動し合い、各地・各遺跡で複雑に共存する状況がある。十三菩提式土器期という大きな時間を画する枠組みの中に、実体としては多くの系統の流れが移動や分岐や合流を複雑に展開している状態が見て取れるという（「松原式土器の位置と踊場系土器の成立」）。そしてこの土器現象の背景には、安定期（諸磯a・b式土器期）と、安定期・繁栄期（五領ヶ台Ⅱ式土器期とそれに続く阿玉台式・勝坂式土器並行期）との間に挟まれた衰退期があったこと、そしてその衰退期とは気候の寒冷化によって植物質食料が減産して人口が減少した時期であったことを主張している（「第Ⅵ部　総論」）。

前期末の人口減少

　学生・院生の頃に参加した発掘調査の体験から、今村啓爾は前期末から中期初頭の土器型式間の影響関係を研究テーマにしてきた。まず、遺跡・遺物が減少する諸磯c式・十三菩提式・五領ヶ台

式土器期に注目した。特に十三菩提式土器期には遺跡の数の減少、規模の縮小、他地域の土器の影響の他にも、遺跡の大部分がごく短期間で廃絶すること、丘陵地や外洋に近い場所への立地傾向が強まること、狩猟や外洋での漁労の役割が増大することを指摘して、植物質食料の欠乏を原因とする人口減少が生じていたと結論づけた（今村 1992）。さらに、地球規模での気温の変化と海水準の変化の同時進行を予想しつつも、「もっとも寒いはずの東北地方でこの時期に大木6式期の繁栄が見られること」を問題視していた。

人類学など他分野にも大きな影響を及ぼしていた小山修三による縄紋時代の人口推計を批判し、方法論的吟味を行ったうえで、今村は土器型式別の住居跡数から人口変動グラフを作成して、早期前半の高揚、後半の衰退、前期前半・中葉の高揚、前期後葉の衰退、中期の高揚、後期から晩期に至るしだいに強まりゆく衰退の傾向を導き出した（今村 1997）。さらにその後の研究で、南関東の前期末に、①遺跡の数が少なくなる、②住居跡が複数発掘された遺跡も少ない、③中部高地・北陸・関西・東北の土器型式が次々に侵入している、④遺跡の立地が平坦な台地上よりも、丘陵地・山間部・外洋に面する海蝕台などが多くなる、⑤石鏃が多くなる、といった考古現象を指摘して、「衰退の基本的な原因は、おそらく一時的な環境の悪化による植物質食料の減少にある。それまでもっとも容易に大量に入手できた食料の欠乏によって、その地域の人口が減少し、残った人々は植物質食料の不足を補うため狩猟や外洋での漁労という困難度の高い生業に大きく依存せざるをえなくなり、それも適地を求めて頻繁に移動した。また全体に移動性が高く人口が希薄になったから、周辺地域の土器型式をになった人々が入って来やすくなったのであろう」（今村 2002）、ときわめて論理的な推測をした。

前期末の集団移動

諸磯式土器と十三菩提式土器を分けるのは学史的な理由によるもので、土器自体の性質が大きく変わるわけではない。急激な変化は中部高地・西関東では諸磯b式（新）とc式（古）との間にあると今村は言う。東関東では興津Ⅱ式と粟島台式との間、東北では大木5a式と大木5b式との間の時期に当たる（「諸磯式の編年・東関東前期末の編年」）。そこで私が注目するのは「群馬B期」（中部高地古段階2期並行）を特徴づける土器である（写真13）。湾曲する口縁に巻きつけるように多くのの貼付紋をボタン状貼付紋と交互に加え、そのうちの4個を耳状に大きく作る。口縁部の下の膨らみにも2段目の貼付紋を加えることもある。ボタン状と棒状の貼付紋を胴部にまで加える土器もある。ボタンの上を半截竹管や細棒の先で刺突したものも多い。このデザインは崩れつつ「群馬C期」、「群馬D期」まで続く（「諸磯c式土器の編年と動態」）。中部高地と類似する型式から地域的独自性の強い型式に変化する過程で見られた装飾の過剰化である（中部高地側では長野県松原遺跡出土の「トロフィー形土器」が過剰デザイン土器の例）。D期で群馬の系統がほとんど途絶えて中部高地の土器が広がった現象を鑑みると、この過剰デザインの土器に第3章で扱った鵜ヶ島台式土器と同様の社会的機能が想定できる。

今村は大木6式を1期～5期に細分するとともに、各地の細分型式と対比している（「大木6式土器の諸系統と変遷過程」）。この細別型式が5.8kaイベントに関連する気候変動に対応していると

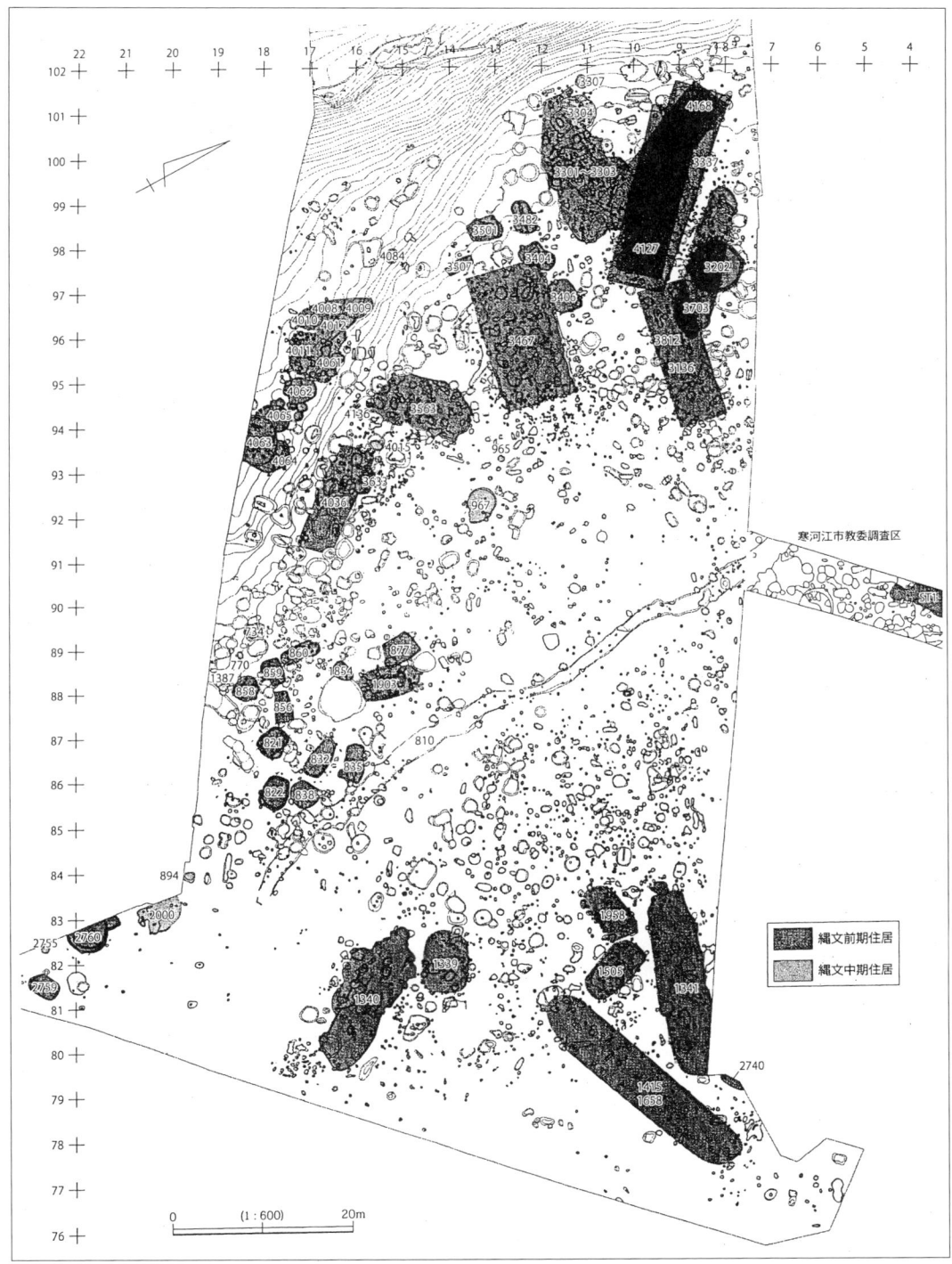

第 4 章 5.8ka イベントを巡る考古現象　215

図 124　山形県寒河江市高瀬山遺跡の集落構成（小林 2014）

想定すると、今村が主張する北陸系土器を担った漁民の船による移動・移住は示唆的である。山形県にはこの種の遺跡がほとんど知られていないが、吹浦遺跡が自説をよく表現していると、今村は言う。吹浦遺跡では古・中・新の3段階に分けられ、段階ごとに系統的な組み合わせが大きく変化する。古段階（大木6式1期・2期）は円筒下層系が土着化した粗製土器であった。中段階（大木6式3期）ではそこに大木6式が球胴形を主体にして進出する。新段階（大木6式4期・5期）になると状況は一変する。「主体は圧倒的に北陸系となり、中段階に進出が著しかった普通の大木6式がほとんど見られなくなる替わり、それまで見られなかった円筒下層d式系が相当に伴うようになる。要するに秋田市周辺遺跡で朝日下層式平行期に見られたのと同じ急激な変化が、同時期の山形県海岸部にも見られるのである」。新段階への転機は、秋田に進出した集団が移住後も故地との連絡と往復を保ち、この往復によって円筒下層d式系の影響が北陸西部で朝日下層式の重要要素として取り込まれた後、そこから東に向かって広がる動きである。ただし、円筒下層d式集団のまとまった自主的な南下はなかった、と今村は判断している（「縄文前期末における北陸集団の北上と土器の動き」）。私流に読み替えてみると、古段階は寒冷期のピークに北の円筒式土器圏から南下して土着した人々の集落であり、新段階は気候の回復に伴って西の北陸系の人々が北進してきた時期である。ちなみに大木6式3期の土器の暦年較正年代は約5500年前である（國木田・ほか2010）。

　小林圭一によると、山形県内では大木6式古・中段階に遺跡数が多く、新段階ではほとんど認められなくなり、遺跡数の大幅な増加と立地の拡大、大規模遺跡の形成は大木7b式土器期以降に顕在化する。寒河江市高瀬山遺跡は大木5b～6式土器期に形成された円環状の「重帯構造」集落である。3～5mの標準的な竪穴住居跡37軒と長軸15～20m余の大型竪穴住居跡12軒が検出された（図124）。出土土器は大木5b～6式3期にかけて多く、3期の段階でこの大規模な集落は終焉を迎えた（小林 2014）。大木5b式土器期は5.8kaイベントのピークに当たり、大木6式古・中段階の遺跡数の増加は遊動性の高まりの可能性、また現在の気候から推測すると、比較的気候の穏やかな山形盆地地域が避寒場所に適していたため高瀬山遺跡に集住した可能性がある。大木6式新段階から前期初頭は気候の回復が想定されるのだが、この時期に遺跡がほとんど見られない。その社会的回復を担う在地集団の文化力が衰退してしまっていたからであろう。

(2) 多副葬の社会

　2009年度日本考古学協会山形大会の第2分科会において、「東北縄文社会と生態系史」と題するシンポジウムがもたれ、東北地方の縄紋時代前期研究の新たな枠組みの構築が試みられた。その成果の中から、遺跡数の増減を見てみると、南部地域（宮城県・山形県）では前期初頭に急増した後は漸次減少し、大木3～4式土器期に底を打って、その後漸増していく。この基本パターンは北部（青森県）でも同じであるが、変化の度合いの強弱が激しい。前期前葉は南部に比べ遺跡数が極端に少なかったが、円筒下層a式土器期に突然増加に転じ、円筒下層b式期に急増した。しかしそのまま増え続けるのでなく、円筒下層c式期に一転して減少に転じた後に、円筒下層d式期で再

度急増して最大数に達するのである（図125）（菅野 2009）。

円筒下層 a 式土器および b 式土器の暦年較正年代は、それぞれ約 6000 〜 5880 年前と約 5900 〜 5650 年である（小林 2007）。青森県畑内遺跡では、円筒下層 a・b 式土器期 39 軒、c・d 式土器期 8 軒、円筒上層 a 式土器期 22 軒の竪穴住居跡、フラスコ状などの土坑約 600 基、土器埋設遺構 66 基、捨て場 6 ヶ所などが、時期ごとにその組み合わせを若干変えながら存在していた。特に円筒下層 a・b 式期と、下層 d2 式〜上層 a 式期にかけては、住居跡の量・規模などから拠点集落として、また中間の下層 c・d1 式期にかけては、墓域と小規模のいわゆる衛星的な集落であったと見られている。この集落構成の変化は 5.8ka イベントに関連していたと考えられる。後で見るように、この時期の墓への副葬に特異な現象が認められる。

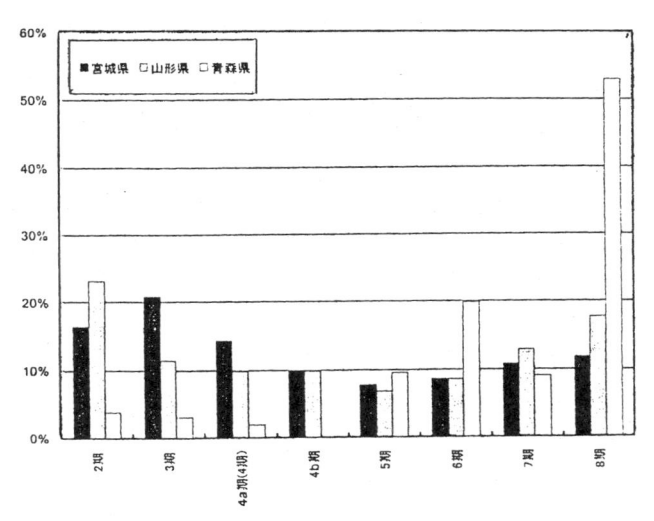

図 125 東北 3 県における縄紋前期の遺跡数の増減（菅野 2009）
5 期〜 8 期の青森が円筒下層 a 〜 d 式期

1. 石鏃の副葬

第 1 章で述べたように、槍先形尖頭器（石槍）が未発達であった九州では、鹿児島県の加栗山遺跡や横井竹ノ山遺跡では石鏃が細石刃と共伴している。桐木遺跡 X 層では隆起線紋土器に、宮崎県阿蘇原上遺跡や熊本県白鳥平 B 遺跡では爪形紋土器に伴っている。細石刃を伴わず石鏃が主体となる鹿児島県掃除山遺跡、奥ノ仁田遺跡、梣ノ原遺跡など南九州の隆帯紋土器の時期、生態系が回復した種子島などで弓矢猟が盛行したようである。

一方、東日本では縄紋化のプロセスで細石刃→槍先形尖頭器→有茎尖頭器→石鏃と変化した。山形県日向洞窟遺跡西地区出土石器群の研究報告において、次のような変遷観が提示されている（図126）（佐川・鈴木編 2006）。①大型・中型槍先形尖頭器（無紋土器段階）→②中型・小型槍先形尖頭器＋中林型有茎尖頭器（無紋・有段口縁・刺突紋土器段階）→③中型・小型槍先形尖頭器＋小瀬が沢型有茎尖頭器＋大型・中型石鏃（隆起線紋・細隆起線紋土器段階）→④小型槍先形尖頭器＋花見山型有茎尖頭器＋中型・小型石鏃（細隆起線紋・ハ字形爪形紋土器段階）→⑤小型槍先形尖頭器＋小型石鏃・長脚鏃（厚手爪形紋土器段階）→⑥小型石鏃（薄手爪形紋・多縄紋土器段階）。日向洞窟で見ると、石鏃の普及は草創期の隆起線紋・細隆起線紋土器期以降である。この日向洞窟遺跡西地区からは、石鏃が 549 点、槍先形尖頭器が 428 点、有茎尖頭器が 4 点出ていて、石鏃が有茎尖頭器に置き換わっている。槍先形尖頭器を加工する工程途上で放棄された未製品を分析した大場正善は、製作実験の経験知に基づいて、この遺跡では槍先形尖頭器の整形過程で生じる大形剥片が石鏃の製作素材となるように、製作工程を工夫していたことを見出している（大場 2007）。狩猟具が

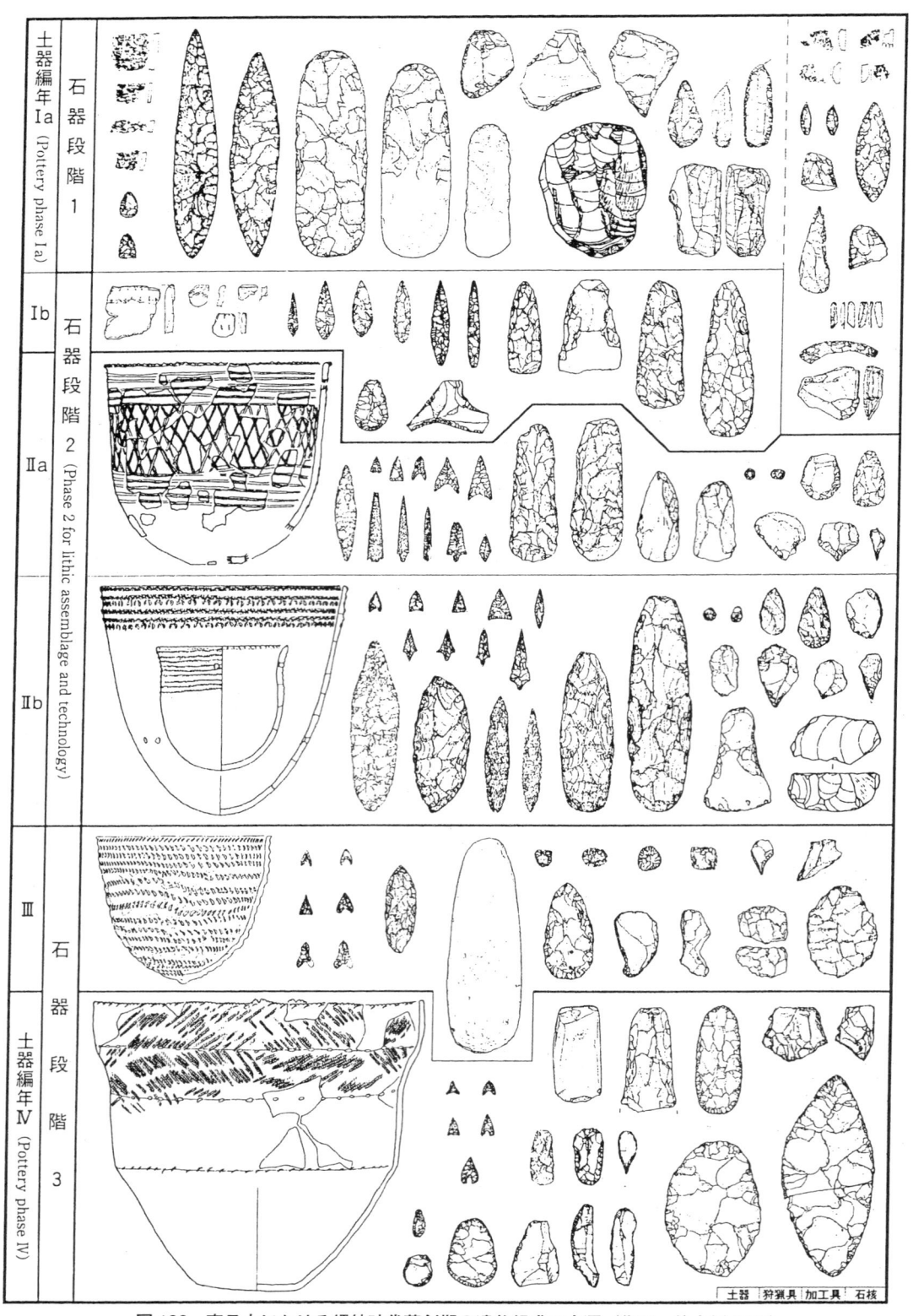

図 126　東日本における縄紋時代草創期の遺物組成の変遷（佐川・鈴木編 2006）

槍から弓矢へ変換する移行期の技術的組織をよく表している。

これ以降、縄紋時代に弓矢猟が盛んであったが、石鏃が墓に副葬されることは必ずしも一般的ではなかった。副葬されていても1～2点が普通で、10点以上数十点から数百点の石鏃が検出されることはきわめて稀である。その場合、被葬者は特別な位置にあったと考えられる。

2. 石鏃副葬の始まり

草創期における確実な石鏃副葬例は知られていない。

1986年に調査された群馬県下宿遺跡のE区で検出された4号土坑から、石鏃6点、尖頭状石器1点、無紋土器片、焼礫のほかに3500点を超える黒曜石を主体とする砕片・破片が出た。土坑は長径95cm、短径65cm、確認面からの深さ17cmの不整楕円形で、すり鉢状を呈する。「出土土器が平坂式であるとすれば早期だが、伴出石器については、若干時代をさかのぼって把えることも可能となる」と報告された（島田1987）。栗島義明は石器製作関連資料と解釈したが、同時に、「不思議なことに石鏃の石材は安山岩・粘板岩という在地系であるのに対して、剝片・砕片はすべて黒曜石である」と記している（栗島2007）。ゴミの廃棄穴かもしれないが、土壙墓への石鏃副葬の最古例の可能性も残る。参考までに、このE地点の北隣で、1984年の発掘調査の際に22号土坑から爪形紋土器が、17号土坑から刺突紋土器が出ていて、先の土坑の時期を暗示している。

群馬県西鹿田中島遺跡は学史上よく知られている。1998年からの3年間の発掘調査で、爪形紋土器・多縄紋系土器期の重要な所見が得られた（萩谷編2003）。7号住居跡から薄手爪形紋、押圧・回転縄紋土器の破片とともに、小型有形尖頭器（石鏃？）2点と石鏃1点が出ている。11号住居跡からも同様の土器片と石鏃の未製品3点が出ている。さらに71号土坑から下宿遺跡の出土品に類似する厚手爪形紋土器と長脚鏃の欠損品1点が、68号土坑から厚手爪形紋土器片と早期から前期にかけての土器片と長脚鏃の欠損品1点が、69号土坑で石鏃の未製品2点が出ている。これらの資料が土壙墓副葬品とする確証はない。

前章で述べたように北海道美沢川流域の縄紋時代早期末の東釧路Ⅳ式土器期の人々は、子供の足型付き土版を副葬する風習で知られている。土壙墓の配置や規模や副葬品などから被葬者は集団の中で特別な扱いがなされていたと考えられる。美々7遺跡からは当該期の11基の土壙墓が検出されており（千葉・西田編1997）、その中のp-38からは黒曜石製つまみ付きナイフ（石匙）1点と異形（抉入）石器5点、頁岩製削器（篦状石器）2点とともに、13点の黒曜石製石鏃が副葬されていた（図104参照）。P-34からも石鏃が1点出ている。函館市（旧南茅部町）垣ノ島A遺跡でも東釧路Ⅳ式土器期の土壙墓が76基検出されていて、尖頭器やつまみ付きナイフを伴って子供の足型付き土版を副葬する風習を共通してもっていた（坪井・輪島編2004）。その中のp-386の墓穴の底から、1点の石鏃がつまみ付きナイフと剝片とともに出ている。2つの墓に副葬された石鏃の数が13点と1点と差のあることに社会的意味がありそうだが、結論を急がずにもう少し事例を追ってみよう。

早期末葉になると東北北部の太平洋岸に貝塚が出現する。五戸川右岸にある八戸市長七谷地貝塚もその一つである。貝塚からは貝類のほかに、マダイ・クロダイ・スズキ・カツオ・サバ・ブリ・ボラ・イワシ・エイ・カレイ・メバルなどの魚骨が出ており、銛や釣り針や網を使っての海産資源

の開拓が進んだことがわかる。一方で、シカ・タヌキ・ウサギ・クマ・アザラシなどの動物骨が見られ、狩猟具も第2次発掘調査に際して、遺構外から石鏃252点、尖頭器46点、石槍17点が出ている。報告者は石鏃と石槍の形態が類似するので、工藤竹久の座標軸（工藤1977）を参照して、長さが2～4.5cm、幅1.5cm前後を基準として石鏃を、長さが7～10cm、幅3cm前後を基準として石槍を抽出している。形態が異なるとして尖頭器と分類されたものは石鏃・石槍の未製品のようである。早稲田5類土器期の第5号住居跡の西壁に接して貯蔵穴と見なされた土坑が検出されていて、そこから完形石器が27点（石鏃4点、尖頭器7点、石匙7点、石箆2点、削器3点、磨製石斧4点）一括で出ている。石鏃と尖頭器は結束して積み重ねた状態で出土した。ここでは土坑は貯蔵穴と判断されているが、基準は不明である。第2次発掘調査でも石鏃85点、尖頭器23点、石槍29点が検出されている（青森県教育委員会編1980）。

貝塚の南方約380mにある長七谷地2号遺跡では、竪穴住居跡14軒、土坑33基、Tピット（陥穴）58基が検出され、同様の遺物が出土した。注目されるのは第22号土坑から石鏃が7点出ていることで、副葬品と報告されている（八戸市教育委員会編1982）。土坑が貯蔵穴か土壙墓かでその遺跡の経済的・社会的意味が違ってくる。土坑の機能判定は慎重を要する。

3. 前期の石鏃副葬

北海道と東北地方では前期になると石鏃を多く出す遺跡が目立ってくる。工藤竹久によれば、東北地方北半においては、前期になると早期のように1遺跡において多数の石槍が出土することは少なくなるが、より形態が多様化し、大型石槍の出土が目立ってくる。石槍が減少するのとは対照的に石鏃が急増する。その石鏃形態の転換が最も激しいのは前期前半から後半にかけてであり、有茎鏃・尖基鏃が中心的存在になっていく。工藤は、弓矢と槍を使う方法から、弓矢を主体にして矢を大量に射ることにより成果が挙がる組織的集団猟に、狩猟形態が変化していったものと見なした（工藤1977）。現在は犬（縄紋犬）を使った弓矢猟が想定されている。より南に位置する山形県高畠町の押出遺跡でも、大木4式土器期に限って旧湖畔の微高地に営まれた集落（「打ち込み柱平地式住居」39軒）跡であるにもかかわらず、石鏃が2,121点も出ている（佐藤編2007）。遺跡地の全面発掘ではないので、総数はさらに多いはずである。前期の石鏃の形態を参考にすると、円筒下層式土器の分布圏では有茎鏃であるのに対して、大木式土器の分布圏では無茎鏃が一貫して使用されていて、両地域の地域性を強く示唆している（工藤1979）。

函館市（旧南茅部町）八木A遺跡では、1992年度（福田・阿部編1993）、93年度（福田編1995）、94～96年度（福田1997）の調査によって、円筒下層a～b2式土器期を中心として円筒下層式土器成立期前後の竪穴住居跡15軒、土坑76基（そのうち土壙墓50基以上で、29基に人骨が残る）、埋甕2基、焼土50ヶ所以上、小ピット300基以上、盛土遺構2ヶ所などが検出された。未集計地域を残していても、擦石1,400点以上、北海道式石冠2,000点以上、石皿480点、凹石214点と植物質食料に関連する石器の数が膨大である。他方で、石鏃2,595点、石槍473点、石匙2,044点、掻器158点と狩猟関連の石器も多数集計されている。10号土壙墓ではつまみ付スクレイパー（石匙）3点、石斧未製品1点、擦石1点、土器片2点とともに石鏃が3点副葬されていた（図

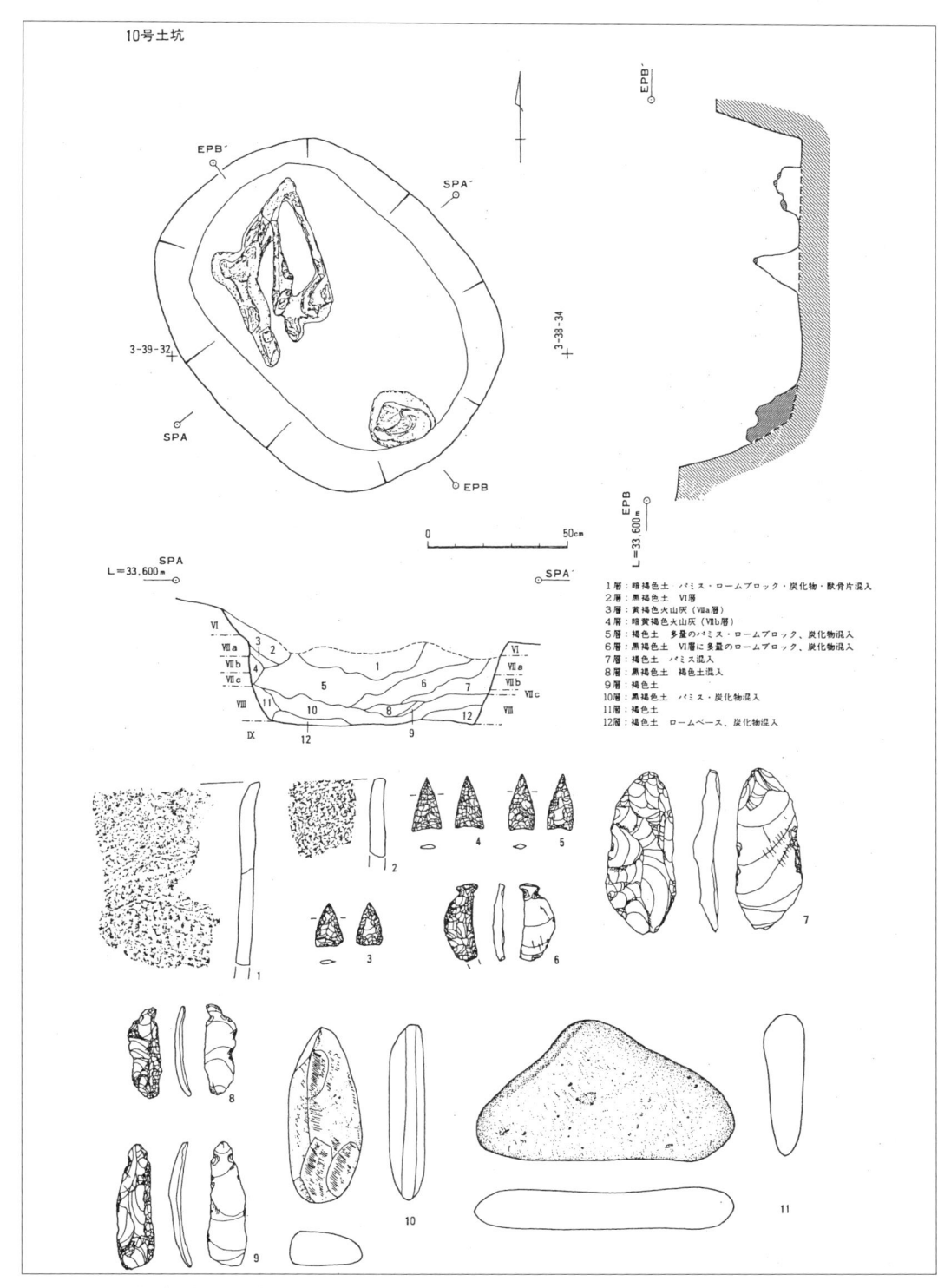

第 4 章　5.8 ka イベントを巡る考古現象　221

図 127　函館市（旧南茅部町）八木 A 遺跡出土の 103 号土壙墓と副葬品（福田編 1997）
　　　　1・2：土器片　3〜5：石鏃　6・8・9：つまみ付スクレイパー　7：削器　10：石斧（刃部末調整）11：擦石

127)。24号土壙墓からもつまみ付スクレイパー、搔・削器、石皿とともに石鏃が1点、30号土壙墓からも両面を粗く加工した石器と凹石とともに石鏃1点、95号土壙墓からも石箆とともに石鏃1点、96号土壙墓からも石鑿と擦石とともに石鏃1点が副葬されていた。貯蔵穴とされた土坑からも当該期の他の遺物とともに、2号土坑から石鏃1点、3号土坑9点、7号土坑2点、8号土坑4点、20号土坑1点、43号土坑1点、88号土坑2点が検出されている。

　函館市豊原4遺跡においても、前期後半から中期後半を主体とする竪穴住居跡が99軒検出され、1／3以上の住居跡から石鏃が出ている。平均して円筒下層d式土器・サイベ沢式土器期で2～6点、円筒上層式土器期で1～3点、見晴町式土器・榎林式土器期で2～3点を数える（野村・ほか編2003）。土坑も188基検出され、その大部分は住居跡と同時期と見なされる。P-1、P-16、P-45、P-51、P-65、P-87で石鏃が1点、P-98で2点出ている。ただし土坑の性格についての言及はない。

　ところで、関東・中部地方では前期の長野県で石鏃が多い以外、前期・中期には石鏃は相対的に少ない。縄紋海進期に形成された奥東京湾・古入間湾沿岸の花積下層式・関山式土器期の遺跡で見てみると、石器組成で石鏃が卓越すると評価される富士見市打越遺跡（竪穴住居跡134軒）で95点、松戸市幸田貝塚（竪穴住居跡154軒）で57点である（西野・植月2003）。前期・中期、特に中期の繁栄を支えた生業は植物質食料にかかわるもので、関東東北部の堅果類（群集貯蔵穴が表象）、関東西南部・中部高地の根茎類（打製石斧が表象）の重要性が指摘されている（今村1989）。

　この現象は石鏃副葬にも表れている。坪田弘子が関東・中部地方の前期の59遺跡から土壙墓735例を集成している（坪田2004）。付属施設や副葬・着装品を伴う土壙墓は花積下層式・関山式土器期にわずかに現れて、黒浜式土器期に急増する。最盛期の諸磯a・b式土器期を経て、諸磯c式・十三菩提式土器期には衰退してしまう。先に見てきたようにこの衰退は5.8kaイベントに関連した現象と考えられる。土器（深鉢・浅鉢・小型土器）や石器（石匙・石鏃）や装身具（玦状耳飾・玉類・垂飾）を組み合わせた副葬品のセットが見られるのは、環状ないしは馬蹄形に竪穴住居跡がめぐり、中央広場に墓域が形成される集落遺跡である。しかし石鏃の副葬例は少なくて、狩猟者の社会的地位は相対的であったと見られる。北関東に若干多く見られるようで、栃木県では宇都宮市根古谷台遺跡で、黒浜式土器期の8例中110号墓壙から石匙とともに石鏃2点が、118号墓から石鏃1点が出ている。群馬県では月夜野町善上遺跡で、黒浜式期17例・ほか2例中JP-346から赤色顔料・礫・深鉢とともに石鏃1点が、松井田町行田大道北遺跡で38例中黒浜式期の226号土坑で石鏃1点、163号土坑で深鉢に伴い石鏃1点、諸磯a式期の132号土坑で石鏃1点、諸磯c式期の133号土坑で石匙と石鏃各1点が出ている。千葉県でも四街道市木戸先遺跡では58例中306号土壙で諸磯b式の深鉢とともに石鏃1点、388号土壙で諸磯a式の浅鉢と石匙2点とともに石鏃1点が、成田市南羽鳥中岫第1遺跡E地点で21例中119号土坑（黒浜式？）から石鏃1点が出ている。埼玉県上福岡市鷺森遺跡で37例中土坑360から石鏃2点が出ている。東京都大田区雪ヶ谷貝塚では諸磯a・b式土器期の18例中40号土壙（諸磯a式期）から石鏃1点が出ている。さらに27号土壙から深鉢・浅鉢とともに、また38号土壙からも深鉢とともに石槍が副葬されていて特異な様相を見せている。石槍副葬は東北地方と関連があるのかもしれない。それぞれ諸磯a式期とb式期である。北区七社神社前遺跡では42例中、10地点の第6号土壙から釈迦堂Z3式の深鉢とともに石鏃1点が出て

いる。神奈川県横浜市茅ヶ崎貝塚では23例中J28号土坑から石鏃1点が、また長野県原村阿久遺跡では47例中、関山式土器期の土壙746から凹石とともに石鏃1点、諸磯a式期の土壙965から多数の土器片とともに石鏃2点が出ている。

4. 異形デザイン

　私は神子柴型尖頭器を過剰デザインの石槍と規定して、その系統をずっと追ってきた。だが、山形県日向洞窟出土の大型石槍の製作は神子柴系石槍と異なる動作（作業）連鎖で行われていたことを、大場正善の製作実験研究で知った。しかし、この時期の神子柴系石槍の途絶をもって、過剰デザインのイデオロギーが終わったわけではなかった。

　縄紋時代前期後半の円筒下層式土器期の社会に、再び過剰デザインの大型の石槍が出現していたのである（図128）。過剰デザインの大型石槍は表採か、いわゆる捨て場あるいは包含層からの出土例が多かったが、秋田県池内遺跡の発掘調査によって初めて、過剰デザインの石槍が多数の石鏃を副葬した墓への副葬品であることが判明した。

　さらに近年になってこの時期の多副葬土壙墓には大型石槍以外に、基部に1〜3対の抉りを入れた大型尖頭器も副葬されていることが分かってきた。そこで円筒下層式土器期に見られる多数の石鏃の他にも色々な副葬品を有する多副葬墓の社会的意味に言及する前に、この"異形デザイン尖頭器"の出土状況を確認しておく。

プロトタイプ

　過剰デザインの石斧・石槍は道具としての機能的・利便的・効率的なデザインを意図的に否定するかのように作られていた。そしてその過剰性を視覚化していた。ここで取り上げる石器も過剰デザインの範疇に入るものであるが、形態が特異であるので"異形デザイン"と呼んでおく。この種の石器の初出はおそらく山崎遺跡のものであろう。遺跡は津軽半島先端部、三厩湾に臨む台地上にある。問題の石器は前期中葉から末葉（円筒下層式）土器のみを出土した遺物包含層から出土して

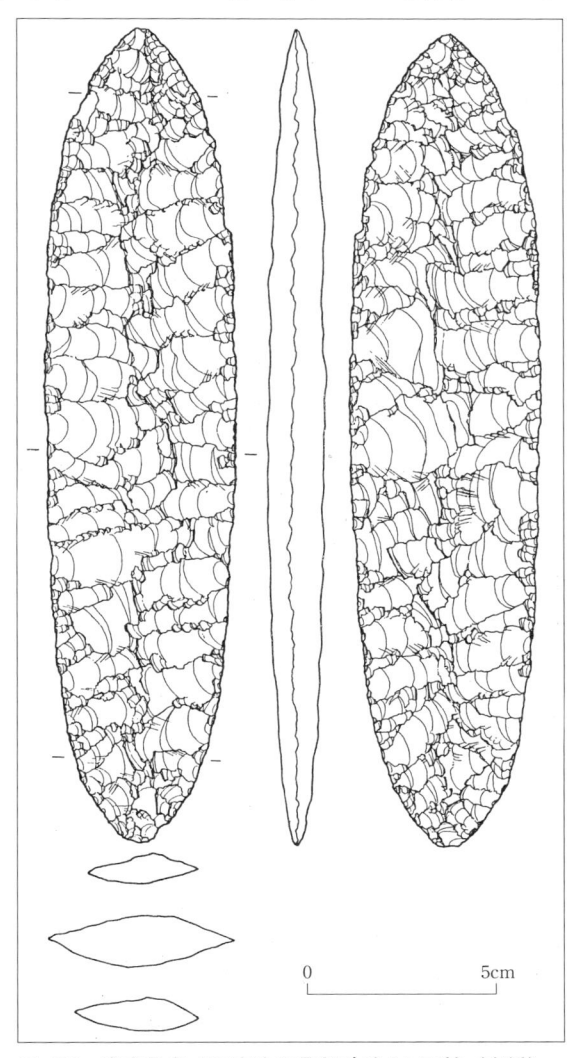

図128　青森県寺ノ沢遺跡の過剰デザイン石槍（表採）

いる（図129）。長さは8.2cmで、3段の抉りが入っている（青森県埋蔵文化財調査センター編 1982）。

この異形デザインの石器にもそのプロトタイプと考えられる石器が存在している。1975・76年に発掘調査が行われた青森県熊沢遺跡は三内丸山遺跡が臨む沖館川の上流左岸の丘陵上にある。円筒下層c式土器と竪穴住居跡も出土しているが、円筒下層a式・b式土器期を主体とする集落跡である。石槍として報告されている石器はいずれも基部に抉り込みを持つ（図130）。③はほぼ中央から二段の抉りが、④も同様に左側に大きく1段、右側に2段の抉りが施されている（青森県教育委員 1978）。7cm前後の粗製品であるが、異形デザイン尖頭器のプロトタイプである。

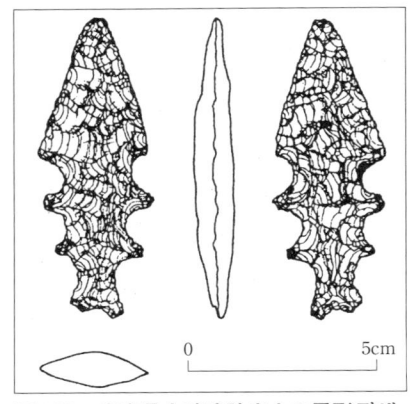

図129　青森県山﨑遺跡出土の異形デザイン尖頭器
（青森県埋蔵文化財調査センター編 1982）

青森市大字諏訪沢にある稲山遺跡の平成13・15年度発掘調査の報告書（小野編 2004）の第122図に、長さが6cmほどの小型品であるが両側縁への抉り込みによって尖頭部と基部を分けている尖頭器が載っている（図130-⑤）。遺構外出土で時期は不明だが、検出された竪穴住居跡は3軒が

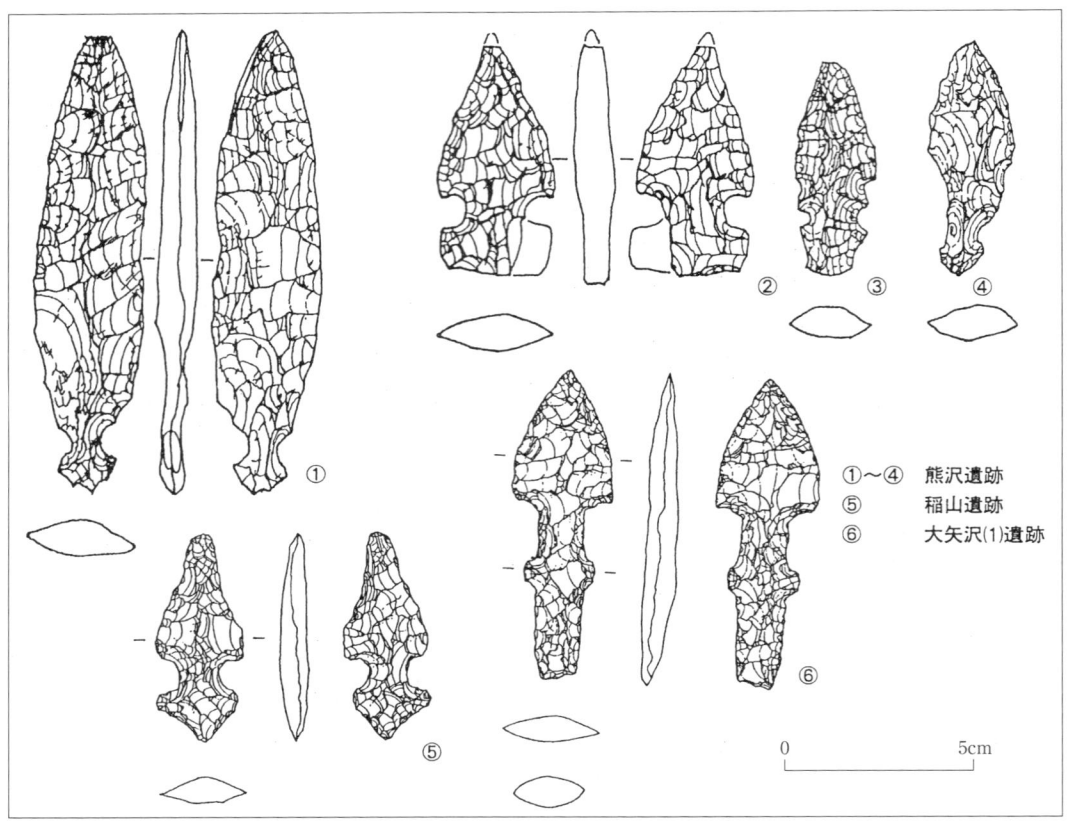

①～④　熊沢遺跡
⑤　稲山遺跡
⑥　大矢沢(1)遺跡

図130　円筒下層式土器期の異形デザイン尖頭器プロトタイプ（青森県教育委員会編 1978、小野編 2004、設楽編 2002）

前期末葉、1軒が前期中葉である。

　大谷沢田野（1）遺跡は青森市の南東、後述する新町野遺跡と同じ台地上にある。出土土器が円筒下層a・b式土器に限られる第1号遺物集中ブロック（"捨て場"）から、異形デザイン尖頭器の関連資料が出ている（図130-⑥）。当資料について報告書は次のように記述している。「平面的には先端部は二等辺三角形を呈し、長い茎部をもつ。茎の両側縁の中間部には凸部がみられる。調整は押圧剥離によって施されている。茎部にみられる凸部は獲物の体に刺さった場合に抜けにくくするための機能をもつと考えられ、そのような機能を考慮すると石鏃とすることも可能であるが、現在のところ石槍と石鏃について形態的に明確な区分がなされていない。本遺跡においては石錘等の漁労具は出土していないことから、石器の器種構成から判断し、ここでは石槍として分類した」（設楽編 2002）。円筒下層a・b式土器期に異形デザイン尖頭器のプロトタイプ様の石器があったことがわかる。

大館市池内遺跡（秋田県埋蔵文化センター編 1997, 1999）

　後で詳しく池内遺跡に言及するが、ここでは異形デザイン石器に関して簡単に触れておく。79軒の竪穴住居跡のうち前期中葉（円筒下層a・b式土器期）が13軒、後葉（円筒下層c・d式土器期）が11軒で、他は細別できなかった。a・b式期には居住域が局部的かつ散在していたのに対し、c・d式期になると広い範囲に長期にわたって居住が見られたという。45基の土壙墓で見ると、中葉が1基でしかないのに、後葉は36基を数える。石鏃を多数副葬した墓には後葉の土器（円筒下層c・d式）が副葬されているか、土器がない場合でも検出状況から後葉の墓と判断されている。異形デザイン尖頭器は平坦面で1点、ST642谷の捨て場で2点出ており、捨て場の土器から見てこれらも後葉の円筒下層d式土器期と見なしてもいいようである。

　池内遺跡の土壙墓群を年齢階梯と双分制の視点から分析していた小林克が、この異形デザインの尖頭器を副葬した土壙墓が検出された青森市の石江遺跡と新町野遺跡を、同じく双分制の視点から分析している（小林 2009）。新町野遺跡では、石鏃の形態（上下対称か非対称か）や石槍の形態（柳葉形か「池内型」か）で、墓域がA区とB区に分けられること、両遺跡において最も多くの石鏃を副葬した墓に石槍が伴わないこと、などを指摘している。小林は異形デザインの尖頭器に「池内型」の型式名を与えたが、池内遺跡の報告書以前に青森県山崎遺跡などで報告されていること、分布の中心は青森県にあって、池内遺跡は分布の南縁付近と思われることなどから、この型式名の使用は保留しておく。ここでは小林と記述が重なる部分があるが、別の視点、つまり多数の石鏃を副葬する墓や過剰デザインの石槍や異形デザインの尖頭器の細別時期はいつなのか、それは構造変動にかかわるものなのか、といった問題設定で述べてみたい。

むつ市湧舘遺跡（根岸・工藤編 2012）

　湧舘遺跡は津軽海峡に面した標高20〜30mの海岸段丘上にある。2010年度の発掘調査で円筒下層a〜d1式土器期の竪穴住居跡4軒、土坑42基、埋設土器5基、焼土11基、捨て場2ヶ所が検出された。時期が推定できる遺構は多くないが、円筒下層a式土器期は第1号竪穴住居跡、第1

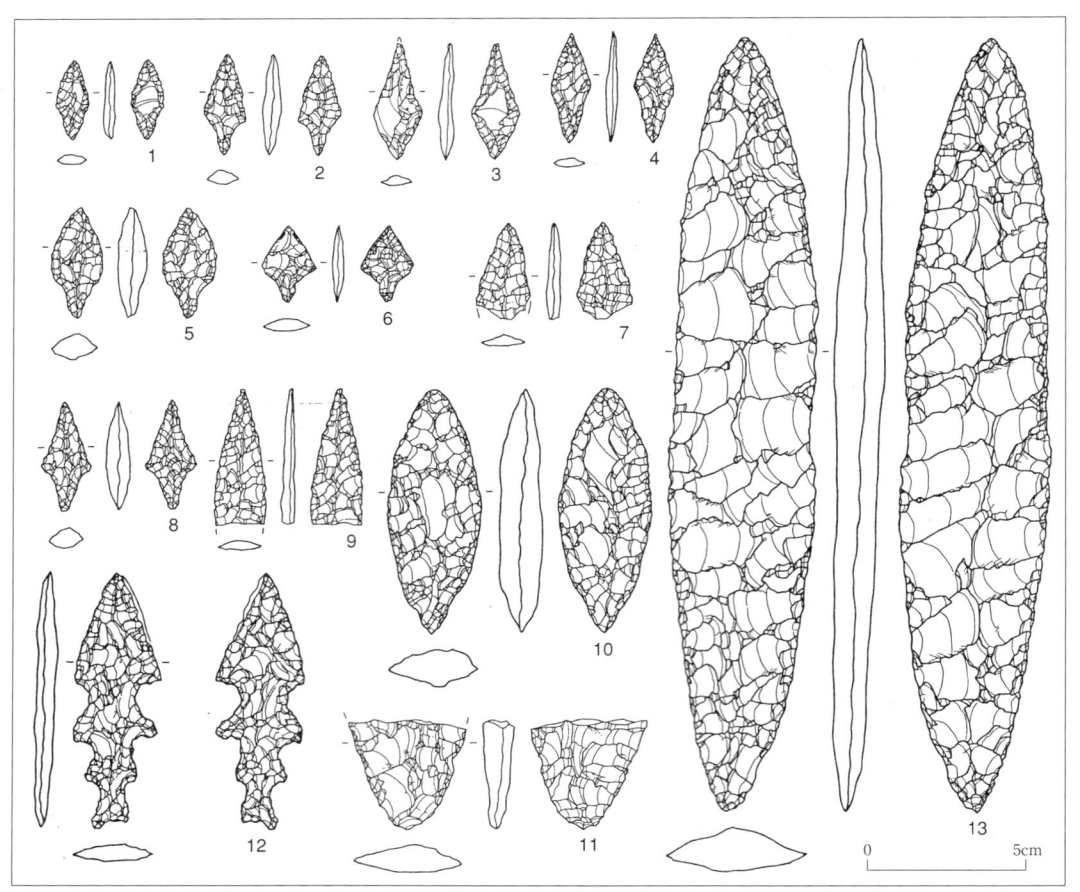

図 131　青森県湧館遺跡出土円筒下層 d 1 式土器期の石器（根岸・工藤編 2012）
12：異形デザイン尖頭器　13：過剰デザイン石槍

号土坑、第 6 号埋設土器で、円筒下層 b 式土器期は第 26 号土坑だけである。これに対して、円筒下層 d1 式土器期は第 6 号竪穴住居跡、第 3 号埋設土器とともに土坑が 25 基と多い。調査区の南西へ約 60 m 離れた斜面上方で、1976 年と 79 年の発掘調査の際に円筒下層 d1 式土器期の竪穴住居跡 3 軒などの遺構が見つかっているので、円筒下層 d1 式土器期の集落は大きく広がっていたと見なされる。そうだとすると、既知の情報も含めて考えれば、包含層出土の過剰デザインの尖頭器（25.1 × 4.6 × 1.6cm、147.1g）と異形デザインの尖頭器（8.4 × 2.75 × 0.7cm、12.1g）は円筒下層 d1 式土器期のものであろう（図 131）。

山田 2 遺跡（小田川・ほか編 2011）

遺跡は津軽半島東側中央部、海岸線から約 700m 離れた標高 19 〜 23m の海岸段丘上に立地している。2006 年〜 2009 年に行われた 3 次にわたる発掘調査で、前期後葉から後期後葉までの竪穴住居跡 72 軒、土坑 500 基、土器埋設遺構 50 基、焼土 6 ヶ所、捨て場 6 ヶ所、柱穴（ピット）1,355 基などの遺構が検出された。早期に関しては 9 軒の竪穴住居が円筒下層 d2 式土器期であるが、土器は円筒下層 c 式土器から出ているので、遺構外から出土した 2 点の異形デザイン尖頭器を d2 式

期に限定はできない。細身で基部に2対の抉りをもつ例（10.72 × 2.32 × 0.85cm、17.4g）と、正三角形に近い尖頭部で基部に3対の抉りをもつ例（9.83 × 3.64 × 0.99cm、25.0g）で、どちらも精製品である（図132）。

5. 円筒下層c・d1式土器期の葬制

　池内遺跡は北緯40度よりやや北、大館盆地を流れる米代川右岸の河岸段丘とその斜面に立地する。前期中葉から後葉にかけての集落遺跡である。竪穴住居跡79軒、土壙墓45基、フラスコ状土坑171基、土坑177基、掘立柱建物跡63棟、Tピット（陥穴）22基、土器埋設遺構9基、捨て場5ヶ所などが検出された。竪穴住居跡と方向を変えて、台地の縁辺部にフラスコ状土坑群、その内側に土壙墓群と掘立柱建物跡群が帯状に並んで配置されていた（図133）（櫻田・ほか編 1997,1999）。

　植物遺存体の同定により集落の周囲が人の手が加わって、ブナ・ミズナラなどの落葉広葉樹林からクリ・オニグルミなどやニワトコ属群・ブドウ属群などの低木が混生する二次林となったことが明らかにされている。オニグルミは人が割ったものが産出量の80％前後を占めており、焼けたものも10％前後出ていて生活に深くかかわっていたことがわかる。クルミ

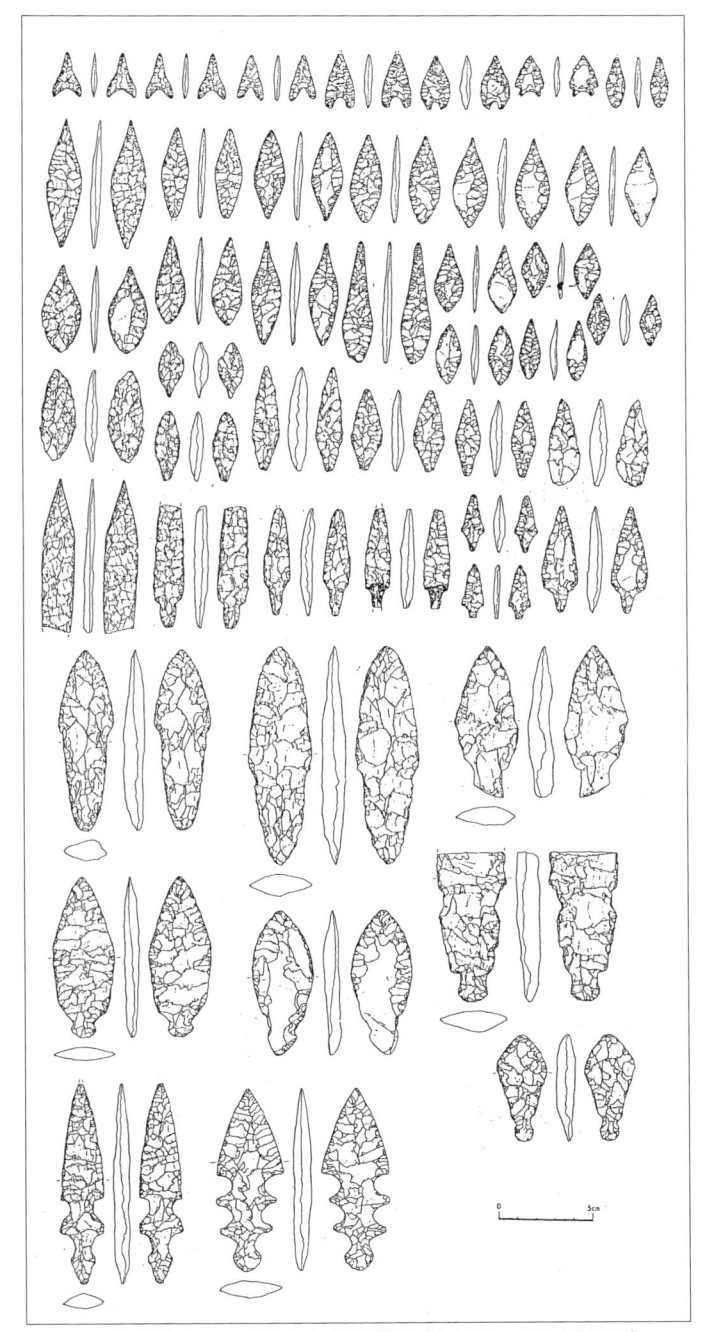

図132　青森県山田2遺跡出土の石器類（小田川・ほか編 2011）
左下2点が異形デザイン尖頭器

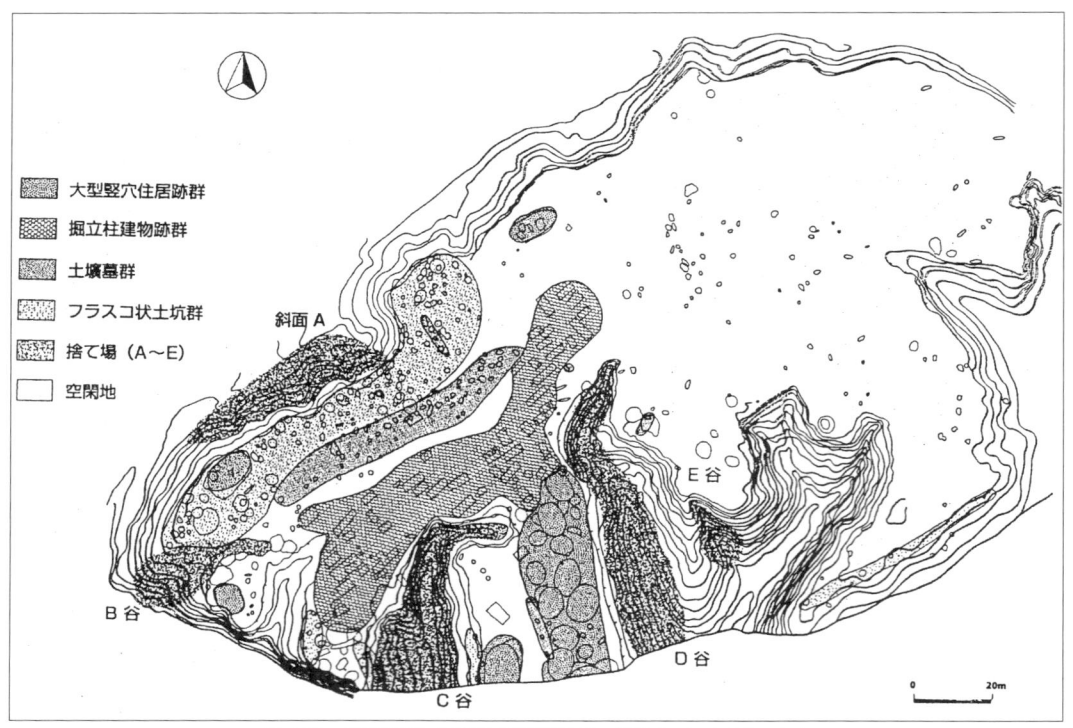

図133 秋田県池内遺跡の遺構配置（櫻田・ほか編1997）

核加工品（彫刻もしくは磨きをかけたもの）も出ている。低木の実から果汁もしくは果実発酵酒を造っていたと見られている。ブリを筆頭にサバ・ホシザメなどの海生魚の骨が出ており、米代川を利用して日本海側から頭を落とした状態で運ばれてきたらしい。あるいは三内丸山遺跡のある青森県側から峠を越えてもたらされたのかもしれない。その他にヒラメ・ニシン・サケ類やコイ科の魚類が同定されている。哺乳類（ノウサギ・モモンガ・イヌ・イタチ・シカ）の骨の出土は少なかったが、三内丸山遺跡と同様に狩猟具である石器類の出土は多く、その差異は生業活動以外の意味も示唆している。特に石鏃に注目すると、住居跡からは多くて5点、普通1～2点で、検出されない住居跡も多いのに対し、副葬品として土壙墓からは多数出ている。

ところで小林克によれば、幼胎児用と思われる土器棺墓と、台地南側の住居跡群の西側の4基の土壙墓を除くと、貯蔵穴群と掘立柱建物跡群に挟まれて30基の土壙墓群が見られ、副葬品からみると、①「認められないもの」、②「礫のみのもの」、③「その他各種」、④「石やじり10点以上か磨製石斧あるいはその両者を副葬するもの」の4種に分類される。土壙墓の規模も併せ考えると、「長径125～200cm、短径100～165cmの範囲に入る土坑墓は成人の表徴としての多数の石鏃ないし磨製石斧を有するものを主体とし（Ⅰ群）、長径100～160cm、短径70～100cmの範囲に入る土坑墓は、Ⅰ群とは対照的に副葬品をもたないか、あるいは礫のみの若年を表彰するものを主体とする（Ⅱ群）とまとめられる」（小林1998）。つまり小林は年齢階梯差を読み取っているのである。

副葬品には深鉢、石鏃、石槍、磨製石斧、打製石斧、石匙、扁平打製石器、石錘、石皿、礫が見られる。人骨が残っていないのでそれぞれが老若男女とどのような関係にあるか知ることができな

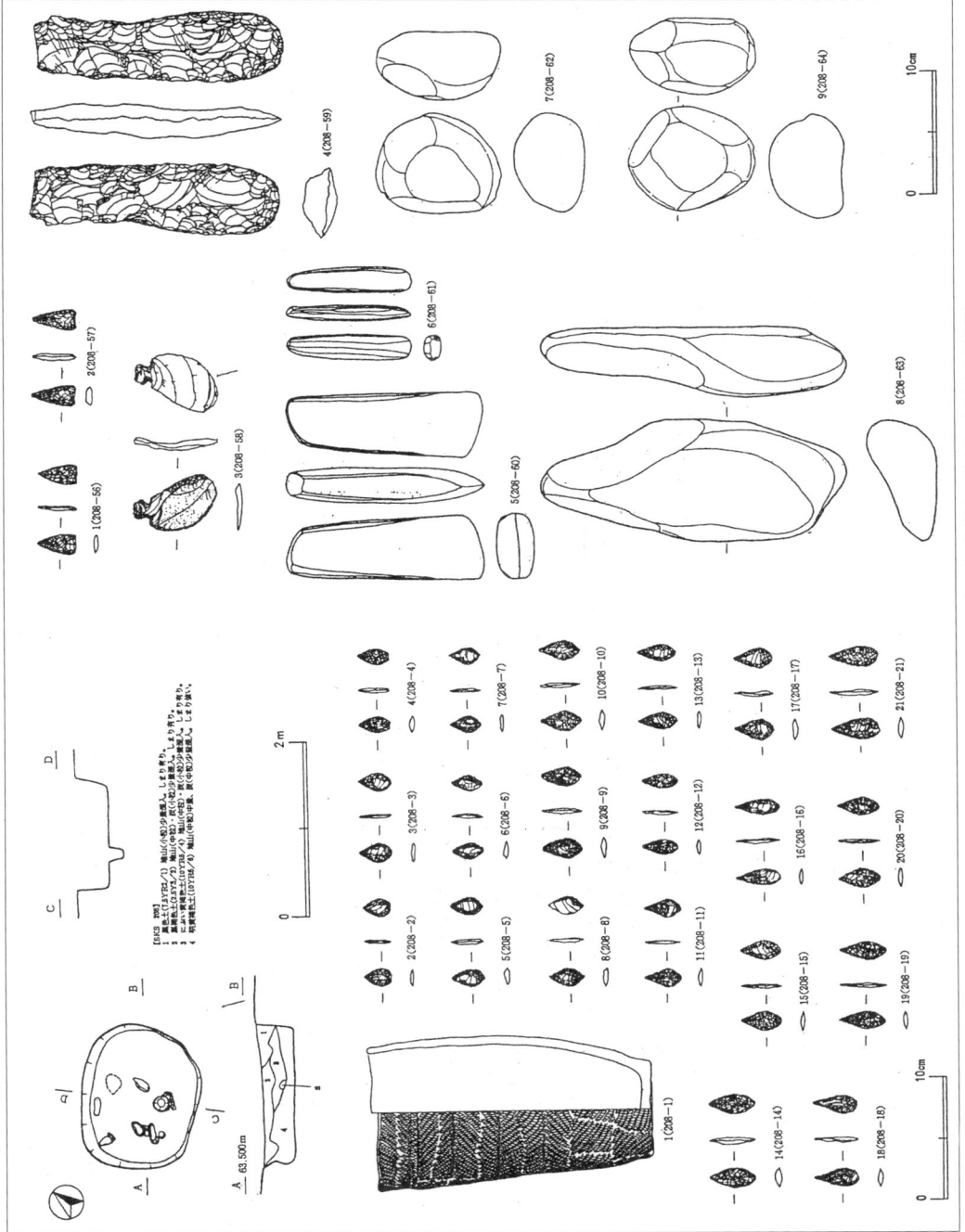

第4章 5.8kaイベントを巡る考古現象　229

図134　秋田県池内遺跡SKS-208土壙墓と副葬品（櫻田・ほか編 1999）

いが、年齢階梯以外にも、世帯の貧富差、社会的男女差（ジェンダー）などの社会的表象を見つけ出していくことが重要である。石鏃と石槍に注目してみよう。

石鏃は30基中10基に副葬されていた。代表的な前期後葉のSKA208土壙墓には、底面から2.3cm上の埋土中に深鉢1点・石匙1点・打製石斧1点・磨製石斧2点・擦石1点・礫1点とともに、石鏃が北側壁近くにまとまって56点も副葬されていた（図134）。SKS408からも尖頭形のつまみ付き石匙1点とともに、北東壁際にまとまって13点、少し離れた壁際で1点の石鏃が出土している。SKS387でも礫5点と土器片9点とともに、北側壁近くから13点の石鏃が出ている。SKS431土壙墓では南西側に深鉢土器1点と破片2点、石匙2点、拳大と扁平な礫、南東側に石槍1点、北西側にも扁平礫1点、そして北側と北東側に石鏃11点と磨製石斧1点と扁平な礫1点が出ている。SKS394では中央南側の深鉢土器2個体の周辺から5点、北側壁際から4点、北東壁際から1点の計10点が、石匙1点、擦切磨製石斧1点とともに出ている。SKS430では石錘2点、擦石3点、石皿の破片とともに、北側壁際近くで4点、中央部で2点の計10点が出ている。その他にSKS817で土器片3点、半円状打製石器破片1点とともに3点、SKS822でも石鏃だけが3点出ている。SKS392では深鉢土器1個体とともに1点、SKS718で土器片3点と礫2点とともに1点出ている。石鏃に関して言えば、大きく副葬した墓としていない墓に分けられる。副葬した墓も10点以上副葬している墓と1〜3点の墓に分けられる。石鏃を多数副葬した墓はほかにも深鉢、石匙、磨製石斧などの豊富な副葬品で特徴付けられる墓と、ほかに目立った副葬品のない墓に分けられる。

土壙墓に副葬された石鏃は狩猟者のシンボルである。そうであるならば、石鏃を副葬した池内遺跡の人々の社会は、①すべての男が単に狩猟者であるというよりも、②すべての男が狩猟者であるが、彼らの何人かが狩猟の名人としての威信を得ているような社会があったと考えられる。あるいは③ある種の男だけが威信的狩猟にかかわる社会であったかもしれない。これに関して、池内遺跡の発掘調査の報告者は、阿仁マタギ西根稔の次のような言葉を紹介している（報告書の12頁）。「近年まで、マタギの里では仲間の槍の名手が亡くなると、マタギ仲間がその名手にあやかりたいとして、自分の使っていた槍か、新しく造った槍を一緒に葬った。（石鏃の）数が多いのは、その死者が弓の名手だったので、仲間たちがその名手にあやかりたいという気持ちで入れたのではないか」（櫻田・ほか1997）。

この池内遺跡や三内丸山遺跡の動植物遺存体の分析から、集落の繁栄を支えたのは女性の生業活動であったという議論がある。間違った議論ではないものの、植物質食料の共同管理・栽培の背景には、社会の安定期には共同体の深層に隠された男の狩猟制が厳しく支配的な社会があったことを見落としてはならない。豊富な副葬品を有する土壙墓を渡辺仁の謂う"退役狩猟者"の墓としておきたい（渡辺2000）。池内遺跡ではSKS-412とSKS-824に精製大型石槍（過剰デザインの石槍）が副葬されていた。これは狩猟者中の狩猟者（リーダー）のシンボル（威信財）と考えられる。この時期、そうした存在が社会の表面に姿を現す事象、すなわち、5.8kaイベントに関連した植物質食料の減産に伴う生活世界の危機が生じたと思われる。

他の事例で見てみよう。

青森市石江遺跡（青森県埋蔵文化調査センター編 2008）

石江遺跡は、三内丸山遺跡の北北西 1.2km、沖館川を挟んだ対岸側にある。竪穴住居跡（第1号～第27号）の推定時期は早期中葉が1軒、円筒上層 d・e 式土器期が3軒あるが、主体は円筒下層式土器期で円筒下層 b 式期（かそれ以前）が9軒、円筒下層 c 式期（かそれ以前）が3軒、円筒下層 d1 式期（かそれ以前）が7軒である。この数字は先に述べたように円筒下層 b 式土器期以前の安定した集落が円筒下層 c 式期に収縮し、円筒下層 d1 式期に回復に向かう動向を示唆している。1ヶ所の捨て場が円筒下層 d1 式期に形成されていることも示唆的である。

141 基を数える土坑は、フラスコ状土坑（44基）、墓壙（38基）、その他に分けられる。墓壙は長方形、楕円形、礫等埋納土坑に分けられるが、フラスコ状土坑が転用されたものである。複数の石鏃が副葬された墓は、4023 号墓で 12 点、5079 号墓で 6 点と石槍 1 点（8cm の柳葉形）、6122 号墓で 6 点、6123 号墓で 14 点と石錘 1 点である。6101 号墓では石鏃 3 点と石錘 1 点に下層式土器 2 点が伴っていたが、細別時期が分からない。6106 号墓からは下層式土器 1 点、石鏃 28 点、異形デザイン尖頭器 1 点、石匙 1 点、磨製石斧 1 点が出た（図 135）。多副葬墓である。

次に時期のわかる土器が副葬されていた土壙墓を見てみよう。①円筒下層 d2 式土器が副葬された 5058 号墓にはその 3 個体の土器が敷き詰められていただけである。②円筒下層 c 式土器が副葬された 5078 号墓には石鏃 22 点が、6095 号には石鏃 79 点、石匙 2 点（1 点はつまみ付き尖頭器で、13cm を超える木葉形の大型品である）、石製品 1 点、磨製石斧 1 点（長さが 27cm を超える細身の過剰デザイン品である）、台石 1 点、敲石 1 点が伴っていた（図 136 上）。後者は多副葬墓である。③円筒下層 d 式土器が副葬された 4025 号墓からは石匙 1 点と石槍 1 点である。石槍の作りはあまり良くないが、16cm を超える大型品である。④円筒下層 d1 式土器が副葬された 5045 号墓は削掻器 1 点、磨石 1 点、半円状扁平打製石器 1 点が伴っていた。

石江遺跡の場合に限れば、細別時期のわかる石鏃の多副葬墓は円筒下層 c 式土器期に限られる。そうだとすると、6106 号墓と、アスファルトを収納した土器 1 点、石鏃 10 点、過剰デザインの石

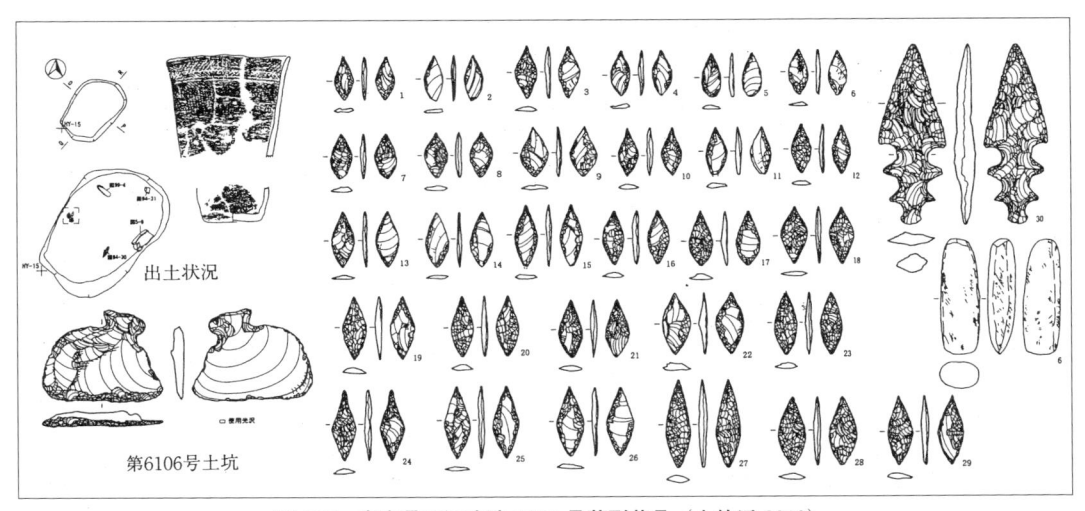

図 135　青森県石江遺跡 6106 号墓副葬品（小笠原 2010）

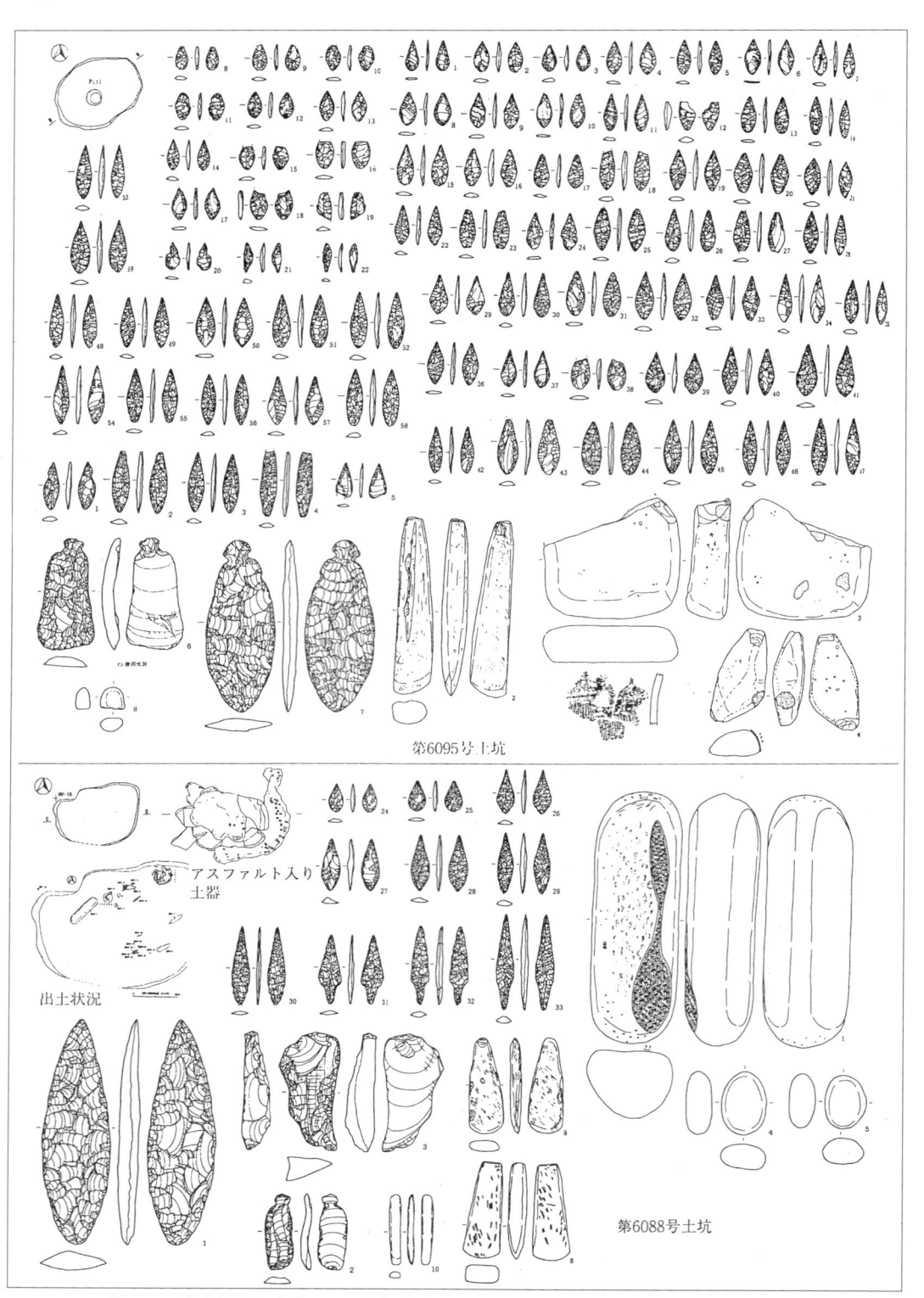

図 136　青森県石江遺跡 6095 号墓（上）と 6088 号墓（下）の副葬品（小笠原 2010）

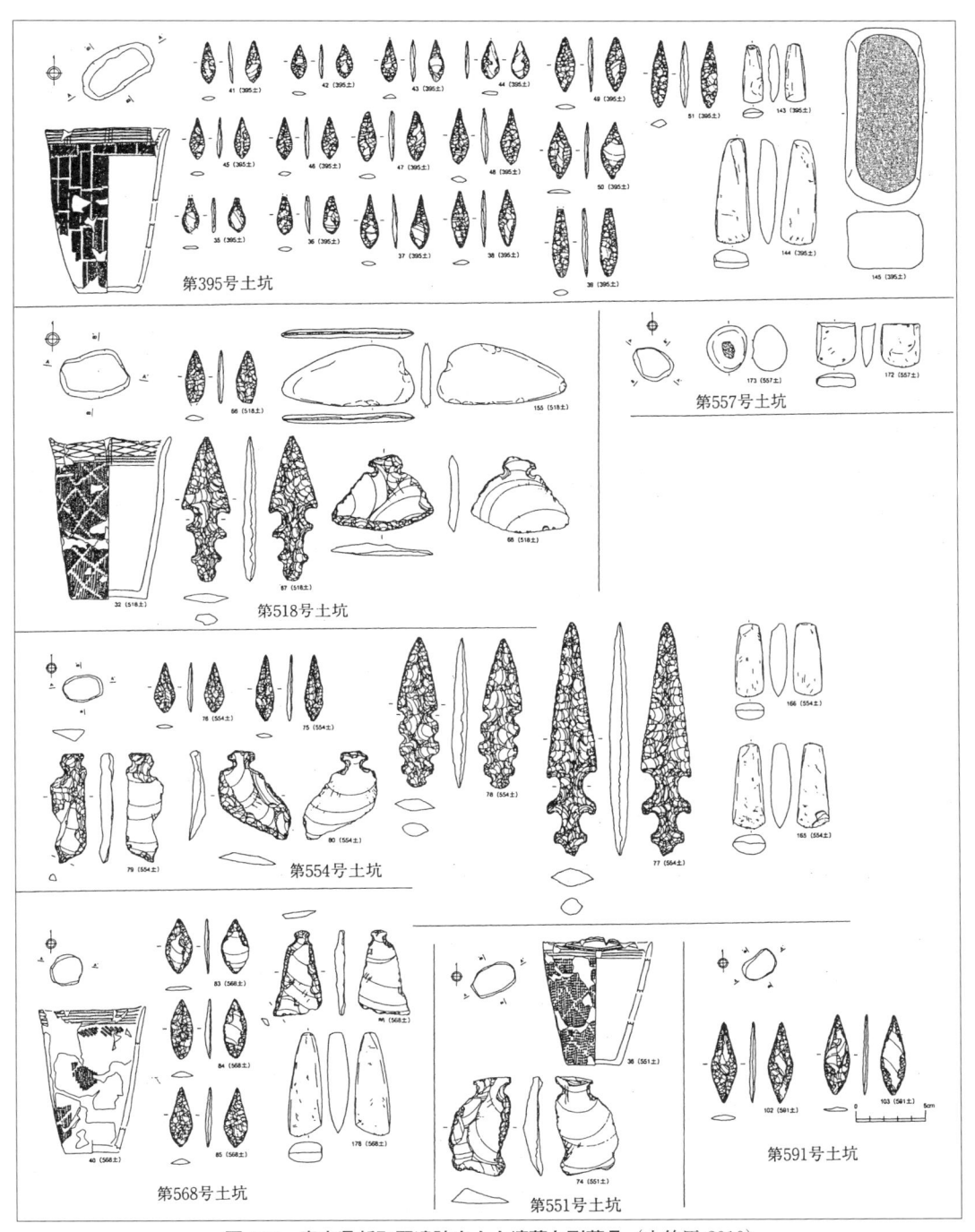

第 4 章　5.8 ka イベントを巡る考古現象　　233

図 137　青森県新町野遺跡出土土壙墓と副葬品（小笠原 2010）

槍1点、石匙1点、削掻器1点、石製の玉2点、磨製石斧3点、石棒（石皿様の磨根をもつ）1点を副葬した6088号墓（図136下）は円筒下層c式土器期以降の可能性がある。

青森市新町野遺跡（小野編 2008）

　新町野遺跡は三内丸山遺跡の南東6.5km、荒川と合子沢川の合流点から3.2kmの台地上にある。平成15・16年度調査では15号墓から、円筒下層d1式土器と時期不明の土器、石鏃7点、石槍5点（9cm以下の柳葉形）、石匙1点、磨製石斧2点が、46号墓からも円筒下層d1式土器、石鏃9点と石匙1点が、64号墓から石鏃1点、石槍2点、石匙4点、石篦1点、不定石器4点、剥片4点、敲磨器1点が出ている（小野・蝦名編2006）。

　平成17年・18年度調査で検出された竪穴住居跡（第20号、第24号・25号、第31号、第35～37号、第41号、第47～49号、第56号、第58号）は、すべて前期末葉の円筒下層d式土器期に属する。d1式土器期の395号墓から石鏃16点、石匙1点、磨製石斧2点、台石・石皿1点が、518号墓から石鏃1点、異形デザインの尖頭器1点、石匙1点、挟入扁平磨製石器1点が出ている。石鏃2点、異形デザインの尖頭器2点、石錐1点、石匙1点、磨製石斧2点が副葬されていた554号墓には土器はないが、同時期であろう。その他、石鏃2点が1基、3点と5点がそれぞれ1基確認される（図137）。新町野遺跡の場合に限れば、細別時期のわかる異形デザインの尖頭の副葬は円筒下層d1式土器期に限られる。

　以上、石江遺跡と新町野遺跡からの新データによれば、石鏃を多数副葬する墓は、円筒下層c式土器期からd1式土器期に集中する傾向がある。また先にエリート（退役狩猟者）を象徴する石器とした過剰デザインの石槍と異形デザインの尖頭器については、石槍が先行し、その過剰性が弱まるとともに主体が異形デザインの尖頭器へと移行したように思われる。円筒下層式土器期の社会的危機（c式～d1式期）は、エリートとしての退役狩猟者達の経験知によって乗り越えることができた。その結果、円筒下層d2式土器期にはその後の中期（円筒上層式）の繁栄の礎を築くことが可能になった、と推測しておく。

　池内遺跡や三内丸山遺跡の動植物遺存体の分析から、集落の繁栄を支えたのは女性の生業活動であったという議論がある。間違った論ではないが、男の狩猟制が厳しく支配的な社会にあっては、植物質食料の管理・栽培のソフトウェアも長老（退役狩猟者）層の手にあったことを見落としてはならない。

引用文献一覧

青崎和憲編 1981『加栗山遺跡・神ノ木山遺跡』鹿児島県埋蔵文化財発掘調査報告書（16）。
青森県教育委員会編 1976『千歳遺跡 13 発掘調査報告書』青森県埋蔵文化財調査報告書第 27 集。
　　　　　　　　　1978『熊沢遺跡』青森県埋蔵文化財調査報告書第 38 集。
　　　　　　　　　1980『長七谷地貝塚遺跡発掘調査報告書』青森県埋蔵文化財調査報告書第 57 集。
　　　　　　　　　1980『桔梗野工業団地造成に伴う埋蔵文化財試掘調査報告書』青森県埋蔵文化財調査報告書第 51 集。
　　　　　　　　　1981『表館遺跡発掘調査報告書』青森県埋蔵文化財調査報告書第 61 集。
　　　　　　　　　1981『新納屋遺跡 2 発掘調査報告書』青森県埋蔵文化財調査報告書第 62 集。
　　　　　　　　　1981『鷹架遺跡発掘調査報告書』青森県埋蔵文化財調査報告書第 63 集。
青森県教育庁文化課編 1990『弥平平 6・弥平平 7・弥平平 8 遺跡』青森県埋蔵文化財調査報告書第 138 集。
　　　　　　　　　1992『小奥戸 1 遺跡発掘調査報告書』青森県埋蔵文化財調査報告書第 154 集。
青森県史編さん考古部会編 2002『青森県史　別編　三内丸山遺跡』青森県。
青森県埋蔵文化財センター編 1985『売場遺跡』青森県埋蔵文化財調査報告書第 93 集。
　　　　　　　　　1989『表館 1 遺跡Ⅲ』青森県埋蔵文化財調査報告書第 120 集。
　　　　　　　　　1990a『表館 1 遺跡Ⅳ・発茶沢 1 遺跡Ⅴ』青森県埋蔵文化財調査報告書第 126 集。
　　　　　　　　　1990b『表館 1 遺跡Ⅴ』青森県埋蔵文化財調査報告書第 127 集。
　　　　　　　　　1991『中野平遺跡―縄文時代編―』青森県埋蔵文化財調査報告書第 134 集。
　　　　　　　　　1994『家ノ前遺跡Ⅱ・鷹架遺跡Ⅱ』青森県埋蔵文化財調査報告書第 160 集。
　　　　　　　　　1998『西張 2 遺跡』青森県埋蔵文化財調査報告書第 233 集。
　　　　　　　　　1998『幸畑 4・幸畑 1 遺跡』青森県埋蔵文化財調査報告書第 236 集。
　　　　　　　　　1999『櫛引遺跡』青森県舞蔵文化財調査報告書第 263 集。
青森県埋蔵文化財調査センター編 1982『山崎遺跡』青森県埋蔵文化財調査報告書第 68 集。
　　　　　　　　　2008『石江遺跡・三内沢部（3）遺跡Ⅲ』青森県埋蔵文化財調査報告書第 458 集。
青森県立郷土館 1979『大平山元Ⅰ遺跡発掘調査報告書』青森県立郷土館調査報告第 5 集考古－ 2。
赤塩　仁　2002「十三菩提式土器」『総覧　縄文土器』304-311 頁、アム・プロモーション。
秋成雅博編 2010『下猪ノ原遺跡第 1 地区』清武町埋蔵文化財調査報告書 29 集。
秋成雅博・今村結記編 2010『清武上猪ノ原遺跡第 5 地区 3』清武町埋蔵文化財調査報告書 32 集。
阿部明義・広田良成編 2005『千歳市　オルイカ 2 遺跡（2）』北海道埋蔵文化財センター調査報告書第 221 集。
阿部千春　2002「垣ノ島 A 遺跡の足形付土版」『考古学ジャーナル』№ 490、24-27 頁。
雨宮瑞生　1992「掃除山遺跡の時代―温帯森林の初期定住―」『掃除山遺跡』119-126 頁、鹿児島市教育委員会。
荒生建志編 1992『三橋遺跡』美幌町文化財調査報告 XI 。
安斎正人　1987「先史学の方法と理論―渡辺仁著『ヒトはなぜ立ちあがったか』を読む（4）―」『旧石器考古学』35、1-16 頁。
　　　　　2002「『神子柴・長者久保文化』の大陸渡来説批判―伝播系統論から形成過程論へ―」『物質文化』72、1-20 頁。
　　　　　2012『気候変動の考古学』同成社。
今村結記編 2010『五反畑遺跡第 B 地区』清武町埋蔵文化財調査報告書 30 集。
池谷信之　2006「東海地方」『縄紋化のプロセス』94-112 頁、公開シンポジウム予稿集。
　　　　　2007「石器製作と土器製作の転換点―東海地方を中心として―」『縄文文化の成立―草創期から早期へ』78-91 頁、公開シンポジウム予稿集。
池田大助・ほか編 2006『成田国際空港埋蔵文化財発掘調査報告書ⅩⅩⅩⅡ―十余三稲荷峰遺跡（空港 No.67 遺跡）』千葉県教育振興財団調査報告書 540 集。
池田祐司編 2003『大原 D 遺跡群 4 ―大原 D 遺跡群第 4 次・第 5 次・第 6 次調査報告―』福岡市埋蔵文化財調査報告書第 741 集。

石川　朗編 1995『釧路市東釧路貝塚調査報告書書』北海道釧路市埋蔵文化財調査センター。
　　　　　　2003『釧路市大楽毛1遺跡調査報告書Ⅲ』北海道釧路市埋蔵文化財調査センター。
　　　　　　2005『幣舞2遺跡調査報告書Ⅰ』北海道釧路市埋蔵文化財調査センター。
石橋次雄編 1976『共栄B遺跡』浦幌町教育委員会。
板橋作美 1989「象徴論的解釈の危険性あるいは恣意性」『異文化の解読』3-53頁、平河出版社。
井田　篤・秋成雅博編 2008『清武上猪ノ原遺跡1』清武町埋蔵文化財調査報告書24集。
　　　　　　2009『清武上猪ノ原遺跡2』清武町埋蔵文化財調査報告書26集。
井田　篤・秋成雅博・今村結記編 2008『清武上猪ノ原遺跡3』清武町埋蔵文化財調査報告書25集。
稲田孝司 1968「尖頭器文化の出現と旧石器的石器製作の解体」『考古学研究』第15巻第3号、3-18頁。
　　　　　　1986「縄文文化の形成」『岩波講座　日本考古学』6、65-117頁。
井上　賢 2006「富士山麓における野島式期縄文土器の様相」『人文社会学研究』第13号、45-62頁。
今村啓爾 1989「群集貯蔵穴と打製石斧」『考古学と民族誌』61-94頁、渡辺仁教授古稀記念論文集、六興出版。
　　　　　　1992「縄文前期末の関東における人口減少とそれに関する諸現象」『武蔵野の考古学』85-116頁、吉田格先生古稀記念論文集刊行会。
　　　　　　1997「縄文時代の住居址数と人口の変動」『住の考古学』45-60頁、同成社。
　　　　　　2002『縄文の豊かさと限界』日本史レブレット2、山川出版社。
　　　　　　2010『土器から見る縄文人の生態』同成社。
　　　　　　2011「第1章　異系統土器の出会い―土器研究の可能性を求めて―」『異系統土器の出会い』1-26頁、同成社。
岩手県立博物館編 2005『縄文北緯40°―前・中期の東北―』岩手県立博物館第54回企画展図録。
上野秀一・加藤　稔 1973「東北地方の細石刃技術とその北海道との関連について」『北海道考古学』第9輯、25-49頁。
牛ノ濱修・内村光伸編 2007『前原遺跡』鹿児島県立埋蔵文化財センター発掘調査報告書（107）。
後野遺跡調査団編 1976『後野遺跡―関東ローム層中における石器と土器の文化―』茨城県勝田市教育委員会。
宇田川　洋 2006「北海道縄文前半期の大型ナイフの系譜と生業」『生業の考古学』73-89頁、同成社。
内山伸明・ほか 2012「放射性炭素年代測定集成」『縄文の森から』第5号、106-118頁。
宇野修平・上野秀一 1983「角二山遺跡」『日本の旧石器文化』第2巻、96-111頁、雄山閣。
梅沢太久夫・栗島義明 1989「埼玉県秩父郡東秩父村出土の神子柴型石斧に就いて」『埼玉考古』第25号、51-62頁。
江坂輝弥 1950「青森県下北郡東通村、尻屋、物見台遺跡調査報告―東北日本田戸住吉町系文化遺跡調査報告第一編―」『考古学雑誌』第36巻第4号、39-46頁。
遠藤香澄 2008「条痕文平底土器（道央・道南地域）」『総覧　縄文土器』66-71頁、アム・プロモーション。
太田文雄・安井健一編 1994『石揚遺跡』千葉県文化財センター調査報告第255集。
大塚達朗 2000「異系統土器としてのキメラ土器―滋賀里遺跡出土土器の再吟味―」『異貌』第18号、2-19頁。
大貫静夫 1987「昂々渓採集の遺物について―額拉蘇C（オロス）遺跡出土遺物を中心として―」『東京大学文学部考古学研究室研究紀要』第6号、1-44頁。
　　　　　　2014「石刃鏃文化論と女満別式土器論の行方」『環日本海北回廊における完新世初頭の様相解明―「石刃鏃文化」に関する新たな調査研究―』1-7頁、東京大学大学院考古学研究室。
大場正善 2007「日向洞窟遺跡西地区出土の頁岩製槍先形尖頭器における技術学的検討―東北地方における隆起線文段階の頁岩製槍先形尖頭器製作の身ぶりからみえるもの―」『古代文化』第58巻第Ⅳ号、37-60頁。
小笠原永隆 2001「子母口式成立前後の広域編年作業に向けての問題点」『先史考古学研究』第8号、1-18頁。
小笠原雅行 2010「円筒下層式期の葬制―青森市内の例から―」『青森県考古学』第18号、3-22頁。
岡本　勇・戸沢充則 1965「3　関東」『日本の考古学　Ⅱ縄文時代』97-132頁、河出書房新社。
岡本東三 1979「神子柴・長者久保文化について」『研究論集』Ⅴ、1-57頁、奈良国立文化財研究所学報第35冊。
　　　　　　1999「神子柴文化をめぐる40年の軌跡―移行期をめぐるカオス―」『先史考古学研究』第7号、

　　　　　　　　　　1-22 頁。
　　　　　　　2012a「沖ノ島海底遺跡の意味するもの―縄紋海進と隆起現象のはざまで―」『縄紋文化起源論序説』
　　　　　　　　　　229-272 頁、六一書房。
　　　　　　　2012b（1997）「関東・北の沈線紋と関・東北の押型紋―三戸式土器と日計式土器の編年的研究―」『縄
　　　　　　　　　　紋文化起源論序説』401-424 頁、六一書房。
小川岳人　2001『縄文時代の生業と集落―古奥東京湾沿岸の社会』未完成考古学叢書③、ミュゼ。
沖田純一郎・堂込秀人編 2004『鬼ヶ野遺跡』西之表市埋蔵文化財発掘調査報告書（14）。
小久貫隆史・新田浩三編 1994『成田国際空港埋蔵文化財発掘調査報告書ⅩⅧ―取香和田戸遺跡（空港 No.60 遺
　　　　　　　　　　跡）』千葉県教育振興財団調査報告書 244 集。
　　　　　　　1995『成田国際空港埋蔵文化財発掘調査報告書ⅩⅨ――鍬甚兵衛山北遺跡（空港 No.11 遺跡）』千
　　　　　　　　　　葉県教育振興財団調査報告書 264 集。
忍澤成視編 2013『市原市天神台遺跡Ⅰ』市原市埋蔵文化財センター調査報告書第 25 集。
小田川哲彦・ほか編 2011『山田 2 遺跡Ⅲ』青森市埋蔵文化財調査報告書第 508 集。
小野　明・春成秀爾・小田静夫編 1992『図解・日本の人類遺跡』東京大学出版会。
小野貴之編 2004『稲荷山遺跡発掘調査報告Ⅳ』青森市埋蔵文化財調査報告書第 71 集。
　　　　　　2008『新町野遺跡発掘調査報告Ⅳ』青森市埋蔵文化財調査報告書第 98 集。
小野貴之・蛯名　純編 2006『新町野遺跡発掘調査報告Ⅲ』青森市埋蔵文化財調査報告書第 87 集。
小濱　学　2007「炉穴とその機能―形態的特長からのアプローチ―」『なりわい―食料生産の技術―』縄文時
　　　　　　　　　代の考古学 5、244-252 頁。
恩田　勇　1991「沈線文土器群の成立と展開（1）―関東・東北中南部における沈線文土器群中葉を中心とし
　　　　　　　　　て―」『神奈川考古』第 27 号、27-56 頁。
　　　　　　1994「沈線文土器群の成立と展開（2）―沈線文土器群前葉を中心として―」『神奈川考古』第 30 号、
　　　　　　　　　21-42 頁。
勝田市教育委員会編 1976『後野遺跡』。
加藤慎二　2013「華北地域における角錐状細石核石器群―古本州島の細石刃石器群との関連について―」『シ
　　　　　　　　　ンポジウム　日本列島における細石刃石器群の起源』14-27 頁、八ヶ岳旧石器研究グループ。
加藤　稔　1991「東北日本の細石器文化の展開」『山形県立博物館研究報告』第 12 号、13-88 頁。
金丸武司　2004「宮崎における縄文時代早期前半の土器群―別府原式土器の設定―」『宮崎考古』第 19 号、
　　　　　　　　　1-38 頁。
金山喜昭　1993「縄文時代前期における黒曜石交易の出現」『法政考古学』第 20 集、61-85 頁。
可児通宏　1989「押型文系土器様式」『縄文土器大観 1』266-269 頁、小学館。
金子直行　2005「沈線文系土器群から条痕文系土器群への構造的変換と系統性―「V」字状文と「入組状菱形文」
　　　　　　　　　の系譜―」『縄文時代』第 16 号、25-46 頁。
　　　　　　2010「縄文早期末葉の集落と社会」『縄文海進の考古学―早期末葉・埼玉県打越遺跡とその時代―』
　　　　　　　　　（考古学リーダー 18）135-152 頁、六一書房。
加納　実　2011「下総台地における早期集落の一様相―千葉県十余三稲荷峰遺跡（空港 No.67 遺跡）の分析か
　　　　　　　　　ら―」『縄文時代』第 22 号、227-244 頁。
上東克彦・ほか編 1998『椿ノ原遺跡』加世田市埋蔵文化財発掘調査報告書（15）。
上東克彦・福永裕暁編 1999『志風頭遺跡・奥名野遺跡』加世田市埋蔵文化財発掘調査報告書（16）。
川内谷　修編 2002『ピタルパ遺跡』門別町埋蔵文化財調査報告書第 10 集。
川口　潤　2001「東北地方の有樋尖頭器について」『有樋尖頭器の発生・変遷・終焉』71-84 頁、千葉県立房総
　　　　　　　　　風土記の丘。
川口　潤編 1993『白草遺跡Ⅰ・北篠場遺跡』埼玉県埋蔵文化財調査事業団報告書第 129 集。
川道　寛　2007「つぐめのはな遺跡のクジラ漁」『なりわい―食料生産の技術―』縄文時代の考古学 5、
　　　　　　　　　163-169 頁、同成社。
菅野友則　2009「居住形態からみた東北地方の縄文前期」『2009 年度山形大会研究発表資料集』155-164 頁、日

　　　　　　　　　　　本考古学協会。
北沢　実編 1990『帯広・八千代A遺跡』北海道帯広市教育委員会。
北沢　実・ほか編 2005『帯広・大正遺跡群1』北海道帯広市教育委員会。
　　　　　　　2006『帯広・大正遺跡群2』北海道帯広市教育委員会。
北沢　実・山原敏朗編 2008『帯広・大正遺跡群3』北海道帯広市教育委員会。
ギデンズ A.（友枝敏雄ほか訳）1989『社会理論の最前線』ハーベスト社。
木村英明　1988「日本人の北方ルーツを探る」『考古学から見た日本とシベリア』9-52頁、北海道日ソ友好文
　　　　　　　化会館編。
工藤竹久　1977「北日本の石槍・石鏃について」『北奥古代文化』第9号、40-55頁。
　　　　　1979「北日本における縄文時代狩猟用具変遷の意義」『考古学ジャーナル』No.170、22-26頁。
工藤雄一郎 2012『旧石器・縄文時代の環境文化史—高精度放射性炭素年代測定と考古学—』新泉社。
クニール G.・ほか（舘野受男・ほか訳）1995『ルーマン　社会システム論』新泉社。
國木田　大 2014「石刃鏃石器群の年代」『環日本海北回廊における完新世初頭の様相解明—「石刃鏃文化」に
　　　　　　　関する新たな調査研究—』25-34頁、東京大学大学院考古学研究室。
國木田　大・ほか 2010「押出遺跡のクッキー状炭化物と大木式土器の年代」『研究紀要』9、1-14頁、東北芸
　　　　　　　術工科大学東北文化研究センター。
熊谷仁志　2008「北海道地方」『歴史のものさし—縄文時代研究の編年体系—』縄文時代の考古学2、123-144頁、
　　　　　　　同成社。
熊谷仁志・ほか編 1997『美々・美沢—新千歳空港の遺構と遺物—』北海道埋蔵文化財センター。
栗島義明　1988「神子柴文化をめぐる諸問題—先土器・縄文の画期をめぐる問題（1）—」『研究紀要』第
　　　　　　　4号、1-92頁、埼玉県埋蔵文化財調査事業団。
　　　　　1990「デポの意義—縄文時代草創期の石器交換をめぐる遺跡連鎖—」『研究紀要』第7号、1-44頁、
　　　　　　　埼玉県埋蔵文化財調査事業団。
　　　　　1991「北からの新石器革命」『考古学ジャーナル』No.341、8-13頁。
　　　　　1993「湧別技法の波及—削片系と在地系の細石刃核について—」『土曜考古』第17号、1-38頁。
　　　　　2007「石材獲得と石器組成に見る縄文化への傾斜—出現期石鏃石器群に見る黒曜石利用の変革—」
　　　　　　　『黒曜石と人類Ⅰ』16-35頁、明治大学学術フロンティア。
黒川忠広　2003「南九州貝殻文系土器の組合せに関する覚え書き」『縄文の森から』創刊号、37-42頁。
　　　　　2006a「鹿児島県における縄文時代早期研究の現状」『南九州縄文通信』No.17、43-63頁。
　　　　　2006b「角筒形の終焉と波状口縁の始まりについて」『大河』第8号、35-42頁。
　　　　　2008「南九州における2つの貝殻文系土器の様相—石坂式土器と中原式土器—」『考古学』Ⅵ、
　　　　　　　66-83頁、安斎正人編。
小池　聡編 1991『長堀北遺跡』大和市文化財調査報告書第39集。
小薬一夫　1993「炉穴と領域—そのための分布図作成から—」『法政考古学』第20集、43-59頁。
国立歴史民俗博物館 2001『縄文文化の扉を開く—三内丸山遺跡から縄文列島へ—』。
児玉健一郎・中村和美編 1995『奥ノ仁田遺跡・奥嵐遺跡』西之表市埋蔵文化財発掘調査報告書（7）。
小林　克　1998「縄紋社会における『祭祀』の一構造—前期円筒土器文化の事例—」『季刊考古学』第64号、
　　　　　　　70-76頁。
小林圭一　2012「富並川流域における縄文時代の遺跡動態—西海渕・川口・宮の前遺跡の検討を通して—」『東
　　　　　　　北地方における環境・生業・技術に関する歴史動態的総合研究』125-198頁、平成19年度〜
　　　　　　　平成23年度私立大学学術研究高度化推進事業「オープン・リサーチ・センター整備事業」研
　　　　　　　究報告書、東北芸術工科大学東北文化研究センター。
　　　　　2014「吹浦遺跡出土の縄文土器—今村啓爾氏の研究に学ぶ山形県内の縄文前期末葉の土器群—」『研
　　　　　　　究紀要』13、1-51頁、東北芸術工科大学東北文化研究センター。
小林圭一・菅原哲文 2009「押出遺跡と最上川流域の縄文前期集落遺跡」『2009年度山形大会研究発表資料集』
　　　　　　　165-201頁、日本考古学協会。

小林謙一　1991「縄文早期後葉の南関東における居住活動」『縄文時代』第2号、81-118頁。
　　　　　2007「縄紋時代前半期の実年代」『国立歴史民俗博物館研究紀要』第139集、89-133頁。
　　　　　2008「縄文時代の歴年代」『歴史のものさし―縄文時代研究の編年体系―』縄文時代の考古学2、257-269頁、同成社。
小林謙一・坂本　稔 2011「船橋市飛ノ台貝塚出土資料の炭素14年代測定」『飛ノ台史跡公園博物館紀要』第8号、1-13頁。
小林　克 2009「円筒下層式期の墓制」『東北縄文前期の集落と墓制』40-57頁、東北芸術工科大学東北文化研究センター。
駒田　透編 2011『大平山元―旧石器時代から縄文時代への移行を考える遺跡群―』青森県東津軽郡外ヶ浜町教育委員会。
佐川正敏・鈴木　雅編 2006『日向洞窟遺跡西地区出土石器群の研究Ⅰ』東北学院大学文学部歴史学科佐川ゼミナール・ほか。
桜井美枝　1992「細石刃石器群の技術構造」『東北文化論のための先史学歴史学論集』441-462頁、加藤稔先生還暦記念会。
櫻田　隆・ほか編 1997『池内遺跡　遺構編』秋田県文化財調査報告書第268集。
　　　　　1999『池内遺跡　遺物・資料編』秋田県文化財調査報告書第282集。
佐々木由香 2012「細石刃文化期の自然環境と植生」『北関東地方の細石刃文化』42-47頁、岩宿博物館・岩宿フォーラム実行委員会。
佐藤禎宏・大川貴弘編 2003『八森遺跡　先史編』八幡町教育委員会。
佐藤鎭雄編 2007『押出遺跡』山形県うきたむ風土記の丘考古資料館。
佐藤武雄・白井太郎 2004「飛ノ台貝塚調査・研究史」『飛ノ台史跡公園博物館紀要』創刊号、5-12頁。
佐藤達夫　1961「青森県上北郡出土の早期縄紋土器（追加）」第46巻第4号、42-43頁。
　　　　　1964「女満別式土器について」『MUSEUM』第157号、22-26頁。
　　　　　1974a「時代の区分・文化の特質」「日本の旧石器文化はどのようなものであったか」「無土器文化」「日本周囲の文化との関係」『日本考古学の視点』上、24-29頁、35-39頁、44-55頁、56-63頁。（『日本の先史文化』1978、所収）
　　　　　1974b「土器型式の実態―五領ヶ台式と勝坂式の間―」『日本考古学の現状と課題』81-102頁、吉川弘文館。
　　　　　1978「下北の無土器文化」『日本の先史文化』171-193頁、河出書房新社。
佐藤達夫・渡辺兼備 1958「青森県上北郡出土の早期縄文土器」『考古学雑誌』第43巻第3号、74-78頁。
　　　　　1960「六ヶ所村表館出土の土器」『上北考古会誌』一、5-7頁。
佐藤宏之　2011「荒川台型細石刃石器群の形成と展開―稜柱形細石刃石器群の生成プロセスを展望して―」『考古学研究』第58巻第3号、51-68頁。
佐藤宏之・役重みゆき 2013「北海道の後期旧石器時代における黒曜石産地の開発と黒曜石の流通」『旧石器研究』第9号、1-25頁。
佐藤雅一　2002「新潟県津南段丘における石器群研究の現状と展望―後期旧石器時代から縄文時代草創期に残された活動痕跡―」『先史考古学論集』第11集、1-52頁。
佐野勝宏編 2002『正面中島遺跡』津南町文化財調査報告第37輯。
佐原　眞　1985「ヨーロッパ先史考古学における埋納の概念」『国立歴史民俗博物館研究報告』第7集、523-573頁。
澤　四郎　1974「第3章　縄文時代の釧路」『新釧路市史』第1館、153-216頁。
　　　　　1978『釧路市東釧路第3遺跡発掘報告』釧路市立郷土博物館・釧路市埋蔵文化財調査センター。
澤　四郎編 1989『釧路市材木町5遺跡調査報告書』釧路考古学研究所。
　　　　　1990『釧路市材木町5遺跡調査報告書Ⅱ』釧路考古学研究所。
澤　四郎・西　幸隆編 1975『釧路市北斗遺跡調査概要』釧路市教育委員会。
設楽政健編 2002『大矢沢田野1遺跡』青森市埋蔵文化財調査報告書第61集。

芝康次郎　　2013「九州における初期細石刃石器群の形成過程」『シンポジウム　日本列島における細石刃石器群の起源』38-43頁、八ヶ岳旧石器研究グループ。
島田孝雄　　1987『下宿遺跡E地点』太田市教育委員会。
下山　覚・鎌田洋昭 1999「水迫式土器の設定―南部九州の隆帯文土器から貝殻文系円筒形時への土器型式の変化について―」『第6回企画展「ドキどき縄文さきがけ展」図録』11-32頁、指宿市教育委員会。
縄文時代研究会編 2001『縄文時代集落研究の現段階―第1回研究会発表要旨』。
白石浩之　　1992「旧石器時代終末から縄文時代初頭の石斧の研究」『東北文化論のための先史学歴史学論集』463-491頁、加藤稔先生還暦記念会。
新東晃一　　2006『南九州に栄えた縄文文化　上野原遺跡』新泉社。
　　　　　　2013「十　九州南部」『講座日本の考古学3　縄文時代（上）』541-576頁、青木書店。
杉原敏之　　2007「九州縄文文化成立期の諸相」『考古学』Ⅴ、73-90頁、安斎正人発行。
鈴木啓介　　1998「鵜ガ島台式土器の変遷」『法政考古学』第24集、1-20頁。
鈴木忠司　　1984『先土器時代の知識』考古学シリーズ3、東京美術。
鈴木宏之・直江康雄編 2006『白滝遺跡群Ⅵ』北海道埋蔵文化財センター調査報告書第223集。
　　　　　　2007『白滝遺跡群Ⅷ』北海道埋蔵文化財センター調査報告書第250集。
鈴木正博　　2006「『西部縄紋式』研究序説―縄紋式における環境（気候）変動と貝殻条痕文の展開に観る相互作用―」『異貌』弐四、48-71頁。
　　　　　　2009「貝塚文化の展開と地域社会の変容―茨城県における縄紋式貝塚遺蹟研究の展望―」『茨城県史研究』第93号、1-20頁。
鈴木保彦　　2006（1986）「中部・南関東地域における縄文集落の変遷」『縄文時代集落の研究』73-95頁、雄山閣。
須藤隆司　　2009「細石刃技術―環日本海技術と地域技術の構造と組織―」『旧石器研究』第5号、67-97頁。
　　　　　　2012「赤城山麓を遊動する細石刃狩猟民」『北関東地方の細石刃文化』81-88頁、岩宿博物館・岩宿フォーラム実行委員会。
砂田佳弘・三瓶裕司編 1998『吉岡遺跡群Ⅴ』かながわ考古学財団調査報告38。
須原　拓　　2011「縄文時代早期末用から前期末葉にかけての集落様相について―岩手県内の事例を中心に―」『紀要』ⅩⅩⅩ、29-48頁、（財）岩手県文化振興事業団埋蔵文化財センター。
関根慎二　　2008「諸磯式土器」『総覧　縄文土器』282-289頁、アム・プロモーション。
関野哲夫　　1980「鵜ガ島台式土器細分への覚書」『古代探叢―滝口宏先生古稀記念考古学論集―』17-36頁、早稲田大学出版部。
芹澤清八・大関利之 2002「亀が窪採集の神子柴系石斧をめぐって」『栃木県考古学会誌』第23輯、19-42頁。
芹沢長介・須藤隆編 2003『荒屋遺跡―第2・3次発掘調査報告書―』東北大学大学院文学研究科考古学研究室・川口町教育委員会。
大工原豊編 1996／1998『中野谷松原遺跡』群馬県安中市教育委員会。
高倉　純　　2014「北海道の石刃鏃石器群再考」『環日本海北回廊における完新世初頭の様相解明―「石刃鏃文化」に関する新たな調査研究―』91-105頁、東京大学大学院考古学研究室。
高橋　誠・谷口康浩 2006「環状炉穴群と大形住居―縄文時代早期後葉条痕文明の社会変化―」『國學院大学考古資料館紀要』第22輯、1-36頁。
髙橋勇人編 2010『東釧路貝塚調査報告書Ⅱ』釧路市埋蔵文化財調査センター。
田坂　浩・川島利道編 1985『新東京国際空港埋蔵文化財発掘調査報告書Ｖ―No.2遺跡　No.10遺跡―』新東京国際空港公団・千葉県文化財センター。
立木宏明編 1996『樽口遺跡―奥三面ダム関連遺跡発掘調査報告書Ⅴ』朝日村文化財報告書第11集。
橘　昌信　　1979「石銛―西北九州における縄文時代の石器研究（2）」『史学論叢』第10号、81-164頁、別府大学史学研究会。
建石　徹・ほか 2012「山形県湯の花遺跡・群馬県稲荷山Ⅴ遺跡出土黒曜石資料の産地分析」『北関東地方の細石刃文化』90-94頁、岩宿博物館・岩宿フォーラム実行委員会。

田中英司　　1982「神子柴遺跡におけるデポの認識」『考古学研究』第 29 巻第 3 号、56-78 頁。
田中和之　　2008「羽状縄文系土器」『総覧　縄文土器』234-241 頁、アム・プロモーション。
滝口昭二　　2009「飛谷津の形成―飛ノ台貝塚周辺の古環境について―」『飛ノ台史跡公園博物館紀要』第 6 号、2-28 頁。
谷口康浩　　1991「木曾開田高原柳又遺跡における細石刃文化」『國學院雑誌』第 92 巻第 2 号、21-51 頁。
　　　　　　1998「縄文時代早期撚糸文期における集落の類型と安定性」『考古学ジャーナル』No.429、9-14 頁。
　　　　　　2002「縄文早期のはじまる頃」『異貌』弐拾、2-36 頁。
　　　　　　2004「財としての大形石斧とそのトランスファー」『長野県考古学会誌』107 号、37-43 頁。
　　　　　　2005『環状集落と縄文社会構造』学生社。
　　　　　　2011『縄文文化起源論の再構築』同成社。
谷口康浩編 1999『大平山元Ⅰ遺跡の考古学的調査』大平山元Ⅰ遺跡発掘調査団。
谷藤保彦・関根慎二編 2000『第 13 回縄文セミナー　早期後半の再検討』縄文セミナーの会。
田村　隆　　2011『旧石器社会と日本民俗の基層』同成社。
茅野嘉雄　　2002「青森県内における縄文時代前期末～中期初頭の異系統土器群について―県内出土資料の集成―」『研究紀要』第 7 号、40-54 頁、青森県埋蔵文化財センター。
千葉英一　　1990「木古内町新道 4 遺跡出土の石器群について」『北海道考古学』第 26 輯、43-51 頁。
千葉英一編 1993『美沢川流域の遺跡群ⅩⅥ』北海道埋蔵文化財センター調査報告書第 83 集。
千葉英一・西田　茂編 1992『美沢川流域の遺跡群ⅩⅤ』北海道埋蔵文化財センター調査報告書第 77 集。
辻誠一郎　　1997「縄文文化をはぐくんだ生態系」『三内丸山遺跡と北の縄文世界』124-126 頁、朝日新聞。
辻誠一郎・能城修一 2006『三内丸山遺跡の生態系史』植生史研究特別号第 2 号、日本植生史学会。
土屋　積・中島英子編 2000『上信越自動車道埋蔵文化財発掘調査報告書 16』長野県埋蔵文化財センター発掘調査報告書 49。
堤　隆　　　2011『最終氷期における細石刃狩猟民とその適応戦略』雄山閣。
　　　　　　2013『狩猟採集民のコスモロジー・神子柴遺跡』シリーズ「遺跡を学ぶ」089、新泉社。
坪井睦美・輪島慎二編 2004『垣ノ島Ａ遺跡』南茅部町埋蔵文化財調査団第 11 輯報告。
坪田（舘）弘子 2004「縄文時代前期の墓域と土壙墓―関東・中部地方の事例から―」『縄文時代』第 15 号、33-70 頁。
鶴丸俊明　　1985「黒曜石供給の一形態とその技術」『考古学ジャーナル』No.244。18-23 頁。
出口　浩編　1992『掃除山遺跡』鹿児島市埋蔵文化財発掘調査報告書（12）。
勅使河原彰 2013「二　縄文文化の高揚（前・中期）」『縄文時代（上）』講座日本の考古学 3、148-173 頁、青木書店。
樋泉岳二　　2007「海からみた縄文文化の成立―東京湾の形成と海洋適応―」『公開シンポジウム「縄文文化の成立―草創期から早期へ」予稿集』追加資料、東京大学。
冨永勝也　　2004「縄文文化早期」『北海道考古学』第 40 輯、17-36 頁。
　　　　　　2007「北海道函館市中野Ｂ遺跡」『縄文文化の成立―草創期から早期へ―』27-51 頁、公開シンポジウム予稿集。
直江康雄編 2012『白滝遺跡群ⅩⅡ』北海道埋蔵文化財センター調査報告書第 286 頁。
永塚俊司編 2001『新東京国際空港埋蔵文化財発掘調査報告書ⅩⅣ――鍬田甚兵衛山西遺跡（空港 No.16 遺跡）―』千葉県文化財センター調査報告書第 404 集。
長沼　孝　　1988「Ⅴまとめ―旧石器時代の遺構と遺物―」『函館市石川 1 遺跡』278-296 頁。
　　　　　　1990「美利河 1・石川 1 遺跡の分析」『北海道考古学』第 26 輯、31-42 頁。
長沼　孝編 1985『今金町美利河 1 遺跡』北海道埋蔵文化財センター調査報告第 23 集。
　　　　　　1988『函館市石川 1 遺跡』北海道埋蔵文化財センター調査報告第 45 集。
長沼　孝・ほか編 2002『白滝遺跡群Ⅲ』北海道埋蔵文化財センター調査報告書第 169 集。
永野真一・ほか編 2004『桐木耳取遺跡』鹿児島県立埋蔵文化財センター発掘調査報告書（91）。
永野達郎編 2000『帖地遺跡（旧石器編）』喜入町埋蔵文化財発掘調査報告書（6）。

中原一成・寺原　徹編 2003『桐木遺跡』鹿児島県立埋蔵文化財センター発掘調査報告書（75）。
中村耕作　　2013「第3章　浅鉢の出現と儀礼行為」『縄文土器の儀礼利用と象徴操作』57-78頁、アム・プロモーション。
中村耕治・ほか編 2000『上野原遺跡（第10地点）』第1～3分冊、鹿児島県立埋蔵文化財センター発掘調査報告書（27）。
　　　　　　2001『上野原遺跡（第10地点）』第4～10分冊、鹿児島県立埋蔵文化財センター発掘調査報告書（28）。
中村信博　　1999「竹之内式土器の研究―文様の組み合わせパターンによる類型化と細分の試み―」『唐澤考古』18、32-47頁。
中村宣弘　　2004「飛ノ台貝塚検出の住居跡について―第一・二次調査の検出の住居跡を中心に―」『飛ノ台史跡公園博物館紀要』創刊号、13-52頁。
　　　　　　2005・06「飛ノ台貝塚検出の炉穴を中心に―第一・二次調査の検出炉穴を中心に―（上下）」『飛ノ台史跡公園博物館紀要』第2号、1-70頁、第3号、1-70頁。
中村雄紀　　2010「静岡県東部における縄文時代草創期後半から早期の石器群―石器群から見た居住パターンの変化について―」『研究紀要』第16号、19-37頁、静岡県埋蔵文化財研究所。
名久井文明 1974「北日本縄文式早期編年に関する一試考」『考古学雑誌』第60巻第3号、1-26頁。
　　　　　　1982「貝殻文尖底土器」『縄文文化の研究　3』85-95頁、雄山閣。
　　　　　　1988「北日本縄文式早期吹切沢式系統の後半期編年」『先史考古学研究』第1号、49-67頁。
　　　　　　2012『伝承された縄紋技術―木の実・樹皮・木製品―』吉川弘文館。
成田滋彦　　1990「物見台式土器の再検討」『青森県考古学』第5号、1-16頁。
西川博孝　　1989「『物見台』と『吹切沢』―東北・北海道南部における貝殻紋系統土器末葉の編年―」『先史考古学研究』第2号、53-90頁。
　　　　　　2008「飛ノ台貝塚第一・二次調査出土土器の考察」『飛ノ台史跡公園博物館紀要』第5号、1-10頁。
西川博孝・ほか編 2011『船橋市飛ノ台貝塚―海神県営住宅建設に伴う埋蔵文化財調査報告―』千葉県教育振興財団調査報告第656集。
西口　徹・遠藤治雄編 2005『新東京国際空港埋蔵文化財発掘調査報告書ⅩⅩⅠ―多古町一鍬田甚兵衛山南遺跡（空港No.12遺跡）―』千葉県文化財センター調査報告書第517集。
西田　巌編 2004／2009『東名遺跡群Ⅰ』佐賀市文化財調査報告書第150集。
西田　巌・ほか編著 2009『東名遺跡群Ⅱ』佐賀市埋蔵文化財調査報告書第40集。
西田　茂　　1993「縄文時代前期の土壙墓について―江別市吉井の沢1遺跡P-260に関して―」『北海道考古学』第29輯、85-99頁。
西野雅人・植月　学 2003「動物遺体による縄文前期前葉の生業・居住様式の復元―幸田貝塚と奥東京湾沿岸の遺跡群―」『松戸市立博物館紀要』第10号、3-33頁。
西山太郎編 1983『新東京国際空港埋蔵文化財発掘調査報告書Ⅳ―No.7遺跡―』新東京国際空港公団・千葉県文化財センター。
西山太郎・西川博孝編 1984『新東京国際空港埋蔵文化財発掘調査報告書Ⅲ―No.14遺跡―』新東京国際空港公団・千葉県文化財センター。
日本考古学協会1999年度釧路大会実行委員会編 1999『シンポジウム　海峡と北の考古学―文化の接点を探る―』。
二本柳正一・ほか 1957「青森県上北郡早稲田貝塚」『考古学雑誌』第43巻第2号、35-58頁。
根岸　洋・工藤　大編 2012『湧舘遺跡』青森県埋蔵文化財調査報告第521集。
野村祐一・ほか編 2003『豊原4遺跡』函館市教育委員会。
萩谷千明編 2003『西鹿田中島遺跡発掘調査報告書（1）』笠懸町教育委員会。
橋本　淳　　2010「中部地方における縄紋早期沈線紋土器の編年―八ッ場ダム関連遺跡出土資料の位置付け―」『研究紀要』28、33-52頁、（財）群馬県埋蔵文化財調査事業団。
秦　昭繁　　1991「特殊な剥離技法をもつ東日本の石匙―松原型石匙の分布と製作時期について―」『考古学雑誌』第76巻第4号、1-29頁。

畑　宏明編 1985『湯の里遺跡群』北海道埋蔵文化財センター調査報告第18集。
八戸市教育委員会編 1982『長七谷地遺跡発掘調査報告書』八戸市埋蔵文化財調査報告書第8集。
羽生淳子　2000「縄文人の定住度（上下）」『古代文化』第52巻第2号、29-37頁、第4号、18-29頁。
早坂廣人　2010「富士見に海が来た」『縄文海進の考古学―早期末葉・埼玉県打越遺跡とその時代―』（考古学リーダー18）11-18頁、六一書房。
林　茂樹　1959a「神子柴遺跡調査略報―伊那谷に於ける無土器文化の様相―」『上伊那教育』第21号（『伊那の石槍』1995、所収）。
　　　　　1959b「神子柴遺跡初発掘覚え書抄」『伊那路』第3巻第3号（『伊那の石槍』1995、所収）。
　　　　　1960「長野県上伊那郡南箕輪村神子柴遺跡出土の円鑿形石斧について」『信濃』第12巻第6号、6-20頁。
　　　　　1961「神子柴遺跡の意味するもの―原始カオス期の伊那谷―」『上伊那教育』第26号（『伊那の石槍』1995、所収）。
　　　　　1995『伊那の石槍』伊那埋蔵文化財研究所。
林　茂樹・上伊那考古学会編 2008『神子柴』信毎書籍出版センター。
林　茂樹・藤沢宗平 1959「神子柴遺跡について」『信州ローム』No.5、21-24頁。
繁昌正幸・甲斐庚大編 2005『永迫平遺跡』鹿児島県立埋蔵文化財センター発掘調査報告書（93）。
廣松　渉　1986『生態史観と唯物史観』ユニテ。
　　　　　1990「構造変動論―構造変動論のパラダイムを求めて―」『廣松渉学際対話・知のインターフェイス』9-72頁、青土社。
　　　　　1995『共同主観性と構造変動』廣松渉コレクション第1巻、状況出版。
廣松　渉・ほか 1985「特集　構造変動」『エピステーメー』21号、258-430頁、朝日出版。
深野信之・上杉彰紀編 2005『建昌城跡』姶良町埋蔵文化財発掘調査報告書第10集。
福澤仁之　1995「天然の「時計」・「環境変動検出器」としての湖沼の年縞堆積物」『第四期研究』第34巻第3号、135-149頁。
福島正和　2013「貝殻・沈線文土器の型式学的研究―岩手県気仙郡住田町山脈地遺跡出土土器を中心に―」『紀要』ⅩⅩⅩⅡ、1-26頁、岩手県文化振興事業団埋蔵文化財センター。
福田友之　1990「津軽海峡の先史文化交流―青森県出土の黒曜石製石器・硬玉製品・外来系土器―」『考古学古代史論攷』163-186頁、伊藤信雄先生追悼論文集刊行会。
福田裕二編 1995『八木A遺跡Ⅱ・ハマナス野遺跡』南茅部町埋蔵文化財調査団第5輯報告。
　　　　　1997『八木A遺跡Ⅲ・八木C遺跡』南茅部町埋蔵文化財調査団第6輯報告。
福田裕二・阿部千春 1993『八木A遺跡・ハマナス野遺跡』南茅部町埋蔵文化財調査団第4輯報告。
藤崎光洋・中村和美編 2006『三角山遺跡群（3）』鹿児島県立埋蔵文化財センター発掘調査報告書（96）。
藤沢宗平・林　茂樹 1961「神子柴遺跡―第一次発掘調査概報―」『古代学』第9巻第3号、142-158頁。
藤田富士夫 2004「大陸渡来説を考える」『季刊考古学』第89号、72-75頁。
藤本英二　2011『信州の縄文早期の世界―栃原岩陰遺跡―』シリーズ「遺跡を学ぶ」078、新泉社。
　　　　　2012「栃原岩陰遺跡『下部』出土土器のAMS法による放射性炭素年代測定」『佐久考古通信』No.111、2-6頁。
藤山龍造　2013「白滝服部台遺跡における石器集中域の復元」『考古学集刊』第9号、57-74頁。
富良野市教育委員会 1987『東麓郷1・2遺跡』富良野市文化財調査報告第3輯。
ブローデル F.（井上幸治編・監訳）1989「長期持続―歴史と社会科学―」『フェルナン・ブローデル』15-68頁、新評論。
保坂康夫　1999「縄文時代草創期段階の掻器について―山梨県高根町社口遺跡の分析から―」『山梨考古学論集』Ⅳ、1-20頁、山梨考古学協会。
星　雅之・茅野嘉雄 2006「十和田中掫テフラからみた円筒下層a式土器成立期の土器様相」『植生史研究』特別2号、151-180頁、日本植生史学会。
北海道教育委員会編 1978『美沢川流域の遺跡群Ⅱ』北海道教育委員会。

北海道埋蔵文化財センター編 1988『木古内町新道4遺跡』北海道埋蔵文化財センター調査報告第52集。
　　　　　　　　　　　1989『美沢川流域の遺跡群ⅩⅡ』（財）北海道埋蔵文化財センター。
　　　　　　　　　　　1992『函館市　中野A遺跡』（財）北海道埋蔵文化財センター調査報告書第79集。
　　　　　　　　　　　1993『函館市　中野A遺跡（Ⅱ）』（財）北海道埋蔵文化財センター調査報告書第84集。
　　　　　　　　　　　1996a『函館市　中野B遺跡』（財）北海道埋蔵文化財センター調査報告書第97集。
　　　　　　　　　　　1996b『函館市　中野B遺跡（Ⅱ）』（財）北海道埋蔵文化財センター調査報告書第108集。
　　　　　　　　　　　1996c『函館市　石倉遺跡』（財）北海道埋蔵文化財センター調査報告書第109集。
　　　　　　　　　　　1998『函館市　中野B遺跡（Ⅲ）』（財）北海道埋蔵文化財センター調査報告書第120集。
　　　　　　　　　　　1999『函館市　中野B遺跡（Ⅳ）』（財）北海道埋蔵文化財センター調査報告書第130集。
前迫亮一　　2009「火山噴火と遺跡群②―火山とともに生きた人びと―」『大地と森の中で―縄文時代の古生態系―』縄文時代の考古学3、56-66頁、同成社。
前迫亮一・ほか編 2010『定塚遺跡・稲村遺跡』鹿児島県立埋蔵文化財センター発掘調査報告書（153）。
松島義章　　2010「神奈川における縄文時代の自然環境―貝類群集からみた縄文海進―」『考古論叢　神奈河』第18集、1-33頁。
松田光太郎 1998「東関東における縄文前期後半の浅鉢形土器に関する考察―浮島・興津式土器に属する浅鉢形土器を対象として―」『神奈川考古』第34号、49-70頁。
マルクス K.・エンゲルス F.（武田隆夫ほか訳）1956『経済学批判』岩波書店。
三浦圭介　　1989「各群土器の出土層位と編年的位置について」『表館（1）遺跡Ⅲ』青森県埋蔵文化財調査報告書第120集、507-521頁。
三浦謙一　　2007「北東北3県における縄文時代草創期・早期の様相」『紀要』ⅩⅩⅥ、1-24頁、（財）岩手県文化振興事業団埋蔵文化財センター。
皆川洋一　　2001「北海道中央・南部における縄文時代早期後半の諸問題」『渡島半島の考古学』37-59頁、南北海道考古学情報交換会20周年記念論集。
　　　　　　2006「縄文時代末葉の『足形付土製品』の研究」『北海道考古学』第42輯、17-32頁。
宮田栄二　　2006「九州南東部の地域編年」『旧石器時代の地域編年的研究』241-273頁、同成社。
宮　重行・ほか編 2000a『新東京国際空港埋蔵文化財発掘調査報告書ⅩⅢ―東峰御幸畑西遺跡(空港No.61遺跡)―』千葉県文化財センター調査報告書第385集。
　　　　　　2000b『新東京国際空港埋蔵文化財発掘調査報告書ⅩⅡ―十余三稲荷峰西遺跡（空港No.68遺跡）―』千葉県文化財センター調査報告書第386集。
　　　　　　2001『新東京国際空港埋蔵文化財発掘調査報告書ⅩⅤ―天神峰最上遺跡（空港No.64遺跡）―』千葉県文化財センター調査報告書第405集。
　　　　　　2004『新東京国際空港埋蔵文化財発掘調査報告書ⅩⅨ―東峰御幸畑東遺跡（空港No.62遺跡）―』千葉県文化財センター調査報告書第483集。
宮崎朝雄　　2004「縄文早期撚糸文文化の竪穴住居について―関東地方における初期定住化―」『縄文時代』第15号、1-32頁。
　　　　　　2005「続・縄文早期撚糸文文化の竪穴住居について―関東地方における初期定住化―」『縄文時代』第16号、1-23頁。
三好元樹　　2011「静岡県における縄文時代の^{14}C年代の集成と検討」『研究紀要』第17号、15-23頁、静岡県埋蔵文化財研究所。
御代田町教育委員会 2007『御代田の美と伝統―浅間山麓未来への遺産―』。
武藤康弘　　1989「複合居住家屋の系譜―ロングハウスの家屋構造と居住構造について―」『考古学と民族誌』95-122頁、六興出版。
　　　　　　1997「縄文時代前・中期の長方形大型住居の研究」『住の考古学』13-35頁、同成社。
　　　　　　1998「縄文時代の大型住居―長方形大型住居の共時的通時的分析―」『縄文式生活構造―土俗考古学からのアプローチ―』130-191頁、同成社。
村木　淳編 1998『見立山（2）遺跡Ⅱ』八戸市埋蔵文化財調査報告書第79集。

村越　潔　　1974『円筒土器文化』雄山閣。
森嶋　稔　　1967「長野県長野市信田町上和沢出土の尖頭器―その神子柴系文化の系譜試論（予報）―」『信濃』第 19 巻第 4 号、33-35 頁。
　　　　　　1968「神子柴型石斧をめぐっての試論」『信濃』第 20 巻第 4 号、1-22 頁。
　　　　　　1970「神子柴型石斧をめぐっての再論―その神子柴系文化の系譜について―」『信濃』第 22 巻第 10 号、156-172 頁。
　　　　　　1985「中部高地の楔形細石刃核」『信濃』第 37 巻第 11 号、158-168 頁。
森田郁朗・ほか編 2002『上野原遺跡：第 2 〜 7 地点』鹿児島県立埋蔵文化財センター発掘調査報告書（41）。
八木澤一郎 2007a「南九州の縄文草創期から早期にかけての様相」『縄文文化の成立―草創期から早期へ―』108-121 頁、公開シンポジウム予稿集。
　　　　　　2007b「集石遺構とその機能―九州島の状況から―」『なりわい―食料生産の技術―』縄文時代の考古学 5、235-243 頁、同成社。
八ヶ岳旧石器研究グループ編 1991『中ッ原第 5 遺跡 B 地点の研究』。
栁田裕三編 2013『史跡福井洞窟発掘調査速報』佐世保市文化財調査報告書第 10 集。
山内清男・佐藤達夫 1962「縄紋土器の古さ」『科学読売』第 14 巻第 13 号（『東アジアの先史文化と日本』1983、所収）。
山崎真治　　2009「佐賀平野の縄文遺跡―縄文時代における地域集団の諸相 2―」『古文化談叢』第 62 集、19-59 頁。
山田　哲　　2007『北海道における細石刃石器群の研究』六一書房。
山原敏朗　　1998「北海道の旧石器時代終末期についての覚書」『北海道考古学』第 34 輯、77-92 頁。
　　　　　　2007「北海道東部における更新世／完新世移行期の石器文化―帯広市大正遺跡群を中心に―」『縄文文化の成立―草創期から早期へ―』8-26 頁、公開シンポジウム予稿集。
　　　　　　2008「第 2 章　更新世末期の北海道と完新世初頭の北海道東部」『縄文化の構造変動』35-52 頁、六一書房。
山本典幸　　2007「中期初頭細線文系列の成立と展開―西南関東地域と東北地方中部における細線の地文化にみる変異―」『考古学』V、91-114 頁、安斎正人発行。
横山英介　　1998「北海道における縄文文化の形成」『北方の考古学』29-65 頁、野村先生還暦記念論集。
横山英介編 2000『国立療養所裏遺跡』北海道亀田郡七飯町教育委員会。
横山祐平編 1992『大平山元 II 遺跡発掘調査報告書』蟹田町教育委員会。
米倉秀紀　　1984「縄文時代早期の生業と集団行動―九州を例として―」『文学部論叢』第 13 号、1-28 頁、熊本大学文学会。
領塚正浩　　1987a「田戸下層式土器細分への覚書」『土曜考古』第 12 号、21-51 頁。
　　　　　　1987b「水戸式土器の再検討」『東京考古』5、19-33 頁。
　　　　　　1996「東北地方北部に於ける縄文時代早期前半の土器編年（上下）」『史館』第 27 号、1-31 頁、第 28 号、53-75 頁。
ルゴフ J.・ほか（二宮宏之編訳）1992『歴史・文化・表象―アナール派と歴史人類学―』岩波書店。
ルーマン N.（佐藤勉監訳）1993／ 1995『社会システム論』（上下）恒星社厚生閣。
和田晋治　　2010「縄文早期末の住居跡と遺構」『縄文海進の考古学―早期末葉・埼玉県打越遺跡とその時代―』（考古学リーダー 18）121-134 頁、六一書房。
渡辺修一編 1993『千葉市地蔵山遺跡（2）』千葉県文化財センター調査報告 224 集。
渡辺　仁　　2000『縄文式階層化社会』六一書房。

Binford, L.R. 1979 Organization and formation processes: looking at curated technologies. *Journal of Anthropological Research* 35: 255-273.
Bond, G. et al. 1997 A pervasive millennial-scale cycle in North Atlantic Holocene and climates. *Science* 278: 1257-1266.

Burroughs, W.J. 2005 *Climate Change in Prehistory: the End of the Reign of Chaos*. Cambridge, Cambridge University Press.

Gould, R.A. 1979 Exotic stones and battered bones: ethnoarchaeology in the Australian desert. *Archaeology* 32 (2) : 28-37.

Heinrich, H. 1988 Origin and consequences of cycle ice rafting in the Northeast Atlantic Ocean during the past 130,000 years. *Quaternary Research* 29: 142-152.

Hodder, I. 1987 *Archaeology as Long-term History*. Cambridge University Press.

2012 *Entangled: An Archaeology of the Relationships between Humans and Things*. Oxford, Wiley-Blackwell.

Johnston, R. 1998 Approaches to the perception of landscape. *Archaeological Dialogues* 5 (1) : 54-68.

Shackleton, N.J. 1973 Oxgen isotope and palaeomagnetic stratigraphy of Equatorial Pacific core V28-238: Oxgen isotope temparatures and ice volumes on a 10^5 year and 10^6 year scale 1. *Quaternary Research* 3: 39-55.

Stapert, D. and M. Street 1997 High resolution or optimum resolution ? : spatial analysis of the Federmesser site at Andernacha, Germany. *World Archaeology* 29 (2) : 172-194.

Whitley, D.S. 1998 New approaches to old problems: archaeology in search of an ever elusive past. In *Reader in Archaeological Theory: Post-Processual and Cognitive Approaches*, edited by D.S. Whitley, pp.1-28. London: Routledge.

Zvelebil, M. 1997 Hunter-gatherers ritual landscapes: spatial organization, social structure and ideology among hunter-gatherers of northern Europe and western Siberia. *Analecta Prahistorica Leidensia* 29: 33-50.

本著に関連する著者の主要著書・論文等一覧

単著
2012・09 『気候変動の考古学』同成社。
2010・06 『日本人とは何か―いま考古学が語れること―』柏書房。
2007・04 『人と社会の生態考古学』柏書房。
2004・05 『理論考古学入門』柏書房。

編著
2007・12 『縄紋時代の社会考古学』同成社。(高橋龍三郎との共編)
2002・05 『縄文社会論』(上下) 同成社。
1998・02 『縄文式生活構造―土俗考古学からのアプローチ―』同成社。

論文・書評
2013・03 「縄紋時代早期論(下)」『研究紀要』12、3-31頁、東北芸術工科大学東北文化研究センター。
2012・03 「東北地方における縄紋時代の構造変動」『東北地方における環境・生業・技術に関する歴史動態的総合研究』35-46頁、平成19年度～平成23年度私立大学学術研究高度化推進事業「オープン・リサーチ・センター整備事業」研究報告書、東北芸術工科大学東北文化研究センター。
2012・03 「研究の目的―完新世の寒冷化(ボンド・イベント)と縄紋文化の変化―」『月布川流域における縄文時代遺跡の研究1』1-15頁、東北芸術工科大学考古学研究報告書第12冊。
2012・03 「縄紋時代早期論(中)」『研究紀要』11、3-29頁、東北芸術工科大学東北文化研究センター。
2011・02 「縄紋時代早期論(上)」『研究紀要』10、3-36頁、東北芸術工科大学東北文化研究センター。
2010・03 「円筒下層式土器期の構造変動」『研究紀要』9、3-19頁、東北芸術工科大学東北文化研究センター。
2010・01 「縄文社会をめぐる理論研究」『縄文時代の考古学12 研究の行方―何がわからなくて何をすべきか―』84-96頁、同成社。
2009・05 「"日本人"の祖先」『季刊東北学』第19号、156-187頁。
2009・03 「縄紋社会の退役狩猟者」『研究紀要』8、1-16頁、東北芸術工科大学東北文化研究センター。
2009・03 「縄紋社会を考える」『東北地方における環境・生業・技術に関する歴史動態的総合研究:平成20年度研究成果報告』97-103頁、東北芸術工科大学東北文化研究センター。
2008・09 「過剰デザインの石槍」『縄文化の構造変動』77-92頁、六一書房。
2008・08 「景観の考古学」『季刊東北学』第16号、166-184頁。
2008・05 「石鏃を副葬した人々」『異貌』弐六、16-30頁。
2008・04 「デザインの考古学」『季刊東北学』第15号、154-174頁。
2008・02 「色の考古学」『季刊東北学』第14号、116-127頁。
2007・12 「円筒下層式土器期の社会―縄紋時代の退役狩猟者層―」『縄紋時代の社会考古学』27-58頁、同成社。
2006・10 「"縄紋式"階層化社会の一事例―生業分化モデルの検証―」『生業の考古学』56-72頁、同成社。
2006・04 「『神子柴文化』の新解釈―学史的再検討―」『考古学Ⅳ』1-16頁、安斎正人編・発行。
2005・03 「縄紋時代の研究法―林謙作著『縄紋時代史Ⅰ・Ⅱ』を読む―」『物質文化』78、27-43頁。＜書評＞
2004・10 「神子柴石器群の象徴性」『長野県考古学会誌』107、51-55頁。
2004・03 「猟漁採集民の景観と生業―縄紋時代後期の貝塚遺跡―」『東アジア先史時代における生業の地域間比較研究』5-20頁、後藤直編。(科学研究費補助金研究成果報告書)
2004・03 「人の狩猟行動の進化」『シカ・イノシシ資源の持続的利用に関する歴史動態論的研究』7-22頁、佐藤宏之編。(科学研究費補助金研究成果報告書)
2002・01 「『神子柴・長者久保文化』の大陸渡来説批判―伝播系統論から形成過程論へ―」『物質文化』72、1-20頁。

2001・04 「長野県神子柴遺跡の象徴性—方法としての景観考古学と象徴考古学—」『先史考古学論集』第 10 集、51-72 頁。
1999・04 「狩猟採集民の象徴的空間—神子柴遺跡とその石器群—」『長野県考古学会誌』89、1-20 頁。
1998・03 「土俗考古学の先駆者たち」『民族考古学序説』4-21 頁、同成社。
1997・12 「回転式銛頭の系統分類—佐藤達夫の業績に基づいて—」『東京大学考古学研究室研究紀要』第 15 号、39-80 頁。
1996・10 「考古学における構造変動論」『古代』第 102 号、1-14 頁。
1996・04 「土俗考古学の系譜」『先史考古学論集』第 5 集、103-110 頁。
1995・06 「エスノアーケオロジー入門」『物質文化』59、1-15 頁。
1994・02 「縄紋文化の発現—日本旧石器時代構造変動論（3）—」『先史考古学論集』第 3 集、43-82 頁。
1993・03 「考古学の革新—社会生態考古学派宣言—」『考古学雑誌』第 78 巻第 4 号、78-98 頁。
1989・12 「生態人類と土俗考古」『考古学と民族誌』315-334 頁、六興出版。
1986/87 「先史学の方法と理論—渡辺　仁著『ヒトはなぜ立ちあがったか』を読む—（1）〜（4）」『旧石器考古学』32：1-10 頁、33：1-16 頁、34：1-15 頁、35：1-16 頁。

鼎談・対談・討論・講演録

2013・03 「気候変動と縄紋人—飛ノ台貝塚を残した人たち—」『飛ノ台史跡公園博物館紀要』第 10 号、25-44 頁。（講演）
2011・03 「縄紋前期人のたたかい」『うきたむ考古』第 15 号、1‐30 頁。（講演）
2011・02 「島と河川の東北縄文文化—貝塚・盛土遺構などの調査方法—」『季刊東北学』第 26 号、6-20 頁。（岡村道雄・安斎正人）
2010・10 「東北縄文社会と生態系史—押出遺跡をめぐる縄文前期研究の新たな枠組み—」『山形考古』第 9 巻第 2 号、6-25 五頁。（日本考古学協会 2009 年度山形大会シンポジウムⅡ）
2010・02 「考古学と民俗学の協働にむけて」『季刊東北学』第 22 号、6-21 頁。（安斎正人・赤坂憲雄）
2008・08 「狩猟具（特に尖頭器）の変遷」『手と道具の人類史—チンパンジーからサイボーグまで—』100-139 頁、協同医書出版社。（講演）
2008・04 「縄文社会の変化と階層化—モノからコトへの考古学の流れ—」『季刊東北学』第 15 号、6-24 頁。（安斎正人・高橋龍三郎・谷口康浩）
2000・03 「現代考古学のパラダイム転換」『東海史学』第 35 号、31-61 頁。（講演）

あとがき

　2007 年に東北芸術工科大学東北文化研究センターに赴任した。民俗・歴史・考古のコラボレーションを理念とする研究センターでの研究、および歴史遺産学科での教育で考古学を担当し、同時に、センターを縄紋研究の発信地とすることを期待された。

　自由な時間と潤沢な研究費用という"特権的"な研究環境のもと、東北地方を中心として縄紋研究に専念することができた。研究半ばであるが、とりあえず前期までを書いてみた。「4.3ka イベントを巡る考古現象─中期／後期の構造変動─」および「2.8ka イベントを巡る考古現象─縄紋／弥生の構造変動─」の執筆はかなわなかった。残された研究時間は決して長くないが、中期以降については別著（『気候変動と縄紋社会』）を期したい。

　今回も、研究会・シンポジウム、資料見学・収集などで多くの方々のお世話になった。特に、科研の共同研究者である福田正宏氏と、千葉県などでの遺跡・遺物見学、報告書・図版収集など公私にわたって手配していただいた加納実氏、このお二人の名前を記して、お世話になった方々および諸機関への感謝の意とさせていただきたい。

　なお、本著は下記の研究費補助に基づく成果である。
・平成 22 年度〜平成 25 年度科学研究費補助金（基盤研究（B））『完新世の気候変動と縄紋文化の変化』
・平成 19 年度〜平成 23 年度文部科学省私立大学学術研究高度化推進事業「オープン・リサーチ・センター整備事業」『東北地方における環境・生業・技術に関する歴史動態的総合研究』
・平成 24 年度〜平成 28 年度文部科学省私立大学戦略的研究基盤形成支援事業『環境動態を視点とした地域社会と集落形成に関する総合的研究』

　　　　　2014 年 6 月

　　　　　　　　　　　　　　　　　　　　　　　　　　　　　　　　　　　　著　者

人名索引

あ行

赤塩　仁　213
雨宮瑞生　85
荒生建志　180
池谷信之　93
和泉田毅　164
今村啓爾　192, 212～214, 216
宇田川洋　188
内山伸明　130
梅沢太久夫　59
江坂輝弥　142, 204
エンゲルス F.　3
遠藤香澄　162
大塚達朗　212
大貫静夫　51
大場正善　217, 223
小笠原永隆　99
岡本　勇　101, 114
岡本東三　47, 48, 57, 98, 122
小川岳人　194, 196, 207
小川　了　56
小田静夫　86
恩田　勇　99

か行

加藤慎二　74
加藤　稔　28, 34
金丸武司　130
金子直行　99
加納　実　101
鎌木義昌　71
川口　潤　30, 40
川道　寛　141
ギデンス A.　4
工藤竹久　220
工藤雄一郎　11, 12, 15, 71, 95
熊谷仁志　162
グールド R.　52
栗島義明　40, 47, 49, 54, 59, 219
黒川忠広　135
小池　聡　42
越田賢一郎　166
小林圭一　207, 212, 216

小林謙一　114, 118
小林　克　225, 228
小山修三　214
コリングウッド R.　5
近藤義郎　1

さ行

坂本真弓　151
坂本　稔　118
佐藤達夫　46～48, 50, 56, 142, 174, 204, 212
佐藤宏之　16, 28
佐藤雅一　37
芝康次郎　81
シャックルトン N.　6
白石浩之　57
新東晃一　81, 137
杉浦重信　59
杉原荘介　115
杉原敏之　74
鈴木啓介　101
鈴木正博　122
鈴木保彦　10, 11
須藤隆司　57
関根慎二　192
関野哲夫　101
芹澤清八　57
芹沢長介　28, 34, 36, 46, 71

た行

大工原豊　201
高木　晃　213
高橋和樹　166
高橋　誠　115
橘　昌信　140, 141
ターナー V.　56
田中英司　48, 49, 54, 55
立木宏明　33
建石　徹　34
谷口康浩　11, 42, 51, 55, 61, 98, 115, 141, 196
田村　隆　44, 59
茅野嘉雄　213
辻誠一郎　203, 205
都出比呂志　1

堤　隆　40
坪田弘子　222
勅使河原彰　193
樋泉岳二　120
冨永勝也　162
戸沢充則　101, 114

な行

長沼　孝　28
中村耕作　203
中村信博　99
中村宣弘　115
中村雄紀　93
名久井文明　142
成田滋彦　144
西川博孝　118, 144
西田　茂　187
西根　稔　230

は行

ハイデガー M.　6
ハインリッヒ H.　8
長谷部言人　203
秦　昭繁　188
羽生淳子　193, 194
林　茂樹　44, 46, 48, 50, 54
廣松　渉　1～3
ビンフォード L.　52, 193, 194
フェーブル L.　5
福井淳一　166
福澤仁之　10
福島正和　145
藤沢宗平　44
藤田富士夫　174
藤山龍造　16
ブロック M.　5
ブローデル F.　5
保坂康夫　57
ホダー I.　5
ボンド J.　9

ま行

松島義章　98, 121, 122
マルクス K.　1, 3
三浦圭介　149, 153

三浦健一　145
三宅徹也　60
皆川洋一　161, 185
宮崎朝雄　96
宮田栄二　79, 86
武藤康弘　115, 205, 207
村越　潔　203, 204
メルロ＝ポンティ M.　6
森嶋　稔　42, 50

や行

八木澤一郎　137
山田　哲　16, 20, 24, 68
山田悟郎　170
山内清男　46～48, 99, 144, 203
山原敏朗　57
山本典幸　212
横山英介　162

横山祐平　30
米倉秀紀　126

ら行

領塚正浩　99, 144
ルーマン N.　4

わ行

渡辺　仁　3, 161, 196, 230

遺 跡 索 引

北海道

石川 I 遺跡　24
石倉遺跡　168
大楽毛 1 遺跡　175
オルイカ 2 遺跡　17
垣ノ島 A 遺跡　185, 219
柏台 1 遺跡　16, 28
上白滝 5 遺跡　68
　　　 8 遺跡　68
上似平遺跡　16
上幌内モイ遺跡　24
川上 B 遺跡　188
キウス 9 遺跡　173
岐阜第 2 遺跡　188
共栄 B 遺跡　173
材木町 5 遺跡　172
白滝遺跡遠間 H 地点　34
白滝三十三地点　46
白滝 8 遺跡　68
白滝服部台遺跡　16
祝梅三角山遺跡　48
新道 4 遺跡　24
大栄 6 遺跡　188
大関校庭遺跡　68
タチカルシナイ C 地点　46
立川遺跡　47, 48
大正 1 遺跡　172
　　 2 遺跡　172
　　 3 遺跡　16, 161, 169, 172, 173, 175
　　 4 遺跡　172
　　 6 遺跡　168, 172
　　 7 遺跡　172, 175

　　 8 遺跡　170, 172, 178
富野 3 遺跡　173
豊原 4 遺跡　185, 222
中野 A 遺跡　145, 163, 167, 188
　　 B 遺跡　165, 167, 168, 188
幣舞 2 遺跡　172
沼尻遺跡　188
東山遺跡　204
東釧路貝塚　175, 180, 188
東釧路第 3 遺跡　173, 180
ピタルパ遺跡　172
美々 5 遺跡　185
　　 7 遺跡　162, 178, 185, 188, 219
　　 8 遺跡　188
美利河 1 遺跡　20
北斗遺跡　180, 188
ポンナイ遺跡　204
丸子山遺跡　48
美沢 1 遺跡　178, 188
　　 2 遺跡　178
　　 3 遺跡　178, 185
三橋遺跡　180, 188
メボシ川 2 遺跡　48
モサンル遺跡　47, 48
八木 A 遺跡　220
八千代 A 遺跡　170, 172
　　　 C 遺跡　170
柳沢遺跡　188
ユカンボシ E4 遺跡　188
湯の里 4 遺跡　20
吉井の沢 1 遺跡　187
　　　　 2 遺跡　185
陸別遺跡　49

青森県

赤御堂貝塚　153
家ノ前遺跡　147, 160, 188
石江遺跡　225, 231, 234
石神遺跡　204
五川目(6)遺跡　28
稲山遺跡　224
売場遺跡　144, 153
大平山元 I 遺跡　11, 15, 59, 61, 65, 141
　　　　 II 遺跡　30, 33, 59
　　　　 III 遺跡　28
大谷沢野田(1)遺跡　225
表館 1 遺跡　142, 144, 147, 157, 188
蟹沢遺跡　204
上尾ブチ(1)遺跡　188
唐貝地貝塚　142
鴨平 2 遺跡　141
櫛引遺跡　141, 151
熊沢遺跡　224
小奥戸遺跡　160
砂沢平遺跡　142
幸畑 1 遺跡　147, 149
　　 2 遺跡　147
　　 7 遺跡　141
三内丸山遺跡　204, 228, 230, 231, 234
新納屋遺跡　147
　　　 2 遺跡　151
新町野遺跡　225, 234
鷹架遺跡　151, 160
滝端遺跡　141

索　引　253

館遺跡　142
千歳13遺跡　151
長七谷地貝塚　153, 219
長七谷地2号遺跡　220
長者久保遺跡　46, 47, 51, 61,
　　　　　　　63, 65, 68, 141
槻の木遺跡　173
寺の沢遺跡　142
独狐遺跡　141
中野平遺跡　149
中平遺跡　204
西張2遺跡　149
畑内遺跡　213, 217
発茶沢遺跡　141, 147
発茶沢(1)遺跡　157
日計遺跡　153
二ツ森貝塚　204
蛍沢遺跡　142
見立山2遺跡　153
ムシリ遺跡　173
弥平平(7)遺跡　151
山崎遺跡　223
山田2遺跡　226
湧舘遺跡　225
早稲田貝塚　142
和野前山遺跡　141

　　秋田県

池内遺跡　213, 223, 225, 227,
　　　　　230, 234
上ノ山Ⅱ遺跡　207, 212, 21
下堤D遺跡　213
杉沢台遺跡　207
綴子遺跡　48, 49

　　岩手県

綾織新田遺跡　211
大清水上遺跡　212
大日向Ⅱ遺跡　213
上台Ⅰ遺跡　142
蟹沢館遺跡　212
九重沢遺跡　145
大新町遺跡　99
山脈地遺跡　145, 163
持川遺跡　48, 49

　　山形

越中山遺跡　48

押出遺跡　220
角二山遺跡　30, 34
高瀬山遺跡　212, 216
八森遺跡　59, 63, 65
日向洞窟　51, 63, 217, 223
吹浦遺跡　204, 213, 216
山屋遺跡　48
湯の花遺跡　34
蕨山遺跡　213

　　宮城県

嘉倉遺跡　212, 213
野川遺跡　28

　　福島県

仙台内前遺跡　28, 57

　　茨城県

後野B遺跡　30, 40, 6
竹之内遺跡　98, 99
額田大宮遺跡　33
船窪遺跡　101

　　栃木県

川木谷遺跡　57
根古谷台遺跡　212, 222

　　群馬県

大下原遺跡　198
頭無遺跡　30
鹿沼流通団地内遺跡　57
行田大道北遺跡　198, 222
西鹿田中島遺跡　219
下宿遺跡　219
下鶴谷遺跡　101
善上遺跡　222
中野谷松原遺跡　198, 207
枡形遺跡　33
横川大林遺跡　101

　　千葉県

石揚遺跡　115, 118
稲原貝塚　121
沖ノ島遺跡　121, 122
香山新田中横堀遺跡　107
　　　　　　新山遺跡　114
木戸先遺跡　203, 222
木戸場遺跡　30

幸田貝塚　196, 222
地蔵山遺跡　118
天神台遺跡　118
天神峰最上遺跡　112
東間部田遺跡　120
取香和田戸遺跡　103
飛ノ台貝塚　115, 118, 121, 122
十余三稲荷峰遺跡　110
　　　　　西遺跡　112
中台遺跡　120
飯山満東遺跡　196
東峰御幸畑西遺跡　105
　　　　　東遺跡　113
一鍬田甚兵衛山北遺跡　107
　　　　　　　西遺跡　107
　　　　　　　南遺跡　107
古込遺跡　105, 112
南羽鳥中岫第1遺跡　222

　　埼玉県

大宮バイパスNo.4遺跡　49
打越遺跡　122, 194, 196, 207, 222
白草遺跡　38
鷺森遺跡　222
氷川前遺跡　124
水子貝塚　196
宮廻遺跡　122

　　東京都

恋ヶ窪南遺跡　124
神明上遺跡　124
多摩ニュータウン
　　No.72・796遺跡　196
　　No.200遺跡　96, 98
　　No.426遺跡　196
　　No.939遺跡　114
七社神社前遺跡　222
日影山遺跡　96
向山遺跡　124
武蔵国分寺跡遺跡　124
武蔵台遺跡　96, 89
雪ヶ谷貝塚　222

　　神奈川県

大塚台遺跡　124
勝坂遺跡　42
上草柳第1地点　40
茅山貝塚　121

栗原中丸遺跡　40
代官山遺跡　40
当麻遺跡　28
茅ヶ崎貝塚　223
月見野上野遺跡　42
寺尾遺跡　61
長掘北遺跡　42
夏島貝塚　120，121
西ノ谷貝塚　196
花見山遺跡　63
平坂貝塚　120
南掘遺跡　196
吉井城山貝塚　121
吉岡遺跡　28，40，63

静岡県

葛原沢第Ⅳ遺跡　93
下ノ大窪遺跡　124
佛ヶ尾遺跡　124
的場遺跡　101

山梨県

社口遺跡　57

長野県

阿久遺跡　201，223
石小屋洞窟　63，147
唐沢B遺跡　51，52
星光山荘B遺跡　63，124
小鍛冶遺跡　49
栃原岩陰遺跡　124
塚田遺跡　101
鳴鹿山鹿遺跡　48，49
萩清水遺跡　101
東裏遺跡　124
日向林A遺跡　124
　　　　B遺跡　124
松原遺跡　214
神子柴遺跡　12，15，44，46〜
　　　　　49，52，54〜56，
　　　　　61，65，68，141
宮ノ入遺跡　48，49
村東山手遺跡　101
八窪遺跡　101
柳又遺跡　42
横倉遺跡　48，49

新潟県

荒川台遺跡　28，
荒屋遺跡　28，29，34，40
大刈野遺跡　48
小瀬ヶ沢洞窟　51，63
正面中島遺跡　37
田沢遺跡　51
樽口遺跡　33，34，48
千溝遺跡　101
中土遺跡　29

愛知県

瀧脇遺跡　101
先刈遺跡　122

岐阜県

宮ノ前遺跡　48

石川県

真脇遺跡　213

岡山県

恩原2遺跡　30

福岡県

大原D遺跡　74
松木田遺跡　79
門田遺跡　74

大分県

市ノ久保遺跡　48，79
上下田遺跡　48

佐賀県

多久三年山遺跡　85
茶園原遺跡　85
東名遺跡　122，137，140，141

長崎県

泉福寺洞窟　71，72，74
鷹島海底遺跡　122
茶園遺跡　74，79
つぐめのはな遺跡　140，141
百花台遺跡　137
福井洞窟　48，71，72，74

熊本県

大野遺跡　79
河陽F遺跡　74
河原第3遺跡　74
白鳥平B遺跡　217
瀬田裏遺跡　137

宮崎県

阿蘇原上遺跡　74，217
後牟田遺跡　79
音明寺第2遺跡　79
清武上猪ノ原遺跡　130
五反畑遺跡　131
下猪ノ原遺跡　131
下薗遺跡　137
白ヶ野第2・3遺跡　59

鹿児島県

上野原遺跡　127，135，137
永迫平遺跡　133
奥ノ仁田遺跡　87，217
鬼ヶ野遺跡　90
加栗山遺跡　83，133，217
椎ノ原遺跡　86，217
加治屋園野遺跡　81，83
桐木遺跡　130，217
桐木耳取遺跡　79，130
建昌城跡遺跡　132
三角山Ⅰ遺跡　88
志風頭遺跡　87
須行園遺跡　137
定塚遺跡　134
瀬戸頭遺跡　83
掃除山遺跡　85，217
塚ノ越遺跡　83
帖地遺跡　48，79，81，83
仁田尾遺跡　81
前山遺跡　133
横井竹ノ山遺跡　81，83，217

気候変動と縄紋文化の変化

■著者略歴■
安斎　正人（あんざい・まさひと）
1945年　中国（東北地方・海城）に生まれる
1970年　東京大学文学部考古学科卒業
1975年　東京大学大学院人文科学研究科博士課程退学
現　在　東北芸術工科大学東北文化研究センター教授
主要著書　『理論考古学』(柏書房)、『人と社会の生態考古学』
　　　　　(柏書房)、『日本人とは何か』(柏書房)、『気候変動の
　　　　　考古学』(同成社) ほか

2014年 8 月15日発行

著　者　安　斎　正　人
発行者　山　脇　洋　亮
組　版　㈱富士デザイン
印　刷　モリモト印刷㈱
製　本　協栄製本㈱

発行所　東京都千代田区飯田橋4－4－8　㈱同成社
　　　　（〒102-0072）東京中央ビル内
　　　　TEL 03-3239-1467　振替00140-0-20618

©Anzai Masahito 2014. Printed in Japan
ISBN978-4-88621-674-8 C3021